Introducción a Microsoft Fabric

N

Manual Imprescindible

Introducción a Microsoft Fabric

Diana Aguilera Reyna
Nelson López Centeno

ANAYA MULTIMEDIA

Manual Imprescindible

Primera edición: enero 2026

Edición española:

© EDICIONES ANAYA MULTIMEDIA (GRUPO ANAYA, S. A.), 2026
Valentín Beato, 21. 28037 Madrid

PAPEL DE FIBRA CERTIFICADA

ISBN: 978-84-415-5275-3
Depósito legal: M-19147-2025
Impreso en España - *Printed in Spain*

"El mundo era tan reciente que muchas cosas carecían de nombre,
y para mencionarlas había que señalarlas con el dedo".

—Gabriel García Márquez, *Cien años de soledad*

AGRADECIMIENTOS

A Lucía, que ha traído a nuestras vidas la luz de todo el multiverso.

A nuestros padres.

A nuestros profesores.

A Ana María Bisbé York, nuestra mentora, que nos ha motivado y apoyado en esta aventura, y con quien nos une una gran amistad.

A Víctor y José Carlos, por su gran paciencia y profesionalidad.

A toda la gran familia que forma la comunidad de Power BI y de Fabric.

Queremos mencionar de manera especial a Miguel Egea y Rubén Pertusa, a quienes consideramos nuestros maestros.

SOBRE LOS AUTORES

Ambos autores son formadores y consultores autónomos especializados en Microsoft Power BI y Microsoft Fabric.

Ofrecen sus servicios bajo el nombre comercial dataXbi, centrado en la consultoría, formación y desarrollo de soluciones analíticas.

Mantienen el sitio web `www.dataxbi.com`, donde, además de brindar sus servicios profesionales, tienen un blog en el que abordan temas de BI.

Ambos han sido premiados como MVP (*Most Valuable Professionals*) de Microsoft en la categoría Data Platform y específicamente en la tecnología Fabric, por ser miembros activos de la comunidad de Power BI y Fabric en España, participando como ponentes en múltiples eventos.

Junto con Ana María Bisbé York, desarrollan la iniciativa ADN Fabric (`https://www.linkedin.com/company/adnfabric/`), que tiene como objetivo acercar Microsoft Fabric a la comunidad de Power BI y a todos los que tengan inquietudes acerca de este tema.

Diana Aguilera Reyna es MVP de Microsoft en la categoría Data Platform desde 2023. Cuenta con las certificaciones de Microsoft DP-600 y PL-300.

Se graduó en Matemáticas por la Universidad de Oriente, en Santiago de Cuba, y desde entonces ha combinado la formación con el análisis de datos.

Durante 21 años, a partir de su graduación, ha trabajado como profesora e investigadora en el Instituto Superior Politécnico de La Habana (CUJAE), impartiendo las asignaturas de Matemática e Informática en las carreras de ingeniería. Esto último después de terminar el máster en Informática aplicada a la toma de decisiones.

A partir de 2006 se ha dedicado a la formación y consultoría en tecnologías de Microsoft como MS SQL Server, MS Analysis Services, ASP.NET y MS Office. En 2016 incorporó Power BI a su actividad profesional y, desde 2023, también Microsoft Fabric, consolidando su especialización en la plataforma de datos de Microsoft.

Nelson López Centeno es MVP de Microsoft en la categoría Data Platform desde 2024. Cuenta con las certificaciones de Microsoft DP-700, DP-600 y PL-300.

Es graduado de Ingeniería de sistemas por el Instituto Superior Politécnico de La Habana (CUJAE) y acumula más de 30 años de experiencia profesional.

Su vida laboral se divide en tres etapas: la primera como administrador de sistemas, que incluyeron Novel Netware, Linux y Windows NT; una segunda etapa como programador web con tecnologías de Microsoft, como ASP.NET y SQL Server.

En 2018, comenzó a introducirse en el mundo del análisis de datos, primero con la plataforma de datos de Azure y posteriormente con Power BI. En el año 2020 decidió dedicarse por completo a ello como consultor y formador autónomo, y es donde comenzó la tercera etapa que continúa hasta la actualidad.

En esta última etapa, ha trabajado tanto en asesoría como en desarrollo de proyectos utilizando tecnologías de Microsoft, entre ellas, Fabric, Power BI, Azure Synapse, Azure Data Factory, Integration Services, Analysis Services y SQL Server.

Como formador, ha impartido cursos y talleres tanto presenciales como en línea sobre Power BI y Fabric.

Índice de contenidos

Cómo usar este libro 18

1. ¿Qué es Microsoft Fabric? 24

Una breve historia 25
Almacenamiento 25
Integración y gobernanza 27
Conclusión de la historia 30
Fabric según tu rol profesional 30
Arquitecto de datos 31
Ingeniero de datos 31
Ingeniero analítico 31
Científico de datos 32
Fabric y Power BI 32
Fabric y Azure 32
Licencias 33
Activar una licencia de prueba 35

2. Conceptos de Fabric 38

Inquilino 39
Capacidad 40
Dominio 41
Área de trabajo 42

Elemento 42
Clasificación por cargas de trabajo....43
Clasificación por funcionalidad....43
Seguridad....44
Seguridad de la plataforma....45
Permisos administrativos....45
Controles de acceso....45

3. Navegación en Fabric 48

Interfaz de Fabric....49
Panel de navegación....50
Área de trabajo....52
Configuración....54
Administrar acceso....56
Flujo de tareas....56
Crear elemento....58
Carpetas....60
Filtrar elementos....61

4. OneLake: el lago de datos de Fabric 66

Una metáfora para entender OneLake....67
¿Qué es un lago de datos?....68
¿Qué aporta OneLake?....69
Accesos directos....70
Caché de accesos directos....71
Transformaciones de accesos directos....72
Reflejos (*mirroring*)....72
¿Cómo se guardan los datos estructurados en OneLake?....73
Parquet....73
Delta....75
Iceberg....77
Exploración y gestión de datos....78
Catálogo de OneLake....79
Explorador de archivos de OneLake....80
Explorador de Azure Storage....82

5. Lakehouse 86

Crear un Lakehouse....88
Archivos y tablas....89
Archivos....89
Tablas....90
Accesos directos....91
Transformaciones de accesos directos....94
Transformación de archivos....94
Transformaciones con IA....95

Punto de conexión SQL 96
Consulta visual 99
Sincronización de metadatos 100
Conexión desde fuera de Fabric 100
Vistas materializadas del Lakehouse *101*
¿Cuándo elegir un Lakehouse? 102
Arquitectura Medallion con Lakehouse 103

6. Warehouse 106

Arquitectura del Warehouse 107
Comandos T-SQL no soportados 107
Operaciones más comunes con T-SQL 108
Crear un Warehouse 108
Crear esquemas 109
Crear tabla 109
Insertar datos desde un archivo CSV 110
Consulta entre bases de datos 110
Crear una tabla a partir de una consulta (CTAS) 111
Crear una vista 111
Transacciones 112
Viaje en el tiempo 112
Instrucción T-SQL para el viaje en el tiempo 113
Clonación de tablas 113
Puntos de restauración 114
¿Cuándo elegir un Warehouse? 115

7. Reflejos (*mirroring*) 116

Requerimientos y limitaciones 117
Reflejo de base de datos 117
Reflejo de metadatos 120
Reflejo abierto 122
¿Cuándo elegir un reflejo? 124

8. Base de datos KQL 126

Casa de eventos 127
Always-on 128
Base de datos 128
Consultas KQL 130
Consultas KQL desde otros elementos 132
Replicación a OneLake 132
¿Cómo acceder a las tablas Delta? 133
Accesos directos 134
Directivas de actualización 136
Vistas materializadas 137
¿Cuándo elegir una base de datos KQL? 137

9. Otras bases de datos 138

SQL Database 139
  Limitaciones 139
  Crear un elemento SQL Database 140
  Conexión desde fuera de Fabric 141
  Ejemplos de consultas T-SQL 142
  Búsquedas vectoriales 144
  Replicación a OneLake 145
  API para GraphQL 146
  Panel de rendimiento 146
  Copias de seguridad 147
  ¿Cuándo elegir Fabric SQL Database? 148
Cosmos DB 148
  Breve introducción a Cosmos DB 149
  Crear un elemento Cosmos DB 150
  Ejemplos de consultas NoSQL 151
  Conexión desde fuera de Fabric 155
  Replicación a OneLake 155
  Resumen de métricas 156
  ¿Cuándo elegir Fabric Cosmos DB? 156

10. Flujos de datos Gen2 158

Diferencias con los flujos de datos Gen1 159
Crear un elemento flujo de datos Gen2 160
Plantilla de Power Query 161
Mejoras en la interfaz de usuario 162
Pasos de consulta solo en vista previa 163
Almacenamiento provisional 163
  Staging storage 164
  Staging Compute 164
  Configuración 165
Destinos de datos 165
  Asignación del destino a una consulta 166
  Destino predeterminado 170
Copia rápida 170
  Requerimientos 170
Evaluador moderno 172
Actualización incremental 174
  Requerimientos del origen 174
  Requerimientos del destino 174
  Configuración 174
  Funcionamiento 175
Parámetros públicos 176
¿Cuándo elegir un flujo de datos Gen2? 177

11. Canalizaciones 178

Crear una canalización 179
Actividades 179
    Crear una actividad 180
    Configuración de una actividad 180
    Ejecución manual de una canalización 181
    Conectores de salida 182
Actividad de copia 183
    Asistente para copia 184
Plantillas 185
Parametrización 186
    Expresiones de canalización 186
    Variables 187
    Parámetros 189
Ejecución automática 191
    Programación 191
    Desencadenadores 191
    Historial de ejecución 192
¿Cuándo elegir una canalización? 192
    Orquestación 193
    Movimiento de datos 193
Trabajo de copia 194
    Crear un trabajo de copia 194
    Asignar a destino 194
    Modo de trabajo de copia 196
    Revisar y guardar 197
    Configuración posterior 197
    ¿Cuándo elegir un trabajo de copia? 198

12. Spark y Python 200

Spark en Fabric 201
    Fabric Runtime 202
    Grupos de Spark 202
    Entornos 207
Python puro en Fabric 208
Cuadernos 209
    Crear un cuaderno 209
    Lenguajes 210
    Celdas 211
    Ejecución 214
    Elementos de datos 215
    Recursos 217
    NotebookUtils 218
    Visual Studio Code 220
Ingesta de datos 221
    API REST 222
    SQL Server 224

DataFrame ... 226
Operaciones con DataFrame ... 226
Evaluación diferida ... 228
Data Wrangler ... 228
Otras bibliotecas ... 230
Carga de datos desde un Lakehouse ... 231
Leer un archivo CSV ... 232
Leer un archivo Parquet ... 233
Leer un archivo JSON ... 234
Leer una tabla ... 235
Exploración ... 235
Mostrar el esquema ... 235
Contar las filas ... 236
Mostrar las primeras filas ... 236
Contar valores únicos ... 236
Contar valores nulos ... 236
Estadísticas básicas ... 236
Transformación ... 237
Seleccionar y renombrar columnas ... 237
Columnas calculadas ... 237
Derivadas de fechas ... 238
Ejecutar un cuaderno con NotebookUtils ... 238
Combinar dos tablas ... 238
Dimensión Producto ... 239
Escritura hacia un Lakehouse ... 239
Modos de escritura ... 240
Particionado ... 240
Actualización del esquema ... 241
Orquestación ... 241
Comando mágico %run ... 242
Ejecutar un cuaderno con NotebookUtils ... 243
Ejecutar varios cuadernos con NotebookUtils ... 244
Visualización ... 248
Trabajos Spark ... 251
Funciones de datos de usuario ... 253
Crear una UDF ... 254
Probar la función ... 256
Conexiones ... 257
Añadir una nueva columna ... 258
Ejecutar la función desde un cuaderno ... 259
¿Cuándo elegir Spark o Python puro? ... 261

13. Elementos de inteligencia en tiempo real ... 262

Eventstream ... 264
Crear un Eventstream ... 265
Orígenes de datos ... 266
Transformaciones ... 271

Destinos 274
Vista en vivo 277
Panel en tiempo real 280
Crear un panel 280
Orígenes de datos 281
Mosaicos 282
Páginas 283
Parámetros 283
Actualización automática 284
Activador 285
Funcionamiento 285
Crear un activador 286
Obtener datos 287
Crear un objeto 288
Crear una regla 289
Centro en tiempo real 290

14. Elementos de ciencia de datos 292

Predicción con la biblioteca Prophet 293
Clasificación con la biblioteca MLlib 295
Ciclo de vida de un modelo con MLflow 297
El elemento Experimento 300
Lista de ejecución 300
Guardar como modelo de ML 301
Crear un experimento vacío 303
El elemento Modelo de ML 303
Aplicar esta versión 305
Crear un elemento Modelo de ML con MLflow 306
Crear un modelo de ML vacío 307
AutoML 307
Funciones de IA 309
Funciones disponibles 310
Ejemplos 311
Configuración de OpenAI 315
Agentes de datos 315
Funcionamiento 316
Configuración 316

15. Gestión de la capacidad 320

Operaciones 321
Throttling, *bursting* y *smoothing* 322
Escalabilidad automática en Spark 323
Centro de supervisión 324
Capacity Metrics 326
Chargeback 329
FUAM 329

16. El modelo semántico en Fabric 332

Modos de almacenamiento 333
Crear un modelo semántico Importar o DirectQuery 334
Estrategia Fabric ETL *low cost* 334
Direct Lake 335
Enmarcar 335
Transcodificación 337
Temperatura de las columnas 337
Limitaciones 338
Direct Lake en OneLake 338
Direct Lake en SQL 340
¿Cuándo elegir Direct Lake? 342
Semantic Link 342
Utilizar la librería 343
Listar los modelos semánticos del área de trabajo 343
Listar las tablas del modelo semántico 344
Obtener los datos de una tabla 344
Relaciones del modelo 345
Medidas DAX del modelo 346
Evaluar una medida DAX 347
Comando mágico %%dax 349
Semantic Link Labs 349

17. Copilot en Fabric 352

Requerimientos de licencia y configuración 353
Procesamiento y almacenamiento de datos fuera de la región 354
Capacidades de Fabric Copilot 354
Copilot en el flujo de datos Gen2 355
Obtener datos 355
Otras opciones de ayuda 355
Copilot en las canalizaciones 360
Ingesta de datos 361
Transforme sus datos 362
Resumir esta canalización 363
Solucionar errores de canalizaciones 363
Copilot en el cuaderno 366
Copilot desde el panel de chat 366
Copilot desde una celda de código 370
Copilot en el Warehouse 372
Copilot desde el panel de chat 372
Copilot desde el editor de consultas 374
Sugerencias para usar Copilot en Warehouse 378

18. Proyectos 380
Proyecto 1: Análisis básico 381
Objetivos 381
Arquitectura 381
Flujo de trabajo 382
Proyecto 2: Arquitectura Medallion 384
Objetivos 384
Arquitectura 384
Flujo de trabajo 386
Proyecto 3: Ingesta con trabajos de copia y cuaderno 389
Objetivos 389
Arquitectura 389
Flujo de trabajo 390
Proyecto 4: Ingesta con canalización 392
Objetivos 392
Arquitectura 392
Flujo de trabajo 393
Proyecto 5: Transformación y modelado con cuadernos Spark 395
Objetivos 395
Arquitectura 395
Flujo de trabajo 396
Proyecto 6: Arquitectura Medallion con Warehouse en la capa Oro 398
Objetivos 398
Arquitectura 398
Flujo de trabajo 399
Proyecto 7: Almacén de datos 401
Objetivos 401
Arquitectura 401
Flujo de trabajo 402
Proyecto 8: ETL low cost 404
Objetivos 404
Arquitectura 404
Pausar y reanudar la capacidad 405
Transformación y modelado con Python puro 405
Proyecto 9: Inteligencia en tiempo real 407
Objetivos 407
Requerimientos 407

Índice alfabético 410

Cómo usar este libro

Introducción

Microsoft Fabric fue anunciada en versión preliminar en mayo de 2023 y alcanzó su disponibilidad general en noviembre del mismo año. Nosotros entendimos enseguida la importancia de esta plataforma dentro del ecosistema de datos de Microsoft, el tremendo impulso que podía dar a desarrollos actuales y las bases que sienta para el futuro, por lo que comenzamos a estudiarla y a probarla.

Hay dos aspectos que rápidamente nos llamaron la atención: la separación entre el almacenamiento y los elementos de cómputo, y la firme apuesta por formatos de datos abiertos.

En junio de 2023 fuimos al evento Power BI Days de Alicante, donde Miguel Llopis, PM de Power BI y Fabric en Microsoft, hizo una de las primeras presentaciones de la plataforma en España, si no fue la primera.

Una semana después hicimos nuestra primera presentación sobre Microsoft Fabric en el evento Power Platform Madrid, con el título "ETL con Fabric". Estaba dirigida a quienes usaban Power Query y querían conocer las nuevas posibilidades que ofrece esta plataforma.

En septiembre presentamos nuestra segunda charla sobre Microsoft Fabric, en el evento Power BI Days de Mallorca. En esta ocasión, hablamos sobre inteligencia en tiempo real, un tema que nos apasiona y sobre el que ya habíamos hecho anteriormente varias presentaciones, pero utilizando Power BI y Azure Synapse.

En febrero de 2024 nos presentamos en el evento Power BI Days de Málaga con la charla "ETL low cost con Fabric. ¿Es factible?", donde expusimos un caso de uso que aprovechaba la potencia de Microsoft Fabric para ingestar, transformar y modelar los datos, pero el modelo semántico y los informes se mantenían con licencias de Power BI. Esto permite "apagar" Fabric cuando no se esté usando y posibilita su uso con un presupuesto ajustado. De aquí salió una serie de blogs que escribimos sobre el tema.

También en febrero de 2024 presentamos una sesión introductoria a Microsoft Fabric en el evento Global Power Platform Bootcamp 2024. La charla tuvo muy buena acogida y nos motivó a iniciar una serie de vídeos en vivo en nuestro canal de YouTube que denominamos "Directos de los jueves", que se mantuvieron desde abril hasta septiembre.

Todos estos contenidos están agrupados en esta página: `https://www.dataxbi.com/fabric/`.

En enero de 2025, junto a Ana María Bisbé, lanzamos la iniciativa ADN Fabric, en la que hacemos sesiones en vivo cada dos semanas con temas de Microsoft Fabric. Por cierto, ADN son las iniciales de nuestros nombres: Ana, Diana y Nelson.

Además de estas charlas, hemos impartido varios cursos y talleres sobre Microsoft Fabric, y hemos desarrollado proyectos para nuestros clientes.

Este libro recoge parte de lo que hemos aprendido durante este tiempo, y nos hemos esforzado por hacértelo llegar de una forma clara y didáctica. Esperamos que te sea útil.

A quién está dirigido

Este libro está dirigido a profesionales que quieran tener un primer acercamiento con Microsoft Fabric, ya sea que tengan alguna experiencia con herramientas de Microsoft o no.

En algunos casos, asumimos que ya conocen Power BI, pero no es imprescindible.

Nuestra intención es que, después de leer los primeros capítulos, que son introductorios, entres a Microsoft Fabric y vayas probando lo que te vamos explicando.

En Microsoft Fabric hay muchos caminos a seguir y con este libro queremos darte una guía para ayudarte a elegir el tuyo.

Qué no cubrimos en este libro

En este libro presentamos los conceptos fundamentales de Microsoft Fabric y los elementos más importantes, pero la plataforma está en constante evolución, por lo que cuando empieces a utilizarla te encontrarás novedades que no hemos cubierto en este libro. Por ejemplo, hace unas semanas se han incorporado dos nuevos elementos de inteligencia en tiempo real, los mapas y los grafos, que no hemos podido incluir.

Hay tres aspectos importantes que no hemos cubierto: la seguridad, la administración y el ciclo de vida de los proyectos. Sobre la seguridad, explicamos algunos aspectos básicos de manera general. Sobre la administración, explicamos algunas configuraciones puntuales asociadas a algún elemento y realizamos una introducción a algunas herramientas de monitoreo. En cuanto al ciclo de vida, que incluye pasar de una prueba de concepto a desarrollo, luego a *testing* y finalmente a producción, junto con el control de cambios, no lo hemos abordado en este libro.

Los tres aspectos anteriores son muy importantes en los proyectos reales y Microsoft Fabric cuenta con herramientas para implementarlos, pero en este libro introductorio preferimos no incluirlos.

Cómo está organizado

El libro tiene 18 capítulos que pueden agruparse en cuatro partes, aunque no exista esta división en el índice.

Una primera parte introductoria que abarca los capítulos del 1 al 4, donde se pone en contexto la plataforma Microsoft Fabric y se explican sus fundamentos. En el capítulo 1, se hace un recorrido rápido por la historia para fundamentar por qué consideramos que es una plataforma moderna y preparada para el futuro. En el capítulo 2, explicamos los conceptos fundamentales de la plataforma. En el capítulo 3, mostramos los elementos principales de la interfaz usuario. Y el capítulo 4 se lo dedicamos a OneLake, que consideramos que es la columna vertebral de Microsoft Fabric.

En la segunda parte, se explican los elementos individuales de la plataforma y abarca desde el capítulo 5 hasta el 14. En los capítulos 5 al 8, explicamos los elementos de almacenamiento, y del 10 al 14 explicamos los elementos que se utilizan en la ingesta, la transformación, la orquestación, el análisis en tiempo real y la ciencia de datos. Algunos capítulos son dedicados a un único elemento y en otros se agrupan varios elementos. Por ejemplo, en el capítulo 12 hemos agrupado Spark y Python; en el capítulo 13 se agrupan los elementos de inteligencia en tiempo real; y en el capítulo 14 se agrupan los elementos de ciencia de datos.

La tercera parte son los capítulos 15, 16 y 17, donde se explican diferentes aspectos. En el 15, hacemos una introducción a la gestión de la capacidad Fabric. En el capítulo 16, explicamos qué aporta Fabric al modelo semántico de Power BI. Y en el capítulo 17 mostramos cómo usar Copilot en varios de los elementos de la plataforma.

La cuarta y última parte es el capítulo 18, que contiene varios proyectos donde se utilizan los elementos de Fabric para construir soluciones. Cada proyecto tiene el diagrama de la arquitectura y referencias a los capítulos de los componentes utilizados. En algunos proyectos ofrecemos acceso a los datos e instrucciones para desarrollarlos, mientras que otros son orientativos.

Convenciones tipográficas

Como cualquier otro libro, este se encuentra dividido en capítulos que cuentan con diferentes apartados, cada uno de ellos encabezado por sus correspondientes títulos. Además, en el texto se utilizan ciertos estilos o tipografías específicas con el objetivo de hacer su lectura más rápida, facilitando la identificación de elementos como las opciones de menú, nombres de funciones, etc. Estos estilos son:

- *Cursiva*: Es un tipo que se usa para diferenciar términos anglosajones o de uso poco común. También se usa para destacar algún concepto.
- **Negrita**: Le ayudará a localizar rápidamente elementos como las combinaciones de teclas y nombres de botones. Por ejemplo, **Aceptar** para hacer referencia a un botón con ese título.
- `Monoespacio`: Diferencia elementos como los nombres de archivos y carpetas, las URL y el código (variables, funciones, etc.).
- Menús y comandos: Destaca sobre el texto todos los elementos relativos a interfaz de usuario, como puede ser una opción de menú, un comando o título de una ventana, etc.

También encontrará a lo largo del libro recuadros con elementos destacados sobre el texto normal, comunicándole de manera breve y rápida algún concepto relacionado con lo que está leyendo, un truco o advirtiéndole de algo. Estos recuadros serán:

NOTA:

Las notas se usan para aclarar un concepto que está utilizándose en el texto, facilitar información relacionada y tareas similares.

Archivos usados de ejemplo en el libro

En algunos capítulos mostramos ejemplos de código, hacemos algún ejercicio con archivos de datos o damos instrucciones de conexión. Los puede descargar desde la web de Anaya Multimedia (`http://www.anayamultimedia.es`). Para acceder, debemos dirigirnos al botón Selecciona Complemento de la ficha del libro, donde podremos descargar todos los ejemplos desarrollados para esta obra. También hemos creado un repositorio en GitHub donde se pueden descargar estos materiales: `https://github.com/dataxbi/LibroFabric`.

En el momento que se necesite el recurso, se indica dónde localizarlo.

1

¿Qué es Microsoft Fabric?

En este capítulo aprenderás a:

- Entender Microsoft Fabric a partir de la evolución de las arquitecturas de datos analíticos.
- Cómo enfocar el aprendizaje de Fabric según tu rol profesional.
- La relación de Fabric con Power BI y con Azure.
- Tipos de licencias de Fabric.
- Cómo activar una licencia de prueba.

Una breve historia

Para poder entender mejor qué es Microsoft Fabric, haremos un breve resumen de algunos conceptos sobre el almacenamiento de los datos analíticos y sobre la integración y la gobernanza.

NOTA:

En lo sucesivo, emplearemos el término "Fabric" para simplificar la referencia a Microsoft Fabric.

Almacenamiento

Comencemos con el almacenamiento y, para ello, os invitamos a un viaje en el tiempo con tres paradas, como se muestra en la figura 1.1.

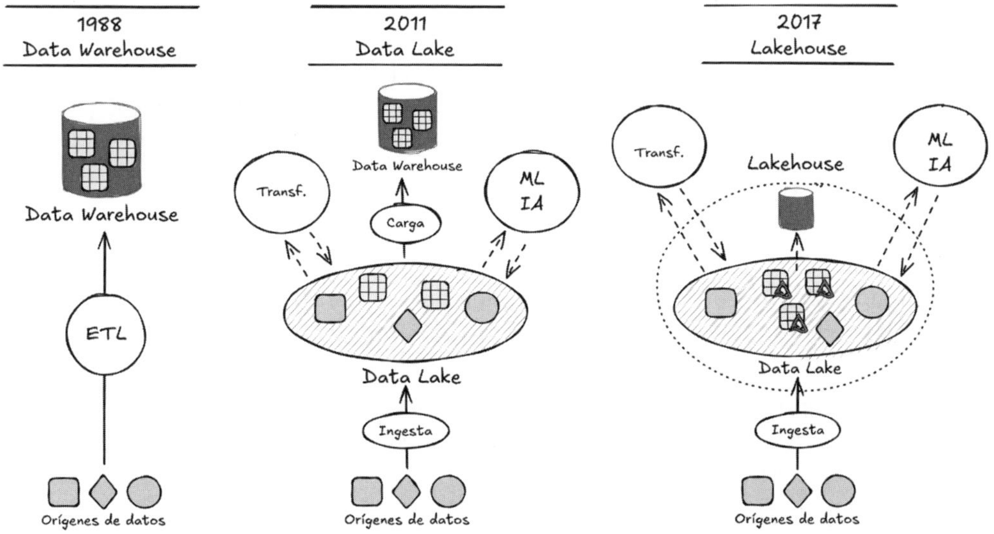

Figura 1.1. Evolución desde el Data Warehouse hasta el Lakehouse.

Data Warehouse

A finales de la década de los ochenta, aparecieron las primeras implementaciones del Data Warehouse como un repositorio donde concentrar los datos utilizados en la inteligencia de negocios y que está separado de los datos operacionales, por lo que hay que implementar un proceso que extraiga los datos desde los orígenes, los transforme y los cargue en el Data Warehouse. Dicho proceso se conoce con el nombre de ETL por las siglas en inglés (*Extract, Transform, Load*).

En la práctica, un Data Warehouse es una base de datos SQL que sigue una estructura que se conoce como modelo dimensional, donde hay tablas de hechos y tablas de dimensiones organizadas en un esquema en estrella. Si has trabajado con Power BI, seguro que esto te suena familiar porque es el mismo principio utilizado al diseñar un modelo semántico.

Data Lake

Avanzamos en nuestro viaje y llegamos a principios de la década de 2010, cuando surge el Data Lake a partir de la aparición de los sistemas distribuidos de archivos y de las plataformas en la nube, que permiten almacenar grandes volúmenes de datos de manera segura y a bajo coste. Mientras en un Data Warehouse se almacenan datos estructurados, en un Data Lake se almacenan datos de todo tipo: estructurados, semiestructurados y no estructurados, que se ingieren desde los orígenes de datos.

Una vez que los datos están en el Data Lake, se pueden seguir transformando y volverlos a almacenar en el Data Lake con otra estructura o también se pueden cargar en un Data Warehouse o se pueden utilizar para entrenar modelos de aprendizaje automático.

Lakehouse

Terminamos este breve recorrido a finales de la misma década del 2010 con la aparición del Lakehouse, palabra que se forma a partir de unir y contraer los términos "Data Lake" y "Data Warehouse", porque aquí el Data Warehouse se transforma, separándose el motor donde se ejecutan las consultas SQL de los datos, que ahora se almacenan en un Data Lake junto al resto de los datos, lo que facilita que puedan ser utilizados por otros motores para seguir transformándolos o para entrenar modelos de aprendizaje automático.

En un Lakehouse, los datos estructurados se suelen almacenar en un formato de archivo optimizado para hacer consultas de una manera muy eficiente y, además de los datos, utiliza metadatos para tener una funcionalidad equivalente a una tabla en una base de datos SQL. Por lo general, los datos en un Lakehouse se organizan siguiendo una estructura conocida como "arquitectura Medallion", que consiste en transformar los datos por etapas: se parte de los datos sin procesar y se van refinando hasta obtener un producto final. En cada etapa se guarda una versión de los datos, lo que da lugar a distintas capas.

La explicación más habitual de esta arquitectura utiliza tres capas con nombres metálicos: Bronce, Plata y Oro. Estos nombres transmiten muy bien la idea de que los datos, como los metales, se van depurando progresivamente. Sin embargo, en la práctica puede haber más (o menos) capas y con otros nombres más acordes a las necesidades específicas del proyecto.

Integración y gobernanza

En cuanto a la integración y la gobernanza de los datos, hay tres conceptos que queremos mencionar, que mostramos en las figuras 1.2, 1.3 y 1.4.

Hub y spoke

El *hub* (figura 1.2) es un gran repositorio central donde se cargan los datos después de extraerlos desde los distintos orígenes y transformarlos para que tengan la estructura apropiada, que actúa como la "fuente única de la verdad" (*Single Source of Truth*). Los *spoke* son réplicas de pedazos de ese gran repositorio, que se utilizan para analizar un tema específico del negocio.

Los datos fluyen desde los orígenes hacía el *hub* y se distribuyen hacia los *spokes*. Hay un equipo central que es el encargado de preparar los datos y también de su gobernanza. Por ejemplo, en una gran empresa hay un Data Warehouse con todas las tablas de hechos y de dimensiones, y para los departamentos se preparan versiones que contienen solo las tablas de interés. Estás réplicas se conocen como Data Marts.

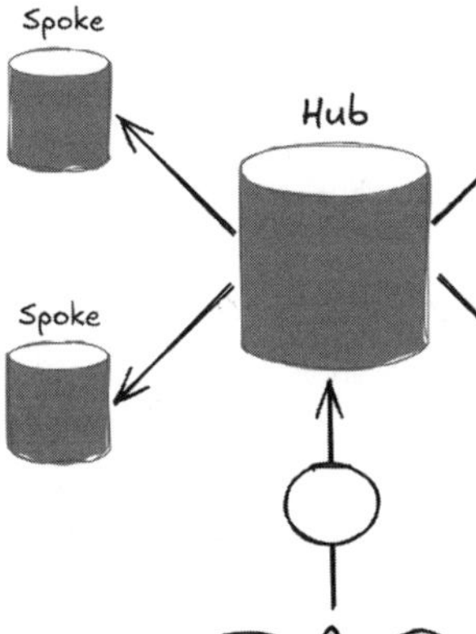

Figura 1.2. *Hub* y *spoke*.

En Power BI, un equivalente sería tener un modelo semántico centralizado que se comparte para que se creen informes a partir de él o incluso crear un modelo compuesto. También se puede implementar algo parecido utilizando flujos de datos.

Data Mesh

Data Mesh (figura 1.3) es un concepto reciente que propone descentralizar el procesamiento y la propiedad de los datos para acercarlo a los orígenes y a las personas que mejor los conocen (o los dominan), y se basa en cuatro principios:

- Responsabilidad del dominio.
- Los datos como un producto.
- Plataforma de datos de autoservicio.
- Gobernanza computacional federada.

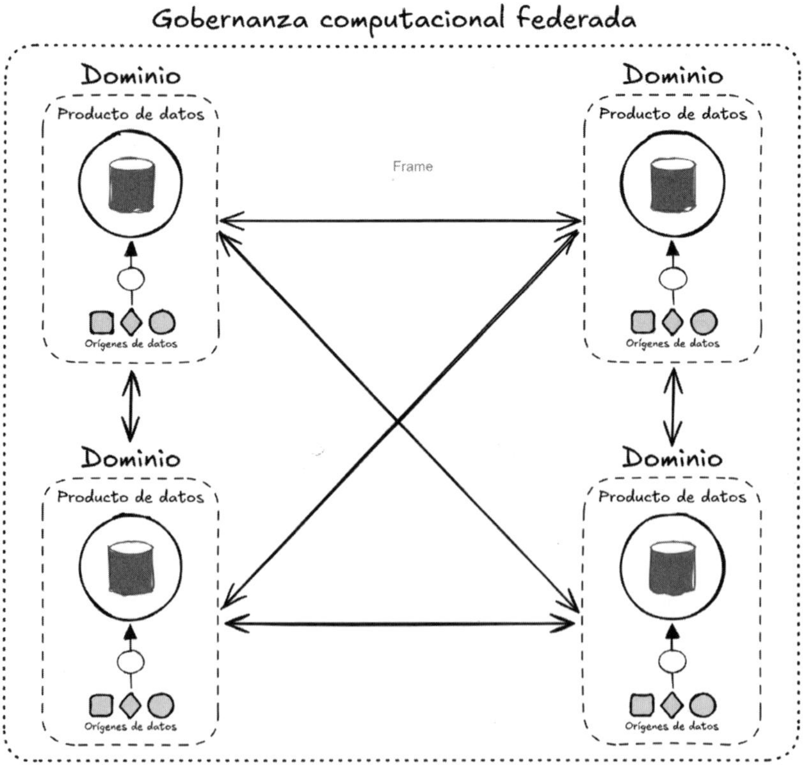

Figura 1.3. Data Mesh.

Por ejemplo, el departamento de mercadotecnia de una empresa podría considerarse un dominio que conoce muy bien sus datos y cómo analizarlos, y tiene la responsabilidad de localizar los orígenes de los datos, procesarlos y crear un producto de datos para que esté disponible para toda la empresa.

En una misma empresa pueden existir varios dominios interconectados entre sí que conforman una malla; de esta metáfora surge el término "Mesh".

El producto de datos podría ser un modelo semántico y varios informes de Power BI. Pero también podría ser una API o un modelo de aprendizaje automático o un asistente conversacional al estilo ChatGPT.

A nivel de empresa, debe existir una plataforma que facilite a las personas de los dominios conectarse a los orígenes de datos, procesarlos y crear los productos de datos, pero que al mismo tiempo permita establecer las reglas de gobernanza y facilitar el descubrimiento de los productos de datos.

Data Fabric

Data Fabric (figura 1.4) es también un concepto reciente que, en esencia, propone simplificar y democratizar el acceso a los datos a partir de agregar capas de servicio que interconecten los distintos orígenes y procesos de datos y analice sus metadatos de manera automatizada con la ayuda del aprendizaje automático y la inteligencia artificial.

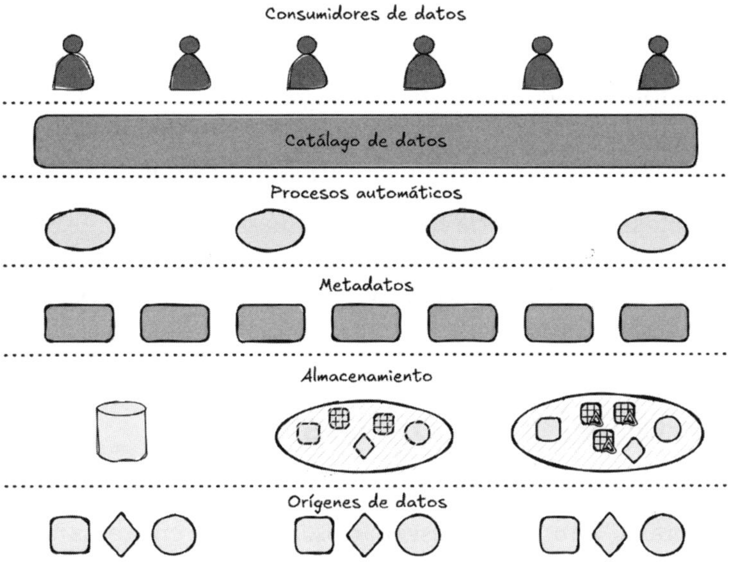

Figura 1.4. Data Fabric.

Imagina un edredón: varias capas cosidas que trabajan al unísono para ofrecer calidez y confort. Es a ese tejido multicapa al que hace referencia el nombre "Fabric".

Entre los resultados de este proceso automatizado, estarían un catálogo de datos aumentado, un grafo de conocimiento, un motor de recomendaciones o incluso la creación automática de canalizaciones de datos.

En la figura 1.4 estamos representando un proceso que va desde la parte inferior con los orígenes de datos hasta la parte superior con los consumidores de datos y, entre ellos, está la capa de almacenamiento y, sobre estas, varias capas adicionales que corresponderían a Data Fabric.

Conclusión de la historia

Podemos extraer varias conclusiones de los párrafos anteriores:

- Hay una tendencia a separar el motor analítico, por ejemplo, el motor que hace las consultas SQL, de los datos.
- Lo anterior es posible porque hay nuevos formatos de archivos que permiten almacenar los datos estructurados de forma óptima y que además son de código abierto.
- El producto final del análisis de datos ya no es solo un modelo dimensional, sino que hay otros requerimientos, como, por ejemplo, preparar los datos para un agente conversacional.
- Hay varias formas de organizar los datos en una empresa, que van desde tenerlo todo centralizado a dar autonomía a los departamentos para que creen sus productos de datos, pero también se puede llegar a un punto intermedio.

¿Y qué relación tiene esta historia con Fabric? Pues bien, Fabric es una plataforma que nos proporciona herramientas para implementar muchos de los escenarios que mencionamos antes, de forma relativamente sencilla y a través de una interfaz muy similar a la de Power BI.

Fabric según tu rol profesional

Las herramientas de Fabric son muy diversas, porque es una plataforma flexible capaz de adaptarse a múltiples escenarios. Pero esa misma amplitud puede resultar abrumadora al inicio, con tantas opciones que a veces no sabemos por dónde empezar, y corremos el riesgo de caer en la "parálisis por análisis".

Para evitarlo, te recomendamos que no intentes dominar todo de golpe. En su lugar, céntrate en las herramientas que necesites para el rol que desempeñas (o para el que aspiras). Ten en cuenta que muchas tareas se pueden resolver con distintas herramientas, así que elige la que mejor se adapte a tu proyecto. También verás que una misma herramienta puede servir en varios contextos.

Para que te sirva de referencia, a continuación, enumeramos los roles más comunes en proyectos de analítica de datos y analizamos su relación con Fabric. Esta lista no es exhaustiva y excluimos roles de aspectos que no se abarcan el libro, como por ejemplo los especialistas en gobernanza o en visualizaciones.

Arquitecto de datos

El arquitecto de datos es el responsable de diseñar la estructura global del proyecto y de decidir las herramientas a utilizar. Por lo tanto, necesita un conocimiento general de Fabric, saber para qué utilizar cada herramienta y qué elementos hay que tener en cuenta a la hora de escoger una herramienta entre las opciones disponibles.

Ingeniero de datos

El ingeniero de datos es el que construye y mantiene los procesos que traen los datos desde sus orígenes, los limpia y los transforma. Tiene que garantizar la robustez de estos procesos para minimizar los errores y, en caso de que ocurran, generar registros y alertas.

En Fabric encontrará herramientas propias de Microsoft, que le serán familiares si conoce Microsoft Azure, pero también podrá trabajar con Python, Spark o con SQL.

Ingeniero analítico

El ingeniero analítico es un híbrido entre el analista de negocio y el ingeniero de datos, y es un rol muy habitual en los proyectos con Power BI donde utiliza Power Query para transformar los datos y construir el modelo dimensional; también tiene conocimientos de DAX para crear las medidas.

Este rol se sentirá a gusto en Fabric porque tiene las mismas herramientas, pero también tiene una versión mejorada de los flujos de datos y más opciones para trabajar con los modelos semánticos en el servicio y seguro que se animará a utilizar otras herramientas.

Científico de datos

El científico de datos utiliza el aprendizaje automático y la inteligencia artificial para hacer análisis predictivos y prescriptivos y su principal herramienta de trabajo son los cuadernos (*Notebooks*) con Python o Spark.

En Fabric tiene a su disposición esos mismos cuadernos, así como muchas de las librerías Python que necesita y con la posibilidad de instalar otras. También encontrará un entorno basado en MLflow, donde puede definir los experimentos y manejar todo el ciclo de los modelos, que a su vez podrán ser utilizados por otras herramientas.

Fabric y Power BI

Power BI es uno de los componentes de la Power Platform, junto a otras herramientas enfocadas al usuario de negocios, como Power Apps o Power Automate. Y ahora Power BI también es uno de los componentes de Fabric (figura 1.5).

Esta dualidad nos parece bien, porque entendemos que hay muchos proyectos donde se va a seguir utilizando Power BI sin Fabric, como también habrá proyectos de Fabric que no utilizarán Power BI.

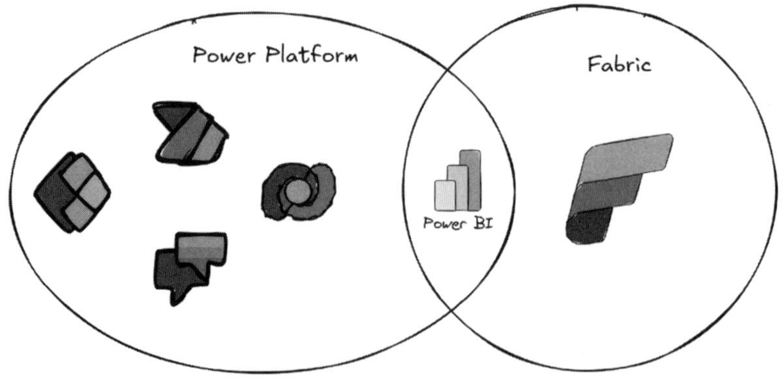

Figura 1.5. Fabric y Power BI.

Fabric y Azure

Fabric está alojado en Azure, que es la nube de Microsoft, y hace uso de sus servicios de conectividad, seguridad y de almacenamiento. Algunas de las herramientas de Fabric han evolucionado desde servicios que existen en Azure o utilizan directamente algunos servicios de Azure.

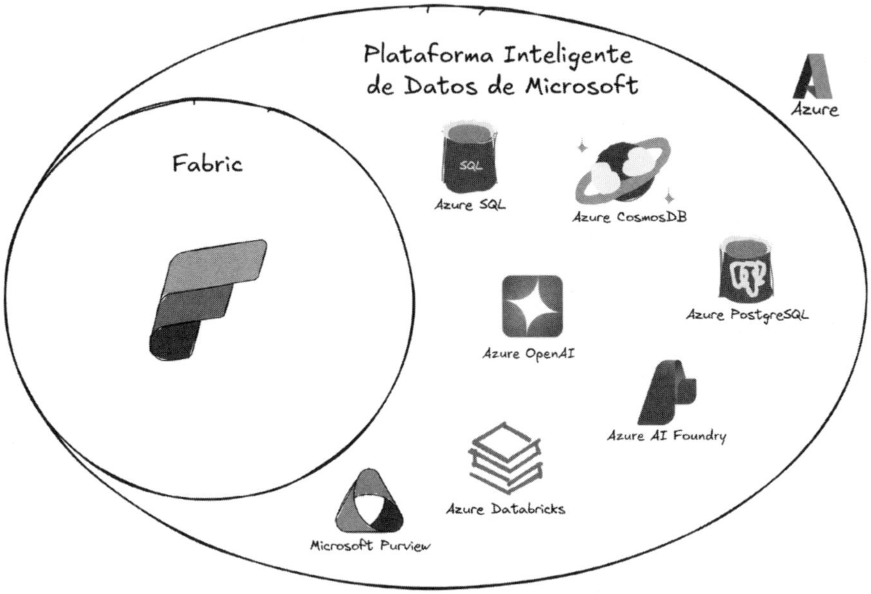

Figura 1.6. Fabric y Azure.

Además, Fabric es parte de algo más grande llamado Plataforma Inteligente de Datos de Microsoft, donde se agrupan todas los productos y servicios de Azure para el trabajo con los datos, por ejemplo, como se muestra en la figura 1.6: bases de datos como Azure SQL o Cosmos DB o Azure PostgreSQL, servicios de IA como Azure OpenAI o Azure Foundry, el servicio de análisis de datos Azure Databricks y el servicio de gobernanza de datos Microsoft Purview.

Al ser parte de la misma plataforma, se logra un gran nivel de integración entre Fabric y estos servicios.

Licencias

Las licencias de Fabric están asociadas a una capacidad, que es el nombre que reciben los recursos de procesamiento y memoria disponibles para que las herramientas ejecuten sus tareas.

Si vienes de Power BI, las licencias de Fabric son similares a la licencia *Premium* por capacidad que existía en Power BI. De hecho, ya no es posible adquirir nuevas licencias Power BI Premium por capacidad y las empresas que tienen contratos vigentes deben migrar a una licencia Fabric cuando se venza el contrato.

Hay tres modalidades de licencias de Fabric:

- Licencia de prueba.
- Pago por uso.
- Reserva.

La **licencia de prueba** es gratuita y la podemos utilizar durante 60 días para aprender o para hacer pruebas de concepto o simplemente para probar lo que ofrece Fabric. Esta licencia se puede activar desde el servicio de Power BI, y en el próximo apartado explicamos cómo hacerlo.

La **licencia de pago por uso** se compra en Azure y se puede cancelar en cualquier momento porque no hay ningún compromiso de permanencia. Además, tenemos la posibilidad de pausarla cuando no la necesitemos y durante el tiempo que esté en pausa no se cobra.

La modalidad de **reserva** también se compra en Azure. Tiene un compromiso de permanencia de un año y a cambio se aplica un descuento de un 40 % con relación al precio del pago por uso. Con esta modalidad los costes son similares a los de Power BI Premium por capacidad.

Hay varios niveles de capacidad y por tanto de precio: F2, F4, F8, F16 y así hasta la F2048. Para dar una idea, una capacidad Fabric F64 es equivalente en rendimiento y en precio a una capacidad Power BI Premium P1. La F2 es una capacidad con unos recursos muy modestos, pero a un precio bastante razonable, que se puede utilizar en proyectos pequeños. La licencia de prueba tiene una capacidad equivalente a una F64.

En la figura 1.7 te mostramos los distintos niveles (SKU) con su equivalente en Power BI y te damos una idea de los precios, primero el precio mensual con reserva, luego el precio mensual en pago por uso si no se pausa en ningún momento y en la última columna el precio por hora en pago por uso, aunque en realidad el metraje se hace por segundo.

Los precios están en euros y son solo para referencia, porque varían por región geográfica y también dependen de la tasa de cambio. Los precios actualizados los puedes ver en esta página: `https://azure.microsoft.com/es-es/pricing/details/microsoft-fabric/`. El precio por hora lo mostramos porque hay escenarios donde se puede utilizar una capacidad solo durante un periodo de tiempo, por ejemplo, para hacer una ETL y luego pausarla. O también se podría tener un nivel de capacidad, digamos una F64, y en determinados periodos de tiempo aumentar el nivel a una F128 porque hay un pico en la carga. Pero estos son escenarios avanzados, que por ahora requieren hacer un desarrollo propio para poder manejar la capacidad de una forma dinámica.

SKU Fabric	SKU Power BI	Precio Mes con Reserva	Precio Mes Pago por uso	Precio Hora Pago por uso
F2		€ 183	€ 308	€ 0,42
F4		€ 366	€ 616	€ 0,85
F8	EM/A1	€ 733	€ 1.232	€ 1,69
F16	EM2/A2	€ 1.466	€ 2.465	€ 3,38
F32	EM3/A3	€ 2.932	€ 4.930	€ 6,76
F64	P1/A4	€ 5.864	€ 9.861	€ 13,51
F128	P2/A5	€ 11.728	€ 19.723	€ 27,02
F256	P3/A6	€ 23.457	€ 39.447	€ 54,04
F512	P4/A7	€ 46.914	€ 78.894	€ 108,07
F1024	P5/A8	€ 93.828	€ 157.788	€ 216,15
F2048		€ 187.655	€ 315.576	€ 432,30

Figura 1.7. Precios de Fabric.

El **almacenamiento** en Fabric **se cobra aparte**, aunque es muy barato. Para dar una idea, el precio actual en euros en la región oeste de Europa es de 0,0204 euros por GB al mes.

Hay que tener en cuenta, que para **publicar contenido Power BI** hay que tener una licencia Power BI Pro.

Y para **ver contenido Power BI** también se necesita licencia Power BI Pro para las capacidades F2 a F32. A partir de F64 se puede acceder al contenido Power BI con una licencia gratuita (que es diferente a la licencia de prueba).

Activar una licencia de prueba

Para activar la licencia de prueba de Fabric, debemos tener alguna licencia de usuario de Power BI. La manera más sencilla es entrar al servicio de Power BI y abrir el administrador de cuenta haciendo clic sobre el icono con nuestro avatar que está en la esquina superior derecha, donde veremos un botón que nos permitirá iniciar la prueba. En la figura 1.8 se muestra el administrador de cuenta con el botón y la secuencia de pasos.

Si no se muestra el botón de activación, otra opción para activar la licencia de prueba es entrar en Mi área de trabajo e intentar crear un nuevo elemento del tipo Flujo de datos Gen2, que es una de las herramientas de Fabric, y en ese momento se activa la licencia de prueba.

Si esto tampoco funciona, puede ser que en tu empresa no esté habilitada Fabric o que no dejen crear licencias de prueba o que hayan llegado al límite de las licencias de prueba que se permiten. Te sugerimos que contactes a los responsables de la administración de Power BI o que le preguntes a tus colegas si alguno tiene licencia de prueba para que te cree un área de trabajo que tenga asignada su licencia gratuita y que te dé acceso a dicha área de trabajo.

Figura 1.8. Activar licencia de prueba.

Si no logras tener una licencia gratuita en tu empresa, puedes intentar crear una cuenta de Fabric para ti registrándote en la página `https://app.fabric.microsoft.com` con una dirección de correo de tu propiedad. Ten en cuenta que dicha dirección de correo tiene que pertenecer a un dominio propio y no puede ser de un servicio público de correo como live.com, gmail.com o similares. Tienes que poder recibir correos en dicha dirección porque te enviarán un código de comprobación.

2 Conceptos de Fabric

En este capítulo aprenderás a:

- Qué es un inquilino y cuál es su rol en Fabric.
- Cómo funciona la capacidad y por qué es clave para el rendimiento.
- El rol de los dominios en la organización de los datos.
- El área de trabajo como estructura principal para desarrollar y colaborar en Fabric.
- Clasificación de los elementos de Fabric por funcionalidad y carga de trabajo.
- Principios básicos de seguridad en Fabric.

En este capítulo te explicamos algunos conceptos básicos de Fabric y cómo están relacionados entre ellos formando una jerarquía. Si vienes de Power BI, algunos de estos conceptos te serán conocidos.

La figura 2.1 ilustra un ejemplo de organización donde se aprecia la relación entre estos conceptos.

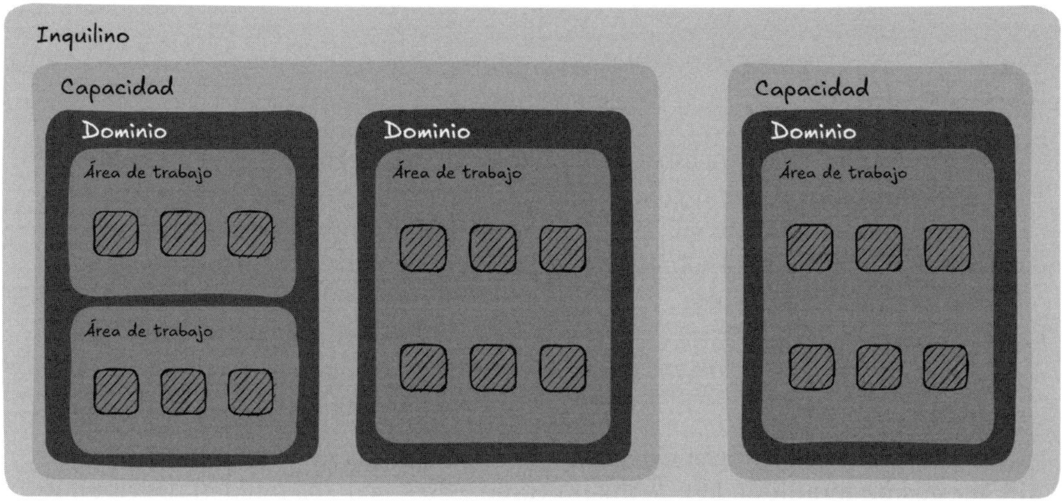

Figura 2.1. Conceptos.

Inquilino

El inquilino es un concepto heredado de Azure y hace referencia al entorno de Microsoft Entra, el servicio que gestiona las identidades y los accesos (antes conocido como Azure Active Directory). Por eso, su nombre completo es Inquilino de Microsoft Entra.

Puedes imaginarlo como un perímetro de seguridad desde el que se controlan los usuarios, los grupos y sus permisos.

Cada inquilino está vinculado a una región geográfica (porque se aloja en un centro de datos de Microsoft) y suele estar asociado a un dominio DNS. Ese mismo inquilino se usa para acceder a varios servicios de Microsoft, como Azure, Microsoft 365 y también Fabric.

Si creaste tu cuenta de Fabric con un dominio propio, lo primero que se generó fue un inquilino de Microsoft Entra en Azure. Solo después se configuró tu acceso a Fabric.

En un inquilino con Fabric siempre hay al menos una capacidad compartida, que no es una capacidad específica de Fabric, sino que se utiliza para alojar elementos asociados a licencias por usuario de Power BI.

En la ilustración de la figura 2.1, se representa un único inquilino mediante el recuadro exterior. No obstante, algunas organizaciones grandes optan por trabajar con varios inquilinos.

Capacidad

La capacidad, como mencionamos al hablar de las licencias, es el conjunto de recursos disponibles, como procesamiento o memoria, para que las herramientas de Fabric puedan ejecutar sus tareas. Existen distintos niveles de capacidad, que van desde F2 hasta F1024. Cuanto mayor es el número, más recursos se asignan... y mayor es también el coste.

Cuando se compra una capacidad o se activa una licencia de prueba, esta se crea dentro de un inquilino. Un mismo inquilino puede tener varias capacidades asignadas.

Como se observa en la figura 2.1, la organización utiliza dos capacidades dentro de un mismo inquilino, lo que ilustra cómo estos recursos pueden distribuirse en la práctica.

La figura 2.2 contiene capturas del portal de Azure con los pasos principales para crear una capacidad de Fabric.

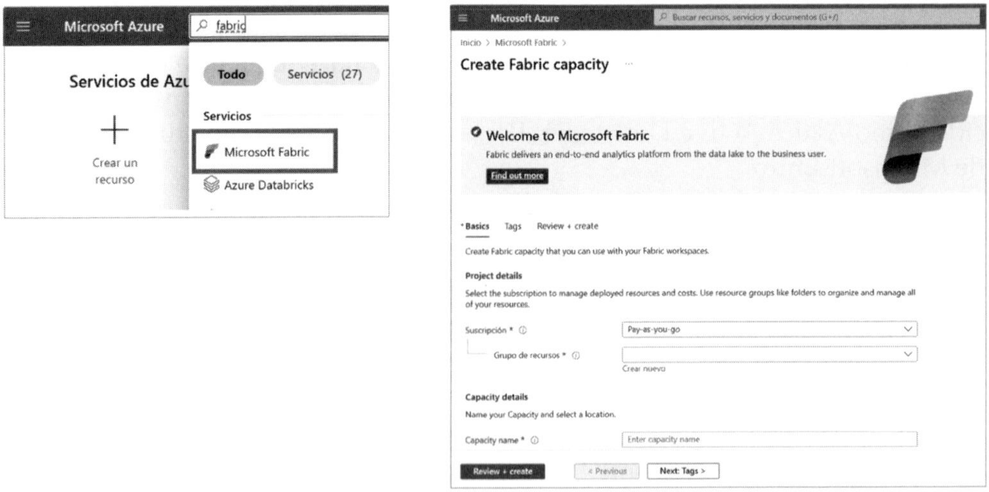

Figura 2.2. Crear capacidad.

Dominio

El concepto de dominio está relacionado con la gobernanza de los datos en una organización, y cobra especial importancia cuando se quiere aplicar un modelo descentralizado como Data Mesh. Podemos entender un dominio como una agrupación lógica que reúne los datos, herramientas y personas necesarias para crear uno o varios productos de datos.

Por ejemplo, en una gran empresa, podría haber un dominio por cada departamento. Y, si dentro de un departamento hay varios equipos o proyectos independientes, también se pueden definir subdominios.

Es importante tener en cuenta que en Fabric el uso de dominios es opcional.

En la figura 2.1 también se visualizan tres dominios distintos: dos de ellos comparten una misma capacidad, mientras que el tercero utiliza una diferente. También es técnicamente posible que un dominio se apoye en varias capacidades, si así se requiere.

En la figura 2.3 puedes ver cómo se crea un dominio desde el Portal de administración de Fabric.

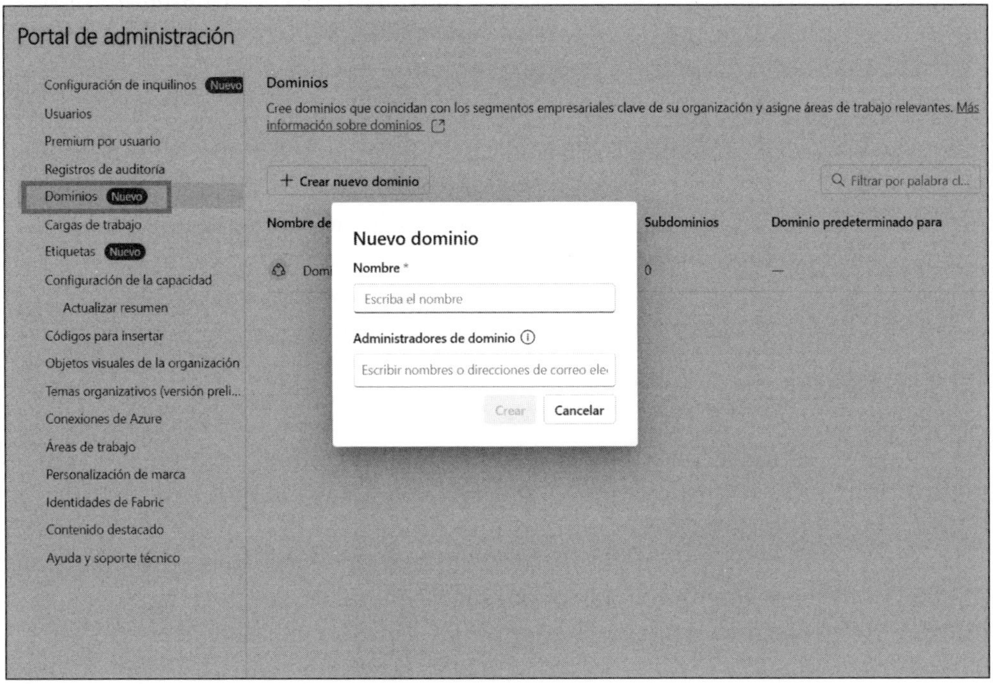

Figura 2.3. Crear dominio.

Área de trabajo

El área de trabajo es el espacio donde se crean y organizan los elementos con los que operamos en Fabric. Puedes imaginarla como una carpeta compartida: cualquier desarrollo que se realice en Fabric necesita estar vinculado a una o varias áreas de trabajo.

Dentro de un inquilino, se pueden crear y gestionar tantas áreas de trabajo como se necesiten. Estas se pueden compartir con usuarios individuales o con grupos, a los que se les asignan roles específicos que determinan qué acciones pueden realizar. Más adelante, en este capítulo, profundizaremos en la parte de seguridad.

Cada área de trabajo está asociada a una capacidad, ya sea una capacidad Fabric o una capacidad compartida, lo cual depende de la licencia que se le haya asignado. Esta asignación también determina qué elementos pueden crearse en su interior. Por ejemplo, si un área de trabajo tiene una licencia Power BI Pro, se ubicará en una capacidad compartida y no permitirá crear elementos propios de Fabric.

Todos los usuarios disponen de un área de trabajo privada llamada Mi área de trabajo, que no se puede borrar ni renombrar. Por defecto, esta área está en una capacidad compartida, aunque se puede mover a otra capacidad si es necesario.

Además, un área de trabajo puede estar asociada a un dominio o subdominio o no pertenecer a ninguno.

En la misma figura 2.1 se representan cuatro áreas de trabajo: tres vinculadas a una misma capacidad y una cuarta asociada a una capacidad diferente.

Elemento

Un elemento es un recurso o herramienta que utilizamos para realizar tareas dentro de Fabric. Todos los elementos se crean y gestionan desde un área de trabajo, y cada elemento pertenece a una única área de trabajo. A partir del capítulo 5 comenzaremos a explicar cada uno de estos elementos con más detalle, pero antes queremos darte una idea general de cómo se agrupan en la interfaz de usuario de Fabric. Existen dos formas principales de agrupar los elementos.

Clasificación por cargas de trabajo

- Data Engineering.
- Data Factory.
- Data Science.
- Data Warehouse.
- Databases.
- Power BI.
- Real-Time Intelligence.

Clasificación por funcionalidad

- Obtener datos.
- Almacenar datos.
- Preparar datos.
- Analizar y entrenar modelos.
- Hacer seguimiento.
- Visualizar.
- Desarrollar.

NOTA:

En este libro seguimos, en general, la clasificación por funcionalidad.

En la figura 2.1 también se aprecian los elementos como recuadros dentro de cada área de trabajo, lo que refleja cómo se estructuran internamente.

En la figura 2.4 verás una lista de los principales elementos, con su icono y su clasificación según el tipo de carga de trabajo y la funcionalidad. Como notarás, algunos elementos encajan en más de una categoría.

	Elemento	Clasificación por carga de trabajo	Clasificación por funcionalidad
	Lakehouse	Data Engineering	Almacenar datos
	Warehouse	Data Warehouse	Almacenar datos
	Base de datos SQL	Databases	Almacenar datos
	Base de datos KQL	Real-Time Intelligence	Almacenar datos
	Flujo de datos Gen2	Data Factory	Obtener datos Preparar datos
	Canalización de datos	Data Factory	Obtener datos Preparar datos
	Trabajo de copia	Data Factory	Obtener datos Preparar datos Hacer seguimiento
	Cuaderno	Data Engineering Data Warehouse	Obtener datos Preparar datos Analizar y entrenar modelos Desarrollar
	Trabajo Spark	Data Engineering	Obtener datos Preparar datos Analizar y entrenar modelos
	Funciones de datos de usuario (UDF)	Data Engineering	Desarrollar
	Trabajo de Apache Airflow	Data Factory	Preparar datos
	Informe	Power BI	Visualizar
	Panel en tiempo real	Real-Time Intelligence	Visualizar
	Flujo de eventos	Real-Time Intelligence	Obtener datos Preparar datos Hacer seguimiento
	Activador	Real-Time Intelligence	Hacer seguimiento
	Modelo de Aprendizaje Automático	Data Science	Analizar y entrenar modelos
	Experimento	Data Science	Analizar y entrenar modelos
	Agente de datos	Data Science	Analizar y entrenar modelos

Figura 2.4. Elementos de Fabric.

Seguridad

En Fabric, la seguridad es un tema muy importante. Y, aunque en este libro no entraremos en demasiados detalles técnicos, sí queremos hacer un repaso de los aspectos más relevantes.

Seguridad de la plataforma

Fabric se ejecuta sobre la nube de Microsoft, Azure, que cuenta con múltiples certificaciones de seguridad otorgadas por organismos internacionales y nacionales. Puedes consultar la lista completa en este sitio: `https://servicetrust.microsoft.com/`.

Como mencionamos antes, al crear una capacidad Fabric se puede elegir la zona geográfica donde se alojarán los datos. Esto es importante si tu organización tiene requisitos de residencia de datos.

Además, en los centros de datos de Microsoft, los datos están cifrados tanto en reposo como durante su transmisión por Internet.

Permisos administrativos

No todo el mundo puede crear capacidades, dominios o decidir cómo se asignan. Estas acciones requieren permisos administrativos específicos que se gestionan desde Azure, Microsoft 365 o el portal de administración de Fabric.

Una capacidad Fabric se compra a través de Azure, y para hacerlo es necesario tener el rol de Dueño o Colaborador en una suscripción de Azure, o bien contar con permisos explícitos sobre el recurso Microsoft.Fabric/capacities.

Para gestionar Fabric es necesario tener el rol de Administrador de Fabric, que antes se conocía como Administrador de Power BI. Este rol se asigna en el centro de administración de Microsoft 365 y permite acceder a todas las configuraciones de Fabric: crear y ver capacidades, definir dominios, supervisar el uso y establecer políticas de gobernanza.

La figura 2.5 muestra el procedimiento para asignar el rol de Administrador de Fabric en el centro de administración de Microsoft 365.

El último permiso administrativo que queremos mencionar es el de Administrador de capacidad, que es la persona encargada de gestionar una capacidad concreta. Puede decidir qué áreas de trabajo se asignan a ella, revisar su consumo y aplicar configuraciones. Este rol lo asigna el Administrador de Fabric desde el portal de administración.

Controles de acceso

Para trabajar con los elementos de Fabric es necesario tener una cuenta en Azure Entra ID con algunas de las licencias que vimos anteriormente. A partir de ahí, se pueden establecer distintos niveles de acceso, que resumimos a continuación.

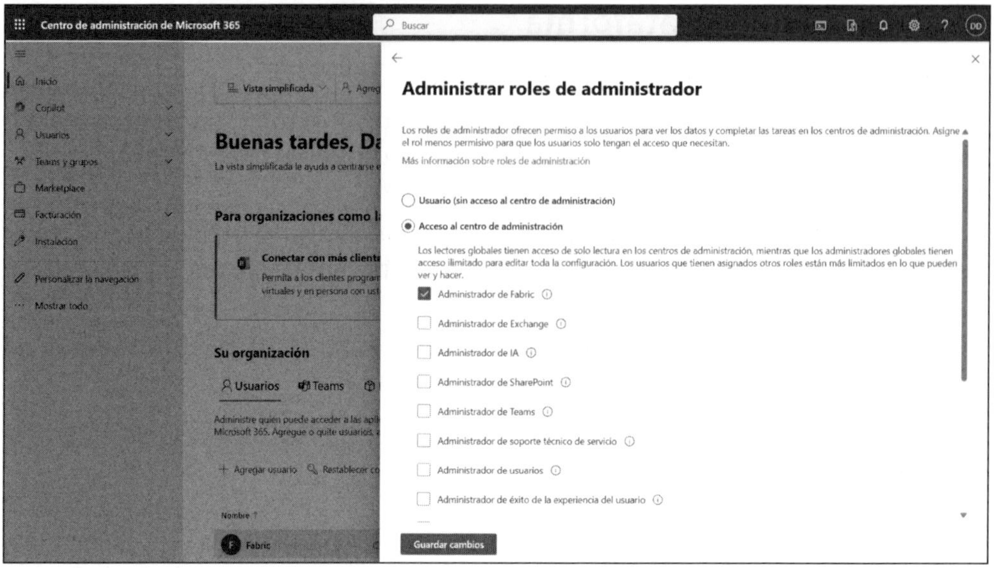

Figura 2.5. Asignar rol.

Área de trabajo

El primer nivel de seguridad es el área de trabajo. Aquí existen cuatro roles de acceso, los mismos que se utilizan en Power BI:

- **Administrador:** Puede hacer todo, incluyendo gestionar permisos.
- **Miembro:** Puede colaborar y publicar contenido.
- **Colaborador:** Puede editar elementos, pero no publicar.
- **Visor:** Solo puede ver los contenidos.

Estos roles pueden asignarse a usuarios individuales o a grupos. Y el acceso al área de trabajo implica acceso a todos los elementos contenidos en ella.

Elemento

El segundo nivel es el de los elementos individuales, que pueden compartirse por separado con usuarios o grupos.

Si vienes de Power BI, te será familiar la idea de compartir un informe o una aplicación. En Fabric ocurre lo mismo y, según el tipo de elemento, se podrá permitir su edición, ejecución o simplemente su visualización. Algunos elementos, en cambio, no permiten compartirse de forma individual.

Objetos de un elemento

En algunos casos, también es posible restringir el acceso a partes concretas de un elemento, por ejemplo, a una carpeta específica o a una tabla dentro de un conjunto de datos.

Fila y columna

El nivel más detallado de seguridad se aplica dentro de las propias tablas. Aquí podemos limitar el acceso a determinadas filas (seguridad a nivel de fila o RLS) o a columnas concretas (seguridad a nivel de objeto o OLS).

Esto ya lo teníamos en Power BI, y en Fabric también está presente en varios de los nuevos elementos de almacenamiento.

3 Navegación en Fabric

En este capítulo aprenderás a:

- Moverte por la interfaz de Microsoft Fabric y entender las principales zonas del portal.
- Usar el panel de navegación y alternar entre la vista de Fabric y Power BI.
- Gestionar las áreas de trabajo, incluyendo el control de acceso.
- Construir flujos de tareas para organizar visualmente los pasos de un proyecto.
- Organizar los elementos en carpetas y aplicar filtros avanzados.

En los capítulos anteriores, hemos explicado varios conceptos que consideramos que son importantes para tener una buena base. Este capítulo inicia la parte práctica del libro, enfoque que seguiremos en adelante.

Si aún no tienes acceso a una licencia de Fabric es un buen momento para registrarte y obtener una licencia de prueba. ¡Adelante, te esperamos!

En este capítulo haremos un recorrido por la interfaz de usuario de Fabric. Si ya has trabajado con el servicio de Power BI, verás muchas similitudes, aunque también te mostraremos características nuevas que son propias de Fabric.

Interfaz de Fabric

Para entrar a Fabric, utilizamos esta URL: `https://app.fabric.microsoft.com`.

Después de validar tu identidad, verás la página de inicio de Fabric, similar a la figura 3.1, que te resultará familiar si conoces Power BI.

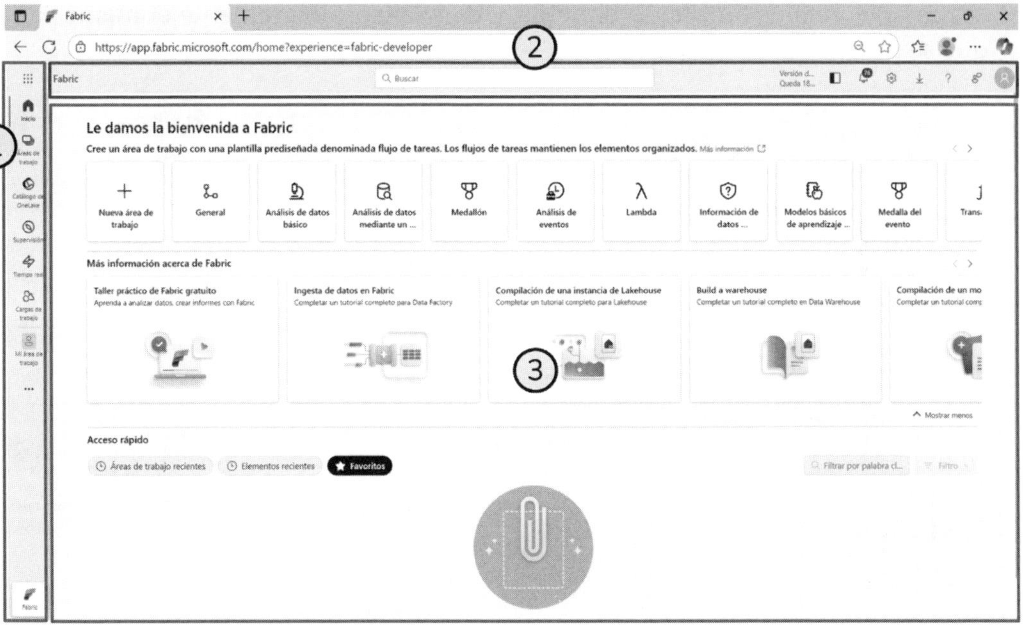

Figura 3.1. Página de inicio de Fabric.

La figura está dividida en tres áreas numeradas:

1. **Panel de navegación:** Nos permite acceder a vistas de los elementos de Fabric como a los recursos.

2. **Encabezado del portal de Fabric:** Contiene el cuadro de búsqueda global, opciones para configurar el portal, descargar aplicaciones, obtener ayuda, ver el perfil del usuario, además de una pestaña por cada elemento de Fabric que se abra.
3. **Lienzo:** Muestra el contenido correspondiente a la opción seleccionada en el panel de navegación. La forma en que se presenta dicho contenido varía en función de la opción elegida.

Panel de navegación

Vamos a detenernos en el panel de navegación, donde se muestra la página principal de Fabric, que se activa con el botón Inicio. Lo primero que vamos a explorar es cómo alternar entre la interfaz de Fabric y la de Power BI. Para hacerlo, utiliza el botón con el icono de Fabric que aparece en la esquina inferior izquierda. Al hacer clic, puedes cambiar entre ambas vistas. Esto se aprecia en la figura 3.2. En esa imagen hemos ampliado el botón y desplazado ligeramente el menú para que se pueda ver con más claridad.

Figura 3.2. Alternar entre Fabric y Power BI.

Si has cambiado a Power BI, utiliza el mismo botón para regresar a Fabric.

En la figura 3.3 se presentan dos vistas del panel de navegación: en la primera se muestra su estado inicial, mientras que en la segunda puede verse un área de trabajo abierta junto con el navegador de objetos desplegado.

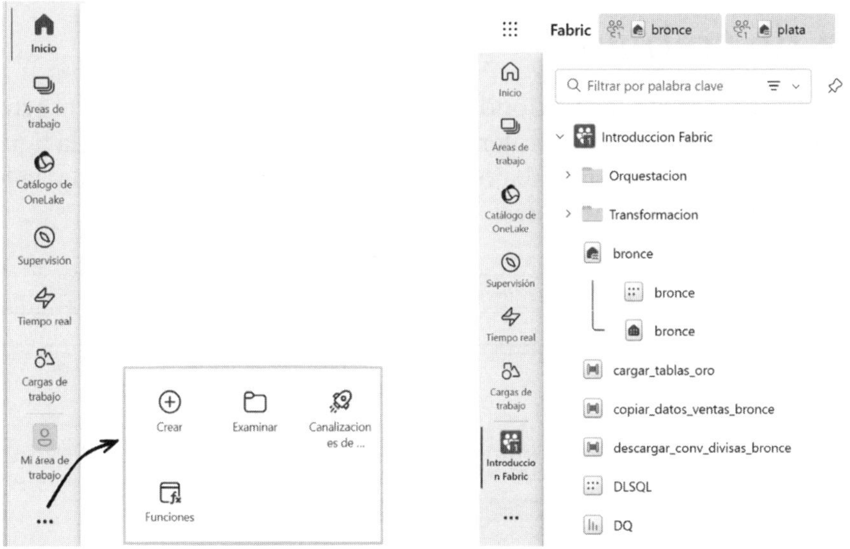

Figura 3.3. Vistas del panel de navegación.

Además de los botones Inicio y Fabric/ Power BI, encontrarás otros botones que iremos explorando a lo largo del libro.

Casi al final del panel hay un botón para acceder a Mi área de trabajo y, justo debajo, aparece otro con tres puntos (...) que da acceso a otros botones ocultos. La cantidad de botones visibles antes de los tres puntos depende del tamaño de la ventana del navegador y de la resolución de pantalla. Utilizando el botón derecho del ratón sobre un botón podemos "anclarlo" al panel de navegación para que esté visible, o "desanclarlo" para que esté oculto.

Cuando se abre un área de trabajo, se añade un nuevo botón al panel, que se sitúa justo antes del botón de los tres puntos. Esto permite trabajar con varias áreas al mismo tiempo y cambiar entre ellas fácilmente.

En la segunda vista del panel de la figura 3.3 se ha abierto un área de trabajo con el nombre Introducción Fabric y se ha hecho clic en su botón del panel de navegación, lo que ha desplegado el navegador de objetos, que muestra todas las áreas abiertas actualmente, junto con sus carpetas y los elementos que contienen. Los elementos que abrimos se muestran en nuevas pestañas del encabezado del portal de Fabric.

Al pasar el cursor sobre un botón de área de trabajo, aparece un pequeño icono en la esquina superior derecha que permite cerrarla. Ten en cuenta que puedes mantener abiertas hasta diez áreas de trabajo a la vez.

Área de trabajo

El área de trabajo es el espacio donde se desarrolla la mayor parte de la actividad en Fabric, por lo que merece una atención especial en este capítulo. En la figura 3.4, hemos entrado a un área de trabajo que contiene algunos elementos y la hemos dividido en tres áreas numeradas:

Figura 3.4. Área de trabajo.

1. Encabezado.
2. Barra de herramientas.
3. Área de visualización.

El área de visualización mostrada en la figura está en la vista de lista, pero podemos cambiar a la vista de linaje utilizando el botón que está al final de la barrea de herramientas (figura 3.5).

Como se mencionó en el capítulo 2, existe un área de trabajo que siempre está disponible: Mi área de trabajo. Está pensada principalmente para realizar pruebas puntuales, pero no resulta adecuada para proyectos que vayan a producción.

Sus opciones de configuración son limitadas, aunque permite cambiar la capacidad asignada. De forma predeterminada, utiliza una capacidad compartida, pero puede asignarse a una capacidad Fabric si es necesario.

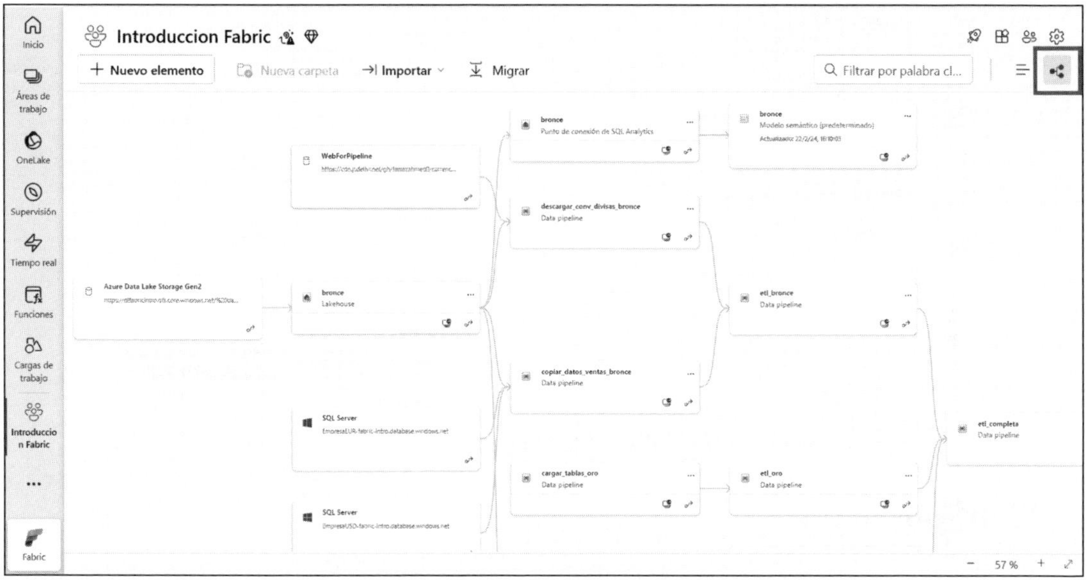

Figura 3.5. Vista de linaje del área de trabajo.

En la página de inicio de Fabric, hay un botón para crear un área de trabajo (ver figura 3.6, la imagen de la izquierda). También se puede hacer desde el botón **Áreas de trabajo** del panel de navegación. Allí se despliega un listado con las áreas disponibles para el usuario.

En la imagen, solo hay dos áreas de trabajo, pero, si el listado fuera más grande, podemos hacer una búsqueda por texto o también podemos marcar algunas áreas de trabajo como favoritas, utilizando un botón que aparece cuando pasamos el cursor por encima del nombre. Si hubiese áreas de trabajo con nombres muy largos, podemos expandir horizontalmente el listado utilizando un botón que está arriba del listado y a la derecha, antes del botón de cerrar el listado.

Al final del listado hay un botón para crear una nueva área de trabajo. Al crearla debemos indicar su nombre y, opcionalmente, una descripción y una imagen. También podemos escoger un dominio y la licencia que queremos asignar al área de trabajo.

Si en algún momento es necesario eliminar un área de trabajo, esta acción se realiza desde las opciones de configuración, que abordaremos a continuación.

Figura 3.6. Crear un área de trabajo.

Configuración

En el encabezado de un área de trabajo, encontrarás un botón de configuración en la esquina superior derecha. Al hacer clic, se abre una pantalla con varias secciones que permiten personalizar el área. En la figura 3.7, puedes ver la ubicación del botón y el aspecto de esta pantalla.

En la sección General, se puede cambiar el nombre del área de trabajo, subir una imagen y añadir una descripción. Al final de esa misma sección hay un botón para eliminar el área. No hay riesgo si haces clic por accidente, ya que el sistema pedirá confirmación antes de borrarla. Además, existe un periodo de retención durante el cual un administrador puede recuperar el área eliminada. Por defecto, este periodo es de siete días, aunque se puede modificar.

De todas las secciones disponibles, por ahora solo vamos a centrarnos en dos: la asignación de capacidad y la asociación con un dominio. Las demás se irán abordando a lo largo del libro, y algunas más avanzadas se omitirán para no complicar innecesariamente la lectura. La asignación de un dominio también se realiza en la sección General (resaltada con un recuadro en la figura 3.7). Esta opción es completamente opcional.

Para asignar una capacidad Fabric al área de trabajo, hay que ir a la sección Información de licencia, donde se muestra la licencia actual. Si se desea cambiar, basta con hacer clic en el botón Editar para desplegar la lista de licencias disponibles, como se muestra en la figura 3.8.

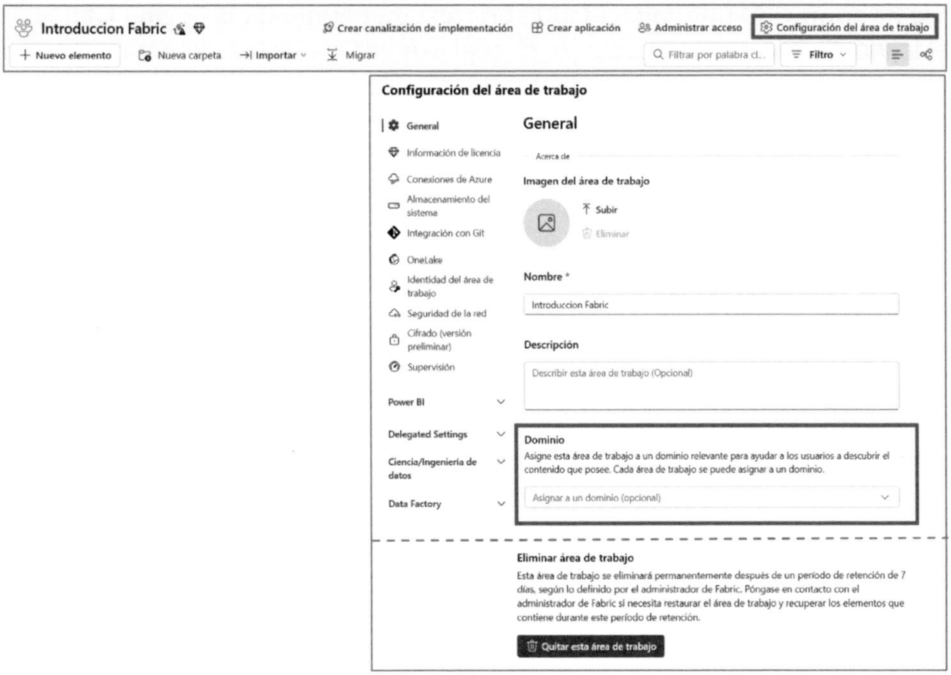

Figura 3.7. Configuración general del área de trabajo.

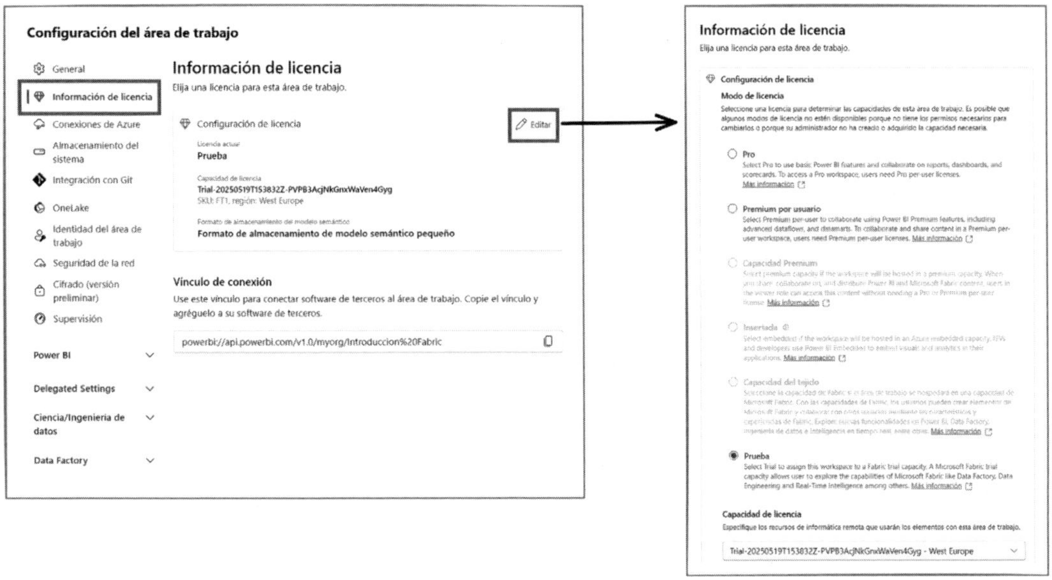

Figura 3.8. Configuración de la licencia del área de trabajo.

Si se ha adquirido una capacidad Fabric, estará habilitada la opción Capacidad del tejido. Desde ahí es posible elegir cuál asignar, en caso de haber más de una. Si hay disponible una capacidad de prueba, aparecerá la opción Prueba, con el mismo funcionamiento.

Administrar acceso

A la izquierda del botón de configuración, se encuentra el botón Administrar acceso, que permite controlar qué usuarios o grupos tienen acceso al área de trabajo y, por lo tanto, a todos sus elementos.

La figura 3.9 muestra este botón y, debajo, la pantalla que se abre al hacer clic, donde se puede asignar uno de los cuatro roles: Admin., Miembro, Colaborador o Visor, roles que ya explicamos en el capítulo 2.

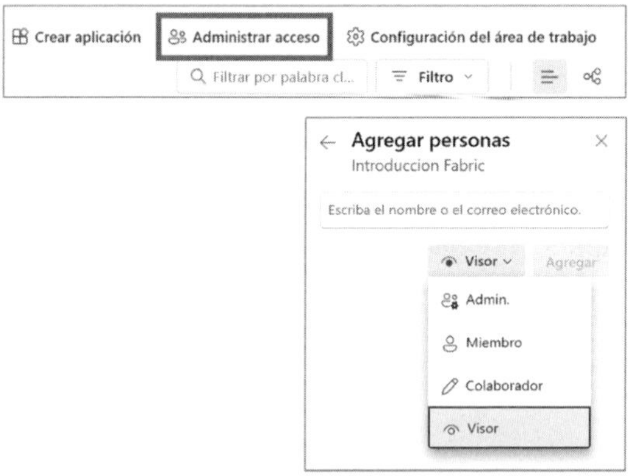

Figura 3.9. Administrar el acceso del área de trabajo.

Flujo de tareas

El área de visualización se puede dividir en dos partes mediante un separador horizontal. Vamos a concentrarnos en la parte superior, destacada en la figura 3.10. Aquí es donde podemos crear un flujo de tareas, una representación visual del proyecto que estamos desarrollando dentro del área de trabajo.

Un flujo de tareas muestra las distintas tareas que componen nuestro proyecto y el orden en que se ejecutan, conectadas mediante flechas. Como se ve en la figura 3.11, cada tarea aparece como un recuadro y las conexiones como flechas que indican la secuencia.

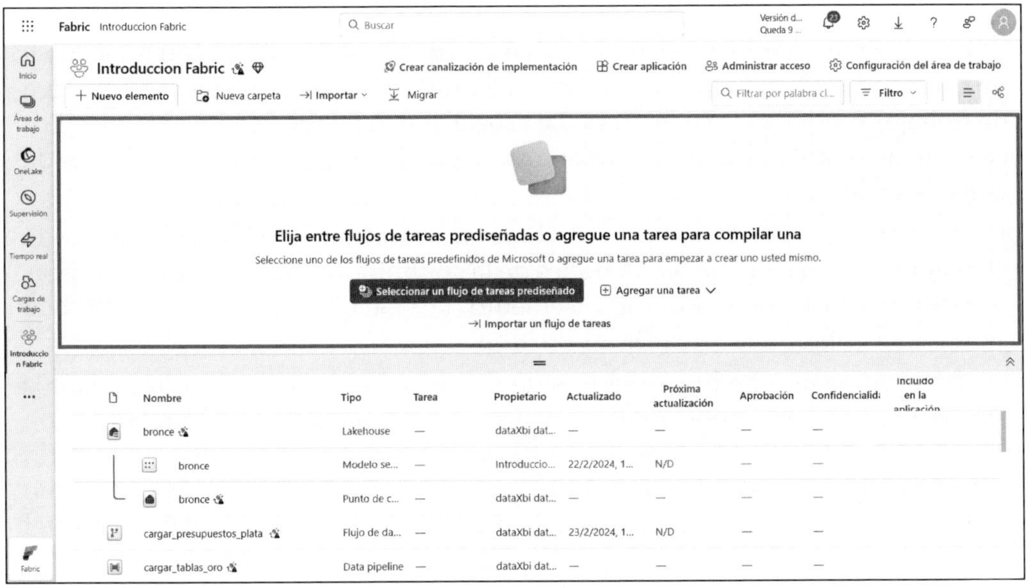

Figura 3.10. Flujo de tareas del área de trabajo.

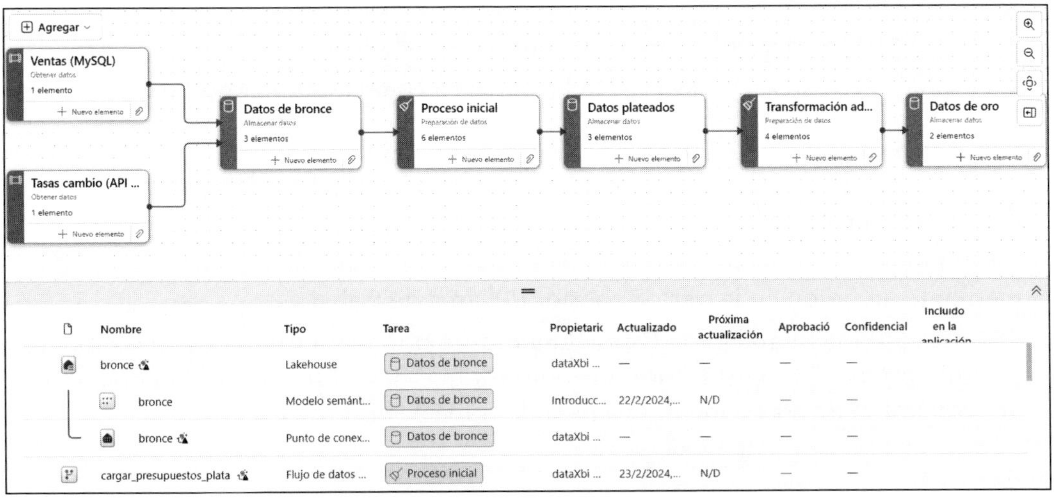

Figura 3.11. Ejemplo de flujo de tareas.

NOTA:

Cada área de trabajo puede tener un único flujo de tareas, y este flujo pertenece exclusivamente a esa área.

Las tareas que componen un flujo pueden ser de distintos tipos, como obtención de datos, almacenamiento o preparación. Cada tipo se identifica con un icono y una franja de color. Además, las tareas se pueden asociar a elementos del área de trabajo, aunque no a cualquiera. La asociación depende del tipo de tarea. Por ejemplo, una tarea de almacenamiento solo puede vincularse con elementos de almacenamiento.

En la parte inferior de la figura 3.11, se muestra una sección del listado de elementos del área de trabajo. A través de la columna Tarea podemos identificar con qué tarea está asociado cada elemento. Por ejemplo, el Lakehouse bronce aparece vinculado a la tarea Datos de bronce.

Si observamos uno de los recuadros de tareas, veremos que se indica cuántos elementos tiene asociados. En la parte inferior del recuadro, hay un botón con el texto + Nuevo elemento, que permite crear un nuevo elemento y vincularlo directamente a la tarea. Junto a este botón, hay otro más pequeño, con un icono en forma de clip, que permite asociar a la tarea un elemento que ya exista en el área de trabajo.

Para comenzar a construir un flujo de tareas hay tres opciones:

- Usar alguno de los flujos prediseñados que ofrece Fabric.
- Importar un flujo previamente creado y exportado.
- Empezar desde cero, agregando las tareas y conexiones manualmente.

No te preocupes si luego quieres hacer ajustes. Siempre puedes modificar el flujo agregando o quitando tareas y conexiones y asociando elementos del área de trabajo a las tareas.

En la figura 3.12 puedes ver cómo se puede seleccionar un flujo prediseñado mediante un botón en la parte superior del área de trabajo.

Desde la página de inicio de Fabric tenemos una manera rápida de seleccionar un flujo prediseñado utilizando los botones que hay al principio de la página, junto al botón de crear una nueva área de trabajo (figura 3.13).

Crear elemento

En la barra de herramientas del área de trabajo, hay un botón para crear un nuevo elemento. En la figura 3.14 puedes ver dónde se encuentra, señalado con un pequeño recuadro. Al hacer clic en él, se abre una ventana con un listado de todos los elementos disponibles, como también se muestra en la misma figura.

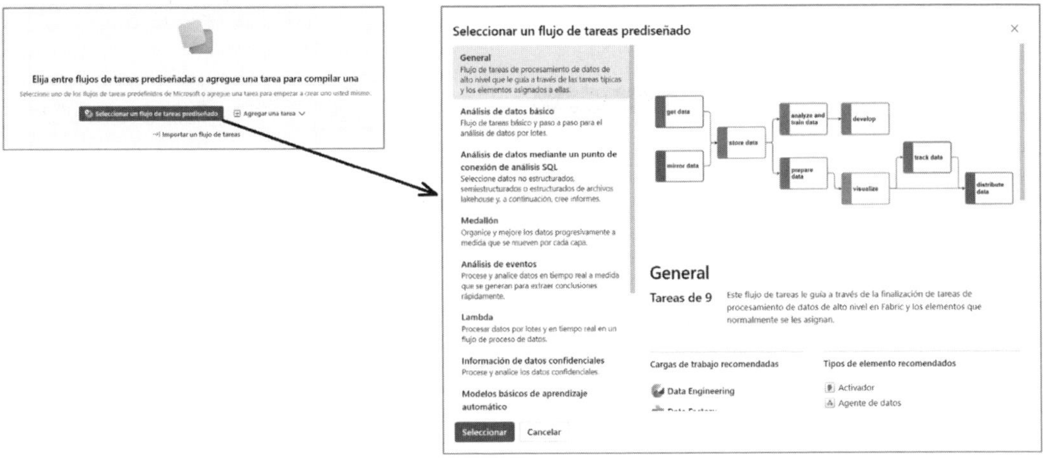

Figura 3.12. Flujos de tarea prediseñados.

Figura 3.13. Flujos de tarea prediseñados en la página **Inicio**.

Los elementos están agrupados por categoría funcional, por lo que algunos pueden aparecer más de una vez en el listado.

En la parte superior derecha del listado, hay una caja de texto que permite buscar elementos escribiendo su nombre, lo cual facilita encontrarlos rápidamente.

Si hay un tipo de elemento que usamos con frecuencia, podemos marcarlo como favorito con el icono de estrella que aparece junto a él. Los elementos marcados se agrupan en una lista accesible desde el botón **Favoritos**, ubicado arriba a la izquierda del listado.

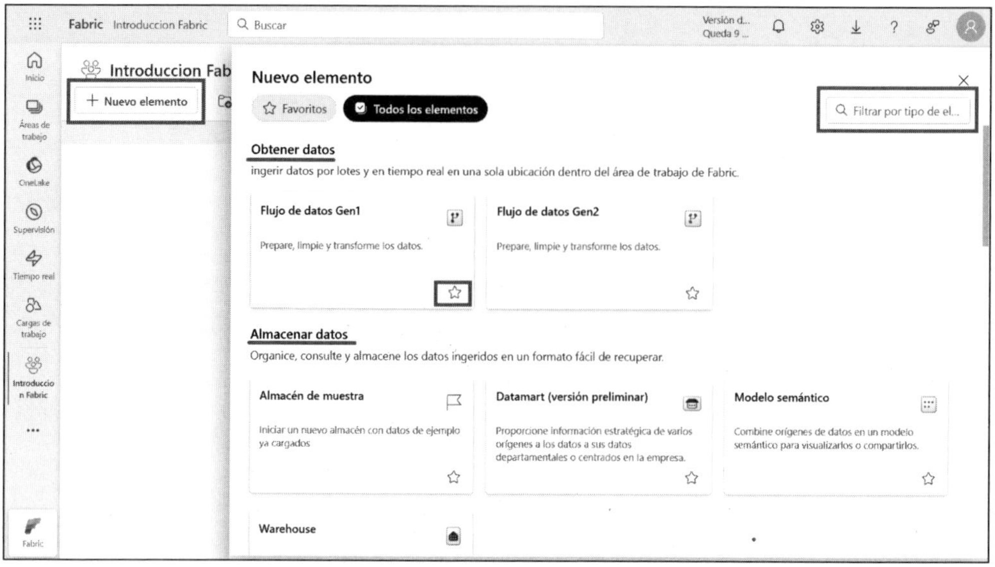

Figura 3.14. Crear un elemento.

Una vez creado, el nuevo elemento aparecerá en la parte inferior de la vista de elementos. Si no estamos utilizando el flujo de tareas o si queremos enfocarnos solo en los elementos, es posible ocultar la zona superior usando los botones del separador horizontal.

Carpetas

Si un área de trabajo contiene muchos elementos, podemos organizarlos en carpetas y subcarpetas. Para crear una carpeta hay un botón en la barra de herramientas del área de trabajo (figura 3.15).

Una vez creada la carpeta, es posible mover hacia ella los elementos que ya existían en el área de trabajo. Si estamos dentro de una carpeta y creamos un nuevo elemento, este quedará ubicado dentro de dicha carpeta.

Cuando movemos el cursor sobre una carpeta, a su derecha aparecen tres puntos (...) que, al hacer clic, abren un menú contextual. Desde ese menú se pueden realizar varias acciones: abrir la carpeta, cambiarle el nombre, moverla o borrarla. Es importante tener en cuenta que una carpeta solo se puede eliminar si está vacía.

En la figura 3.16, puedes ver un ejemplo de un área de trabajo donde se han creado las carpetas `Almacenamiento`, `Ingesta`, `Orquestacion` y `Transformacion`. Además, dentro de la carpeta `Almacenamiento` se han creado las subcarpetas `LH` y `WH` (que no se ven en la figura).

Figura 3.15. Crear una carpeta.

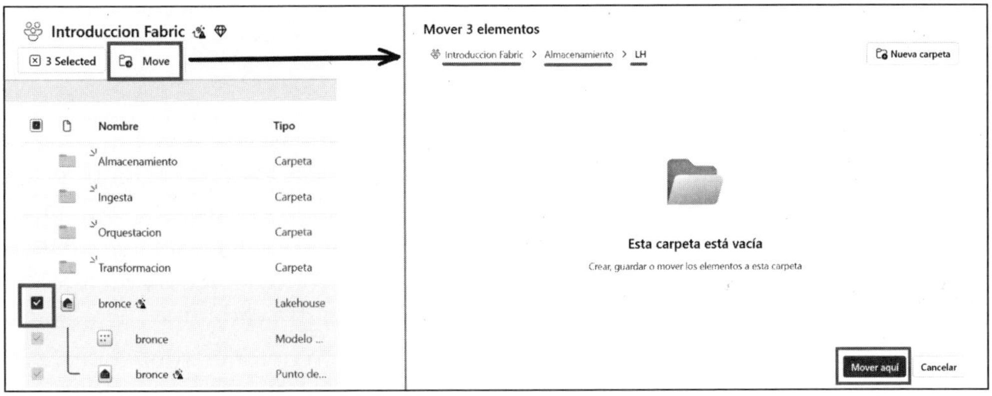

Figura 3.16. Elementos de un área de trabajo.

Para mover el Lakehouse bronce hacia la subcarpeta LH, primero lo seleccionamos. Al hacerlo, aparece en la parte superior de la interfaz el botón Move. Al hacer clic en ese botón, se abre una pantalla que permite navegar por las carpetas y subcarpetas y elegir el destino al que queremos mover el elemento.

Filtrar elementos

Vamos a revisar las opciones de filtrado que ofrece un área de trabajo, muy útiles para localizar rápidamente elementos incluso si están dentro de carpetas. Para ello, utilizaremos la misma área de trabajo donde ya habíamos creado el flujo de tareas, pero cuyos elementos ahora están organizados en carpetas, como se muestra en la figura 3.17.

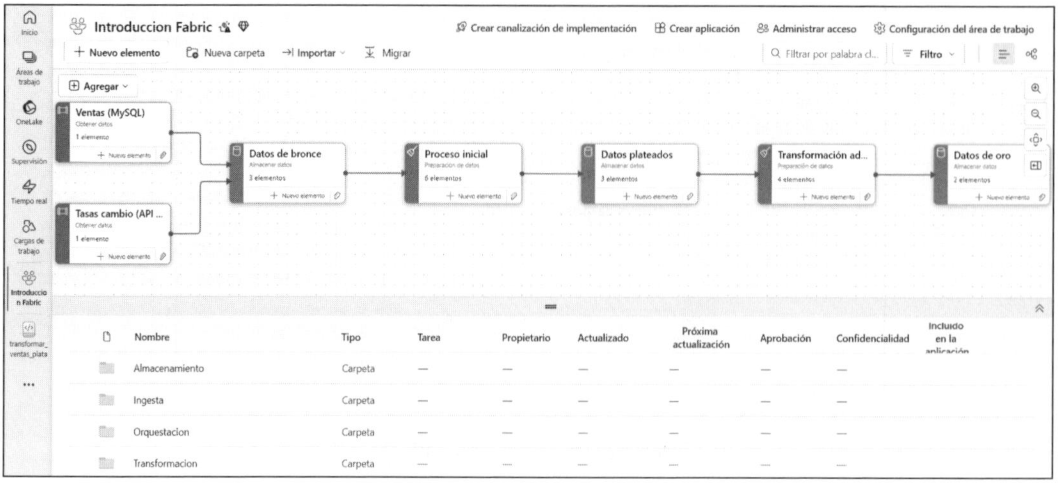

Figura 3.17. Ejemplo de uso de carpetas.

Filtrar por flujo de tareas

La primera opción de filtrado es el propio flujo de tareas. Al hacer clic en una tarea, se muestra un listado con todos los elementos asociados a ella, aunque estén en carpetas distintas. Por ejemplo, en la figura 3.18 hemos seleccionado la tarea Proceso inicial, por lo que en el listado aparecen solo los elementos vinculados a esa tarea. En lugar de mostrar las carpetas, se ven los elementos directamente. La columna Ubicación indica en qué carpeta se encuentra cada uno.

También se observa que, al aplicar este filtro, aparecen botones sobre el listado que permiten eliminar el filtro activo. Si seleccionamos otra tarea, se reemplaza el filtro anterior por el nuevo.

Filtrar por palabra clave

La segunda forma de filtrar es mediante una búsqueda por texto, usando la caja situada en la parte derecha de la barra de herramientas del área de trabajo. En la figura 3.19, puede verse cómo hemos buscado el texto "etl", lo que muestra únicamente los elementos que contienen esa palabra. Nuevamente, la columna Ubicación nos indica dónde se encuentra cada elemento.

Filtrar listas de contenido

La tercera opción, que no es menos útil, es el botón Filtro, también ubicado en la barra de herramientas del área de trabajo. Al hacer clic, se despliega un menú que permite aplicar filtros según cuatro criterios: tarea, tipo, carga de trabajo y propietario.

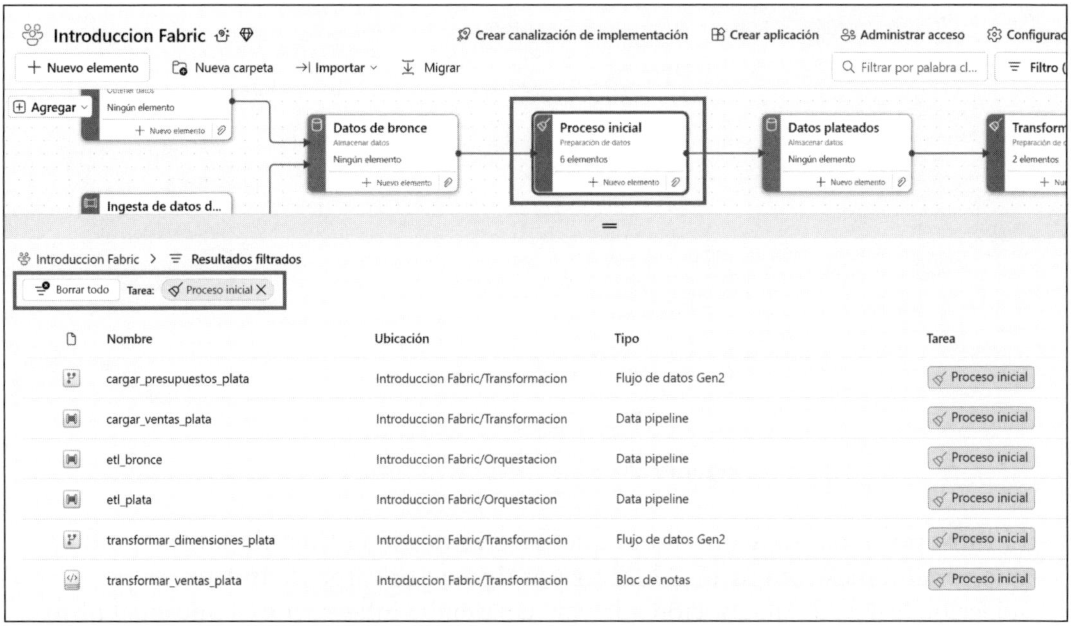

Figura 3.18. Filtrar por flujo de tareas.

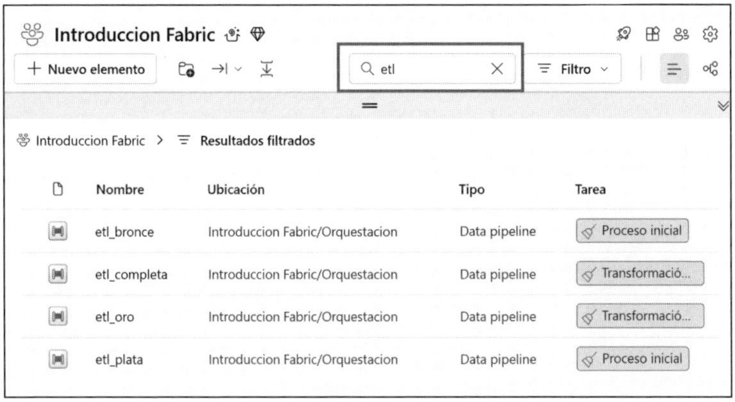

Figura 3.19. Filtrar por palabra clave.

En la figura 3.20, se observa el menú que aparece al activar el botón y tres ejemplos de filtros desplegados: por tarea, por tipo y por carga de trabajo. No se incluye el de propietario porque muestra los nombres reales de los usuarios que han creado los elementos.

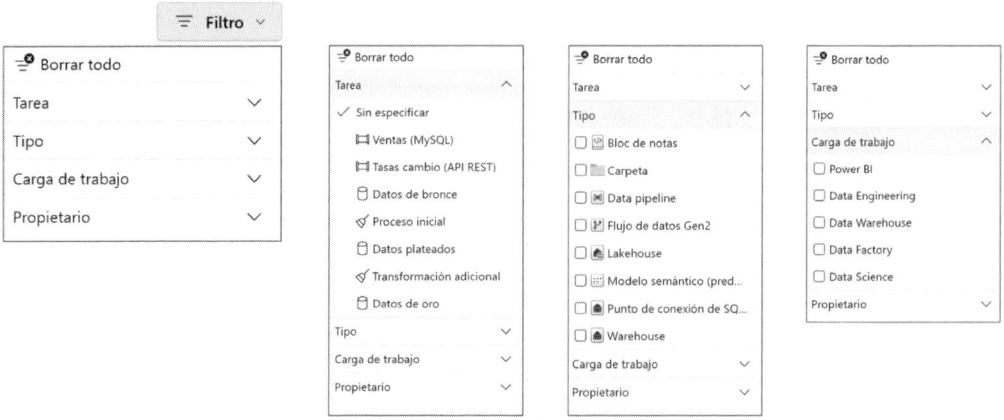

Figura 3.20. Filtrar listas de contenido.

El filtro por tarea funciona igual que hacerlo desde el flujo de tareas, pero en una versión más compacta. Al filtrar por tipo o por carga de trabajo, es posible seleccionar más de una opción a la vez. Un detalle interesante es que en el filtro por tipo aparece una opción para carpetas. Al seleccionarla, se muestran todas las carpetas y subcarpetas en el listado de elementos, no solo las de primer nivel.

4

OneLake: el lago de datos de Fabric

En este capítulo aprenderás:

- El papel fundamental que desempeña OneLake en Fabric y su relación con Azure Data Lake Storage.
- Accesos directos y reflejos (*mirroring*) en Fabric.
- Formatos de archivo en Fabric: Parquet, Delta e Iceberg.
- Algunas herramientas disponibles para explorar y gestionar los datos en OneLake.

En los capítulos anteriores, explicamos varios conceptos y presentamos la interfaz de usuario de Fabric. En este capítulo nos adentramos en uno de sus componentes más importantes: OneLake, el sistema de almacenamiento central de toda la plataforma.

Una metáfora para entender OneLake

Para entender mejor qué es OneLake, queremos proponerte una imagen distinta, más visual y quizás más poética. La figura 4.1 muestra cómo nos gusta imaginarlo: un lago muy apacible, rodeado de montañas, donde nadan cisnes que transportan información de todo tipo.

Figura 4.1. Imagen de OneLake.

Sobre el lago vuelan otras aves que recogen información de distintas fuentes. Algunas se alejan hasta las montañas para buscar nuevos datos. Otras bajan al lago y se los piden a algún cisne. Cuando terminan de procesarlos, los devuelven a otro cisne para que los guarde. Mientras tanto, sobre los nenúfares flotantes descansan unos pequeños duendecitos. Ellos no manipulan los datos directamente, pero orquestan todo el movimiento: deciden cuándo cada ave debe actuar, a quién debe pedirle información y en qué momento hay que mover o transformar los datos.

Esta escena, tan fantasiosa como útil, representa muy bien lo que ocurre dentro de OneLake. Es un espacio común donde los datos se almacenan sin duplicaciones, desde donde se puede acceder a ellos sin moverlos y que permite a todas las partes del ecosistema trabajar de forma coordinada.

¿Qué es un lago de datos?

Como indica el título de este capítulo, OneLake es un lago de datos, o Data Lake, un término que ya mencionamos en el capítulo 1, cuando hablamos de la historia del almacenamiento y lo definimos como un sistema distribuido donde se pueden almacenar, de una manera segura y a bajo coste, datos de todo tipo: estructurados, semiestructurados y no estructurados.

Un Data Lake funciona como un gran repositorio para almacenar los datos de una empresa y a donde se traen los datos desde los diferentes orígenes y, en la medida de lo posible, se guardan en su formato original. Luego estos datos pueden ser transformados para prepararlos para diferentes productos de datos y los resultados de estas transformaciones también se guardan en el Data Lake, por lo que tendremos datos en distintos estados de refinamiento. Pero hay que establecer estrategias para evitar que los datos se acumulen sin orden ni propósito, lo que acabaría transformando el lago en un pantano digital.

Muchas de las empresas pioneras en implementar un Data Lake utilizaron el proyecto de código abierto Apache Hadoop. Con el tiempo, los proveedores de servicios en la nube fueron incorporando sus propias implementaciones de este concepto.

OneLake se basa en la última generación del sistema de almacenamiento de Microsoft en la nube: ADLS Gen2 (Azure Data Lake Storage Gen2), que combina el rendimiento de un sistema de archivos con la flexibilidad de un Data Lake.

Para crear un Data Lake en Azure, primero hay que crear una cuenta de almacenamiento y activar el espacio de nombres jerárquico. Luego se crean contenedores y, dentro de ellos, carpetas, en las que se suben los archivos. Pero con OneLake no tenemos que hacer nada de eso.

¿Qué aporta OneLake?

Microsoft presenta OneLake como "el OneDrive de los datos", estableciendo un paralelo con un servicio ampliamente conocido para compartir documentos en las empresas. El objetivo es ofrecer un único repositorio confiable, accesible y fácil de usar, donde se almacenen todos los datos de la organización sin necesidad de duplicarlos.

Como comentamos en el epígrafe anterior, OneLake está construido sobre ADLS Gen2, pero actúa como una capa que abstrae los detalles técnicos.

Cada inquilino tiene asociado un único OneLake, que es creado automáticamente por Fabric. Este se encarga de configurar la cuenta de almacenamiento ADLS Gen2 en Azure y de gestionarla por nosotros. Cuando creamos un área de trabajo, Fabric crea también un contenedor en esa cuenta de almacenamiento, donde se guardarán los elementos correspondientes a dicha área.

NOTA:

Aunque la cuenta ADLS Gen2 se crea dentro de nuestro inquilino, no es visible desde el portal de Azure, ya que está completamente gestionada por Fabric.

Es posible acceder a OneLake desde fuera de Fabric utilizando las mismas aplicaciones que acceden a ADLS Gen2. Esto es posible porque OneLake implementa la misma API REST, aunque con algunas limitaciones.

Para dar una idea más precisa de lo que sucede, hemos elaborado la figura 4.2 a partir de una imagen mostrada en el capítulo 2. En ella se representa un inquilino con varias áreas de trabajo distribuidas entre dos capacidades de Fabric situadas en regiones distintas (A y B).

OneLake aparece como un gran recuadro que abarca todas las áreas de trabajo. Debajo se muestra un segundo recuadro que representa Azure, donde se ven dos cuentas de almacenamiento ADLS Gen2, una por región. También se indica cómo cada área de trabajo está asociada a un contenedor específico dentro de la cuenta de almacenamiento correspondiente.

OneLake añade servicios adicionales como:

- **Accesos directos:** Para evitar hacer copias innecesarias de los datos.
- **Reflejos (*mirroring*):** Para replicar en OneLake bases de datos externas.
- **Tablas Delta:** Para facilitar el trabajo con datos estructurados.

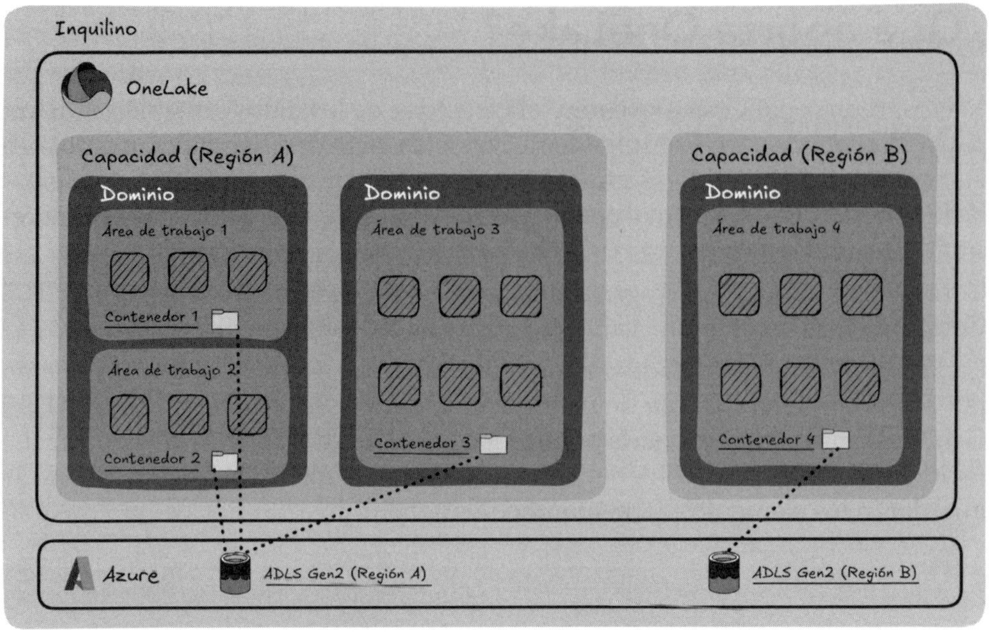

Figura 4.2. Relación entre ADLS Gen2 y OneLake.

Accesos directos

En OneLake podemos crear accesos directos a datos internos o externos para evitar hacer copias innecesarias y eliminar la necesidad de procesos de ingesta. Un acceso directo es un enlace simbólico que se define mediante dos propiedades:

- **Ruta de destino:** Ubicación interna o externa donde están los datos originales.
- **Ruta del acceso directo:** Ubicación donde aparece el acceso directo dentro de OneLake.

La conexión con la ruta de destino se realiza una sola vez, en el momento en que se crea el acceso directo, que luego aparecerá en OneLake como una carpeta o una tabla. A partir de ahí, las herramientas de Fabric pueden utilizar los datos sin preocuparse de que estén en otra ubicación. En el caso de accesos directos a orígenes externos, OneLake utiliza una caché para reducir el movimiento de datos durante su procesamiento. Es importante tener en cuenta que, si se borra un acceso directo, no se eliminan los datos originales en la ruta de destino.

En la figura 4.3 se muestran tres accesos directos creados dentro del área de trabajo 1. El primero apunta a una carpeta de esa misma área, el segundo a una carpeta en otra área de trabajo y el tercero a un origen externo. Los dos primeros son accesos directos internos, útiles por motivos de seguridad o para facilitar el uso compartido de datos entre áreas de trabajo. El tercero apunta a uno de los orígenes externos actualmente soportados, que son:

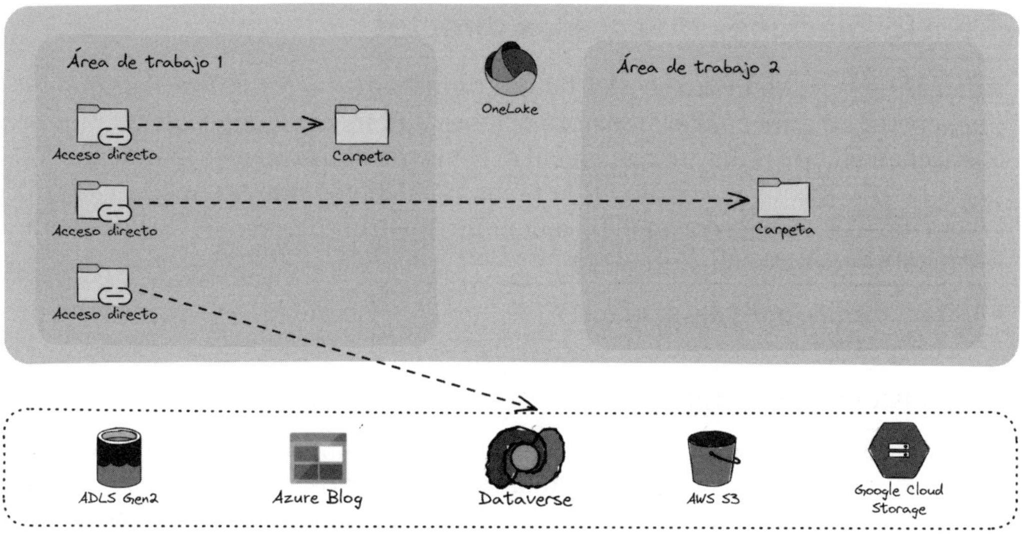

Figura 4.3. Accesos directos.

- ADLS Gen2 (Azure Data Lake Storage Gen2).
- Azure Blob Storage.
- Dataverse (Microsoft Power Platform).
- Amazon S3.
- Google Cloud Storage.

Está previsto que esta lista se amplíe con el tiempo.

Caché de accesos directos

Es posible habilitar una caché para los accesos directos externos, de manera que, la primera vez que una herramienta de Fabric accede a un dato externo para procesarlo, este se guarda en la caché durante un periodo de tiempo y, así, si se vuelve a consultar el mismo dato, no hay que traerlo desde el origen. Esto nos permite mejorar el rendimiento y reducir posibles costes por la transferencia de datos entre diferentes nubes. Por ahora solo funciona con Google y Amazon.

Esta caché está inactiva por defecto y se puede activar en la configuración del área de trabajo con la pestaña OneLake, donde además se configura el periodo de retención que puede ser desde 1 a 28 días.

Transformaciones de accesos directos

Además de permitir el acceso a los datos originales, los accesos directos también pueden usarse para aplicar transformaciones automáticas, cuyos resultados se almacenan en tablas dentro de OneLake. Estas transformaciones mantienen los datos sincronizados y reflejan en la tabla los archivos nuevos, modificados o eliminados. De esta forma, se evita tener que construir procesos ETL. Por ahora, existen dos tipos de transformación:

- **Transformaciones de archivos:** Actualmente disponibles solo para archivos CSV.
- **Transformaciones con IA:** Disponibles solo para archivos de texto.

Los accesos directos se crean desde dos de los elementos de Fabric: Lakehouse y base de datos KQL. Cuando expliquemos estos elementos, volveremos a hablar de ellos para mostrar cómo se crean y cómo se pueden aplicar esas transformaciones.

Reflejos (*mirroring*)

Los accesos directos funcionan con archivos, pero no pueden usarse cuando los datos están almacenados en bases de datos que solo permiten el acceso mediante consultas. Para estos casos, Fabric ofrece un mecanismo que permite traer los datos a OneLake sin necesidad de implementar un proceso de ingesta manual: los reflejos (*mirroring*). Un reflejo conecta Fabric con una base de datos y permite replicar sus tablas en OneLake. Primero, se realiza una copia completa y luego se mantiene sincronizada con los cambios en el origen, casi en tiempo real (figura 4.4). Las siguientes bases de datos están actualmente soportadas (la lista crecerá con el tiempo):

- Azure SQL Database.
- Azure Cosmos DB.
- Azure Database for PostgreSQL.
- Azure Databricks.

- SQL Server.
- Base de datos SQL de Fabric.
- Snowflake.

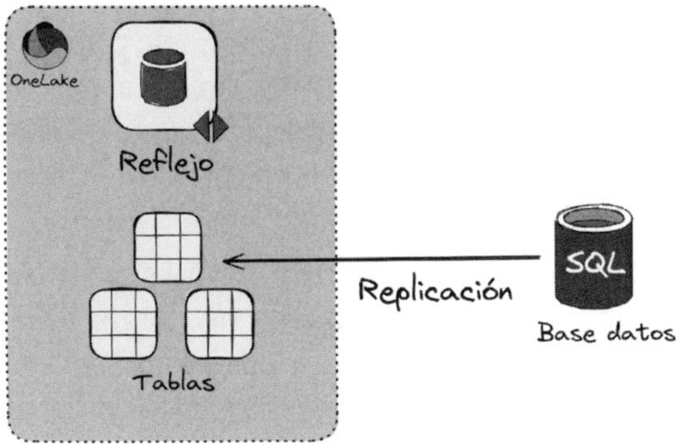

Figura 4.4. Reflejos (*mirroring*).

Existen tres tipos de reflejo:

- Reflejo de base de datos (*database mirroring*).
- Reflejo de metadatos (*metadata mirroring*).
- Reflejo abierto (*open mirroring*).

En el capítulo 7 profundizaremos en la creación, el mantenimiento y la utilización de los reflejos.

¿Cómo se guardan los datos estructurados en OneLake?

Hemos mencionado varias veces que los datos estructurados los podemos almacenar en OneLake en archivos con formatos de código abierto. Pues ha llegado la hora de explicar estos formatos.

Parquet

Parquet es un formato de archivo de código abierto que fue creado para funcionar sobre el sistema de archivos distribuido de Apache Hadoop. Hoy en día, se utiliza en muchas otras plataformas y se ha convertido en un estándar de facto para el almacenamiento de datos estructurados. Su característica principal es que organiza los datos por columnas, a diferencia de otros formatos como CSV, que los almacenan por filas. Esto tiene varias ventajas. La más importante, en escenarios de análisis, es que permite leer solo las columnas necesarias, lo que mejora el rendimiento en muchos casos.

Por ejemplo, imaginemos que tenemos un catálogo de productos y solo queremos listar el nombre y la categoría de cada uno. Con un archivo Parquet, podemos leer directamente esas dos columnas sin necesidad de procesar toda la tabla. O, si queremos calcular el total del precio de venta actual de todos los productos, basta con leer solo esa columna.

La estructura de Parquet, sin embargo, es un poco más compleja. Como se muestra en la figura 4.5, los datos de cada columna no están almacenados de forma continua, sino en grupos de filas. Además de los datos, el archivo guarda metadatos que incluyen información sobre el tipo de datos, la posición de los grupos y estadísticas sobre cada columna.

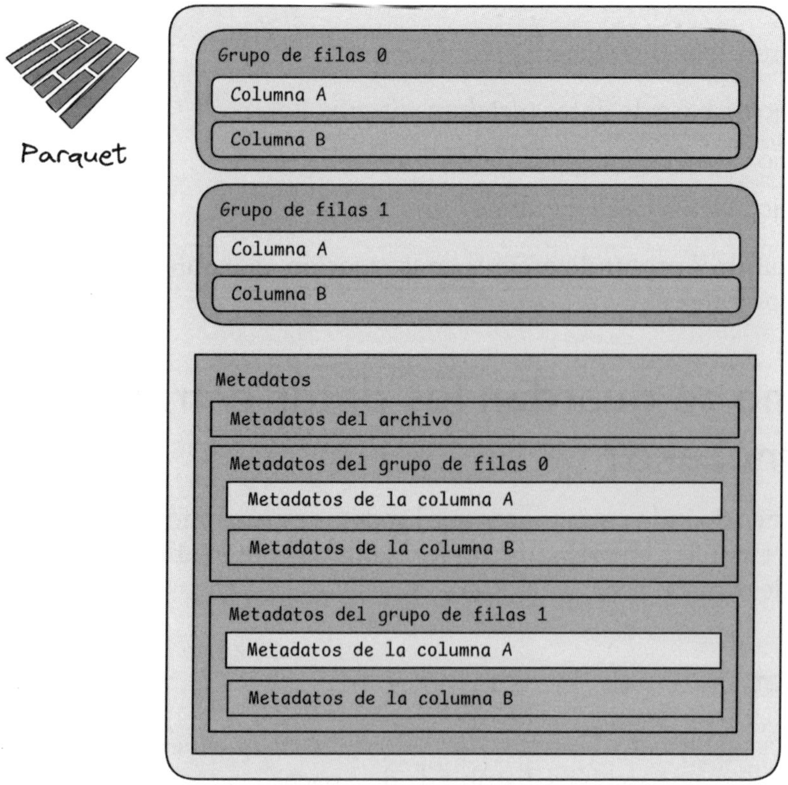

Figura 4.5. Formato Parquet.

Gracias a esta estructura y a los metadatos, las consultas pueden optimizarse aún más. Por ejemplo, si queremos listar solo los nombres de los productos de una categoría específica, los metadatos permiten localizar en qué grupos de filas está esa categoría y extraer únicamente la columna con los nombres dentro de esos grupos.

El hecho de que los metadatos incluyan los tipos de datos también permite optimizar las operaciones. Parquet admite tipos simples, como números, texto o fechas, pero también tipos complejos con estructuras anidadas.

Otra característica clave de Parquet es que utiliza algoritmos de codificación y compresión para reducir el espacio que ocupan los datos. Por eso, un archivo Parquet suele ser mucho más pequeño que un archivo CSV con la misma información.

Las herramientas de Fabric son capaces de leer y escribir archivos en formato Parquet, lo que permite aprovechar todas estas ventajas.

V-Order

Antes de cerrar la sección sobre Parquet, vale la pena mencionar una optimización que aplica Fabric a este tipo de archivos para que las consultas sean aún más rápidas cuando se usan sus propias herramientas.

Esta optimización se llama V-Order, y consiste en ordenar, codificar y comprimir los datos dentro del archivo Parquet de una manera específica.

NOTA:

Si vienes del mundo de Power BI, V-Order está inspirado en las técnicas que emplea el motor VertiPaq en los modelos semánticos.

Una ventaja importante es que los archivos siguen siendo compatibles con el formato Parquet, por lo que pueden ser leídos por otras herramientas fuera de Fabric. Sin embargo, el algoritmo exacto de V-Order no es público, y actualmente solo es posible crear archivos Parquet con esta optimización dentro de Fabric.

Delta

Con Parquet tenemos una estructura eficiente para almacenar datos estructurados en archivos. Sin embargo, aún nos faltan algunos elementos para contar con el equivalente a una tabla en una base de datos. Por ejemplo, puede que por razones prácticas o de rendimiento los datos de una misma tabla estén repartidos en varios archivos Parquet, o que queramos modificar esos datos de forma transaccional, es decir, que los cambios no sean visibles hasta que se hayan completado correctamente.

Para lograr esto, se necesita una capa de metadatos externa que permita gestionar varios archivos como un conjunto. Eso es precisamente lo que aporta el formato Delta, parte del proyecto de código abierto Delta Lake.

Una tabla Delta incluye los siguientes elementos:

- Archivos Parquet con los datos.
- Registro de transacciones.
- Metadatos.
- Esquema (columnas y tipos de datos).

Aunque cada archivo Parquet guarda su propio esquema, el formato Delta permite definir un esquema global para toda la tabla. Esto posibilita validar que todos los archivos cumplen con la misma estructura, si así se desea.

El registro de transacciones, los metadatos y el esquema se almacenan en archivos JSON. Todos estos archivos se guardan en una carpeta, como se muestra en la figura 4.6. Ahí vemos varios archivos Parquet junto con una subcarpeta (`_delta_log`) que contiene los archivos JSON, cada uno representando una versión de la tabla. El estado actual se encuentra en el archivo más reciente.

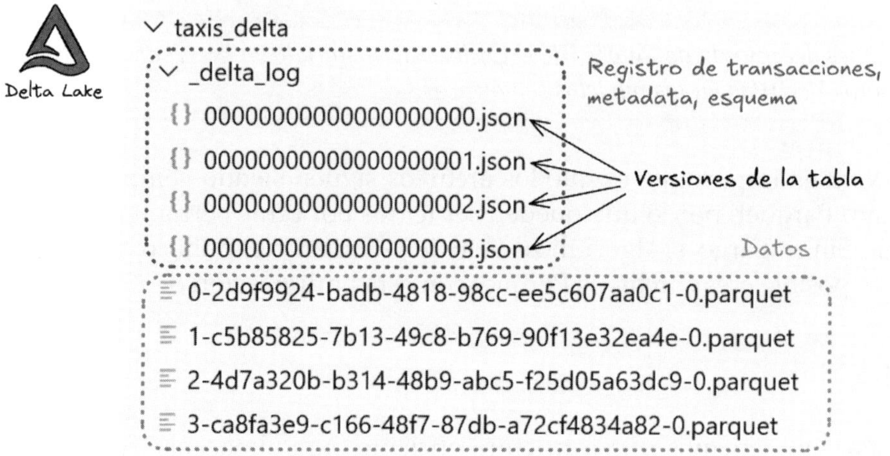

Figura 4.6. Formato Delta.

A partir de estos elementos, una tabla Delta permite:

- Operaciones básicas: creación, lectura, actualización y eliminación (CRUD).
- Transacciones ACID, para garantizar la consistencia de los datos.
- Validación de esquema, para evitar errores de estructura.
- Particionado, para mejorar el rendimiento en consultas.
- Viajar en el tiempo, es decir, consultar el estado de la tabla en un momento del pasado.

El resultado es una tabla más robusta, preparada para proyectos reales.

Las tablas Delta requieren cierta atención para que funcionen de forma óptima. Dos comandos son clave:

- `OPTIMIZE`: Analiza los archivos Parquet y agrupa los más pequeños en archivos más grandes, lo que mejora el rendimiento.
- `VACUUM`: Elimina los archivos de datos que ya no son necesarios según la versión actual de la tabla.

Fabric hace un uso extensivo de las tablas Delta. Algunas herramientas permiten gestionarlas directamente, mientras que otras las utilizan internamente, sin que tengamos que ocuparnos de su mantenimiento.

Iceberg

Apache Iceberg es otro formato de código abierto para gestionar tablas a partir de archivos de datos, normalmente en formato Parquet. Al igual que Delta, permite tener funcionalidades como versiones, transacciones o validación de esquema, pero con una arquitectura interna diferente.

Una característica clave de Iceberg es que utiliza un catálogo donde se registran los nombres de las tablas, la ubicación de sus datos y sus metadatos. Esto se asemeja al comportamiento de un servidor de bases de datos. En Delta también se pueden registrar las tablas en un catálogo, pero es opcional, mientras que en Iceberg forma parte esencial del diseño del formato.

La figura 4.7 representa los tres niveles en que se organiza una tabla Iceberg: el catálogo, los metadatos y los datos. El catálogo guarda la referencia al nombre de la tabla y la ruta donde están los archivos. Los metadatos se dividen en tres tipos de archivos: archivos de metadatos (JSON), listas de manifiestos (Avro) y archivos de manifiestos (Avro). Esta separación permite optimizar tanto las consultas como el registro de los cambios que se hagan a los datos. Los datos, por su parte, se almacenan normalmente en archivos Parquet, aunque Iceberg permite otros formatos.

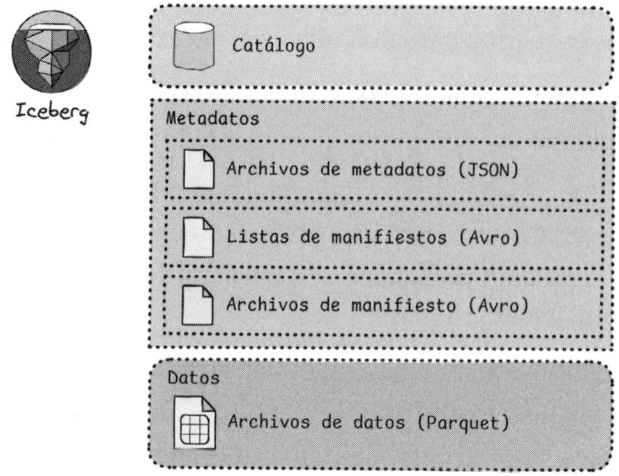

Figura 4.7. Formato Iceberg.

Como catálogo se pueden utilizar distintas opciones, siempre que cumplan con los requisitos mínimos o implementen la API REST de Iceberg. Algunas plataformas han desarrollado sus propios catálogos compatibles, como AWS Glue, Dremio o Snowflake.

Las herramientas de Fabric trabajan de forma nativa con tablas Delta, pero existe un mecanismo llamado virtualización de metadatos que traduce automáticamente entre Delta e Iceberg, y viceversa. Esto habilita dos escenarios muy útiles:

- Si creamos un acceso directo a una carpeta que contiene una tabla Iceberg, OneLake activa automáticamente la virtualización y genera una tabla Delta equivalente que puede ser utilizada por las herramientas de Fabric.
- También es posible generar una vista Iceberg de una tabla Delta existente en un área de trabajo, de forma que esta pueda ser accedida desde sistemas externos compatibles con Iceberg.

Exploración y gestión de datos

Terminamos este capítulo con una sección práctica donde mostraremos tres herramientas para trabajar con OneLake.

Catálogo de OneLake

En el panel de navegación de Fabric, hay un botón que nos permite acceder al catálogo de OneLake, con el que podemos explorar de un vistazo todos los elementos a los que tenemos acceso, como se muestra en la figura 4.8.

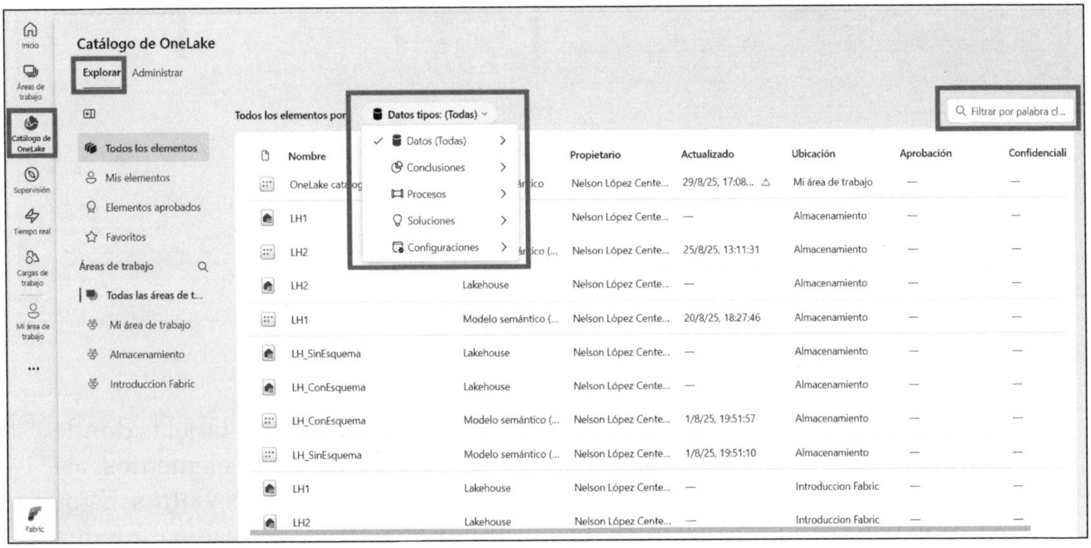

Figura 4.8. Catálogo de OneLake.

Tenemos varias maneras de localizar los elementos. En la parte izquierda, podemos seleccionar los elementos creados por nosotros, los que han sido aprobados por nuestra organización o los que hemos marcado como favoritos. También podemos buscar por el nombre de un área de trabajo o seleccionar algunas de las áreas más utilizadas.

Otra manera de localizar los elementos es utilizando el filtro por tipo de elemento que está encima del listado, al centro de la figura. En la imagen, lo hemos expandido para que se vean las opciones disponibles. A su vez, cada opción se puede expandir para permitir filtrar por uno o varios elementos específicos.

También podemos filtrar por palabras clave utilizando el recuadro disponible en la esquina superior derecha del listado.

Pero el catálogo de OneLake no solo sirve para explorar, sino que también nos ofrece una vista general del estado de la gobernanza desde la opción de menú **Administrar**, como se aprecia en la figura 4.9.

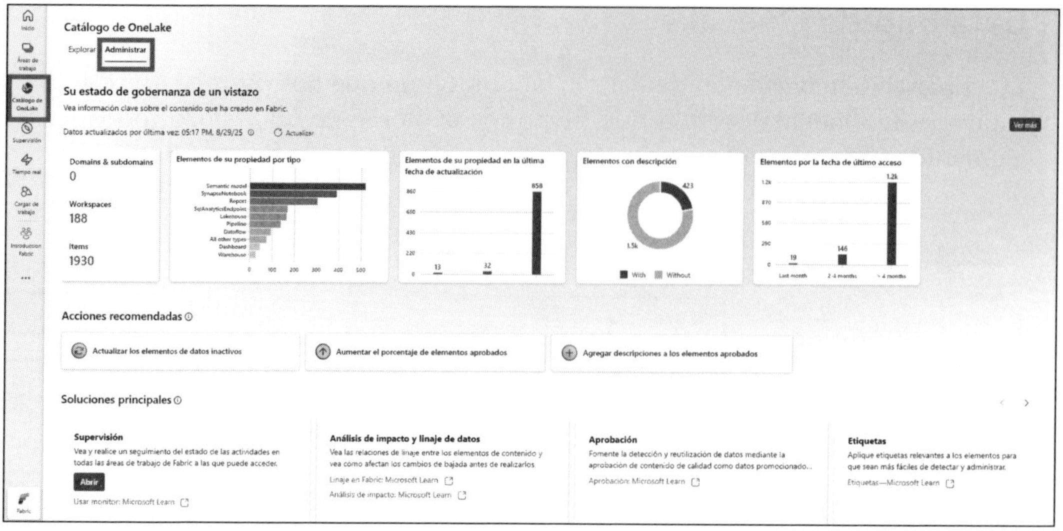

Figura 4.9. Gobernanza con el catálogo de OneLake.

En la primera fila de la página de gobernanza, se muestran unas tarjetas donde podemos ver la cantidad total de dominios, áreas de trabajo y elementos, así como desgloses por tipo de elemento, por fecha de último acceso y otros. Estos datos se actualizan automáticamente cada vez que accedemos a la página, aunque también se pueden actualizar manualmente. En la parte superior derecha, hay un botón que nos permite entrar a un informe con más detalles.

Debajo de las tarjetas, encontramos botones con acciones recomendadas y otras opciones de gobernanza disponibles. Más adelante, hay enlaces a documentación adicional.

Te invitamos a explorar por ti mismo todas las opciones que ofrece el catálogo de OneLake, tanto en términos de exploración como de gobernanza.

NOTA:

Ten en cuenta que estas opciones pueden estar limitadas si no eres administrador de Fabric o si no tienes suficientes permisos en las áreas de trabajo.

Explorador de archivos de OneLake

El explorador de archivos de OneLake es una aplicación para Windows que se integra con el explorador de archivos del sistema operativo para mostrar el contenido almacenado en OneLake al que tenemos acceso.

La experiencia es muy similar a la que ofrece OneDrive, y funciona de la misma manera: se crea una copia local de los datos, que se sincroniza constantemente mientras el ordenador está encendido.

NOTA:

Puede ser una forma cómoda de subir datos a Fabric en casos puntuales, pero no recomendamos utilizarla para implementar procesos automatizados de carga de datos, ya que depende de que la sincronización desde el ordenador funcione correctamente.

Para utilizar esta opción, lo primero es asegurarse de que en nuestro inquilino esté habilitada la configuración Los usuarios pueden sincronizar datos de OneLake con la aplicación OneLake File Explorer.

La aplicación se puede descargar desde el botón de descargas ubicado en el encabezado del portal de Fabric (figura 4.10). Durante la instalación, se debe elegir la cuenta con la que se iniciará sesión.

Figura 4.10. Descargar el Explorador de archivos de OneLake.

Una vez instalada, aparecerá un icono de OneLake en el área de notificaciones de Windows (figura 4.11). Al hacer clic con el botón derecho en el icono, se puede abrir la carpeta local con la copia de los datos, cambiar de cuenta o ver información de diagnóstico.

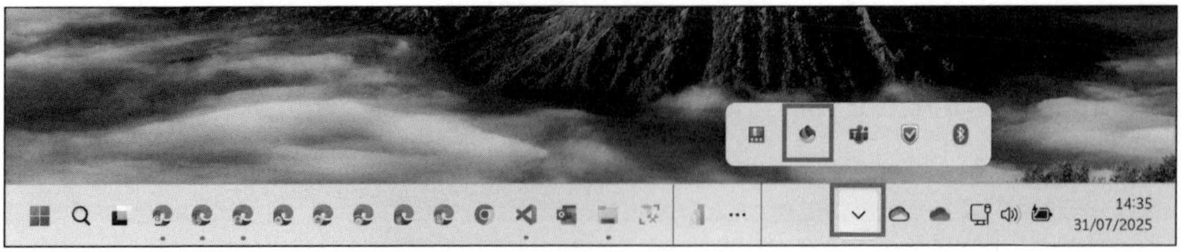

Figura 4.11. Icono de OneLake en el área de notificaciones de Windows.

Explorador de Azure Storage

Esta herramienta no es tan amigable como el explorador de archivos de OneLake, pero tiene la ventaja de que permite conectarse directamente, sin depender de un proceso de sincronización.

El explorador de Azure Storage se puede descargar desde esta página: `https://azure.microsoft.com/es-es/products/storage/storage-explorer/`.

Una vez descargado e instalado, debemos iniciar sesión con una suscripción de Azure usando las mismas credenciales que empleamos en Fabric, como se muestra en la figura 4.12.

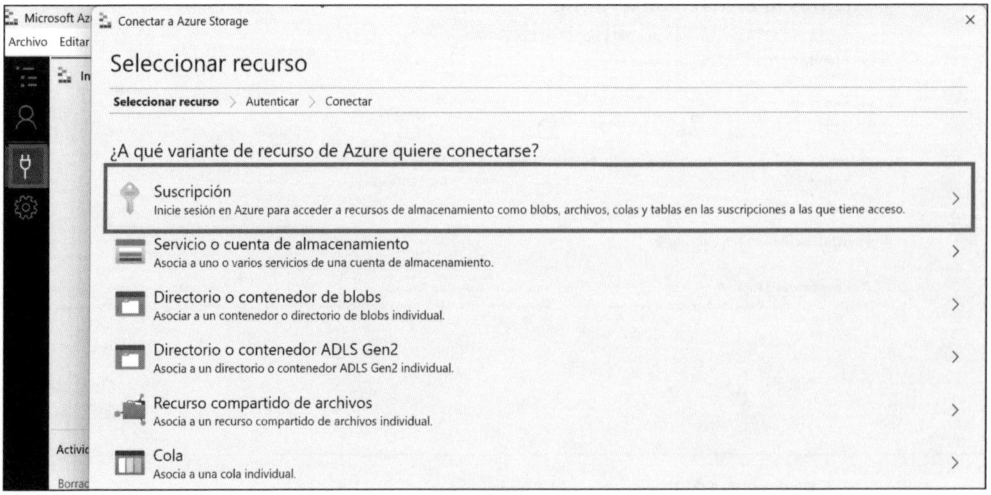

Figura 4.12. Iniciar sesión en el explorador de Azure Storage.

El siguiente paso es conectarnos a un área de trabajo de Fabric, que, como vimos anteriormente, está asociada a un contenedor de ADLS Gen2. Para hacerlo, necesitamos construir la dirección URL correspondiente.

La URL tiene este formato: `https://onelake.dfs.fabric.microsoft.com/{area_trabajo}`.

Donde *{área_trabajo}* es el nombre o el identificador del área de trabajo. Si el nombre no contiene espacios ni caracteres especiales, se puede usar directamente (preferentemente en minúsculas). Si no es posible, se puede utilizar el identificador, que se obtiene desde Fabric abriendo el área de trabajo y copiando la cadena de números y letras que aparece en la URL después de `https://app.fabric.microsoft.com/groups/` (ver figura 4.13).

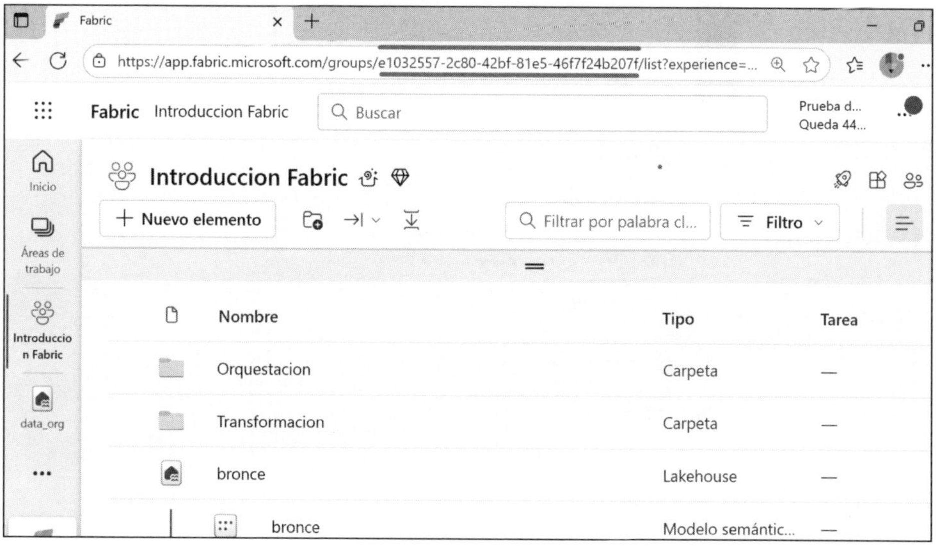

Figura 4.13. Identificador de un área de trabajo en Fabric.

NOTA:

Debemos conectarnos a cada área de trabajo por separado.

Para establecer la conexión seguimos los pasos mostrados en la figura 4.14:

- Seleccionamos la opción para conectarse a un contenedor ADLS Gen2.
- Elegimos iniciar sesión con OAuth.
- Seleccionamos la cuenta con la que nos conectamos previamente.
- Escribimos un nombre para la conexión y pegamos la URL del área de trabajo. Es posible que aparezca una alerta indicando que el sufijo del punto de conexión no es conocido, pero se puede ignorar.

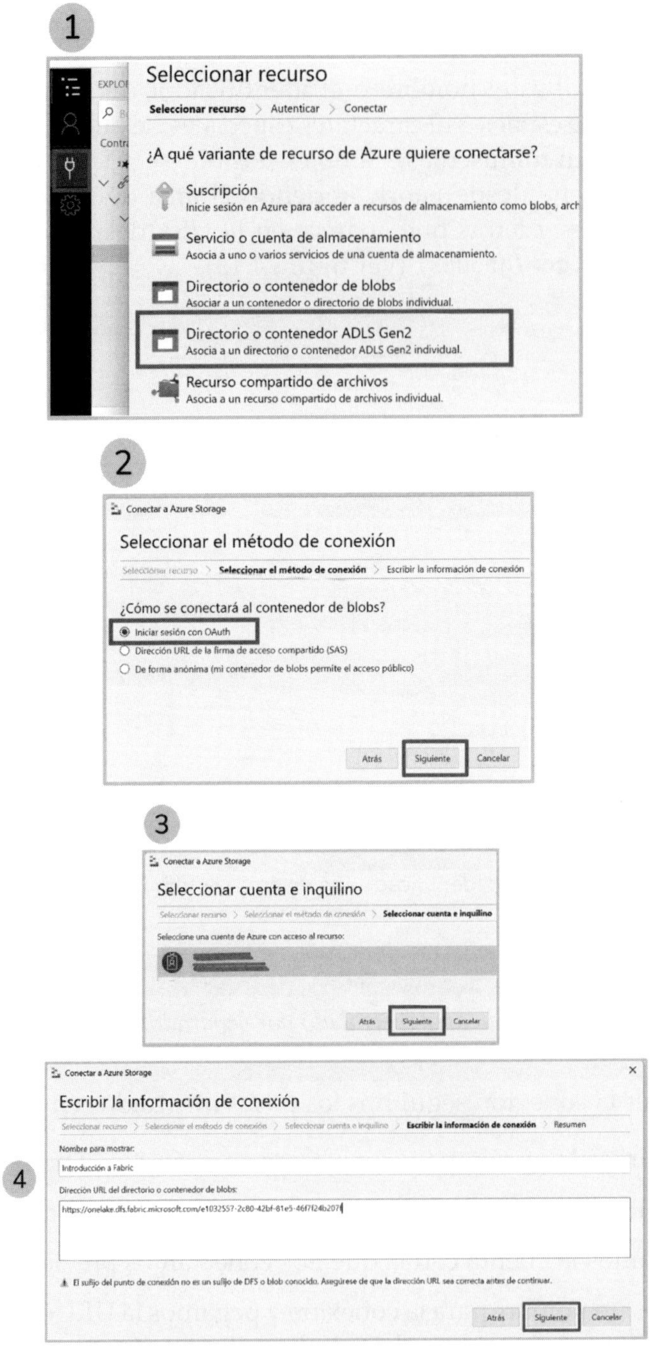

Figura 4.14. Pasos para conectar a un área de trabajo desde el explorador de Azure Storage.

Una vez conectados, veremos una carpeta por cada elemento de almacenamiento del área de trabajo. Cada carpeta tendrá un nombre formado por números y letras que corresponde al identificador del elemento, por lo que, para encontrar lo que buscamos, tendremos que probar una por una o localizar el identificador directamente en Fabric. Al entrar en un elemento, podremos explorar carpetas y archivos, descargarlos y también subir nuevos archivos.

También es posible conectarse directamente a un elemento específico usando una URL como esta:

```
https://onelake.dfs.fabric.microsoft.com/{area_trabajo}/{id_elemento}.
```

Aunque el uso del explorador de Azure Storage puede requerir algunos pasos adicionales, ofrece una forma flexible de navegar, descargar y cargar archivos directamente desde fuera de Fabric.

5 Lakehouse

En este capítulo aprenderás:

- Qué es un Lakehouse en Fabric y cómo combina almacenamiento de archivos y tablas Delta.
- Cómo crear un Lakehouse, organizar archivos y tablas y usar esquemas.
- Cómo trabajar con accesos directos y transformaciones automáticas (incluyendo transformaciones con IA).
- Cómo consultar los datos mediante el punto de conexión SQL y crear vistas materializadas.
- En qué casos conviene elegir un Lakehouse y cómo utilizarlo en una arquitectura Medallion.

Ya vimos que OneLake es el gran contenedor de datos de Fabric, como un lago central donde todo desemboca. Pero, para leer, escribir, organizar o transformar esos datos, no lo hacemos directamente sobre OneLake, sino a través de elementos específicos. Puedes imaginarlos como motores de almacenamiento: cada uno con sus propias características, su forma de organizar los datos y, en algunos casos, con capacidad propia para procesarlos.

En este capítulo damos el primer paso en el recorrido por los elementos de almacenamiento y nos centramos en el Lakehouse. En los siguientes capítulos, iremos conociendo los demás elementos de almacenamiento hasta tener una visión completa del conjunto.

Anteriormente ya hablamos del término "Lakehouse", que te recordamos que se forma de la unión de Data Lake con Data Warehouse, y en Fabric tenemos un elemento con el mismo nombre y que implementa la funcionalidad ya descrita, por lo que tiene la dualidad de almacenar archivos con datos no estructurados, semiestructurados y estructurados, y también de dar acceso a estos últimos mediante consultas SQL. Además, un Lakehouse nos permite crear accesos directos de OneLake.

En la figura 5.1 se resumen las principales características de un Lakehouse, donde se puede ver que hay una carpeta con el nombre `Tablas` y otra carpeta con el nombre `Archivos`. En la primera se guardan los datos estructurados en tablas Delta y en la segunda se guardan archivos en cualquier formato. Tanto en las tablas como en los archivos se pueden crear accesos directos. También vemos que a las tablas se puede acceder a través de un punto de conexión SQL y que podemos crear vistas materializadas. De todo esto y de algunas cosas más hablaremos a continuación.

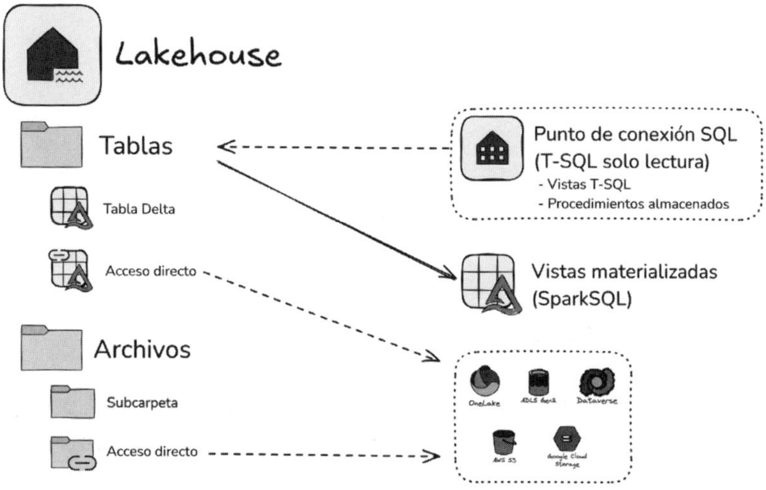

Figura 5.1. Principales características de un Lakehouse.

Crear un Lakehouse

Podemos crear un Lakehouse desde un área de trabajo utilizando el botón Nuevo elemento, que ya vimos en el capítulo 3. El único requisito para crearlo es escribir el nombre, que debe comenzar con una letra y solo puede contener letras, números y guiones bajos.

Pero, además del nombre, se puede indicar si queremos utilizar esquemas y esta decisión la tenemos que tomar al momento de la creación y no es posible cambiarla después. Los esquemas solo afectan a las tablas y es una manera de agruparlas, de forma similar a una subcarpeta.

Cuando se crea el Lakehouse, este se abrirá automáticamente, por lo que en el panel de navegación aparecerá un nuevo icono y en el lienzo veremos una pantalla similar a la de la figura 5.2, en la que tenemos un Lakehouse con el nombre LH1 y con esquema (dbo es el esquema predeterminado), como se aprecia en la parte izquierda donde está el explorador y donde también podemos ver las carpetas para las tablas y los archivos. En la parte superior de la pantalla hay un panel con varios botones. En la parte derecha de la pantalla, tenemos inicialmente más botones con las opciones disponibles para cargar datos en el Lakehouse, pero, cuando seleccionemos alguna tabla o carpeta o archivos en el explorador, podremos ver su contenido aquí.

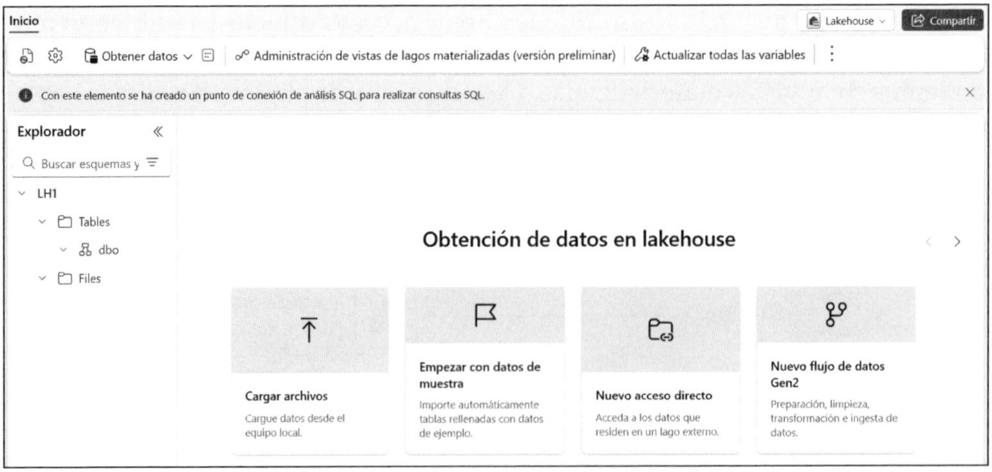

Figura 5.2. Vista de un Lakehouse vacío.

Si queremos cerrar el Lakehouse debemos utilizar el icono del panel de navegación, como explicamos en el capítulo 3. Recordemos que también podemos movernos a otros elementos del panel de navegación y mantener el Lakehouse abierto, pero sin que se vea en el lienzo. Si revisamos el área de trabajo donde creamos el Lakehouse, veremos este y, justo debajo, conectado por una línea, habrá otro elemento con el mismo nombre y del tipo Punto de conexión de Análisis SQL.

Archivos y tablas

Vamos a abrir de nuevo el Lakehouse para cargar manualmente algunos archivos y tablas utilizando el explorador, con el objetivo de dar una idea inicial de cómo funciona, aunque en un proyecto real los datos se cargarían de manera automática utilizando otros elementos de Fabric, pero eso lo trataremos en un próximo capítulo.

Partiendo del Lakehouse vacío que creamos, vamos a llegar a la estructura de la figura 5.3. Los archivos que vamos a utilizar son los que están en la carpeta `cap05/lakehouse/files` del repositorio de GitHub del libro, y los puedes descargar en tu ordenador siguiendo las indicaciones que hicimos en la introducción.

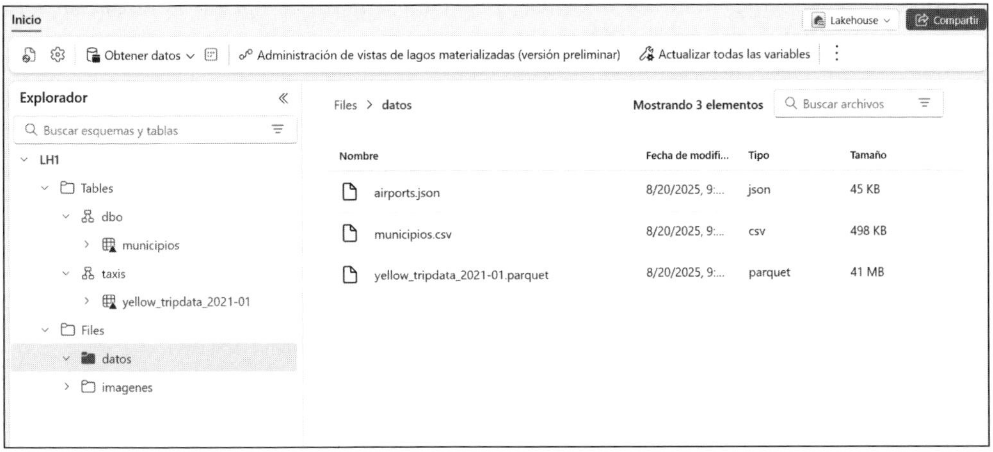

Figura 5.3. Vista de un Lakehouse con datos.

Archivos

Comenzaremos en la carpeta de archivos creando las subcarpetas `datos` e `imagenes`. Para ello, debes mover el cursor por encima de Files y hacer clic en los tres puntos que aparecerán a la derecha para que se abra un menú contextual donde encontraras la opción Nueva subcarpeta. Una vez creadas las subcarpetas, vamos a cargar los archivos en ellas utilizando el menú contextual que aparece al mover el cursor por una subcarpeta donde verás la opción Cargar y, dentro, la opción Cargar archivos. En la subcarpeta `imagenes`, solo vamos a cargar el archivo `lakehouse.png`, mientras que, en la carpeta `datos`, vamos a cargar los otros tres archivos que tienen estos formatos: CSV, JSON y Parquet.

NOTA:

Los archivos también se pueden cargar directamente en la carpeta `Files`*, pero se recomienda crear subcarpetas para mantenerlos organizados.*

Cuando se hayan cargado todos los archivos, podemos revisar su contenido utilizando el explorador, seleccionando cada subcarpeta y luego seleccionado el archivo. En algunos casos, como los archivos CSV o JSON, podemos modificarlos directamente desde el explorador.

NOTA:

Si no ves las subcarpetas o los archivos, prueba a utilizar la opción Actualizar *del menú contextual de la carpeta* `Files`.

Si podemos ver el contenido de todos los archivos que hemos cargado es porque el explorador del Lakehouse tiene visores para los formatos que hemos utilizado, pero hay otros formatos que aún no se pueden ver directamente. Recuerda que en la carpeta `Files` de un Lakehouse podemos cargar todo tipo de archivos.

Aunque algunos de los archivos que hemos cargado tienen datos estructurados, no se están comportando como tablas, por ejemplo, no pueden ser consultados con SQL. Para que así sea, hay que cargarlos en la carpeta `Tables`.

Tablas

Antes de crear las tablas, vamos a crear un nuevo esquema con el nombre taxis, utilizando la opción Nuevo esquema del menú contextual de la carpeta `Tables`.

Para crear una tabla a partir de un archivo que esté bajo la carpeta `Files`, accedemos al menú contextual del archivo, buscamos la opción Cargar en tablas y, dentro de esta, la opción Nueva tablas. Pero esta opción solo aparecerá para los archivos CSV y Parquet. Esto no quiere decir que no se puedan cargar datos de otros formatos hacia tablas, sino que no se puede hacer de esta forma manual y hay que hacerlo con otros elementos de Fabric.

Al utilizar la opción para crear la tabla, hay que escoger el esquema y escribir el nombre de la tabla (por defecto, es el nombre del archivo sin la extensión). Además, si el archivo es CSV, hay que indicar si contiene encabezados de columnas y cuál es el separador.

Las tablas creadas las veremos en la carpeta `Tables` bajo el esquema que indicamos al crearla (hay que expandir el esquema utilizando la flechita que está a la izquierda del nombre). Si no las ves, utiliza la opción Actualizar del menú contextual de `Tables`.

En el explorador, las tablas tienen un icono que las identifica como tablas Delta. A la izquierda del icono, tenemos una flechita que, si la expandimos, podemos ver las columnas de la tabla con su nombre y el tipo de dato. Si hacemos clic en el nombre da la tabla, se abrirá la vista de tabla, donde podemos visualizar las primeras 1.000 filas con la posibilidad de ordenar y filtrar las columnas. También podemos cambiar a la vista de archivos, para ver los archivos que conforman la tabla Delta, que recuerda que son Parquet para los datos y JSON para el registro de transacciones.

Si movemos el cursor sobre el nombre de la tabla, aparecerán los tres puntos que dan acceso al menú contextual, donde hay varias opciones, incluyendo una para el mantenimiento de la tabla Delta, con la que podemos ejecutar los comandos `OPTIMIZE` y `VACUUM` y aplicar V-Order (recuerda lo comentado en el capítulo anterior cuando hablamos de las tablas Delta).

Accesos directos

En un Lakehouse podemos crear accesos directos tanto en la carpeta `Files` como en la carpeta `Tables`, y en esta sección te guiaremos para crear los tres accesos directos que se señalan en la figura 5.4: la subcarpeta `dimensiones`, que contiene archivos CSV con datos de productos, clientes, tiendas; la tabla ventas y el esquema hechos, que contiene las tablas ventas y presupuestos. Si te fijas muy bien en la imagen, verás que hay un detalle en cada icono que los identifican como accesos directos.

Los datos a los que haremos referencia en los accesos directos están almacenados en un ADLS Gen2 (Data Lake de Azure), y para que puedas seguirnos te indicamos a continuación las propiedades de conexión:

- **Dirección URL:** `https://librofabric.dfs.core.windows.net/datos`.
- **Tipo de autenticación:** Firma de acceso compartido (SAS).

- ***Token* de SAS:** sv=2023-11-03&st=2025-08-24T08%3A25%3A00Z&se=2036-08-26T08%3A25%3A00Z&sr=c&sp=rl&sig=Wg8RgYFf6Il0nyZVsDGuO28%2FIzbK%2Bkcnb3WHhCfeujI%3D.

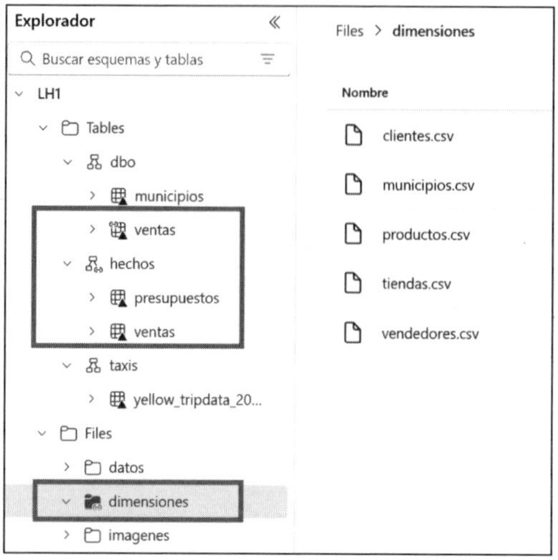

Figura 5.4. Distintos tipos de accesos directos.

NOTA:

Estas propiedades de conexión también las puedes encontrar en el repositorio de GitHub, en la carpeta `cap05/lakehouse/shortcuts`.

Comencemos por crear el acceso directo a la subcarpeta `dimensiones`, para lo que abrimos el menú contextual de `Files` y escogemos la opción Nuevo acceso directo. Se nos presentará una pantalla con los orígenes disponibles donde debemos escoger Azure Data Lake Storage Gen2 (no confundir con Azure Blob Storage) y aparecerá un formulario como el de la figura 5.5, que es donde entraremos las propiedades de la conexión indicadas arriba. Asegúrate de seleccionar Nueva conexión y en el tipo de conexión escoger Firma de acceso compartido (SAS).

Hacemos clic en el botón Siguiente y debemos ver una nueva pantalla con las carpetas disponibles, primero la carpeta `datos` y, debajo de ella, varias subcarpetas. Escogemos solo la carpeta `dimensiones` haciendo clic en el recuadro que está a la izquierda del nombre, y luego hacemos clic en el botón Siguiente. Va a aparecer una nueva pantalla proponiendo configurar una transformación a tabla Delta, pero lo vamos a ignorar haciendo clic en el botón Omitir. La transformación la utilizaremos en la siguiente sección.

Figura 5.5. Crear conexión a Azure Data Lake Storage Gen2.

Ahora debemos estar en una pantalla como la de la figura 5.6, listos para crear el acceso directo. Si antes de crearlo queremos cambiar su nombre, podemos utilizar el botón con el icono de un lápiz. Cuando hagamos clic en el botón **Crear**, veremos una nueva subcarpeta debajo de `Files` con el icono que identifica que es un acceso directo (figura 5.4). Si revisas su menú contextual, verás la opción **Administrar acceso directo**, donde se ven las propiedades y además se pueden hacer cambios en el nombre o en la conexión o mover el acceso directo.

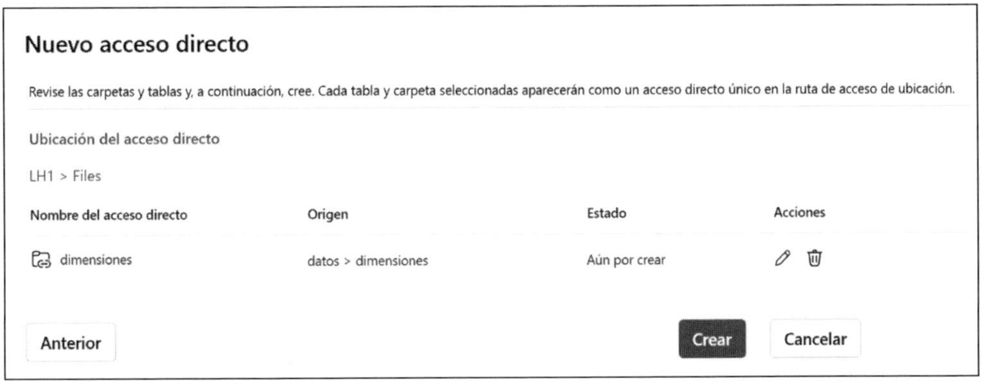

Figura 5.6. Configurar y crear el acceso directo a Azure Data Lake Storage Gen2.

Creemos ahora el acceso directo a la tabla ventas utilizando el menú contextual del esquema dbo dentro de `Tables`, y seleccionamos la opción Nuevo acceso directo de tabla. Escogemos el origen Azure Data Lake Storage Gen2 y seleccionamos la misma conexión que creamos antes. En el listado de carpetas, expandimos la subcarpeta `hechos` y, dentro de ella, seleccionamos la carpeta `ventas`, que contiene una tabla Delta, como indica el icono. Seguimos el proceso hasta el final para obtener la nueva tabla. Hay que tener en cuenta que el acceso directo a la tabla solo se creará si el formato del origen es Delta o Iceberg (o CSV mediante una transformación Delta).

Para terminar, crearemos un acceso directo a un esquema y, en este caso, tenemos que abrir el menú contextual de `Tables` y utilizar la opción Acceso directo al nuevo esquema. Volvemos a elegir Azure Data Lake Storage Gen2 y la misma conexión. En el listado de las carpetas elegimos la subcarpeta hechos, que contiene dos tablas Delta. Seguimos el proceso hasta el final para ver el nuevo esquema hechos con el icono que lo identifica como un acceso directo y, bajo él, las tablas ventas y presupuestos.

Transformaciones de accesos directos

En el capítulo anterior, comentamos que, al crear accesos directos de tablas, si los datos de origen no están en formato Delta, podemos configurar un mecanismo automático de transformación. Ahora vamos a mostrar cómo hacerlo. Por ahora hay dos tipos de transformaciones y solo se aplican a carpetas con archivos CSV o TXT.

NOTA:

Estas transformaciones están en vista previa, por lo que podrían no estar disponibles todavía en tu inquilino.

Transformación de archivos

La transformación de archivos consiste en convertir a una tabla Delta todos los archivos de una carpeta, que deben tener la misma estructura. Por ahora solo funciona con el formato CSV, pero se añadirán otros formatos como Parquet o JSON.

Para mostrarlo, vamos a crear un nuevo acceso directo en el esquema dbo de nuestro Lakehouse utilizando la misma conexión Azure Data Lake Storage Gen2 y seleccionando la subcarpeta `ventas_csv`. Al hacer clic en el botón Siguiente,

Fabric detecta que contiene archivos CSV y muestra una pantalla como la de la figura 5.7, para configurar la transformación a formato Delta y donde debemos indicar el delimitador de columnas y si la primera fila contiene encabezados.

Figura 5.7. Transformación de archivos.

Los archivos CSV que hemos compartido utilizan como delimitador el punto y coma (*semicolon*) y tienen una fila de encabezado. Seguimos el proceso hasta el final, pero la tabla no se creará inmediatamente porque hay que esperar unos minutos a que termine la transformación y, mientras ocurre, veremos una subcarpeta con el nombre `Sin identificar`. Puede que sea necesario abrir el menú contextual de dbo y seleccionar la opción Actualizar.

Cuando se haya creado la tabla, si abrimos el Administrador de acceso directo en su menú contextual, veremos que hay información de la transformación y de las veces que se ha ejecutado. Ten en cuenta que Fabric revisará cada 2 minutos y, si detecta que hay cambios en los archivos (nuevos, borrados, modificados), volverá a ejecutar la transformación.

Transformaciones con IA

Con la transformación de IA podemos aplicar algunos algoritmos de inteligencia artificial a datos almacenados en archivos TXT y el resultado se guardará en una tabla Delta. Mostraremos cómo configurarla utilizando una carpeta que hemos preparado en el Data Lake de Azure con archivos TXT que contienen comentarios de clientes a los que les aplicaremos un análisis de sentimientos para clasificarlos en positivo, negativo o neutral.

Procedemos a crear otro acceso directo de tabla en dbo utilizando la misma conexión y escogemos la subcarpeta `comentarios`. Fabric detectará que son archivos TXT y mostrará una pantalla como la de la figura 5.8, donde aparecen las cinco transformaciones de IA disponibles en este momento. Seleccionamos **Opinión** y pasaremos a la pantalla de confirmación para crear la tabla. Esperamos unos minutos a que termine la transformación y, cuando esté lista, comprobamos que tiene varias columnas con el texto original, el sentimiento, el nombre del archivo TXT y una puntuación de cada sentimiento.

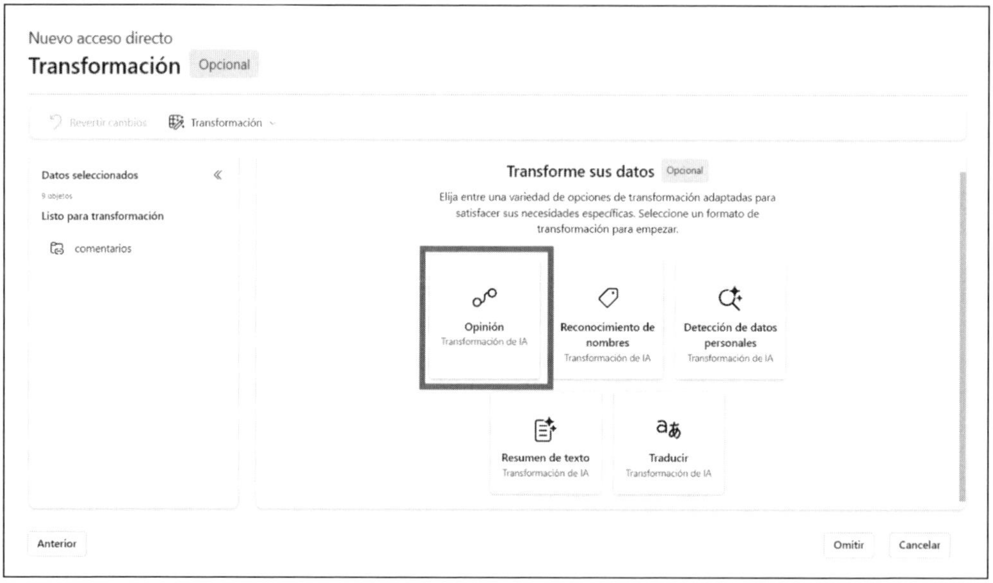

Figura 5.8. Transformaciones con IA.

Punto de conexión SQL

Hasta ahora solo hemos utilizado el Lakehouse como un Data Lake, para almacenar archivos, aunque algunos en formato de tabla Delta, pero nos falta mostrarlo funcionando como un Warehouse, que es lo que haremos en esta sección.

¿Recuerdas el otro elemento que se observa en el área de trabajo cuando creamos el Lakehouse? Su nombre es **Punto de conexión de análisis SQL** y es un motor de T-SQL, similar al que tiene SQL Server y sus variantes, pero que trabaja directamente sobre tablas Delta. En el caso del Lakehouse, este motor de T-SQL es de solo lectura, lo que significa que podemos consultar los datos, pero no los podemos modificar.

Lo anterior no quiere decir que en un Lakehouse no se puedan modificar los datos. Sí se puede, pero con otras herramientas que veremos en un próximo capítulo, sobre todo con los cuadernos Spark.

NOTA:

T-SQL o Transact-SQL es el dialecto de SQL que utiliza Microsoft en sus bases de datos SQL Server.

Podemos abrir el punto de conexión SQL desde al área de trabajo haciendo clic sobre el elemento o, si ya tenemos abierto el Lakehouse, utilizando el botón mostrado en la figura 5.9. Cuando se abra, aparecerá un nuevo icono en el panel de navegación y en el lienzo una pantalla como la de la figura 5.10, que es similar a la del Lakehouse, pero en este caso el explorador que está a la izquierda nos muestra solo el contenido de carpeta `Tables`, por lo que vemos los esquemas **dbo**, **hechos** y **taxis**, que creamos anteriormente, y además vemos otros esquemas que son de uso interno.

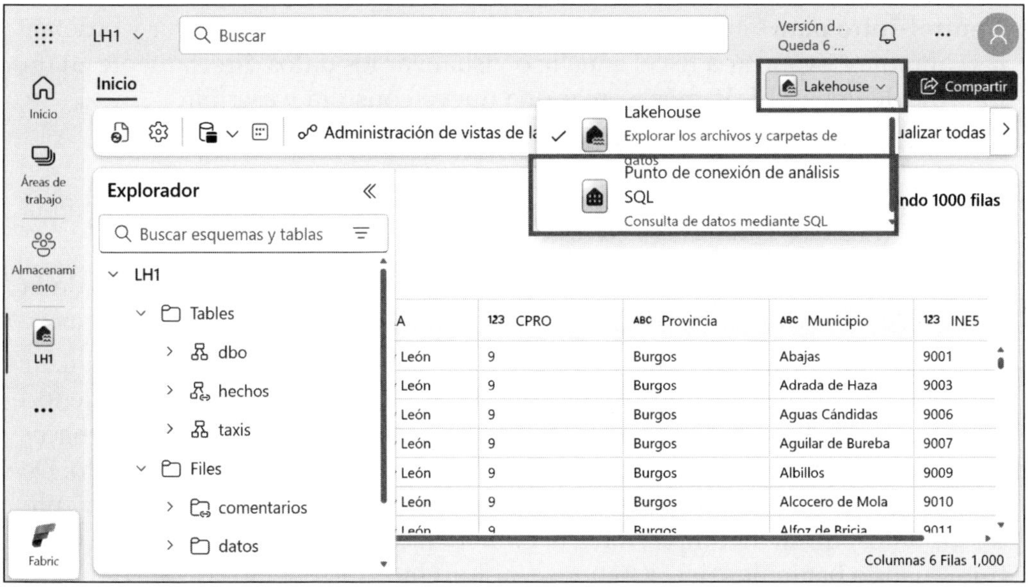

Figura 5.9. Abrir el punto de conexión de análisis SQL desde el Lakehouse.

Desde aquí, podemos ejecutar consultas T-SQL sobre estas tablas. Para probarlo, vamos a hacer clic en el botón **Nueva consulta de SQL** y escribimos la consulta:

```
SELECT * FROM municipios
```

Figura 5.10. Punto de conexión de análisis SQL del Lakehouse.

Hacemos clic en el botón **Ejecutar** o utilizamos la combinación de teclas **Control-Intro** para ver el resultado en una tabla donde puedes filtrar y ordenar las columnas, exportar a Excel e incluso visualizar los datos directamente en un informe de Power BI. Vamos a crear una nueva consulta y escribir:

```
SELECT TOP 10 * FROM hechos.ventas
```

En este caso, estamos utilizando la tabla ventas que está dentro del esquema hechos.

A medida que vamos creando consultas, estas se van guardando debajo de la carpeta `Queries` del explorador, y las podemos renombrar, borrar o duplicar.

Hemos mostrado dos consultas muy sencillas, pero con T-SQL podemos realizar consultas más complejas que impliquen a varias tablas, por ejemplo, suponiendo que tuviéramos las tablas **productos**, **categorias** y **subcategorias** podríamos hacer una consulta que las combine en una dimensión que represente un producto. De hecho, con T-SQL (o con SQL en general) podemos hacer todo el procesamiento de los datos, desde la limpieza hasta el modelado. Más adelante, en este capítulo, cuando hablemos del Warehouse, pondremos más ejemplos, pero enseñar T-SQL está fuera del alcance de este libro.

NOTA:

Cuando vayas a estudiar T-SQL, ten en cuenta que el motor T-SQL de Fabric todavía no soporta el 100 % de las instrucciones, por lo que debes revisar la documentación oficial.

Además de estas consultas, en el punto de conexión SQL podemos crear vistas, funciones y procedimientos almacenados, de la misma manera que lo haríamos en un servidor de SQL, y con los que podemos implementar un proceso de transformación de datos de manera similar a como lo haríamos en un Data Warehouse, excepto que los procedimientos almacenados no pueden utilizar consultas que modifiquen los datos (recuerda que el punto de conexión SQL es de solo lectura).

Consulta visual

No te desanimes si no sabes T-SQL (o SQL) porque en el punto de conexión SQL también podemos crear las consultas de manera visual utilizando un lienzo al que podemos arrastrar las tablas, seleccionar las columnas, aplicar filtros, combinar tablas y mucho más. Si has utilizado Power Query, tenemos buenas noticias porque es la misma interfaz, y además puedes ver el código T-SQL generado, por lo que también te puede servir para aprender.

Para crear una consulta visual, busca el botón Nueva consulta SQL y haz clic en la flecha desplegable que tiene a la derecha para se abra un menú donde verás la opción Nueva consulta visual.

La figura 5.11 muestra una consulta visual donde se combinan las tablas AW_ProductCategory y AW_Product y se eliminan algunas columnas.

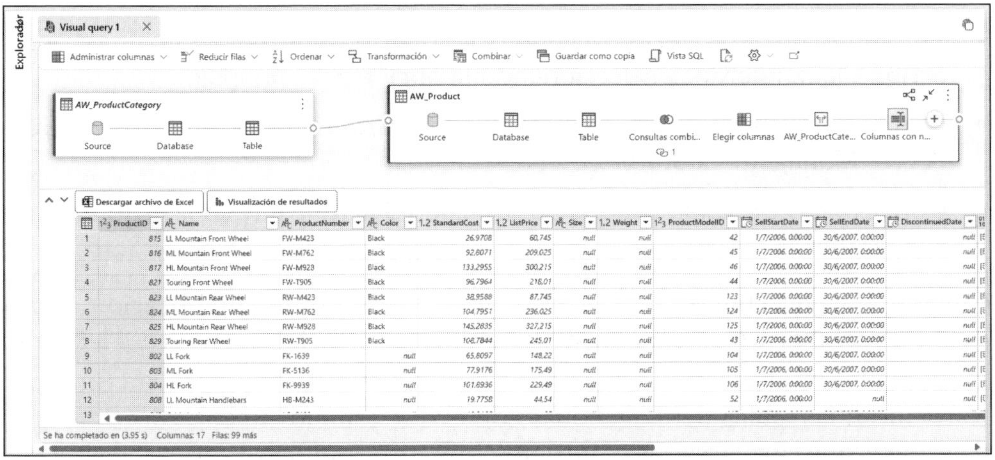

Figura 5.11. Ejemplo de consulta visual.

Estas consultas también quedan guardadas en la carpeta `Queries` del explorador.

Sincronización de metadatos

Aunque el punto de conexión SQL utiliza las mismas tablas Delta del Lakehouse, necesita crear algunos metadatos adicionales para que las consultas T-SQL tengan un buen rendimiento. Por esta razón, existe un proceso de sincronización automática que mantiene actualizados los metadatos cuando ocurren cambios en las tablas Delta.

Pero, a veces, la sincronización puede tardar y sucede que no vemos en T-SQL datos que hemos actualizado en las tablas Delta o incluso no vemos una tabla que hemos creado.

En la pantalla del punto de conexión SQL hay un botón (arriba a la izquierda) para actualizar manualmente los metadatos. Además, esta sincronización se puede iniciar a demanda utilizando la API REST de Fabric.

Conexión desde fuera de Fabric

Antes hemos comentado que el punto de conexión SQL se comporta como un servidor SQL, incluso podemos conectarnos a él con herramientas como SQL Server Management Studio (SSMS) o Visual Studio Code o Power BI Desktop. Para ello, necesitamos una cadena de conexión que tendrá un formato como este: `xxxxxxxxxxxxxxxxxxxxxx.datawarehouse.fabric.microsoft.com`.

Se puede obtener de varias maneras:

- Entrando a la configuración del punto de conexión SQL (botón con una ruedita arriba a la izquierda) y seleccionando la opción **SQL endpoint**.
- Con el botón **Abrir en** que tiene opciones para Visual Studio Code y SQL Server Management Studio.
- Con el botón **Copiar la cadena de conexión SQL** que hay en la esquina inferior izquierda.

Cuando nos conectemos, hay que escoger el método de autenticación **Azure Active Directory – Universal with MFA** y utilizar credenciales con acceso a Fabric.

La figura 5.12 muestra una conexión desde SQL Server Management Studio y cómo lucen las tablas del Lakehouse con el que estamos trabajando. Si te fijas bien, verás que hay varias bases de datos, que corresponden a varios Lakehouses que existen en la misma área de trabajo.

La cadena de conexión es la misma para toda el área de trabajo y cada Lakehouse se comporta como una base de datos.

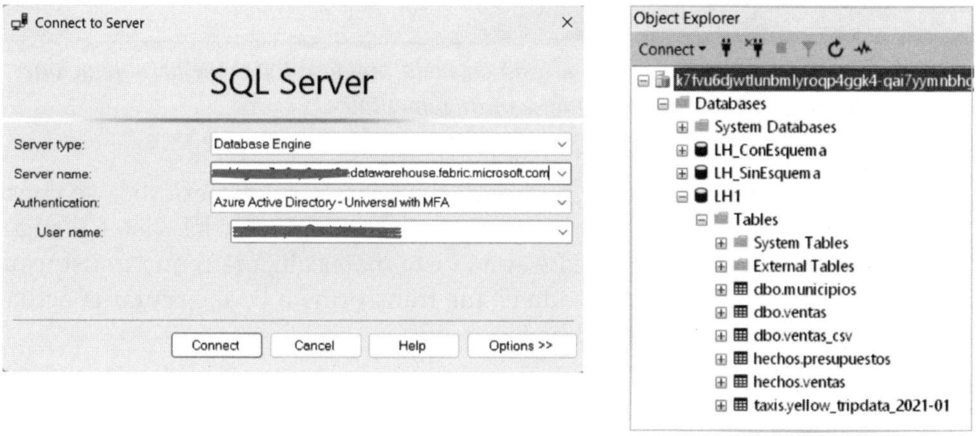

Figura 5.12. Conexión desde SQL Server Management Studio.

Vistas materializadas del Lakehouse

Dejemos el punto de conexión SQL y regresemos al Lakehouse para comentar brevemente otra manera en la que podemos implementar un proceso de transformación de datos con SQL, pero esta vez con el dialecto Spark SQL y con vistas que se materializan en tablas en el Lakehouse.

NOTA:

Spark es otro motor de procesamiento de datos, que abordaremos en un próximo capítulo, que soporta varios lenguajes y que está muy vinculado al Lakehouse.

En la interfaz del Lakehouse está el botón **Administración de vistas de lagos materializadas**, que abrirá una pantalla donde podemos crear las vistas materializadas escribiendo código Spark SQL que utilice la instrucción `CREATE MATERIALIZED LAKE VIEW` seguida del nombre de la vista y de una consulta Spark SQL. Al ejecutar el código se crea la vista, pero además se crea una tabla Delta con el resultado de la consulta.

¿Qué sucede si cambian los datos de las tablas que se referencian en las vistas materializadas? Para mantener los datos actualizados, hay que actualizar la vista materializada y, para ello, en la interfaz de usuario hay un botón para definir una programación de actualización periódica de todas las vistas materializadas con un intervalo mínimo de un minuto.

> **NOTA:**
>
> *En este momento esta funcionalidad está en vista previa y todas las actualizaciones son completas, pero está previsto que sean incrementales.*

Algo muy interesante es que al programar la actualización periódica se construye un grafo de las dependencias que puedan existir entre las vistas (linaje). Por ejemplo, si tenemos una tabla A, una vista materializada B que transforma la tabla A, y otra vista materializada C que transforma a B, al ejecutar la actualización siempre se actualizará B primero que C.

En la figura 5.13 te mostramos la interfaz de usuario con el linaje de dos vistas materializadas que van transformando los datos de la tabla presupuestos en dos etapas o capas, siguiendo una arquitectura Medallion. También se aprecia la hora de ejecución y la duración de cada actualización.

Figura 5.13. Linaje de vistas materializadas.

¿Cuándo elegir un Lakehouse?

A la hora de elegir los elementos de almacenamiento para nuestros proyectos, debemos tener en cuenta varios criterios, como el origen de los datos, su tipo, su formato o las herramientas que vamos a utilizar para procesarlos, o desde dónde vamos a acceder a los datos ya procesados.

El Lakehouse debe ser la primera opción para implementar una arquitectura Medallion, sobre todo en las primeras capas, debido a que permite almacenar archivos, por lo que podemos almacenar los datos de origen en su formato original.

En los proyectos de ingeniería de datos o de ciencia de datos, el Lakehouse también es la opción natural, ya que en ellos se suele trabajar con Spark o con Python nativo, los cuales permiten leer y escribir tanto archivos como tablas en el Lakehouse.

En cambio, no es recomendable recurrir a un Lakehouse si queremos crear tablas con T-SQL (el dialecto de SQL de Microsoft) o si necesitamos análisis en tiempo real con latencia muy baja.

Arquitectura Medallion con Lakehouse

Al implementar una arquitectura Medallion podemos utilizar el Lakehouse de varias maneras, que vamos a exponer a continuación.

NOTA:

En una arquitectura Medallion también se puede utilizar un Warehouse, *pero eso lo veremos en el siguiente capítulo.*

Capa de aterrizaje

En muchos proyectos que utilizan la arquitectura Medallion se requiere tener una copia de los datos con el mismo formato que en el origen. En esos casos, la primera capa está en la carpeta `Files` del Lakehouse para poder guardar los datos en archivos, y se crea una jerarquía de subcarpetas que permita separarlos por origen y también historificarlos.

Por ejemplo, podríamos tener una subcarpeta con el nombre de un origen; bajo ella, otra subcarpeta con el año, otra subcarpeta con el mes y otra subcarpeta con el día; y, en esta última subcarpeta, se almacenarían los archivos con los datos ingeridos ese día desde ese origen.

Si el origen es un archivo, se almacenaría en esta capa de aterrizaje con el mismo formato. Si el origen es una API REST, se suele almacenar en archivos JSON. Si el origen es una base de datos, se suelen almacenar en archivos Parquet.

Después de la ingesta, estos archivos se cargan en tablas Delta, que estarán en una segunda capa, y el resto de las capas también utilizarán tablas.

Un esquema por capa

Una manera de implementar las capas de la arquitectura Medallion en un único Lakehouse es que tenga habilitados los esquemas y separar las capas en esquemas.

Esta es la variante más sencilla y es apropiada para proyectos pequeños donde queremos minimizar la carga administrativa, pero en proyectos medianos y grandes podemos poner en riesgo la escalabilidad y la seguridad.

Un Lakehouse por capa

La segunda variante es utilizar un Lakehouse por capa y en cada uno podríamos a su vez tener esquemas para agrupar algunas tablas en una especie de subcapas.

Se pueden crear accesos directos para facilitar el acceder a las tablas de una capa desde otra.

Esta configuración ofrece mayor flexibilidad y seguridad, y requiere una carga administrativa moderada.

Un área de trabajo por capa

La tercera variante es utilizar áreas de trabajo diferentes para cada capa o para un grupo de capas y, dentro de las áreas de trabajo, tener un Lakehouse para cada capa.

En este caso, los accesos directos serían de mucha ayuda cuando queramos acceder a tablas que estén en otra área de trabajo.

Esta configuración es la que ofrece mayor flexibilidad, escalabilidad y seguridad, pero también es la que implica una carga administrativa elevada.

6 Warehouse

En este capítulo aprenderás:

- Qué es un Warehouse en Fabric y en qué se diferencia del punto de conexión SQL del Lakehouse.
- Ejemplos de operaciones básicas que puedes hacer con T-SQL.
- Funcionalidades avanzadas como transacciones, viaje en el tiempo, clonación de tablas y puntos de restauración.
- En qué casos conviene elegir un Warehouse y cómo utilizarlo en una arquitectura Medallion.

El Warehouse es el segundo elemento de almacenamiento que vamos a ver, y está muy relacionado con el punto de conexión de análisis SQL del Lakehouse; de hecho, es el mismo motor T-SQL, pero con la diferencia muy importante de que se pueden modificar los datos con T-SQL.

Podemos pensar en el punto de conexión SQL como un Warehouse de solo lectura que reside dentro del Lakehouse. Ambos utilizan el mismo icono, pero, si vemos un listado de elementos en el área de trabajo, el Warehouse aparece solo y no ligado a un Lakehouse.

La interfaz de usuario también es la misma, por lo que no vamos a repetir lo que ya explicamos, sino que vamos a profundizar en algunos aspectos que se aplican a ambos y mostrar algunas características propias del Warehouse.

Arquitectura del Warehouse

Este elemento es un Data Warehouse moderno, con el que podemos implementar un proceso completo de transformación de datos con T-SQL, utilizando vistas y procedimientos almacenados, y donde los datos se almacenan en tablas Delta en OneLake para facilitar la integración con otras herramientas de Fabric.

El Warehouse está diseñado para trabajar con grandes volúmenes de datos y adaptarse automáticamente a la carga de trabajo sin necesidad de configuración. Internamente consiste en una distribución de nodos que procesan las consultas T-SQL y acceden a los datos de las tablas Delta. La cantidad de nodos varía en dependencia del volumen a procesar. En la figura 6.1 está representado con 4 nodos. Esto es igual tanto en el Warehouse como en el punto de conexión SQL del Lakehouse.

Los archivos con las tablas Delta son gestionados por el Warehouse, lo que significa que, aunque podamos acceder a ellos, no los podemos modificar ni borrar y además este se encarga de optimizarlos automáticamente sin intervención nuestra.

Comandos T-SQL no soportados

Es importante mencionar que el Warehouse aún no incluye todos los comandos de T-SQL. Por ejemplo:

- No se pueden crear columnas IDENTITY.
- No se pueden crear vistas materializadas.

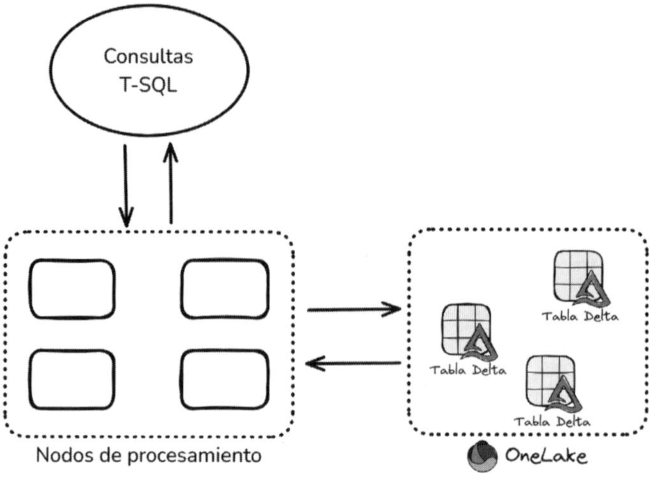

Figura 6.1. Arquitectura del Warehouse.

Existen otras limitaciones y se trabaja continuamente para eliminarlas, por lo que recomendamos consultar la documentación oficial.

Aunque existen alternativas para sobreponerse a estas limitaciones, hay que ser muy cuidadoso si queremos migrar un Data Warehouse implementado con SQL Server o con Azure Synapse Analytics.

Operaciones más comunes con T-SQL

Aunque en este libro no pretendemos enseñar T-SQL, queremos exponer algunos ejemplos sencillos de las operaciones más comunes.

Crear un Warehouse

Comencemos por crear un Warehouse en la misma área de trabajo donde antes creamos el Lakehouse, utilizando el botón Nuevo elemento. Ten en cuenta que, aunque estés utilizando Fabric en español, en el listado de elementos debes buscar el nombre Warehouse. Para crearlo, basta con indicar un nombre, por ejemplo, WH1 y hacer clic en el botón Crear. En el lienzo se abrirá una pantalla similar que la del punto de conexión de SQL del Lakehouse.

Aquí también encontraremos el botón Nueva consulta de SQL y Nueva consulta visual y, justo al lado, está el botón Plantillas de SQL, con el que tenemos una pequeña ayuda para crear esquemas, tablas, vistas, etc., utilizando T-SQL. Otra manera de utilizar plantillas T-SQL es con el menú contextual de los elementos del explorador, por ejemplo, en el menú contextual de **Schemas** está la opción **Nuevo esquema**, o en **Tablas** está la opción **Nueva tabla**.

Otra posibilidad es conectarte al Warehouse desde SQL Server Management Studio (SSMS) o Visual Studio Code utilizando el mismo método que mostramos para el punto de conexión de SQL del Lakehouse.

Para seguir los ejemplos que mostraremos a continuación, te recomendamos crear una consulta nueva para cada ejemplo utilizando el botón **Nueva consulta de SQL**.

Crear esquemas

Vamos a crear dos esquemas con los nombres **Hechos** y **Dimensiones**.

Copia el código siguiente, pégalo en una nueva consulta y ejecútalo.

```
CREATE SCHEMA [Dimensiones]
GO
CREATE SCHEMA [Hechos]
GO
```

Los detalles del código se explican a continuación:

- Los corchetes se utilizan en T-SQL para delimitar los identificadores por si contienen espacios o caracteres especiales. En este caso, se están utilizando en los nombres de los esquemas, aunque no se necesitan.
- El comando `GO` se utiliza en T-SQL para separar la ejecución de varios comandos.

Crear tabla

Vamos a crear una tabla para almacenar datos de tiendas físicas donde se venden los productos.

Copia el código siguiente, pégalo en una nueva consulta y ejecútalo.

```
DROP TABLE IF EXISTS [Dimensiones].[Tiendas]
GO
CREATE TABLE [Dimensiones].[Tiendas]
(
    [Codigo Tienda] [char](12) NOT NULL,
    [Tienda] [varchar](100) NOT NULL,
    [Codigo Municipio] [int] NOT NULL
)
```

Los detalles del código se explican a continuación:

- Se indica el nombre del esquema antes del nombre de la tabla, separados por un punto.
- Primero, se utiliza el comando `DROP` para borrar la tabla, si ya existía.
- La tabla tiene tres columnas y para cada una se indica el nombre, el tipo de dato y que no pueden contener el valor `NULL`.

Insertar datos desde un archivo CSV

Vamos a insertar datos en la tabla Tiendas, que creamos antes, desde un archivo CSV que está en el Lakehouse. Copia el código siguiente y pégalo en una nueva consulta, pero antes de ejecutarlo sustituye <id_area_trabajo> y <id_lakehouse> por los respectivos identificadores del área de trabajo y del Lakehouse con el que estés trabajando y que puedes copiar de la URL cuando lo abres.

```
COPY INTO [Dimensiones].[Tiendas]
FROM 'https://onelake.dfs.fabric.microsoft.com/<id_area_trabajo>/<id_
lakehouse>/Files/dimensiones/tiendas.csv'
WITH (
    FILE_TYPE = 'CSV',
    FIELDTERMINATOR = ';',
    FIRSTROW = 2,
)
```

Los detalles del código se explican a continuación:

- El comando `COPY INTO` nos permite insertar datos en una tabla desde archivos Parquet y CSV y que estén alojados en OneLake, ADLS Gen2 o Azure Blog Storage.
- La URL que se está utilizando es específica para OneLake.
- Para los archivos CSV hay que indicar el delimitador, que en este caso es el punto y coma.
- `FIRSTROW = 2` es para que ignore la primera línea del CSV que contiene los encabezados.

Consulta entre bases de datos

Vamos a realizar una consulta que combine la tabla Tiendas que acabamos de crear en el Warehouse, con la tabla Municipios que creamos en el capítulo 5, en el Lakehouse.

Copia el código siguiente y pégalo en una nueva consulta en el Warehouse, pero antes de ejecutarlo sustituye los nombres `LH1` y `WH1` por los que correspondan a tu Lakehouse y tu Warehouse.

```
SELECT
    t.[Codigo Tienda] AS CodigoTienda,
    t.[Tienda],
    m.[Municipio],
    m.[Provincia],
    m.[CCAA]
FROM [Dimensiones].[Tiendas] t
JOIN [LH1].[dbo].[municipios] m ON t.[Codigo Municipio] = m.[INE5]
```

Los detalles del código se explican a continuación:

- La consulta utiliza la instrucción `JOIN` para combinar las dos tablas.
- Para hacer referencia al punto de conexión de SQL del Lakehouse, se inserta el nombre del Lakehouse delante del nombre del esquema para formar un nombre de tres partes separadas por puntos: `[LH1].[dbo].[municipios]`.

Crear una tabla a partir de una consulta (CTAS)

Vamos a crear una tabla a partir de la misma consulta anterior. Esta operación se conoce con las siglas en inglés CTAS (*Create Table As Select*). Copia el código siguiente y pégalo en una nueva consulta en el Warehouse, pero antes de ejecutarlo sustituye los nombres `LH1` y `WH1` por los de tu Lakehouse y tu Warehouse.

```
CREATE TABLE [Dimensiones].[DimTiendas] AS
SELECT
    t.[Codigo Tienda] AS CodigoTienda,
    t.[Tienda],
    m.[Municipio],
    m.[Provincia],
    m.[CCAA]
FROM [Dimensiones].[Tiendas] t
JOIN [LH1].[dbo].[municipios] m ON t.[Codigo Municipio] = m.[INE5]
```

Los detalles del código se explican a continuación:

- El único cambio está en la primera línea `CREATE TABLE ... AS`.

Crear una vista

Vamos a crear una vista a partir de la misma consulta de los dos ejemplos anteriores.

```
CREATE View [Dimensiones].vTiendas AS
SELECT
    t.[Codigo Tienda] AS CodigoTienda,
    t.[Tienda],
    m.[Municipio],
    m.[Provincia],
    m.[CCAA]
FROM [Dimensiones].[Tiendas] t
JOIN [LH1].[dbo].[municipios] m ON t.[Codigo Municipio] = m.[INE5]
```

Los detalles del código son:

- De nuevo, el único cambio es en la primera línea `CREATE VIEW ... AS`.

Transacciones

El Warehouse tiene soporte para transacciones, lo que significa que se pueden agrupar los cambios que se hagan a varias tablas de manera que si ocurre un fallo se revierten las modificaciones que ya se habían hecho. O se hacen todos los cambios, o no se hace ninguno. Para codificar una transacción en T-SQL, se utilizan los comandos `BEGIN TRANSACTION` Y `COMMIT TRANSACTION` en un patrón como este:

```
BEGIN TRANSACTION
Modificar datos tabla1
Modificar datos tabla2
Modificar datos tabla3
COMMIT TRANSACTION
```

Aquí de nuevo hay limitaciones con relación a la familia SQL Server, por ejemplo, no hay puntos de guardado ni transacciones con nombre.

Viaje en el tiempo

Cada vez que se hace un cambio en una tabla Delta, este se registra con un número de versión, de manera que se va manteniendo el historial de versiones de los datos. Además, Delta Lake tiene un mecanismo para consultar una versión antigua de los datos de una tabla, siempre y cuando no se hayan borrado los archivos Parquet con los datos.

El Warehouse utiliza este mecanismo para implementar lo que se conoce como viaje en el tiempo, con el que al hacer una consulta podemos especificar una fecha y hora en el pasado para obtener la versión de los datos en ese momento.

El periodo de retención de los datos es de 30 días.

Instrucción T-SQL para el viaje en el tiempo

Para crear una consulta T-SQL que viaje en el tiempo se le añade al comando `SELECT` la opción `FOR TIMESTAMP AS OF` indicando la fecha y la hora como se muestra a continuación.

Ten en cuenta que la zona horaria tiene que ser UTC.

```
SELECT *
FROM TABLA1
OPTION (FOR TIMESTAMP AS OF '2025-09-08T19:39:35.28')
```

Si la consulta contiene la opción `JOIN` para combinar varias tablas, `FOR TIMESTAMP AS OF` se indica una sola vez y se utilizará la misma fecha y hora para todas las tablas. Por ejemplo:

```
SELECT T1.C2, T2.C3
FROM TABLA1 T1
JOIN TABLA2 T2 ON T1.C1 = T2.C1
OPTION (FOR TIMESTAMP AS OF '2025-09-08T19:39:35.28')
```

Clonación de tablas

En el Warehouse existe una operación para clonar una tabla que no copia los datos, sino que solo hace una copia de los metadatos. Pero, a partir de que se crea el clon, ambas tablas serán independientes.

Al clonar una tabla, se puede indicar una fecha y hora en el pasado, dentro del mismo periodo de retención de 30 días. En este caso, el clon contendrá una versión de los datos de la tabla original, pero se sigue manteniendo que los datos no se duplican, solo se copian los metadatos correspondientes a la versión de la fecha y hora indicadas.

Para clonar una tabla con T-SQL se utiliza esta sintaxis:

```
CREATE TABLE T1Clon AS CLONE OF T1
AT '2025-09-08T14:24:10.325'
```

El comando anterior creará la table **T1Clone** con una versión de los datos de la tabla **T1**.

También es posible clonar una tabla desde la interfaz de usuario del Warehouse, abriendo el menú contextual de una tabla, donde está la opción **Clonar tabla** y que permite escoger si la nueva tabla será una copia exacta de la actual o será de una fecha y hora anterior, hasta 30 días.

Puntos de restauración

Algo fundamental cuando trabajamos con datos es implementar políticas de recuperación ante fallos y el Warehouse nos ayuda en ese sentido a través de los puntos de restauración, que son copias del estado de los datos del Warehouse en un momento determinado.

Hay dos tipos de puntos de restauración:

- Los que hace el sistema automáticamente cada 8 horas.
- Los que pueden hacer en cualquier momento los administradores del sistema, ya sea manualmente o de forma automatizada utilizando la API REST de Fabric.

En el momento en que ocurre un problema o que por alguna razón necesitamos una versión anterior de todo el Warehouse, podemos hacer una restauración desde cualquiera de estos puntos. Ten en cuenta que esto sobrescribirá el Warehouse porque no hay manera de indicar una restauración en un Warehouse con otro nombre.

En la figura 6.2 se muestra la pestaña **Puntos de restauración** de la pantalla de configuración de un Warehouse, donde hay tres puntos creados por el sistema y un punto creado por un usuario. También vemos un botón para crear un punto de restauración y otro botón para borrar. Solo se pueden borrar los puntos creados por los usuarios. En el menú contextual de cada punto hay una opción para restaurar.

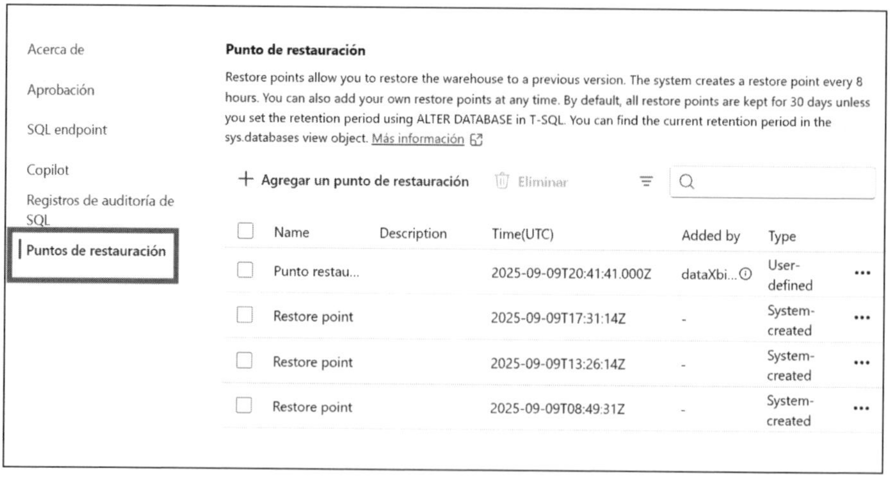

Figura 6.2. Puntos de restauración.

¿Cuándo elegir un Warehouse?

Aunque cada proyecto tiene sus particularidades, queremos darte algunas recomendaciones que te ayuden a decidir cuándo utilizar un Warehouse.

Un factor decisivo es la experiencia del equipo de desarrollo del proyecto. Si el equipo ya domina T-SQL y prefiere hacer las transformaciones con este lenguaje, el Warehouse es la opción recomendada.

Si estamos implementando una arquitectura Medallion, se utilizaría sobre todo en las últimas capas, para hacer las transformaciones. En las primeras capas donde se haga la ingesta y la preparación inicial de los datos, es preferible utilizar el Lakehouse.

También es una buena opción si estamos migrando un Data Warehouse tradicional implementado en SQL Server, porque permite reutilizar mucho conocimiento en T-SQL y una parte de las estructuras ya conocidas. Sin embargo, hay que tener en cuenta que el Warehouse de Fabric todavía tiene limitaciones frente a un SQL Server completo.

No recomendamos el Warehouse para trabajar con Spark o Python o si necesitamos realizar análisis en tiempo real con latencia muy baja.

7

Reflejos (*mirroring*)

En este capítulo aprenderás:

- Qué son los reflejos y cómo se utilizan para simplificar la ingesta de datos en Fabric.
- Cómo funcionan los distintos tipos de reflejo: de base de datos, de metadatos y abierto.

En el capítulo dedicado a OneLake, introducimos los reflejos como una manera muy conveniente de ingestión desde bases de datos externas. El reflejo está muy vinculado al Warehouse, porque, cuando creamos un elemento de este tipo en Fabric, los datos que se transfieren se exponen a través un punto de conexión SQL, de solo lectura.

Ahora ha llegado el momento de explicar con más detalle cómo podemos trabajar con los reflejos.

Requerimientos y limitaciones

Antes de poder crear un reflejo, hay que cumplir con algunos requerimientos en el origen, por ejemplo, en Azure SQL Database no puede estar activado Change Data Capture ni Azure Synapse Link, y debe estar activada la identidad administrada asignada por el sistema (SAMI).

También hay limitaciones, algunas dependen del origen y otras son generales. Por ejemplo:

- En una misma base de datos no se pueden replicar más de 500 tablas.
- Algunos tipos de columnas no están soportados.
- Solo se pueden replicar tablas. Las vistas no se pueden replicar.
- En algunos orígenes, como Azure SQL Database, solo se puede crear un reflejo para la misma base datos.

Estas son algunas de las limitaciones actuales, hay otras más y se está trabajando en disminuirlas.

Para tener un listado actualizado de los requerimientos y las limitaciones, recomendamos revisar la documentación oficial del reflejo para cada origen.

Reflejo de base de datos

El tipo de reflejo más utilizado es el que replica los datos de una base de datos casi en tiempo real y almacenándolos en tablas Delta en OneLake. A modo de ejemplo, vamos a mostrar los pasos para crear un reflejo de una base de datos de Azure.

Lo primero que hay que hacer es comprobar que se cumplan los requerimientos y escoger el método de autenticación, pero eso no lo mostraremos aquí y te remitimos a la documentación oficial.

Comenzamos por crear el elemento en un área de trabajo. Si Fabric está en español, debemos buscar el elemento con el nombre **Base de datos de Azure SQL reflejada**, como puedes ver en la figura 7.1.

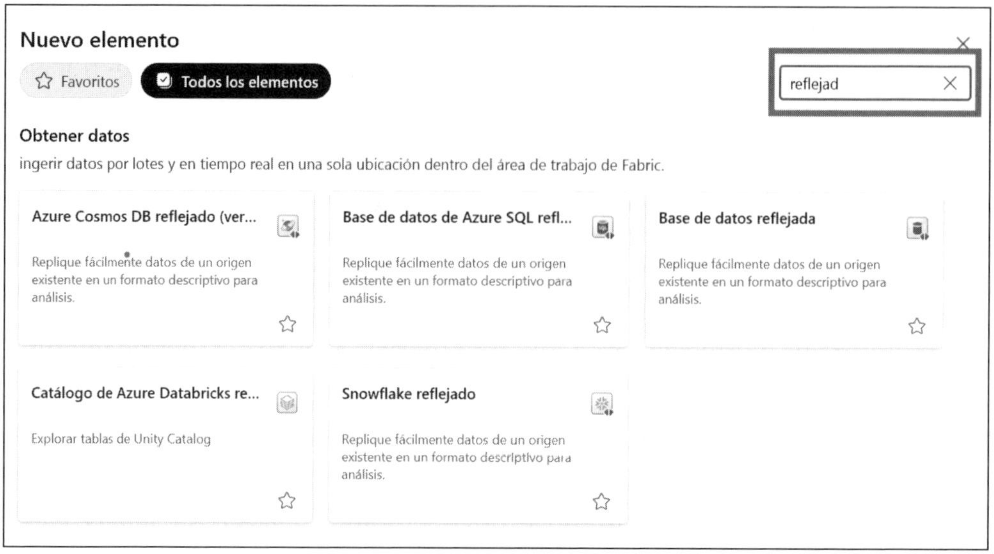

Figura 7.1. Crear un nuevo reflejo.

Una vez elegido el elemento, debemos crear una nueva conexión y escribir el nombre del servidor, el nombre de la base de datos y la información de autenticación.

Después de autenticarnos, pasamos a una pantalla como la de la figura 7.2, donde escogemos las tablas que queremos reflejar. Si las escogemos todas, podemos indicar que también se reflejen las tablas que se agreguen en el futuro.

En la figura, se aprecia que a la derecha de algunas tablas hay un triángulo de alerta y, si movemos el cursor por encima de él, veremos un mensaje, que en este caso dice que las tablas tienen algunas columnas no admitidas por el tipo de dato. Dichas columnas se ignorarán al reflejar las tablas, por lo que no estarán en las tablas Delta, pero sí el resto de las columnas que no tengan problemas.

También puede suceder que existan tablas que no cumplen con algún requisito y, en ese caso, veremos un icono de error y no podremos seleccionarlas.

Después de seleccionar las tablas, pasaremos a otra pantalla para escribir el nombre que tendrá el elemento reflejo y que, por defecto, es el mismo nombre de la base de datos. Ya con esto está toda la información necesaria y podemos crear el reflejo.

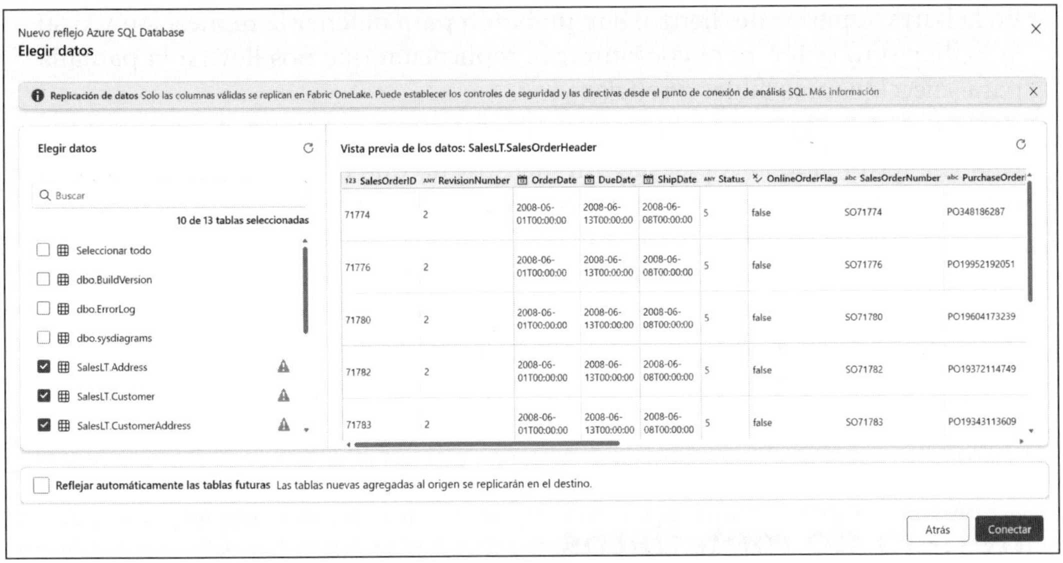

Figura 7.2. Seleccionar las tablas a reflejar.

La figura 7.3 muestra la interfaz de usuario de un reflejo, desde donde podemos supervisar la replicación. Se observa que está en ejecución y en los detalles de cada tabla se aprecia cuántas filas se han replicado y la hora de la última replicación.

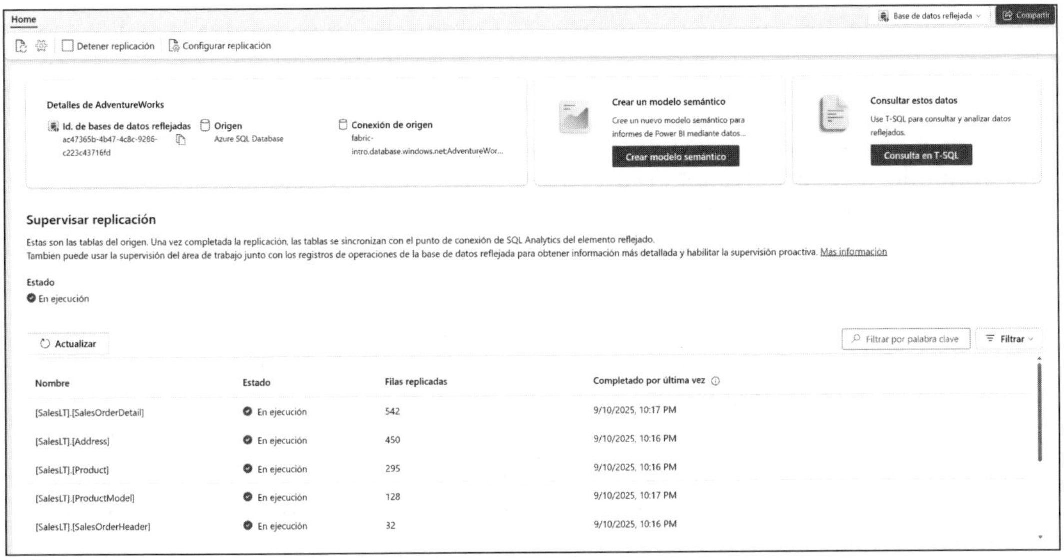

Figura 7.3. Interfaz de usuario de un reflejo.

En la barra superior del lienzo, hay un botón para detener la replicación y, a su lado, hay otro botón para configurar la replicación que nos lleva a la pantalla para seleccionar las tablas a reflejar.

Al iniciarse la replicación, se realiza una copia completa de los datos de las tablas. Una vez terminada la copia, hay un mecanismo que detecta los cambios en la base de datos y los sincroniza casi en tiempo real. Si se detiene la replicación, los datos que ya se habían replicado seguirán disponibles en Fabric, pero no se actualizarán cuando cambien en el origen. Si se inicia una replicación que estaba parada, se volverá a hacer una copia completa de los datos.

Si miramos el listado de elementos en el área de trabajo donde se ha creado el reflejo, veremos que está asociado con un punto de conexión SQL que tiene la misma funcionalidad que ya explicamos en el capítulo del Lakehouse.

Reflejo de metadatos

El reflejo de metadatos se utiliza cuando en la base de datos de origen los datos están almacenados en tablas Delta y se pueden crear accesos directos a ellas y, por lo tanto, no es necesario hacer una replicación de los datos. Solo hay que replicar los metadatos, por ejemplo, los nombres de las tablas.

En la actualidad, este tipo de reflejo solo está implementado con Azure Databricks Unity Catalog, de la forma en que se muestra en la figura 7.4. Unity Catalog es un servicio de gobernanza propietario de Databricks que organiza las tablas en esquemas y contiene metadatos con los nombres de las tablas y la localización de las tablas Delta con los datos.

Vamos a hacer un ejemplo para mostrar algunas de las pantallas del proceso, asumiendo que la parte de Azure Databricks ya está preparada acorde a los requerimientos de la documentación, por lo que contamos con la URL de un área de trabajo de Databricks que contiene un Unity Catalog y las credenciales de conexión.

Comenzamos por crear el reflejo buscando un elemento con el nombre Catálogo de Azure Databricks reflejado (recuerda la figura 7.1). A continuación, creamos una nueva conexión con el URL y las credenciales.

Una vez conectados, aparecerá una pantalla como la de la figura 7.5, en la que debemos seleccionar el catálogo y los esquemas o las tablas. Si seleccionamos algún esquema completo, tenemos la posibilidad de indicar que se sincronicen automáticamente los cambios futuros en el esquema.

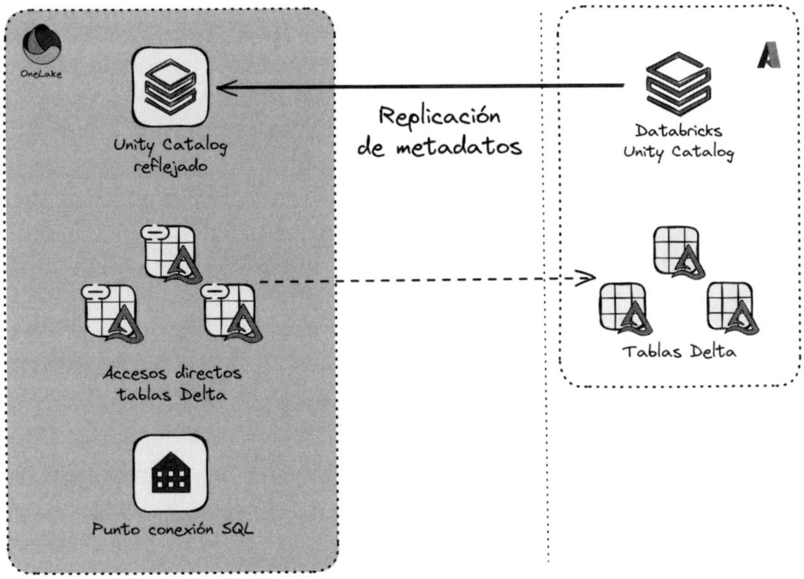

Figura 7.4. El reflejo de metadatos.

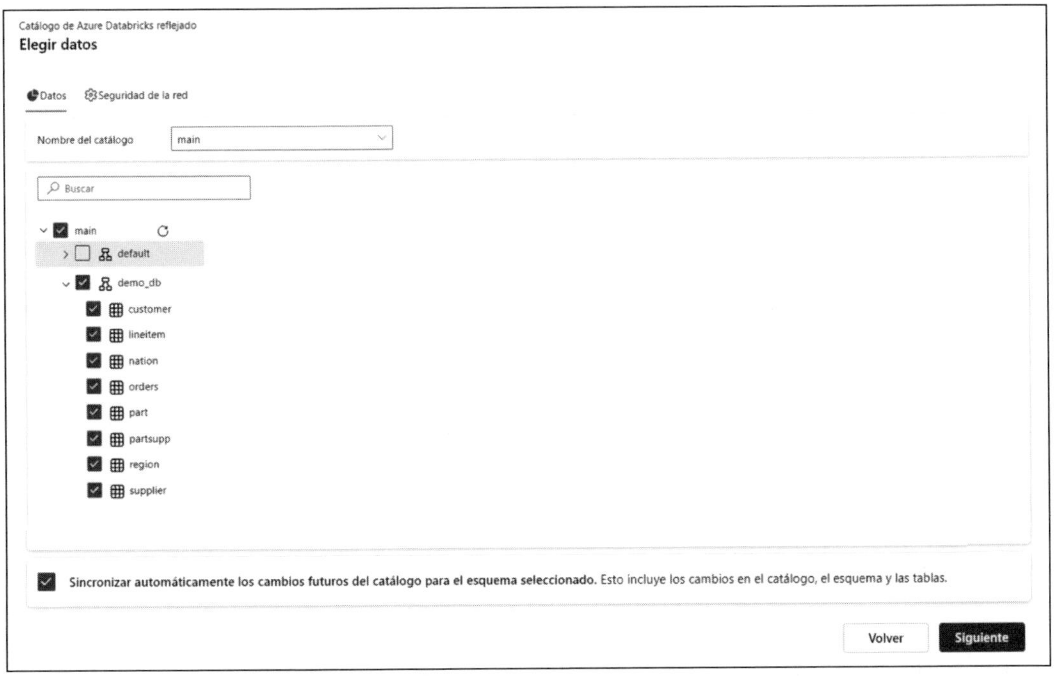

Figura 7.5. Seleccionar catálogos y esquemas o tablas.

En el último paso, escribimos el nombre que tendrá el elemento reflejo, que por defecto será el mismo del catálogo.

Al crearse el reflejo, veremos en el lienzo una pantalla como la de la figura 7.6, que contiene la estructura del catálogo con los esquemas y las tablas que hemos seleccionado. Si te fijas bien en la imagen, cada tabla tiene el icono que identifica que es un acceso directo, por lo que los datos se mantienen en Databricks. En la figura también se muestra la ventana que aparece al hacer clic en el botón **Supervisar catálogo**, donde podemos revisar el estado de la sincronización de los metadatos.

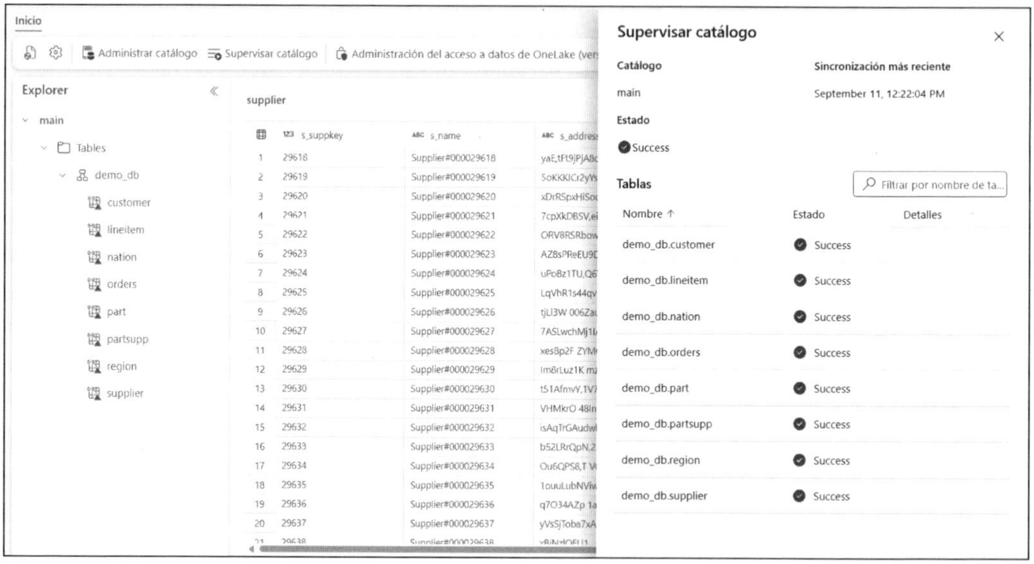

Figura 7.6. Ventana del reflejo de metadatos.

Con el botón **Administrar catálogo** se puede cambiar la selección de esquemas y tablas.

Finalmente, también se ha creado un punto de conexión SQL con el que otros elementos de Fabric pueden consultar los datos.

Reflejo abierto

El reflejo abierto es un método avanzado para que aplicaciones externas o proveedores de datos puedan replicar sus datos en Fabric. Funciona de la siguiente manera: la aplicación deposita sus datos en una carpeta de OneLake (zona de aterrizaje), en formato CSV o Parquet, y le añade algunos metadatos para informar sobre las filas que han sido actualizadas o borradas. Cada tabla tendrá una carpeta en la zona de aterrizaje. Fabric detecta los cambios en esta carpeta en tiempo casi real y procesa los datos para convertirlos en tablas Delta. Estas tablas Delta estarán disponibles a través de un punto de conexión de SQL.

El formato que deben tener los datos y metadatos y la estructura de la zona de aterrizaje está documentado para que resulte sencillo de implementar por cualquier usuario.

Para poder utilizar un reflejo abierto, hay que crear en un área de trabajo un elemento de tipo **Base de datos reflejada** (recuerda la figura 7.1). Una vez creado, aparecerá una pantalla como la de la figura 7.7, en la que podemos hacer una carga manual de los datos hacia la zona de aterrizaje, lo que serviría para hacer pruebas o para una carga inicial. Además, en la parte inferior tenemos la URL de OneLake, donde está localizada la zona de aterrizaje, que es lo que necesita una aplicación, junto con las credenciales apropiadas, para enviar sus datos y metadatos.

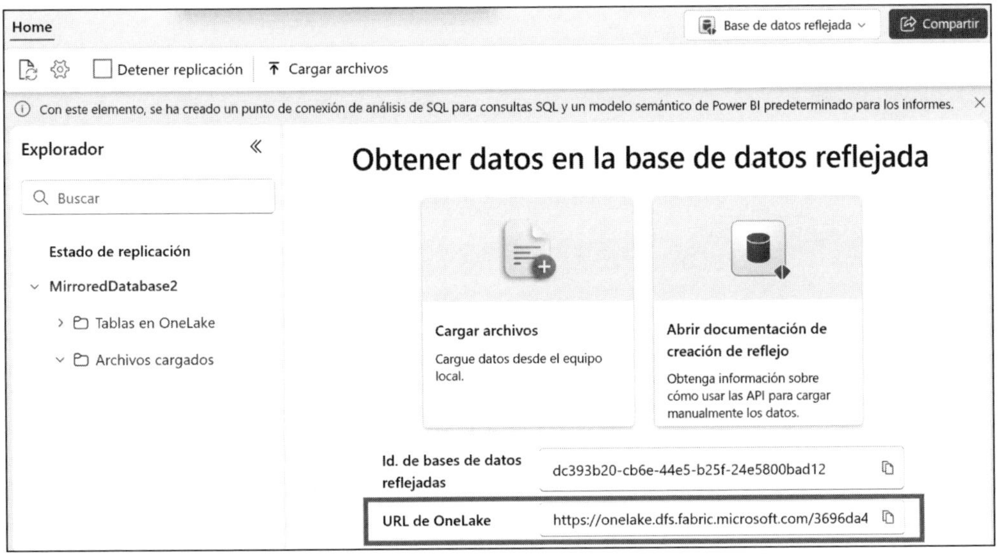

Figura 7.7. Reflejo abierto.

Una vez que haya datos en la zona de aterrizaje, el mecanismo de replicación comenzará a crear y actualizar las tablas Delta. En la parte izquierda de la figura 7.7, se ven dos carpetas, una para las tablas Delta y la otra para la zona de aterrizaje. En el menú superior, verás un botón que permite detener la replicación; al igual que en los demás casos también se ha creado un punto de conexión SQL.

¿Cuándo elegir un reflejo?

Los reflejos se utilizan para la ingesta de datos y pueden simplificar la implementación de un proyecto, siempre que el origen esté entre los soportados y cumpla con los requerimientos. Incluso si el origen no está soportado, se puede valorar la opción de un reflejo abierto.

En una arquitectura Medallion, los reflejos podrían formar parte de las primeras capas. Sin embargo, hay que tener en cuenta que lo que obtenemos es solo una réplica de los datos originales. Por eso, si necesitamos almacenar un histórico o conservar versiones anteriores, tendremos que complementarlos con otros mecanismos.

8 Base de datos KQL

En este capítulo aprenderás:

- Qué es una base de datos KQL y cómo se organiza dentro de una Casa de eventos.
- Los conceptos básicos del lenguaje KQL y ejemplos sencillos de consultas.
- La replicación a OneLake y los accesos directos.
- Qué son y para qué sirven las directivas de actualización y las vistas materializadas.

La base de datos KQL es un elemento de almacenamiento que está optimizado para trabajar con datos en tiempo real. Imagina que tienes sensores que envían lecturas cada segundo o un sistema de ventas *online* que registra miles de operaciones por minuto. Una base de datos KQL está diseñada para recibir y analizar esa información de forma muy rápida.

Esta base de datos utiliza el lenguaje KQL (*Kusto Query Language*), que fue concebido para hacer consultas sobre series temporales de una manera muy eficiente, que ya se utilizaba en algunos componentes de Azure.

Casa de eventos

En Fabric, las bases de datos KQL están contenidas dentro del elemento Casa de eventos (Eventhouse) desde donde se pueden gestionar varias bases a la vez.

Cuando creas una Casa de eventos, automáticamente se incluye una base de datos KQL, y desde ahí puedes añadir más según lo necesites. Visualmente, en el área de trabajo verás la Casa de eventos como un contenedor y, dentro, las bases de datos que hayas creado.

La figura 8.1 muestra la interfaz de usuario de una Casa de eventos que contiene una sola base de datos. En la parte central, aparecen varios paneles que nos dan una idea general del rendimiento y de la configuración.

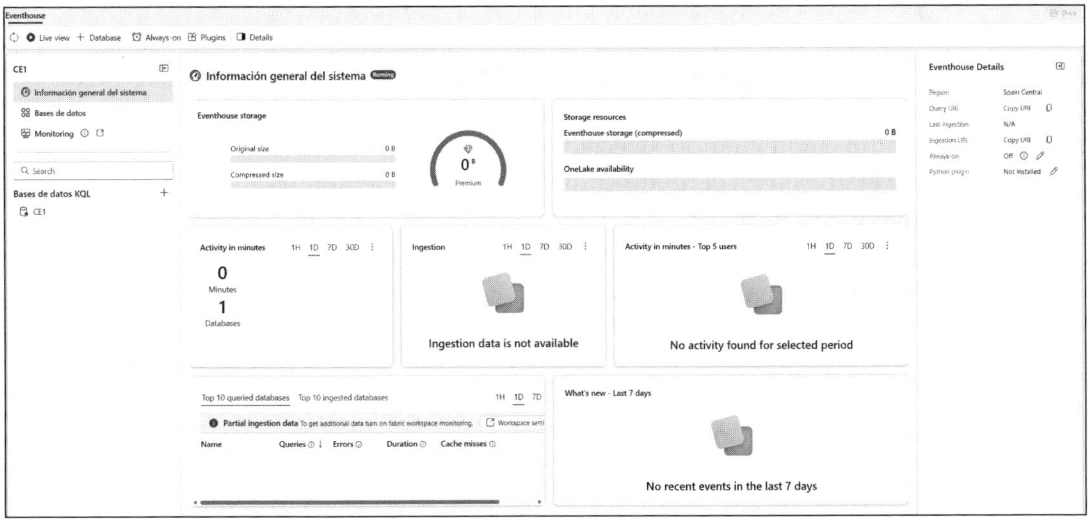

Figura 8.1. Ejemplo de una Casa de eventos con una sola base de datos KQL.

En la parte superior de la figura, también hay un botón para crear nuevas bases de datos, que se van añadiendo al listado del panel izquierdo. Desde ahí podemos gestionarlas o incluso eliminarlas.

Always-on

Normalmente, para optimizar los recursos, el motor de procesamiento de la Casa de eventos se detiene cuando detecta que ha pasado un tiempo sin recibir datos, y vuelve a funcionar cuando llegan nuevos datos. Pero esta reactivación demora un tiempo, por lo que los nuevos datos tardarán en procesarse, y esta situación puede ser inaceptable en algunos proyectos. En este caso se puede activar la opción Always-on, que se ve en la parte superior de la figura 8.1, para que el motor nunca se detenga. Esto mejorará la latencia, pero aumenta el consumo de los recursos de la capacidad.

Base de datos

En la parte superior de la figura 8.1, también hay un botón para crear nuevas bases de datos, que se van añadiendo al listado del panel izquierdo. Desde ahí podemos gestionarlas o incluso eliminarlas.

Al abrir una base de datos KQL, vemos una interfaz como la de la figura 8.2. En la parte superior, tiene una barra con botones; en la parte izquierda, está el explorador de los elementos de la base de datos y, en la parte central, vemos detalles del elemento seleccionado.

Los botones de la barra superior van cambiando de acuerdo con el elemento seleccionado. Por ejemplo, cuando se selecciona una tabla, aparecen algunos botones que no están cuando seleccionamos la base de datos. Son los mismos botones que aparecen en el menú contextual de los elementos.

Si seleccionamos la base de datos y hacemos clic en el botón + New, podemos crear una tabla de manera visual, indicando su nombre y el esquema (columnas y tipos de dato). Por ejemplo, en la figura 8.3 se está creando un esquema con tres columnas:

- C1 (timespan).
- C2 (string).
- C3 (dynamic).

El tipo dynamic permite almacenar datos con estructuras flexibles, como objetos JSON, matrices o valores anidados.

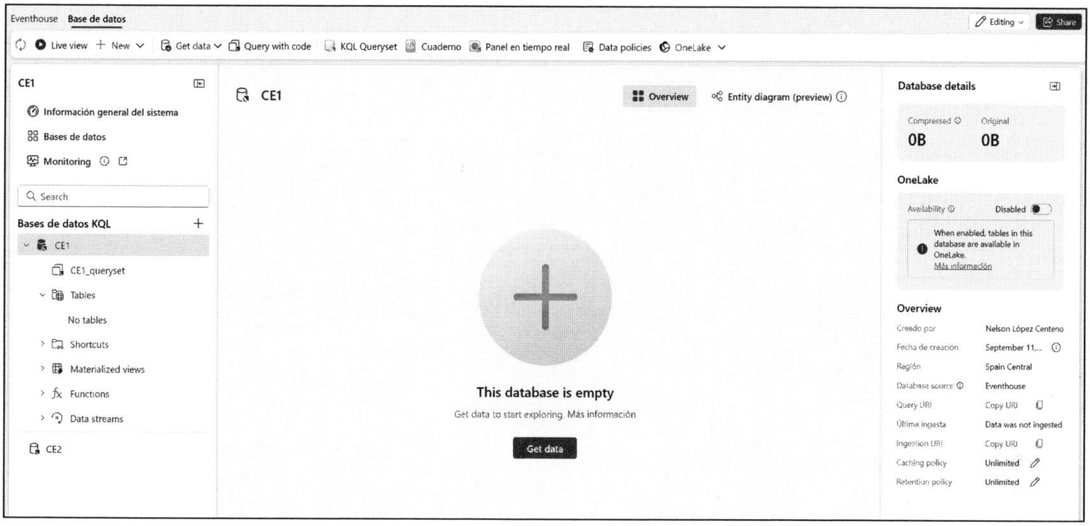

Figura 8.2. Ejemplo de una base de datos KQL.

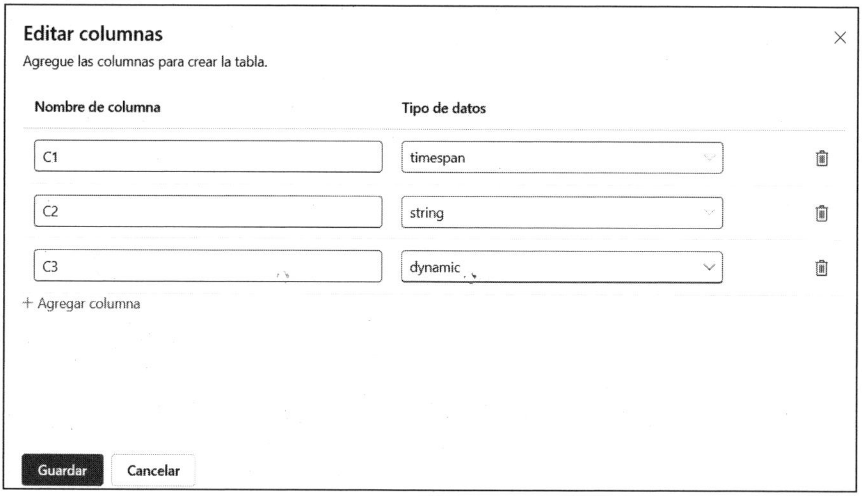

Figura 8.3. Ejemplo de configuración del esquema de una tabla de una base de datos KQL.

Una vez creada la tabla, podemos cargar datos en ella por varias vías, que se pueden ver si utilizamos el botón **Get data**, como muestra la figura 8.4. Algunas de estas opciones, como **Archivo local**, son para hacer una carga manual puntual, mientras que otras permiten automatizar la carga de datos. En la práctica, lo más común es conectarla a un **Flujo de eventos (Eventstream)**, que explicaremos en otro capítulo.

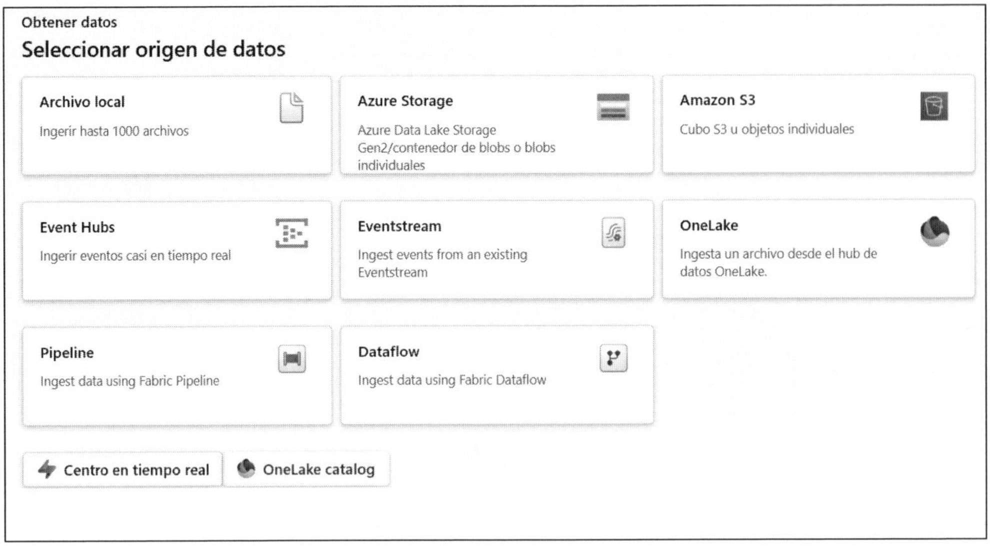

Figura 8.4. Orígenes de datos disponibles para las bases de datos KQL.

También es posible crear tablas de ejemplo desde el botón Get data. Si desplegamos el menú con la flechita de la derecha, la primera opción es Ejemplo. Entre las opciones está Análisis de cotizaciones, que crea automáticamente la tabla Stocks. Esta tabla simula datos bursátiles y nos servirá para introducir el lenguaje KQL.

Consultas KQL

Con KQL se pueden consultar los datos, actualizarlos y, además, crear tablas y otros elementos. No es objetivo de este libro enseñar el lenguaje KQL, pero sí queremos dar algunas nociones sobre las consultas.

Una consulta KQL generalmente comienza con el nombre de la tabla y se van agregando expresiones de filtrado, utilizando la barra vertical (|) como separador entre expresiones.

Una consulta con solo el nombre de la tabla devuelve todas las filas de esta.

Las expresiones de filtrado pueden utilizar instrucciones y funciones para, por ejemplo, referirse a un periodo de tiempo en el pasado.

Vamos a usar la tabla Stocks que creamos anteriormente para ver algunos ejemplos, y comenzaremos con algunos que nos proporciona la interfaz de usuario de la base de datos KQL (recordemos la figura 8.2).

Seleccionamos la tabla Stocks y buscamos el botón Query with code, que podemos encontrar en la barra superior o en el menú contextual de la tabla. Veremos una lista de consultas donde seleccionaremos la primera: Mostrar 100 registros cualquiera. Al hacerlo, se abrirá un editor de consultas con un código KQL.

Antes de comentar el código, queremos mencionar que este editor de consulta es parte de un Queryset, un componente de la base de datos donde podemos tener varias pestañas con consultas KQL. Dentro de la base de datos, hay un Queryset y, en la barra superior, hay un botón con el nombre KQL Queryset, que crea uno fuera de la base de datos, aunque conectado a ella, y que aparece como otro elemento en el área de trabajo. Volviendo al código generado, es una consulta muy sencilla:

```
Stocks
| take 100
```

La primera línea tiene el nombre de la tabla y la segunda línea tiene el separador y la instrucción `take 100`, que devuelve las primeras 100 filas que encuentre, pero sin garantizar el orden. La siguiente consulta lista las 10 filas más recientes:

```
Stocks
| top 10 by Date desc
```

NOTA:

Para ejecutar una nueva consulta, puedes abrir una nueva pestaña en el Queryset o puedes agregarla bajo la consulta que ya hiciste, seleccionarla y hacer clic en el botón Ejecutar *o utilizar la combinación de teclas* **Mayús-Intro**.

También podemos seleccionar solo algunas columnas, utilizando la instrucción `project`:

```
Stocks
| top 10 by Date desc
| project Ticker, Date
```

Para ver una consulta más compleja, vamos a utilizar de nuevo el botón Query with code (recuerda seleccionar la tabla Stock) y escoger Registros ingeridos en las últimas 24 horas. Lo que creará esta consulta:

```
Stocks
| where ingestion_time() between (now(-1d) .. now())
```

Aquí se está utilizando la función `ingestion_time()`, que retorna la fecha y hora en que se insertó una fila, y con la instrucción `between` y la función `now()` se están filtrando las filas ingeridas el último día.

Vamos a ver dos ejemplos más de Query with code.

El ejemplo 1 es mostrar el recuento total de registros:

```
Stocks
| count
```

Esta consulta utiliza la instrucción `count` para contar las filas de la tabla.

El ejemplo 2 es resumir la ingesta por horas:

```
Stocks
| summarize IngestionCount = count() by bin(ingestion_time(), 1h)
```

En este caso, se hace una agregación con la función `count()` y una agrupación con la función `bin()`, para contar las filas agrupadas en bloques de una hora. Además, el resultado final se le asigna a la nueva columna IngestionCount.

Estos son solo algunos ejemplos para darte una primera idea de cómo funcionan las consultas en KQL. Antes de terminar este tema, queremos mencionar que la tabla donde se muestran los resultados de una consulta tiene un botón para agregar objetos visuales, que puede ser útil para explorar los datos.

Consultas KQL desde otros elementos

Las consultas mostradas anteriormente las hemos ejecutado dentro de la misma base de datos KQL, pero también se pueden ejecutar desde otros elementos de Fabric. Para ello, se necesita conocer la URL, que se puede obtener de la siguiente manera: selecciona la base de datos, muévete al panel de la derecha y, debajo de Overview, encontrarás la opción Query URI; solo tienes que copiarla. Además, si seleccionamos una tabla, en la barra superior encontraremos estos tres botones:

- Panel en tiempo real.
- Create Power BI report.
- Cuaderno.

Crean elementos externos que están preparados para ejecutar consultas a la tabla utilizando la URL.

Replicación a OneLake

Las tablas de una base de datos KQL se pueden replicar a Onelake como tablas Delta para que puedan ser utilizadas por otros elementos de Fabric. Para ello, basta con activar una opción para toda la base de datos o en tablas individuales.

Esta opción viene desactivada. Para activarla, en la interfaz de usuario, seleccionamos una base de datos o una tabla y utilizamos el botón **OneLake**. También se puede utilizar un botón que hay en el panel en la parte derecha de la pantalla, donde además se muestra información sobre el estado de la replicación.

Al activarlo para una base de datos, por defecto se replicarán las tablas que se creen a partir de ese momento, pero tenemos la opción de indicar que también se repliquen las tablas existentes. Esto se observa en la figura 8.5.

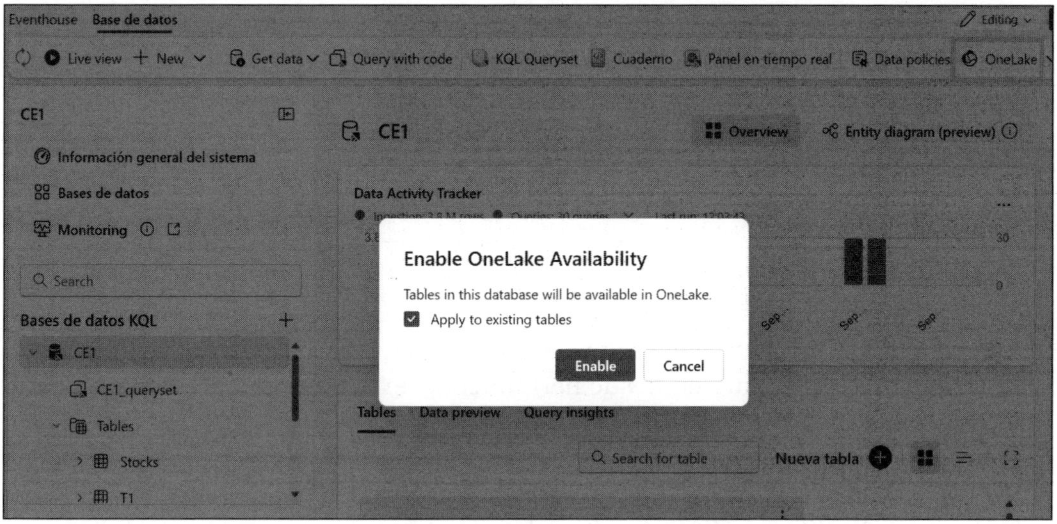

Figura 8.5. Activar la replicación a OneLake.

Los datos que llegan a una tabla de una base de datos KQL no se replican de inmediato a OneLake. El sistema espera a acumular un volumen suficiente antes de escribirlos en la tabla Delta correspondiente. Esto se hace para evitar el "problema de los archivos pequeños", que ocurre cuando se generan demasiados ficheros Parquet de tamaño reducido y se degrada el rendimiento al consultarlos.

Si se desactiva la replicación, las tablas Delta dejan de estar disponibles en OneLake.

¿Cómo acceder a las tablas Delta?

Cuando está activa la replicación a OneLake, en el menú contextual de las tablas aparece una opción para ver los archivos de la tabla Delta correspondiente. Y, en el panel de la derecha, donde está la información del estado de la replicación, podemos copiar la ruta a estos archivos (ver la figura 8.6).

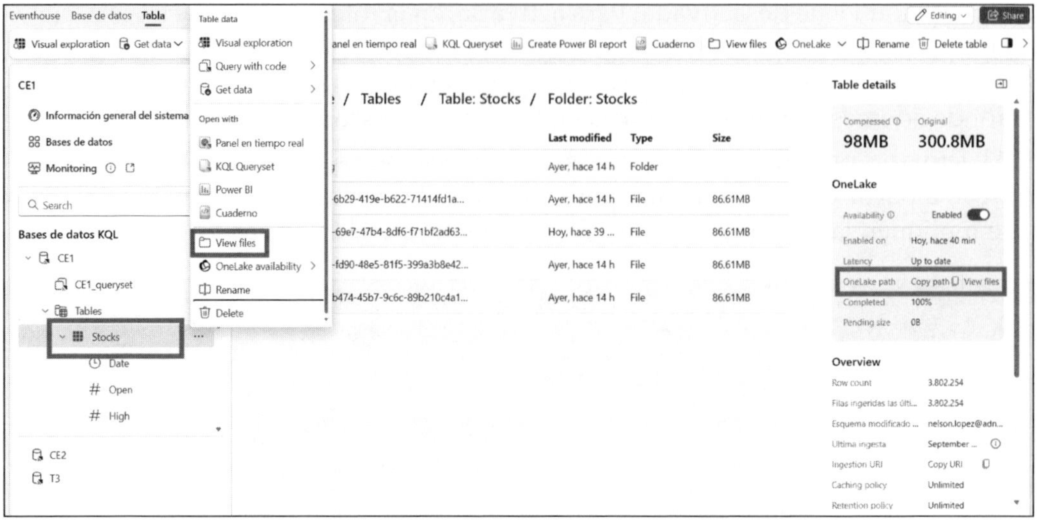

Figura 8.6. Detalles de las tablas replicadas a OneLake.

Esta ruta nos sirve para conectarnos desde otros elementos de Fabric, como los cuadernos Spark, y también desde herramientas externas, como el Explorador de Azure Storage. Pero hay otra manera de acceder, que quizás es más sencilla, que consiste en crear un acceso directo de tabla en un Lakehouse. Al hacerlo, tenemos que indicar a OneLake como origen y elegir la base de datos KQL y las tablas a las que nos queremos conectar. En la figura 8.7, se puede apreciar la secuencia de pasos para crear el acceso directo. Una vez que tengamos el acceso directo, las herramientas de Fabric pueden acceder a los datos a través del propio Lakehouse o desde el punto de conexión SQL.

Accesos directos

Hasta ahora, siempre hemos utilizado un Lakehouse para crear accesos directos, pero los accesos directos de tabla también se pueden crear en una base de datos KQL. Esto nos permitiría hacer consultas KQL que combinen datos actuales, que están llegando en tiempo real, con datos históricos o datos maestros.

Vamos a mostrar cómo crear un acceso directo a una tabla que está en un Lakehouse, y cómo hacer una consulta KQL que utilice este acceso directo. En la interfaz de usuario, en el explorador de la base de datos KQL, hay una carpeta con nombre `Shorcuts`, donde se agrupan todos los accesos directos. Utilizando el menú contextual, podemos crear uno nuevo siguiendo los pasos que ya conocemos para buscar el Lakehouse en OneLake y seleccionar una tabla.

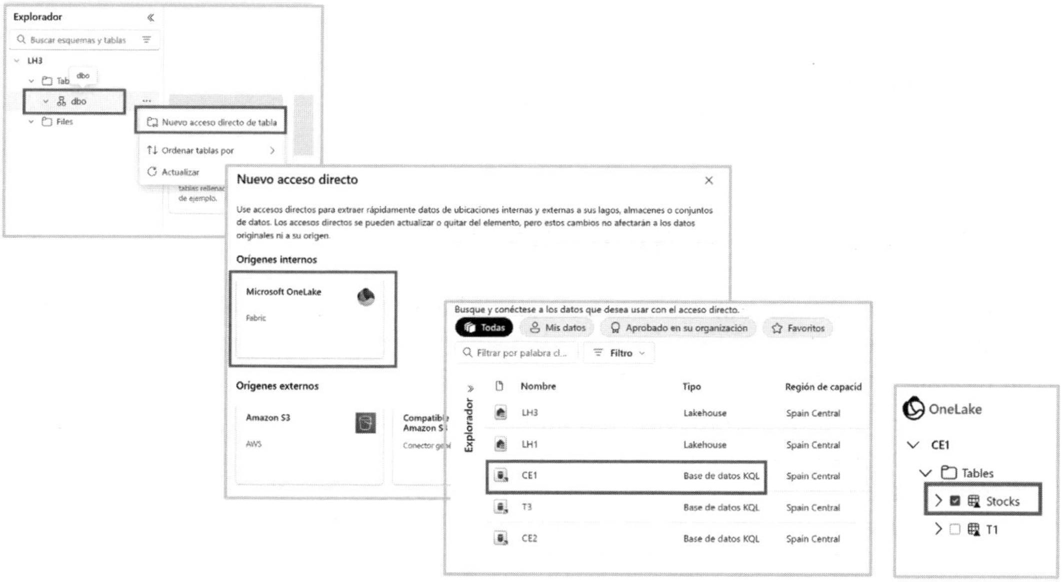

Figura 8.7. Pasos para crear un acceso directo a una tabla de KQL en un Lakehouse.

La única diferencia es que en el último paso hay una opción de aceleración, que está activa por defecto, que lo que hace es crear índices de la tabla externa dentro de la base de datos KQL para mejorar el rendimiento de las consultas KQL. Esta opción se puede apreciar en la figura 8.8.

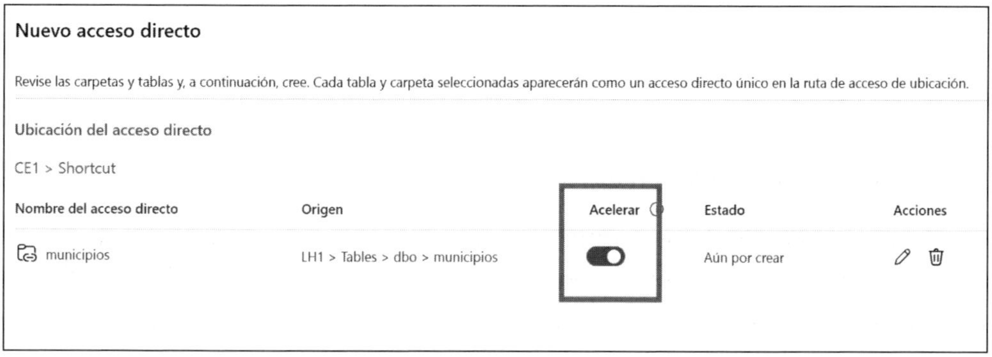

Figura 8.8. Acceso directo a una tabla de un Lakehouse en una base de datos KQL.

Una vez creado el acceso directo, la podemos incluir en una consulta KQL con la función `external_table()`. Por ejemplo, la siguiente consulta está combinando la tabla Eventos con el acceso directo Dispositivos:

```
Eventos
| take 5
| join kind=inner (
          external_table("Dispositivos")
) on DeviceId
```

Directivas de actualización

Una directiva de actualización es una consulta KQL que se asocia a una tabla origen y a una tabla destino. La directiva se activa cuando se ingieren datos en la tabla origen, ejecuta la consulta y actualiza la tabla destino.

En la figura 8.9, se muestra una tabla de origen y dos tablas de destino, A y B. Cada tabla de destino tiene asociada una directiva de actualización que hace referencia a la tabla de origen. A esta tabla llegan dos bloques de datos que activan las directivas y actualizan, respectivamente, las tablas A y B.

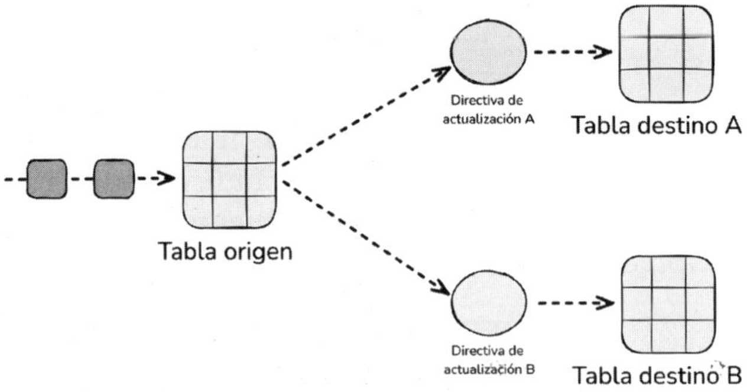

Figura 8.9. Directivas de actualización.

Estas directivas son útiles en estos escenarios:

- **Enrutamiento de datos:** Como en el ejemplo de la figura, donde los datos de la tabla de origen son divididos y una parte va a la tabla A y otra a la tabla B.
- **Transformación:** Pueden transformar los datos de algunas columnas o crear nuevas columnas.
- **Enriquecimiento:** Pueden combinar los datos que se están ingiriendo con datos de tablas de dimensiones.

El alcance de estas directivas está limitado a los datos que están siendo ingeridos en el momento de la activación. Por esta razón, no son útiles para hacer agregaciones sobre todos los datos de la tabla de origen.

Las directivas de actualización se pueden emplear para implementar una arquitectura Medallion en el análisis en tiempo real, sobre todo en las primeras capas.

Vistas materializadas

Una vista materializada es una consulta KQL donde el resultado se guarda físicamente y se mantiene actualizado cuando se producen cambios en las tablas empleadas en la consulta.

La actualización no ocurre de manera inmediata, por lo que puede pasar que, al consultar la vista materializada, aún no tenga los datos más recientes. Para resolverlo, el motor de KQL detecta esos datos faltantes y los consulta directamente en las tablas de origen, combinándolos, con lo que ya está en la vista materializada. Todo este proceso es transparente para el usuario, de modo que el resultado siempre incluirá la información completa.

Las vistas materializadas son útiles en estos escenarios:

- **Agregaciones:** Crear tablas con menor granularidad al calcular estadísticas periódicas sobre los datos de origen.
- **Deduplicación:** Eliminar registros duplicados en el origen a partir de una o varias columnas.
- **Arquitectura Medallion:** Las vistas materializadas también se pueden emplear para implementar una arquitectura Medallion en el análisis en tiempo real, sobre todo en las últimas capas.

¿Cuándo elegir una base de datos KQL?

La base de datos KQL es la opción idónea para el análisis en tiempo real, o casi en tiempo real, porque soporta grandes volúmenes de datos y es muy eficiente en consultas sobre series temporales, pudiendo aplicarse para analizar métricas, registros o señales de sensores, entre otros.

El propio Fabric emplea bases de datos KQL para registrar su actividad interna.

Además, KQL se integra con otros elementos de Fabric, lo que permite construir soluciones completas de análisis operativo.

También es una buena opción para utilizarlos con Power BI mediante DirectQuery, para implementar cuadros de mando operativos.

9 Otras bases de datos

En este capítulo aprenderás:

- Fabric incluye también bases de datos operativas (OLTP) además de analíticas.
- Cómo crear y usar SQL Database y Cosmos DB en Fabric.
- Ejemplos de consultas con T-SQL y NoSQL, incluyendo búsquedas vectoriales.
- Cómo conectarte desde fuera de Fabric y supervisar el rendimiento.
- En qué casos conviene elegir cada base de datos.

Los elementos de almacenamiento que hemos visto en capítulos anteriores están orientados a cargas analíticas, lo que tradicionalmente se conoce como OLAP (*Online Analytical Processing*). Están optimizados para consultar grandes volúmenes de datos de forma eficiente, generalmente a partir de ingestas por lotes o flujos. Una vez almacenados, los datos rara vez se modifican.

Pero en este capítulo vamos a explicar dos bases de datos operativas: SQL Database y Cosmos DB, que, a diferencia de los elementos analíticos, están pensados para cargas transaccionales, conocidas como OLTP (*Online Transaction Processing*). En este caso, el objetivo es gestionar inserciones y actualizaciones de datos asegurando que las transacciones se completen de manera íntegra.

Ambas bases de datos comparten varias características:

- **Orígenes en Azure:** Ya existían como servicios independientes en Azure, y en Fabric se apoyan en la misma infraestructura. Pero aquí la gestión se simplifica al máximo porque basta con indicar el nombre de la base de datos y Fabric se encarga de provisionarla con parámetros de configuración óptimos.
- **Replicación en OneLake:** Los datos se replican automáticamente a tablas Delta en OneLake, casi en tiempo real, lo que facilita su integración con el resto de los elementos analíticos de la plataforma.
- **Preparadas para IA:** Soportan almacenamiento y búsquedas vectoriales, lo que las hace idóneas para aplicaciones de inteligencia artificial.

SQL Database

SQL Database es la opción relacional, pensada para aplicaciones que requieren un modelo de datos estructurado y consultas con T-SQL. Comparte la misma base tecnológica que Azure SQL Database, pero con una gestión simplificada que oculta la complejidad de la infraestructura. Se integra automáticamente con OneLake.

Limitaciones

Actualmente, SQL Database está en versión preliminar y presenta algunas restricciones en comparación con Azure SQL Database. Es posible que algunas de ellas desaparezcan cuando llegue a disponibilidad general (GA). Entre las limitaciones actuales se encuentran:

- Solo admite autenticación con Microsoft Entra ID.
- El escalado es automático según la carga, con un máximo de 32 vCores.
- El almacenamiento está limitado a 4 TB.
- En las licencias de prueba de Fabric solo se pueden crear hasta 3 bases de datos.

Crear un elemento SQL Database

En la figura 9.1 mostramos la secuencia de creación del elemento SQL Database y cómo luce en el área de trabajo, donde se aprecia que tiene asociado un punto de conexión de análisis de SQL.

Figura 9.1. Creación de una base de datos SQL en Fabric.

NOTA:

Mientras SQL Database se encuentre en versión preliminar, es posible que no puedas crear este elemento en tu inquilino. Asegúrate de que un administrador lo haya habilitado en el portal de administración y de que esté disponible tanto en la región del inquilino como en la de la capacidad.

Al abrir la base de datos, se muestra una interfaz similar a la de otros elementos, como el Warehouse. En la parte superior, aparece una barra con botones; a la izquierda, el explorador de la base de datos con esquemas, tablas y demás objetos; y en la parte central, los detalles del elemento seleccionado (figura 9.2).

Figura 9.2. Interfaz de SQL en Fabric.

Ahora la base de datos está vacía, por lo que solo tiene el esquema dbo, y en la parte central del lienzo hay varios botones que nos invitan a iniciar la obtención de datos o a desarrollar con T-SQL. En un proyecto real, la ingesta de datos se hará con herramientas de Fabric, como los flujos de datos o las canalizaciones, pero eso lo explicaremos en los capítulos correspondientes.

En esta introducción vamos a usar el botón Datos de muestra para crear una base de datos de ejemplo. El proceso tardará unos minutos y, cuando termine, habrá creado el esquema SalesLT con varias tablas y vistas, que corresponden a una parte de la base de datos de ejemplo AdventureWorks, muy conocida y utilizada en la documentación de Microsoft. Utiliza el explorador para revisar las tablas que contienen este ejemplo y familiarizarte con los datos.

Conexión desde fuera de Fabric

Es posible conectarse a esta base de datos desde fuera de Fabric, igual que se haría con Azure SQL Database. En la figura 9.3 se muestra cómo obtener las cadenas de conexión para distintos clientes, recordando que, por ahora, la autenticación solo se admite con Microsoft Entra ID.

Además, está disponible el botón Abrir en, que facilita la conexión directa desde herramientas como SQL Server Management Studio o Visual Studio Code.

Figura 9.3. Cadena de conexión de una base de datos SQL en Fabric.

Ejemplos de consultas T-SQL

SQL Database utiliza el dialecto de SQL de Microsoft: T-SQL, al igual que el Warehouse y el punto de conexión de análisis de SQL, pero, en este caso, al ser una base de datos transaccional, es más común hacer modificaciones en los datos.

Aprovechamos para mostrar algunos ejemplos de inserción, actualización y borrado con T-SQL, utilizando los datos de muestra que hemos cargado en el esquema SalesLT. Para ejecutar los ejemplos directamente en la interfaz de SQL Database, utiliza el botón Nueva consulta.

Insertar una nueva subcategoría

La tabla ProductCategory contiene categorías y subcategorías. Vamos a añadir la subcategoría E-Bikes a la categoría Bikes.

```
INSERT INTO SalesLT.ProductCategory
(ParentProductCategoryID, Name, rowguid)
VALUES (1,'Electric Bikes', NEWID())
```

Los detalles del código son:

- `INSERT INTO` es la instrucción para insertar filas en una tabla.
- Es recomendable indicar los nombres de las columnas que se van a insertar.
- No se ha indicado la columna ProductCategoryID porque conocemos que está definida como `IDENTITY`, por lo que se le asigna un valor consecutivo al crearla.

- Tampoco se ha indicado la columna ModifiedDate porque sabemos que está definida con el valor por defecto de la fecha y hora actual.
- Con `VALUES` se indican los valores de las columnas.
- El valor `1` de `ParentProductCategoryID` es el ID de la categoría Bikes.
- `NEWID()` es una función que genera un nuevo identificador único.

Listar las subcategorías de la categoría Bikes

Para comprobar el ejercicio anterior, vamos a listar las filas de ProductCategory donde `ParentProductCategoryID` sea igual a `1`.

```
SELECT * FROM SalesLT.ProductCategory
WHERE ParentProductCategoryID = 1
```

Los detalles del código son:

- `WHERE` filtra las filas de acuerdo con un criterio.

Insertar varios modelos de E-Bikes

Vamos a insertar dos filas en la tabla ProductModel con modelos de E-Bikes.

```
INSERT INTO SalesLT.ProductModel
(Name, rowguid)
VALUES
     ('E-Bike 150', NEWID()),
     ('E-Bike 250', NEWID ())
```

Los detalles del código son:

- En el listado de columnas no se indica `ProductModelID` porque es `IDENTITY`.
- Tampoco se indica `ModifiedDate` porque tiene el valor por defecto con la fecha y hora actual.
- Para insertar más de una fila, a continuación de `VALUES` se van agregando paréntesis con los valores de cada fila y separados por coma.

Listar los modelos de E-Bikes

Para comprobar el ejercicio anterior, vamos a listar las filas de ProductModel donde el nombre del modelo comience por E-Bike.

```
SELECT * FROM SalesLT.ProductModel
WHERE Name LIKE 'E-Bike%'
```

Los detalles del código son:

- Se utiliza el operador `LIKE` para buscar el patrón `'Bike%'` en la columna Name. El `%` es un comodín.

Actualizar el nombre de un modelo

En la misma tabla ProductModel vamos a cambiar el nombre del modelo E-Bike 150 a E-Bike 155.

```
UPDATE SalesLT.ProductModel
SET Name = 'E-Bike 155'
WHERE ProductModelID = 129
```

Los detalles del código son:

- `UPDATE` es la instrucción para modificar las filas de una tabla.
- `SET` indica los valores nuevos a guardar en las columnas.
- `WHERE` filtra las filas que se van a actualizar.
- Si no se indica `WHERE` se actualizan todas las filas.

Eliminar el modelo E-Bike 250

Para terminar los ejemplos vamos a eliminar una fila de la tabla ProductModel:

```
DELETE FROM SalesLT.ProductModel
WHERE ProductModelId = 130
```

Los detalles del código son:

- `DELETE` es la instrucción para borrar filas.
- `WHERE` filtra las filas que se van a borrar.
- Si no se indica `WHERE`, se borran todas las filas.

Búsquedas vectoriales

Para trabajar con IA generativa es importante disponer de una base de datos que pueda almacenar vectores con *embeddings* y hacer búsquedas sobre ellos. SQL Database está preparada para trabajar con vectores. A continuación, te presentamos un listado de las instrucciones T-SQL que lo permiten:

- Tipo de dato `VECTOR(n)`: Almacena un *embedding* de dimensión *n*.
- Instrucción `CREATE EXTERNAL MODEL`: Crea una referencia a un modelo externo de IA generativa, por ejemplo, Azure OpenAI.

- Función `AI_GENERATE_EMBEDDINGS()`: Genera *embeddings* usando el modelo externo.
- Función `VECTOR_DISTANCE()`: Calcula la distancia exacta entre dos vectores.
- Función `VECTOR_SEARCH()`: Hace una búsqueda aproximada en una columna vectorial.

Replicación a OneLake

Todas las tablas existentes en SQL Database se replican en tiempo casi real como tablas Delta en OneLake, utilizando la misma tecnología de reflejo de base de datos que explicamos en el capítulo 7.

Con SQL Database la replicación no se puede detener ni se pueden escoger las tablas a replicar, aunque hay casos en los que una tabla no se podrá replicar, por ejemplo, si se ha creado un índice "`columnstore`".

En la interfaz de usuario podemos comprobar el estado de la replicación usando el botón **Supervisar replicación**, como se puede observar en la figura 9.4, y que muestra el listado de tablas que se están replicando, la cantidad de filas y la última fecha y hora de actualización.

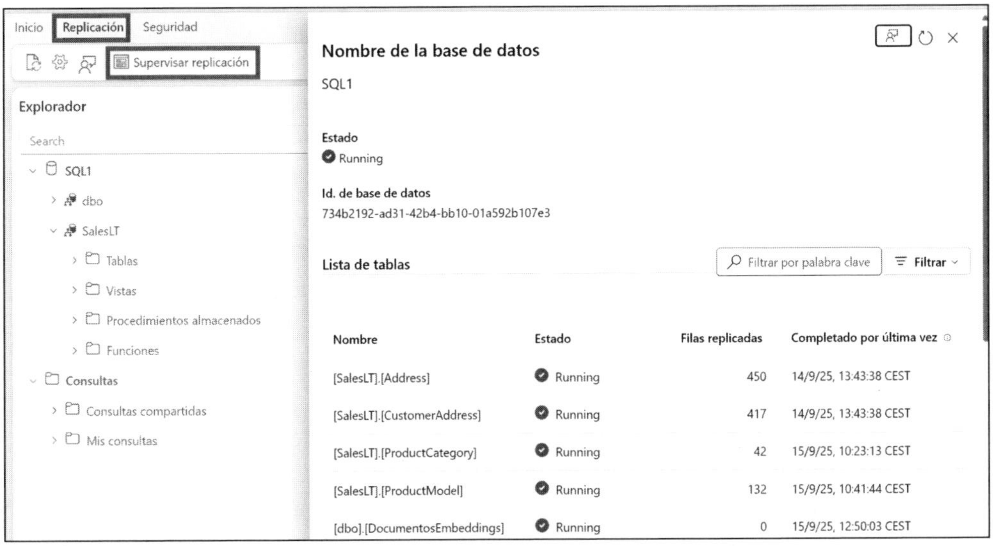

Figura 9.4. Supervisar la replicación de una base de datos SQL en Fabric.

Las tablas Delta pueden consultarse a través del punto de conexión de análisis SQL, que es de solo lectura, como se explicó en el capítulo 5.

En Fabric SQL Database existen dos cadenas de conexión SQL: la primera es la del motor analítico, que estamos describiendo aquí, y la segunda es la del motor transaccional que vimos en el epígrafe "Conexión fuera de Fabric".

El motor analítico es el que utilizan principalmente las herramientas de Fabric, por ejemplo, para ejecutar consultas que combinen estos datos con un Lakehouse o un Warehouse, crear accesos directos a tablas o generar un modelo semántico en Power BI.

El motor transaccional, en cambio, es el que emplean las aplicaciones que insertan o actualizan los datos.

API para GraphQL

GraphQL es un lenguaje de consultas para APIs muy utilizado en aplicaciones web y móviles. Su principal ventaja es que optimiza la transferencia de datos, ya que en una sola consulta se pueden indicar exactamente los campos que se necesitan, incluso si provienen de distintos orígenes.

En Fabric existe el elemento API para GraphQL, que permite implementar una API de este tipo conectada a varios orígenes, entre ellos SQL Database. Este elemento se puede crear directamente desde un área de trabajo o desde SQL Database mediante el botón Nueva API para GraphQL.

Además de SQL Database, el elemento API para GraphQL puede conectarse a otros orígenes como el Warehouse, el punto de conexión analítico de SQL de Lakehouse y de los reflejos, así como a Azure SQL Database.

Panel de rendimiento

En una base de datos es fundamental poder supervisar el uso de los recursos, especialmente cuando gestiona cargas transaccionales como ocurre con SQL Database. Por eso, es una buena noticia contar con un panel de rendimiento que nos muestra los principales indicadores de la base.

Para acceder a él, primero hay que hacer clic en el botón Resumen de rendimiento, lo que abre una ventana con los indicadores principales. Desde ahí, podemos hacer clic en Ver más de un indicador o bien desplazarnos hasta el final del panel y seleccionar Ver panel de rendimiento. En la figura 9.5, se muestra tanto la ventana de resumen como el panel completo.

El panel organiza la información en varias pestañas con gráficos que reflejan la evolución de los indicadores en el tiempo. Debajo de cada gráfico se incluyen los valores detallados correspondientes.

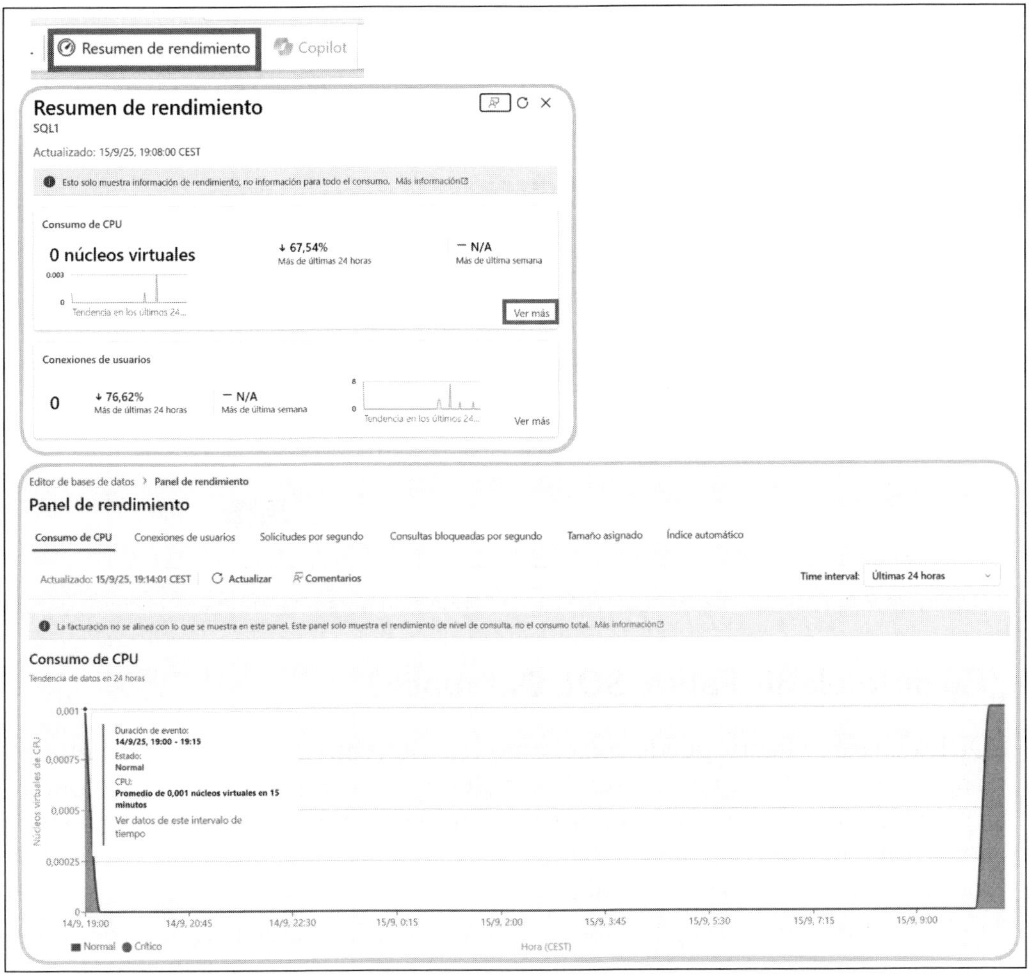

Figura 9.5. Panel de rendimiento de una base de datos SQL en Fabric.

Copias de seguridad

SQL Database en Fabric cuenta con copias de seguridad automáticas que se conservan durante 7 días. De momento, no es posible cambiar ni la frecuencia ni el tiempo de retención.

En caso de necesitarlo, se pueden restaurar los datos a un punto concreto en el tiempo, lo que genera una nueva base de datos. Para hacerlo, basta con ir al área de trabajo y, en el menú contextual del elemento SQL Database, seleccionar la opción **Restaurar base de datos**, como se muestra en la figura 9.6.

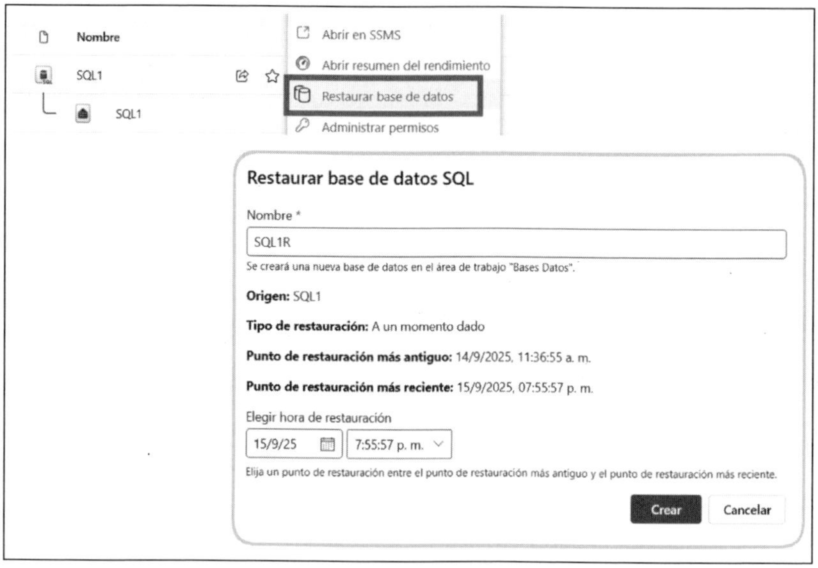

Figura 9.6. Restaurar base de datos SQL en Fabric a un punto concreto en el tiempo.

¿Cuándo elegir Fabric SQL Database?

SQL Database en Fabric puede verse como una alternativa a Azure SQL Database en aplicaciones operativas internas con volúmenes moderados de datos, donde se valore la simplicidad de gestión y no sean necesarias configuraciones avanzadas, sobre todo, si además queremos hacer análisis sobre los datos, ya que los tendremos disponibles en OneLake.

También resulta útil en aplicaciones de inteligencia artificial, ya que permite funcionar como base de datos vectorial para almacenar y consultar *embeddings*.

Otro caso de uso es como complemento en soluciones analíticas, sirviendo para almacenar metadatos y configuraciones que acompañan al análisis principal.

Y, finalmente, es una buena opción para pruebas rápidas y entornos de desarrollo gracias a lo sencillo que resulta crear y poner en marcha una base de datos en Fabric.

Cosmos DB

Cosmos DB es la opción no relacional, basada en el modelo NoSQL, pensada para aplicaciones que trabajan con datos semiestructurados y que requieren alta escalabilidad y baja latencia. Comparte la misma base tecnológica que Azure Cosmos DB para NoSQL, pero con una experiencia simplificada y adaptada al entorno de Fabric. También se integra automáticamente con OneLake.

Breve introducción a Cosmos DB

Cosmos DB en Fabric utiliza un modelo NoSQL donde los datos no se guardan en tablas y filas como en una base de datos relacional, sino en colecciones de documentos JSON llamadas contenedores. Un documento puede tener cualquier número de propiedades y estructuras anidadas, como en el siguiente ejemplo:

```
{
        "id": "u001",
        "nombre": "Lucía",
        "edad": 25,
        "aficiones": ["ciclismo", "pintura"],
        "direccion": {
            "calle": "Joan Corrales 123",
            "ciudad": "Barcelona"
        }
}
```

Por cierto, los nombres de las propiedades son sensibles a mayúsculas y minúsculas. Por ejemplo: `"dirección"` y `"Direccion"` serían tratadas como dos propiedades distintas.

Dentro de un contenedor, pueden existir documentos con estructuras diferentes, lo único obligatorio es que cada documento tenga una propiedad `"id"` con un valor único dentro del contenedor.

Para manejar grandes volúmenes, Cosmos DB separa los documentos usando una clave de partición, que es una propiedad que debe estar presente en todos los documentos y cuyos valores se repitan, pero de forma equilibrada. En nuestro ejemplo podría ser la edad o la ciudad.

A diferencia de las bases de datos relacionales, en Cosmos DB los documentos suelen contener datos desnormalizados, es decir, con información repetida en lugar de estar repartida en varias tablas. Un ejemplo de esto es la propiedad `"dirección"` del JSON de muestra, que está guardada dentro del propio documento de la persona en lugar de en una tabla aparte.

La consulta de los datos se realiza con un lenguaje basado en SQL, con la ventaja de que se pueden usar propiedades que no estén presentes en todos los documentos. Por ejemplo, es posible buscar las personas aficionadas al ciclismo, aunque algunos documentos no tengan la propiedad `"aficiones"`.

NOTA:

Si ya conoces Azure Cosmos DB, creemos que es bueno aclarar que allí existen otras APIs (como MongoDB, Cassandra o Gremlin), mientras que, en Fabric, por el momento, solo tenemos la API NoSQL, que es la que hemos explicado en esta introducción.

Crear un elemento Cosmos DB

Para crear una base de datos Cosmos DB en Fabric hay que seleccionar el elemento Cosmos DB, como se aprecia en la figura 9.7. Al hacerlo, además de la base de datos, se genera automáticamente un punto de conexión de análisis de SQL.

Figura 9.7. Creación de una base de datos Cosmos DB en Fabric.

NOTA:

Mientras Cosmos DB se encuentre en versión preliminar, es posible que no puedas crear este elemento en tu inquilino. Asegúrate de que un administrador lo haya habilitado en el portal de administración y de que esté disponible tanto en la región del inquilino como en la de la capacidad.

En la figura 9.8 mostramos cómo luce la pantalla principal de Cosmos DB justo después de crear el elemento. La base de datos está vacía y hay un gran botón para crear un contenedor. En la misma figura se aprecia que, para hacerlo, se necesita indicar un ID (o nombre) y una clave de partición.

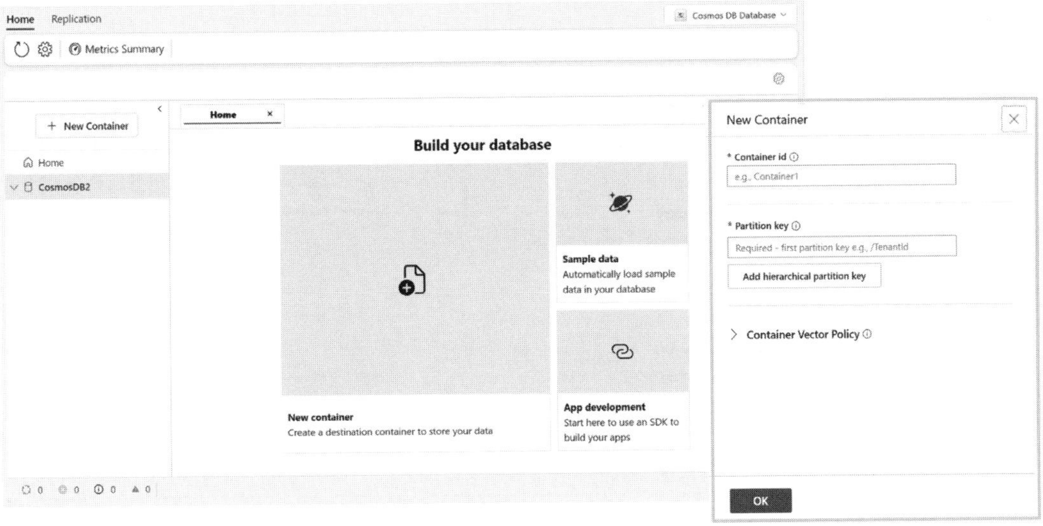

Figura 9.8. Interfaz de usuario de una base de datos Cosmos DB en Fabric.

Pero no vamos a crear un contenedor nuevo, sino que vamos a importar datos de ejemplo, utilizando el botón que aparece en la página principal al lado del botón grande. Ten en cuenta que la importación puede tardar varios minutos.

Una vez finalizada la importación, se habrá creado el contenedor SampleData (figura 9.9), que contiene datos de productos. En la figura se observa una tabla con las columnas id y /category (esta es la clave de partición) y a la derecha se ve el código JSON del primer documento.

Ejemplos de consultas NoSQL

Vamos a crear algunas consultas contra los datos de ejemplo para que te hagas una idea inicial del lenguaje de consulta NoSQL, que es muy similar a T-SQL.

Para abrir el editor de consultas, selecciona el contenedor SampleData y utiliza el botón New SQL Query del menú contextual.

NOTA:

Es importante señalar que en las consultas NoSQL no se pueden hacer combinaciones (JOIN) entre contenedores diferentes. Los JOIN solo están permitidos dentro de un mismo contenedor, por ejemplo, entre un documento y una lista que contenga en su interior.

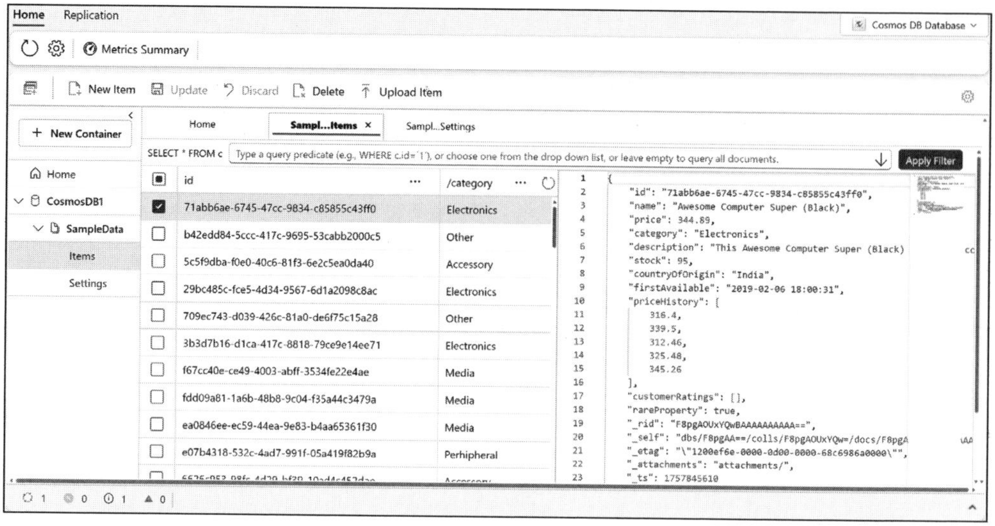

Figura 9.9. Vista de un contenedor de una base de datos Cosmos DB en Fabric.

Cuando ejecutemos una consulta, el resultado será un JSON.

Listar todos los documentos

```
SELECT * FROM c
```

Los detalles del código son:

- Es la misma sintaxis que T-SQL.
- Después del `FROM` se puede poner cualquier nombre (alias), en lugar de la `c`. Ese alias siempre hace referencia al contenedor que se seleccionó al abrir el editor de consultas.

Seleccionar algunas propiedades

```
SELECT
    c.id,
    c.name,
    c.price,
    c.category
FROM c
```

Los detalles del código son:

- Al indicar las propiedades es obligatorio utilizar el alias del contenedor `c`. Si se utiliza solo el nombre de la propiedad, devuelve error.
- El alias del contenedor y los nombres de las propiedades son sensibles a mayúsculas.

Listar los 10 productos más caros

```
SELECT TOP 10 * FROM c ORDER BY c.price DESC
```

Los detalles del código son:

- Al indicar la columna a ordenar (`c.price`) es obligatorio utilizar el alias del contenedor `c`. Si se utiliza solo el nombre de la columna, devuelve error.

Filtrar los productos con precio mayor de 500

```
SELECT * FROM c WHERE c.price > 500
```

Los detalles del código son:

- `WHERE` se utiliza para filtrar, igual que en T-SQL.
- Si se indica una propiedad que no existe en ningún documento no da error, pero no devuelve ningún resultado.

Autocombinación

```
SELECT
    c.id,
    c.name,
    r.stars
FROM c
JOIN r IN c.customerRatings
```

Los detalles del código son:

- Se hace un JOIN con la propiedad `customerRatings`, que es una lista de elementos. Cada elemento tiene varias propiedades, entre ellas `stars`.
- Cuando se utiliza JOIN es obligatorio indicar los nombres de las propiedades en el `SELECT`. No se puede usar el asterisco (*).

Listar los productos con más de 3 estrellas

```
SELECT DISTINCT
   c.id,
   c.name,
    r.stars
FROM c
JOIN r IN c.customerRatings
WHERE r.stars > 3
```

Los detalles del código son:

- Partimos de la misma autocombinación del ejemplo anterior.
- Utilizamos `DISTINCT` para que no repita un producto con las mismas estrellas.
- Utilizamos `WHERE` para filtrar las estrellas.

Búsquedas vectoriales

Cosmos DB también puede usarse en proyectos de inteligencia artificial generativa, ya que está preparado para almacenar vectores con *embeddings* y realizar búsquedas sobre ellos.

Para que un contenedor pueda almacenar vectores, es necesario configurar una política de vector en el momento de su creación. La figura 9.10 muestra el formulario para crear un contenedor con dicha política.

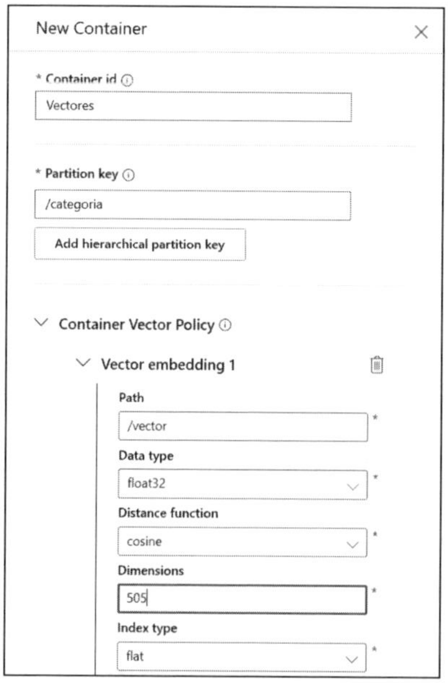

Figura 9.10. Creación de contenedor para búsquedas vectoriales.

Los parámetros principales de la configuración son:

- `path`: La propiedad dentro de los documentos del contenedor que almacenará el vector.
- `datatype`: El tipo de dato de la propiedad (`float32`, `int8`, `uint8`).

- `dimensions`: La longitud de cada vector.
- `distanceFunction`: La métrica utilizada para calcular la distancia o similitud entre vectores (`cosine`, `dot product`, `euclidean`).

La política de vector que se muestra en la imagen tiene un solo `path`, pero se pueden añadir más.

Una vez creado el contenedor, hay que insertar documentos que incluyan el vector. Esto puede hacerse con alguna herramienta de Fabric, como un cuaderno Spark, o mediante una aplicación externa conectada a un modelo generativo para producir los *embeddings*.

Finalmente, las búsquedas vectoriales se realizan con la función `VECTORDISTANCE()` en una consulta NoSQL.

Por ejemplo:

```
SELECT TOP 10
    c.titulo,
    c.descripcion,
    VECTORDISTANCE(c.vector, [1,2,3]) AS distancia
FROM container c
ORDER BY VECTORDISTANCE(c.vector, [1,2,3])
```

Conexión desde fuera de Fabric

Para que otras herramientas o aplicaciones puedan insertar datos en Cosmos DB, es necesario contar con una URL de conexión. Esta se obtiene desde la configuración de Cosmos DB (icono de la rueda dentada) en la pestaña Conexión.

La URL tiene un formato como el siguiente: `https://xxxxxxxx-xxxx-xxxx-xxxx-xxxxxxxxxxxx.z0e.sql.cosmos.fabric.microsoft.com:443/`.

Para implementar la aplicación, se puede utilizar cualquier SDK o librería compatible con Cosmos DB, según el lenguaje de programación que prefieras (por ejemplo, .NET, Python o Node.js).

Replicación a OneLake

Los contenedores en Cosmos DB se replican en tiempo casi real como tablas Delta en OneLake. Al igual que ocurre con SQL Database, esta replicación no se puede detener ni permite seleccionar qué contenedores se replican. En la interfaz de usuario es posible comprobar el estado de la replicación mediante el botón Supervisar replicación.

Estas tablas Delta pueden consultarse a través del punto de conexión de análisis SQL, que es de solo lectura, como se explicó en el capítulo 5.

Cada propiedad de los documentos de un contenedor se mapea a una columna en la tabla Delta. En el caso de las propiedades complejas (listas, objetos anidados), se almacenan como campos de tipo texto con el JSON completo serializado dentro.

Resumen de métricas

Para supervisar el desempeño de la base de datos podemos usar el botón Resumen de métricas, cuya pantalla mostramos en la figura 9.11.

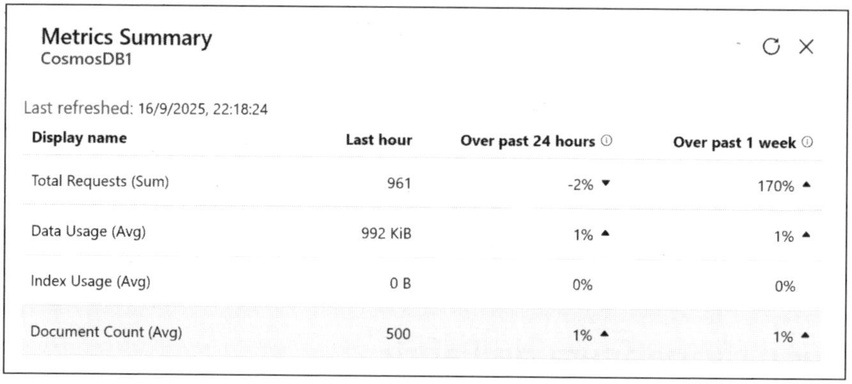
Metrics Summary
CosmosDB1

Last refreshed: 16/9/2025, 22:18:24

Display name	Last hour	Over past 24 hours	Over past 1 week
Total Requests (Sum)	961	-2% ▼	170% ▲
Data Usage (Avg)	992 KiB	1% ▲	1% ▲
Index Usage (Avg)	0 B	0%	0%
Document Count (Avg)	500	1% ▲	1% ▲

Figura 9.11. Supervisar la base de datos Cosmos DB.

¿Cuándo elegir Fabric Cosmos DB?

Cosmos DB en Fabric puede verse como una alternativa a Azure Cosmos DB NoSQL en aplicaciones transaccionales que necesiten almacenar datos semiestructurados, sobre todo en formato JSON, donde se valore la simplicidad de gestión y no sean necesarias configuraciones avanzadas, sobre todo, si además queremos hacer análisis sobre los datos, ya que los tendremos disponibles en OneLake.

También resulta útil en aplicaciones de inteligencia artificial, ya que permite funcionar como almacén vectorial para almacenar y consultar *embeddings*.

Otro caso de uso es en aplicaciones transaccionales en tiempo real que requieren alta escalabilidad y baja latencia, como perfiles de usuario, catálogos o registros de dispositivos IoT.

Y, finalmente, al igual que SQL Database, es una buena opción para pruebas rápidas y entornos de desarrollo, gracias a lo sencillo que resulta crear y poner en marcha una base de datos en Fabric.

10 Flujos de datos Gen2

En este capítulo aprenderás:

- Qué son los flujos de datos Gen2 y en qué se diferencian de los Gen1.
- Cómo crear y configurar un flujo de datos en Fabric.
- Ventajas como almacenamiento provisional, copia rápida y evaluador moderno.
- Asignación de destinos y métodos de actualización (anexar, reemplazar, incremental).
- Uso de parámetros públicos y buenas prácticas para cuándo elegir un flujo Gen2.

Ya hemos conocido los distintos elementos de Fabric para el almacenamiento de datos, como son Lakehouse, Warehouse, bases de datos KQL, SQL y Cosmos DB, pero ¿cómo llegan los datos a esos elementos?

En este capítulo comenzamos un recorrido por los distintos elementos de Fabric que podemos utilizar para la ingesta y transformación de los datos y que darán respuesta a la pregunta.

El primer elemento en que centraremos nuestra atención es el flujo de datos de segunda generación (Gen2), que representan una evolución respecto a los flujos de datos tradicionales de Power BI. Esta nueva versión amplía sus capacidades, introduce mayor flexibilidad en la gestión de orígenes y destinos y mejora el rendimiento mediante nuevos motores de procesamiento.

En este capítulo nos concentraremos en explicar lo que aportan estos nuevos flujos y asumimos que ya tienes nociones de los flujos de datos Gen1, de Power Query y de conceptos como el plegado de consultas, los parámetros de consulta o la actualización incremental.

Diferencias con los flujos de datos Gen1

La figura 10.1 es una tabla comparativa entre ambos flujos y está sacada de la documentación oficial.

Característica	Flujo de datos Gen2	Flujo de datos Gen1
Creación de flujos de datos con Power Query	✓	✓
Proceso de creación más sencillo	✓	
Guardado automático y publicación en segundo plano	✓	
Varios destinos de salida	✓	
Mejor supervisión y seguimiento de actualizaciones	✓	
Funciona con canalizaciones de datos	✓	
Informática de alto rendimiento	✓	
Conexión a través del conector de flujos de datos	✓	✓
Consulta Directa a través del conector de flujos de datos		✓
Actualizar solo los datos modificados	✓	✓
Información basada en inteligencia artificial		✓

Figura 10.1. Tabla comparativa de flujos Gen1 vs. Gen2.

La primera diferencia que queremos destacar es el destino de los datos. Los flujos de datos Gen 1 almacenan los datos procesados en el mismo flujo, mientras que los flujos de datos Gen2 los almacenan fuera, en algún elemento de almacenamiento. Incluso, cada consulta del flujo puede tener un destino diferente.

Esto sigue la premisa de Fabric de separación entre el motor de procesamiento y los datos.

También queremos destacar la mejoría de la interfaz de usuario, porque con los flujos de datos Gen2 el trabajo es mucho más sencillo y la interfaz fluye mejor, sobre las operaciones de guardar, ejecutar, validar y salir de un flujo.

Por último, pero no menos importante, son las mejoras en rendimiento con el almacenamiento provisional, la copia rápida o el evaluador moderno.

Crear un elemento flujo de datos Gen2

La figura 10.2 muestra los pasos para crear un flujo de datos Gen2. Lo primero a señalar es que en Fabric se pueden crear flujos Gen1, aunque al intentar hacerlo aparecerán mensajes disuasorios para que uses Gen2.

Figura 10.2. Pasos para crear un flujo de datos Gen2.

Al seleccionar el flujo Gen2 hay una opción (que está marcada por defecto) para habilitar la integración con Git y otras funcionalidades. En la actualidad, estas funcionalidades están en versión preliminar, por lo que recomendamos ser cautelosos. No obstante, para los ejemplos de este libro vamos a dejarla marcada.

NOTA:

Puede haber diferencia en la interfaz de usuario cuando se crea un flujo con la opción desmarcada.

Al terminar de crearse el flujo, este se abre automáticamente y podemos ver la interfaz (figura 10.3), que es diferente a la de los flujos Gen1, porque ya entramos directamente en el editor de Power Query, aunque con un lienzo vacío con algunos botones grandes.

Figura 10.3. Interfaz flujo de datos Gen2.

Plantilla de Power Query

Ahora que estás frente a un lienzo en blanco, quizás quieras migrar a Gen2 algún flujo que tengas de Gen1. La mejor forma de hacerlo es con una plantilla de Power Query, que puedes exportar desde un flujo Gen1 e importar en un flujo Gen2.

Puedes exportar la plantilla desde un flujo Gen1 utilizando el botón **Exportar plantilla**, que está en la pestaña **Inicio** de la cinta de opciones. Se creará un archivo con la extensión `.pqt`.

Para importarlo a un flujo Gen2, puedes utilizar el enlace **Importar desde una plantilla de Power Query**, que está en la parte inferior del lienzo en blanco, debajo de los botones grandes. Ten en cuenta que tendrás que crear las conexiones y actualizar las credenciales.

Mejoras en la interfaz de usuario

En los flujos Gen2, la interfaz de usuario ha mejorado y ha solucionado algunos problemas que tiene la de los flujos Gen1.

NOTA:

En el momento de escribir el libro algunas de las opciones que vamos a explicar solo están disponibles si el flujo fue creado con la opción de habilitar la integración con Git.

Para ofrecer una muestra de las mejoras, vamos a regresar a la figura 10.3, donde se muestra la pantalla de inicio del flujo, y nos vamos a fijar en los tres primeros botones de la cinta de opciones: Guardar y ejecutar, Comprobación de la validación y Ejecuciones recientes.

Con el primer botón podemos ejecutar el flujo sin salir del editor de Power Query. La ejecución se realiza en segundo plano con la versión del flujo que se guarda justo antes de la ejecución y, mientras tanto, podemos seguir trabajando.

Este mismo botón tiene otras opciones para cubrir diferentes situaciones:

- Guardar.
- Guardar, ejecutar y cerrar.
- Guardar y cerrar.
- Descartar y cerrar.

Antes de ejecutar el flujo, se valida automáticamente que todas las consultas sean correctas. Pero también podemos realizar una comprobación manual utilizando el segundo botón.

El tercer botón nos da acceso al historial de las ejecuciones más recientes, mostrando la hora de inicio, el estado, la duración y el tipo de cada ejecución (figura 10.4).

Haciendo clic sobre la fecha de inicio de una ejecución se pueden ver otros detalles como el tipo de flujo de datos, el ID de la solicitud, el ID de la sesión y el ID del flujo de datos. En la parte inferior de la ventana se ven las actividades realizadas y su estado.

En la figura 10.4 se muestra una ejecución fallida que tenía tres actividades, dos se ejecutaron de forma correcta, pero una falló. Debajo de las actividades aparecen los errores ocurridos en la actividad; en este caso, una de las columnas no pudo convertirse al tipo asignado.

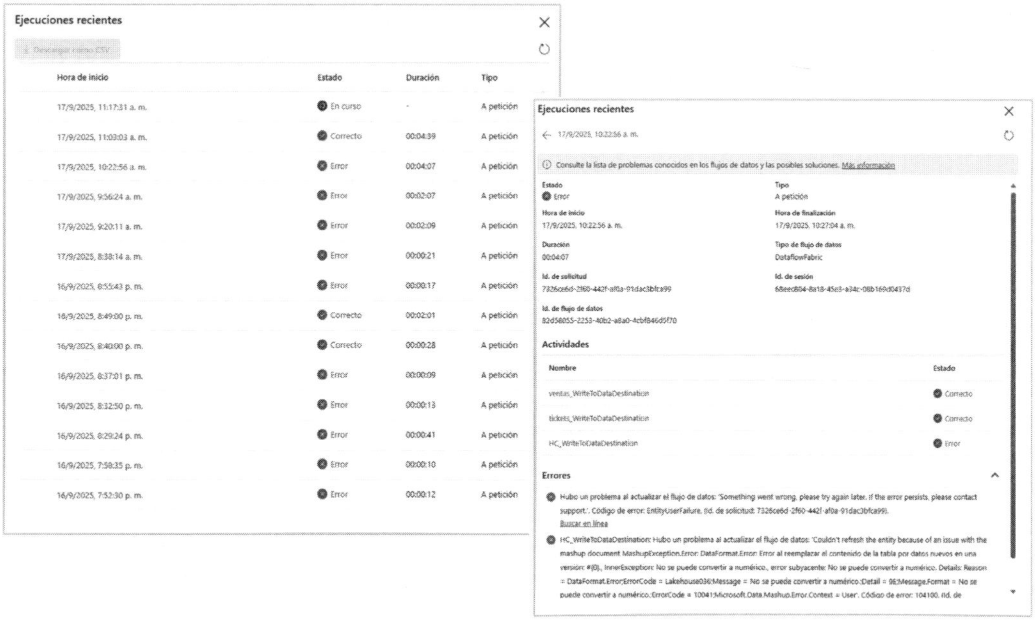

Figura 10.4. Historial de ejecuciones recientes.

Pasos de consulta solo en vista previa

Los pasos de una consulta se pueden marcar para que solo sean ejecutados cuando se está trabajando en el flujo de datos, para mostrar la vista previa de los datos, pero que sean ignorados cuando se actualicen los datos.

Imagina que estás trabajando en una consulta que trae datos de archivos de una carpeta SharePoint. Si hay muchos archivos, cada vez que haces un cambio en la consulta los datos en la vista previa se demoran en cargar. Puedes insertar un paso al inicio de la consulta que filtre los archivos y marcar ese paso como solo de vista previa.

Para activar esta opción, hacemos clic con el botón derecho en una consulta y seleccionamos la opción Enable only preview en el menú contextual.

Almacenamiento provisional

Los flujos Gen2 tienen una arquitectura que les permite mejorar el rendimiento cuando se necesite, incorporando un almacenamiento provisional (*staging*) y procesamiento a gran escala.

En el diagrama de la figura 10.5 se representan los componentes de esta arquitectura. En el centro está el Mashup Engine, que es el motor que ejecuta las consultas Power Query. El flujo habitual es que el motor ingiere los datos desde los orígenes, los procesa en memoria y los guarda en el destino.

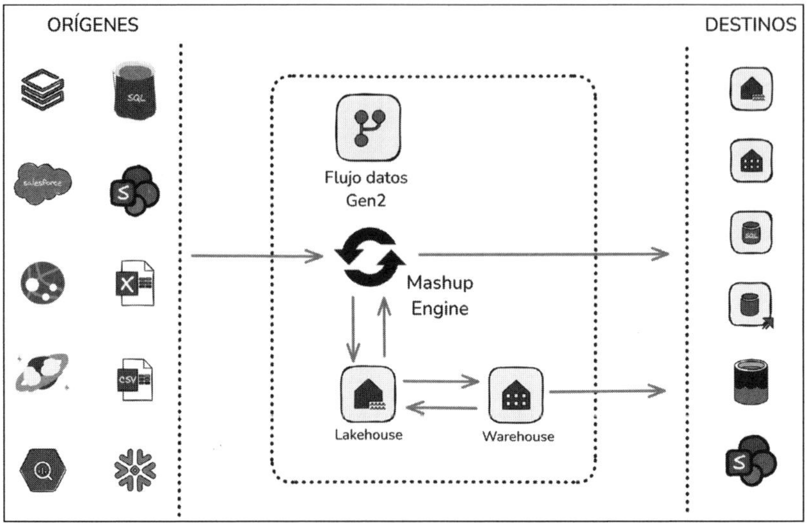

Figura 10.5. Arquitectura de los flujos Gen2.

Staging storage

Pero, en ocasiones hay un volumen de datos muy alto, o un origen muy lento, que impide que la consulta se ejecute en memoria. Para resolver esta situación el flujo Gen2 incorpora un Lakehouse como almacenamiento provisional. Los datos de origen se copian al Lakehouse y desde ahí los procesa el Mashup Engine, sacando provecho del plegado de consultas que ocurre en el Lakehouse.

En la documentación oficial a este Lakehouse se le llama staging storage.

Staging Compute

Otra situación que puede afectar el rendimiento del Mashup Engine son las transformaciones complejas, que requieran un procesamiento intensivo. Para estos casos, los flujos Gen2 incorporan un Warehouse, que con su arquitectura multinodos puede gestionar cargas de trabajo mucho más grandes.

Configuración

El almacenamiento provisional se controla de manera individual para cada consulta y está activo de forma predeterminada. Puede activarse o desactivarse desde el menú contextual de la consulta (clic derecho) mediante la opción **Habilitar almacenamiento provisional**.

Las consultas que no tienen habilitado este comportamiento aparecen en la lista en *cursiva*.

Cuando el almacenamiento provisional está activo, los datos de origen se guardan siempre en el Lakehouse. El Warehouse, en cambio, solo se utiliza en caso de transformaciones complejas. Cuando se utiliza el Warehouse, las consultas se muestran con un icono en forma de rayo. Algunas recomendaciones son:

- No siempre conviene utilizar el almacenamiento provisional.
- Si el origen admite el plegado de consultas y este se mantiene durante toda la transformación, probablemente no sea necesario.
- Tampoco aporta mucho valor cuando el volumen de datos es pequeño y el procesamiento puede resolverse directamente en el Mashup Engine.
- Conviene analizar cada consulta de forma individual para decidir si activar o no el almacenamiento provisional.
- Hay que considerar que algunos destinos lo requieren de manera obligatoria.
- Además, utilizar almacenamiento provisional implica consumir recursos de la capacidad.

Destinos de datos

En un flujo Gen2, los resultados de las consultas se guardan en elementos de almacenamiento que son externos al propio flujo. Cada consulta puede tener un destino distinto y también es posible que algunas no tengan ninguno.

Esto es similar, aunque no idéntico, a la opción de habilitar la carga en los flujos Gen1 y en Power BI Desktop. Al igual que en estos casos, una consulta sin destino no se ejecutará, a menos que exista otra consulta con destino que haga referencia a ella. Estos son los destinos disponibles en este momento:

- Lakehouse.
- Warehouse.
- Base de datos KQL.

- Fabric SQL Database.
- Azure SQL Database.
- SharePoint.

Hay dos maneras de asignar los destinos: a cada consulta individual o un destino predeterminado para todas las consultas.

En la figura 10.6, se han señalado tres botones. Los botones 1 y 2 son para asignar el destino predeterminado. El botón 3 es para asignar el destino a la consulta seleccionada. En la figura no se ve, pero en la cinta de opciones (arriba) hay otro botón para asignar el destino a la consulta seleccionada.

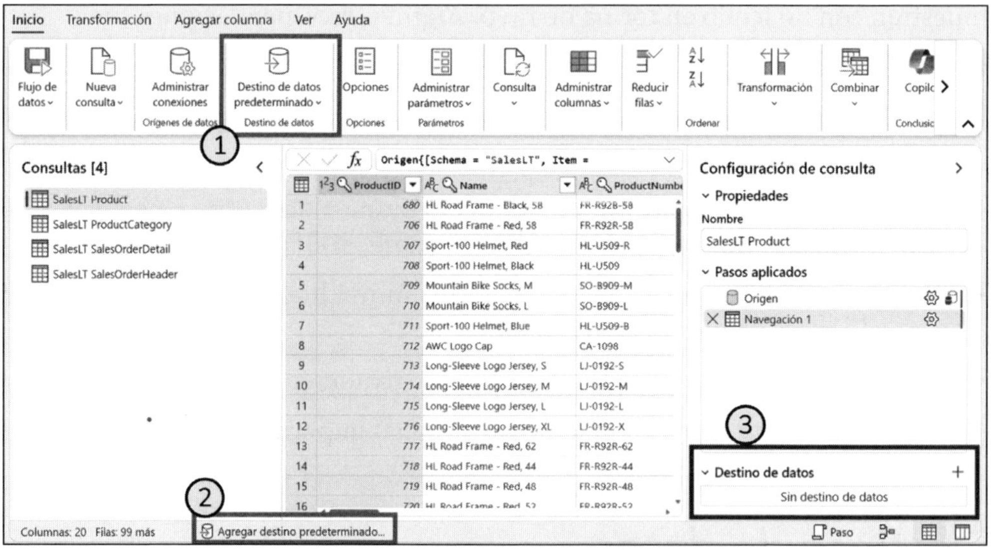

Figura 10.6. Agregar destino a las consultas.

Asignación del destino a una consulta

Vamos a seguir los pasos de la asignación de un destino a una consulta, tomando como ejemplo un Lakehouse. La figura 10.7 es una secuencia de los tres primeros pasos. En el primer paso se selecciona el destino. En el segundo paso se configura la conexión a este destino. En el tercer paso se elige el Lakehouse entre todos los disponibles.

En este tercer paso también debemos decidir si los datos se guardarán en una nueva tabla, en una tabla existente o en un nuevo archivo. Las opciones disponibles dependen del destino. En este caso, como el destino es un Lakehouse, podemos elegir entre tablas y archivos.

Figura 10.7. Pasos para asignar un destino a una consulta.

Si elegimos una nueva tabla, debemos indicar el nombre. Si elegimos una tabla existente, debemos seleccionarla en el Lakehouse. Si elegimos un nuevo archivo, debemos escoger el formato y escribir el nombre. Por el momento, el único formato disponible es CSV.

En nuestro caso hemos elegido una nueva tabla.

Modo automático

La figura 10.8 muestra el último paso, en el que se configura el destino. Este paso es muy importante y debemos ser cuidadosos con las opciones que elijamos.

Si seleccionamos una nueva tabla, como en el ejemplo, por defecto se activa el modo de configuración automática.

En este modo la tabla del destino se elimina y se vuelve a crear, por lo que los datos se reemplazan y cualquier cambio en el esquema de la tabla (columna) se aplica automáticamente. Este modo automático no está activo para todos los destinos.

Métodos de actualización

Si desactivamos la configuración automática, podemos elegir entre dos métodos de actualización, que se muestran en la figura 10.9.

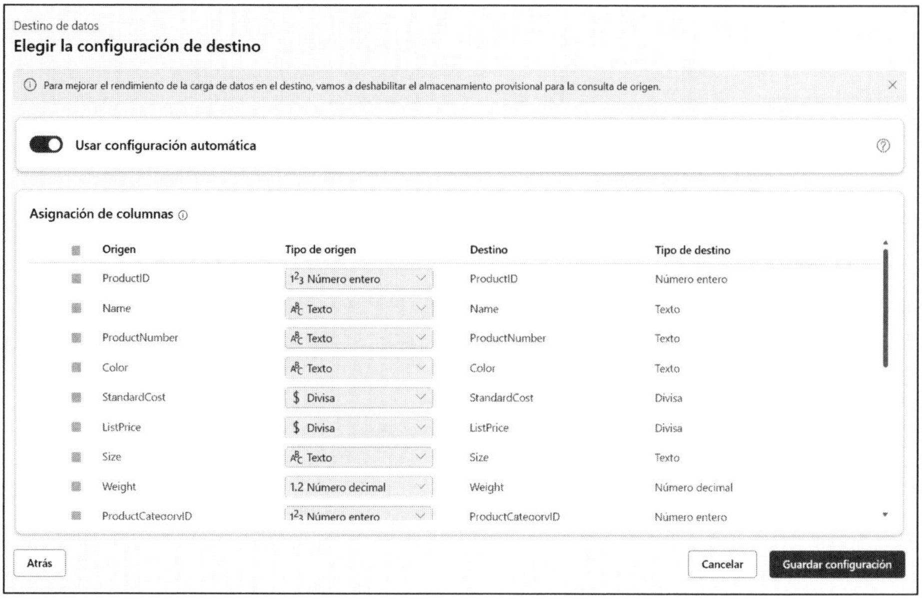

Figura 10.8. Elegir la configuración del destino.

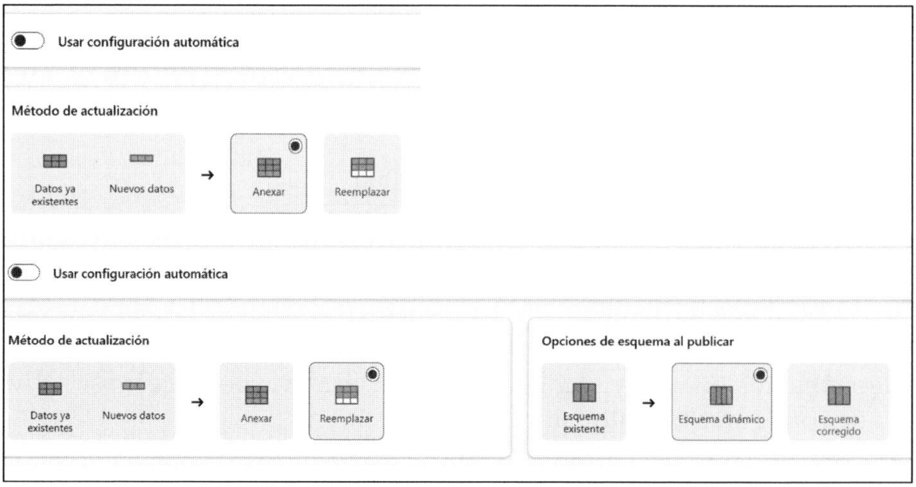

Figura 10.9. Anexar vs. Reemplazar.

Anexar

El método **Anexar** inserta en la tabla destino los datos de la consulta. No se admiten cambios al esquema de la tabla; si hay cambios en las columnas de la consulta, la actualización fallará.

Este método es útil cuando las consultas solo reciben datos nuevos y queremos mantener un histórico, por ejemplo, que la consulta se conecte a una API que devuelve las tasas de cambios para un día.

Reemplazar

El método Reemplazar elimina los datos del destino y los reemplaza por los de la consulta. Tiene dos maneras de manejar los cambios en el esquema:

- **Esquema dinámico:** Cuando se detecta alguna diferencia entre las columnas de la consulta y del destino, la tabla del destino se borra y se crea con el nuevo esquema.
- **Esquema corregido:** La tabla nunca se borra, solo los datos. Ocurre un error cuando se detecta alguna diferencia entre las columnas de la consulta y del destino.

Asignación de columnas

Por último, debemos revisar la asignación de columnas. En la figura 10.10 se puede observar que todas las columnas han sido mapeadas de forma correcta, excepto la columna Hora, porque el tipo de datos Tiempo no se admite actualmente. La sugerencia es que cambies el tipo de dato de la columna a Fecha/Hora y vuelvas a realizar todo el proceso. También puedes no incluir la columna en el destino, lo que ocurriría en este caso si guardamos la configuración.

Figura 10.10 Asignación de columnas.

Una vez que hemos guardado la consulta, podemos ver que en el cuadro que se encuentra en la parte inferior derecha de la pantalla aparece ahora el destino y a la derecha un botón de configuración para editarlo.

Destino predeterminado

Cuando creamos el destino predeterminado hay tres pasos: escoger el destino, conectarse y escoger las consultas que lo van a utilizar. No hay más configuración. El método de actualización se establece automáticamente y depende de cada destino.

Las consultas que se creen posteriormente utilizarán el destino predeterminado. Sigue siendo posible cambiar el destino a una consulta individual, ya sea para asignarle un destino diferente al predeterminado, para no asociarle ningún destino, o para asociarle el predeterminado a una consulta que estaba asociado a otro. También se define un destino predeterminado cuando creamos un flujo Gen2 desde un Lakehouse, un Warehouse u otro elemento de almacenamiento.

Si partimos de alguno de esos elementos y utilizamos la opción **Obtener datos| Nuevo flujo de datos Gen2**, se establecerá como destino el propio elemento.

Copia rápida

Otra ventaja de los flujos de datos Gen2 es la copia rápida, que permite acelerar la carga de datos desde determinados orígenes. Este mecanismo utiliza el mismo motor que las canalizaciones (capítulo 11), logrando un rendimiento muy superior.

Requerimientos

No todos los orígenes son compatibles con la copia rápida. En el momento de escribir el libro los conectores compatibles son:

- ADLS Gen2.
- Blob Storage.
- Base de datos de Azure SQL.
- Lakehouse.
- PostgreSQL.
- SQL Server on-premise.
- Warehouse.
- Oracle.
- Snowflake.
- Base de datos SQL de Fabric.

Además, deben cumplirse los siguientes requerimientos:

- **Archivos:**
  - Formato CSV o Parquet.
  - Estar almacenados en Azure Data Lake Storage (ADLS) Gen2 o Blob Storage.
  - Tamaño igual a mayor de 100 MB.
- **Bases de datos:**
  - Las tablas deben tener más de 5 millones de filas.

Limitaciones

En este momento, la copia rápida solo funciona en consultas sin destino o con el destino Lakehouse. Para usar un destino diferente, se puede dividir la consulta en dos, habilitar el almacenamiento provisional en la primera consulta y que la segunda haga referencia a la primera.

Las consultas que usan la copia rápida tienen limitaciones en las transformaciones que pueden hacer, sobre todo si el origen no admite el plegado de consultas. Para superar estas limitaciones, se puede recurrir de nuevo a la división de la consulta en dos, activando la copia rápida en la primera y dejando las transformaciones en la segunda.

Para un listado actualizado de las limitaciones, recomendamos consultar la documentación oficial.

Configuración

Para poder hacer uso de esta funcionalidad, debemos editar el flujo de datos y en Opciones habilitar la opción Permitir el uso de conectores de copia rápida.

Cuando la copia rápida está habilitada, se usará en las consultas que cumplan con los requisitos y se ignorará en las que no.

A nivel de consulta, existe la posibilidad de forzar la copia rápida, aunque el volumen de los datos sea menor al indicado en los requerimientos. Esto se configura seleccionando la consulta y con el botón derecho habilitando la opción Requerir copia rápida.

Debemos ser cuidadosos con esta opción, porque, si no se puede hacer la copia rápida debido a otros requerimientos que no sea el volumen de los datos, la consulta y el flujo fallarán.

Comprobación

Cuando la copia rápida está habilitada, podemos verificar si una consulta la admite desplazando el cursor sobre los pasos y revisando la ventana emergente con los detalles. En la imagen 10.11 se muestra un caso donde sí se admite y otro donde no.

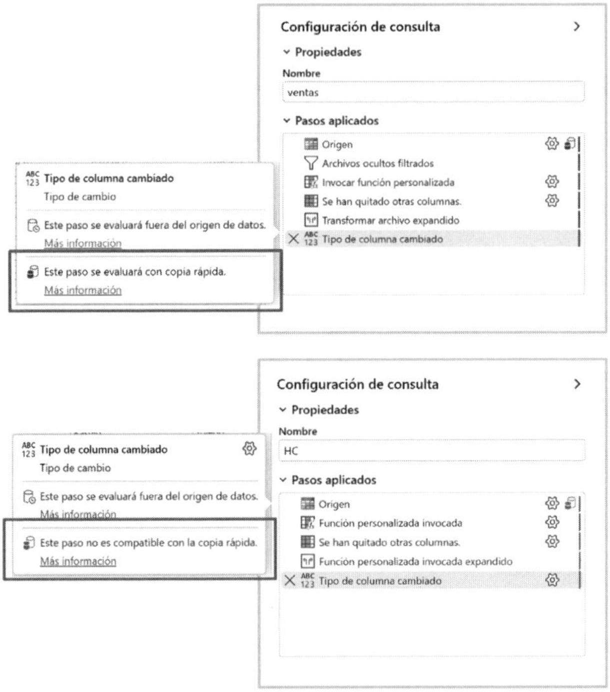

Figura 10.11. Verificar si una consulta admite copia rápida.

Después de la ejecución, también es posible comprobar si la consulta se ejecutó con copia rápida. Lo hacemos con el historial de ejecuciones, abriendo los detalles de la consulta y verificando que se utilizó el motor CopyActivity, como se aprecia en la figura 10.12.

Evaluador moderno

Hay un nuevo motor de ejecución de consultas que mejora de manera significativa el rendimiento y reduce considerablemente el tiempo de ejecución de las consultas. Está implementado con la versión más reciente de .NET Core.

Figura 10.12. Comprobar si una consulta se ejecutó con copia rápida.

No es el motor por defecto porque en estos momentos está en versión preliminar, y solo está disponible cuando creamos el flujo marcando la opción de integración con Git.

Para habilitarlo debemos abrir las opciones del flujo de datos y entrar a la pestaña **Escalar** y marcar la opción **Allow use of the modern query evaluation engine.**

Actualmente soporta un número limitado de conectores que se irán incrementando con el tiempo.

Los conectores soportados son:

- Azure Blob Storage.
- Azure Data Lake Storage.
- Fabric Lakehouse.
- Fabric Warehouse.
- OData.
- Power Platform Dataflows.
- SharePoint.
- Web.

Las consultas que usen un conector que no esté soportado seguirán ejecutándose con el motor estándar.

Actualización incremental

La actualización incremental en los flujos de datos Gen2 tiene diferencias con Gen1, por lo que vamos a explicarla en detalle.

Requerimientos del origen

Se recomienda que el origen admita el plegado de consultas. Debe tener una columna de tipo fecha o fecha y hora que indique cuándo los datos fueron creados o actualizados.

Opcionalmente, debe tener otra columna con la fecha/hora de modificación.

Requerimientos del destino

Estos son los destinos soportados en la actualidad:

- Fabric Lakehouse.
- Fabric Warehouse.
- Azure SQL Database.
- Azure Synapse Analytics.

Configuración

Para configurar la actualización incremental, hacemos clic con el botón derecho en una consulta y escogemos la opción **Actualización incremental**. Aparecerá un formulario como el que se muestra en la figura 10.13, donde es necesario indicar los siguientes datos:

- Columna fecha y hora para filtrar, suele ser la fecha de creación de la fila.
- Periodo para extraer datos del pasado (x días, x semanas, x meses, x trimestres, x años).
- Tamaño del cubo (día, semana, mes, trimestre, año). Los datos se particionan en bloques del tamaño indicado aquí, en función de la columna de filtrado. Solo se actualizarán en el destino los cubos con algún dato nuevo o que haya cambiado después de la última actualización. El cubo es una unidad indivisible, se actualizan todos los datos del cubo o ninguno.

- Columna fecha y hora para comparar con el valor máximo. Suele ser la fecha de modificación de la fila. Si no existe otra columna, puede usarse la misma columna de filtrar.
- Indicar si se quieren considerar solo periodos finalizados. El periodo se corresponde con el tamaño del cubo. Por ejemplo, si el tamaño del cubo es un mes, solo se extraerán datos hasta el último mes finalizado.
- Indicar si es obligatorio que el origen admita el plegado de consulta.

Funcionamiento

Para explicar el funcionamiento vamos a utilizar los valores de configuración y el diagrama de la figura 10.13.

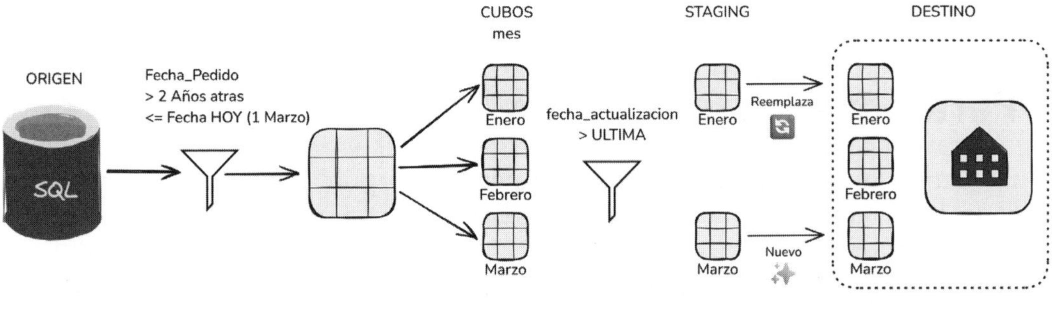

Figura 10.13 Actualización incremental.

Esta es la configuración de ejemplo de la figura:

- Columna de filtrado: Fecha_Pedido.
- Datos del pasado: 2 años.
- Tamaño del cubo: Mes.
- Columna valor máximo: fecha_actualizacion.
- No se requieren periodos finalizados.
- Se requiere el plegado de consulta.

El origen es una base de datos SQL que soporta plegado de consultas y el destino un Warehouse de Fabric.

La primera vez que se actualizan los datos se hace una copia completa.

El diagrama de la figura 10.13 representa una actualización incremental que se hizo el día 1 de marzo. En ese momento en el destino ya había datos de enero y febrero.

En el primer paso se filtran los datos del origen donde la columna Fecha_Pedido esté entre 2 años atrás y la fecha actual, que es el 1 de marzo.

En el segundo paso las filas filtradas se dividen en cubos de 1 mes.

En el tercer paso se filtran los cubos donde el valor máximo de la columna fecha_actualizacion sea mayor que el de la última actualización. Los cubos que pasen este filtro se copian hacia el área de *staging* del flujo de datos (Lakehouse interno). En este momento se utiliza el plegado de consultas para extraer del origen solo los datos de los cubos que pasaron el filtro.

En el cuarto paso, se copian los datos desde *staging* hacia el destino, remplazando los cubos que ya existían. En el ejemplo, se remplaza el cubo de enero y se crea un nuevo cubo para marzo. El cubo de febrero, que ya existía en el destino, se mantiene.

Parámetros públicos

En Gen2 hay una nueva configuración para hacer públicos los parámetros de consulta, lo que posibilita que se le puedan pasar valores a estos parámetros desde fuera del flujo.

Esto abre un mundo de posibilidades. Por ejemplo, imaginemos que hay un flujo de datos Gen2 que hace una serie de transformaciones en un archivo CSV y que tiene un parámetro con el nombre del archivo. También hay una canalización (las explicaremos en el capítulo 11) que orquesta un proceso de carga y transformación de datos, que tiene una lista de archivos y por cada archivo ejecuta el flujo pasándole el nombre del archivo al parámetro.

La activación de los parámetros públicos se hace desde las opciones del flujo, en la pestaña **Parámetros**. A partir de este momento, todos los parámetros del flujo serán públicos.

¿Recuerdas que cuando se define un parámetro se puede marcar como requerido? Un flujo con parámetros públicos no se podrá ejecutar a mano si tiene algún parámetro requerido.

Actualmente, en un flujo con parámetros públicos no se puede configurar la actualización incremental.

¿Cuándo elegir un flujo de datos Gen2?

Los flujos de datos son una herramienta *No-Code, Low-Code* ideal para los que conocen Power Query porque podrán seguir utilizando su conocimiento y solo deben actualizarlo con lo que hemos explicado en este capítulo.

Se pueden utilizar para la ingesta y transformación de los datos y con ellos se puede implementar una ETL completa.

En una arquitectura Medallion los flujos Gen2 pueden encargarse tanto de la ingesta hacia la capa bronce, como de las transformaciones en las capas plata y oro. Si se requiere una capa de aterrizaje (*landing*), hay que tener en cuenta las limitaciones que en estos momentos tienen los flujos de datos para copiar archivos hacia el destino.

Los flujos de datos tienen limitaciones en el rendimiento cuando gestionan grandes volúmenes de datos o transformaciones complejas.

Cuando se emplean para la ingesta, hay que tener en cuenta la disponibilidad de la copia rápida desde el origen.

Y otro factor para tener en cuenta es que los flujos de datos son de los elementos que más capacidad consumen.

11 Canalizaciones

En este capítulo aprenderás:

- Qué son las canalizaciones.
- Qué tipos de actividades existen y cómo se configuran.
- Cómo usar el asistente para copia y las plantillas.
- Cómo hacer canalizaciones dinámicas y automatizar su ejecución.
- Qué es un trabajo de copia, cómo se configura y en qué casos usarlo.

Una canalización es un elemento de Fabric que nos permite orquestar procesos, es como un director de orquesta que coordina a los diferentes elementos de una solución. Y esto lo podemos hacer sin código o con poco código.

Se parece a Azure Data Factory (está inspirada en ella) y un poco también a los flujos de Power Automate.

Crear una canalización

Para crear una canalización basta con buscar el tipo de elemento **Canalización** y asignarle un nombre. En la figura 11.1 se muestra la pantalla de inicio, que es un lienzo con algunos botones grandes en el centro y una barra de botones en la parte superior.

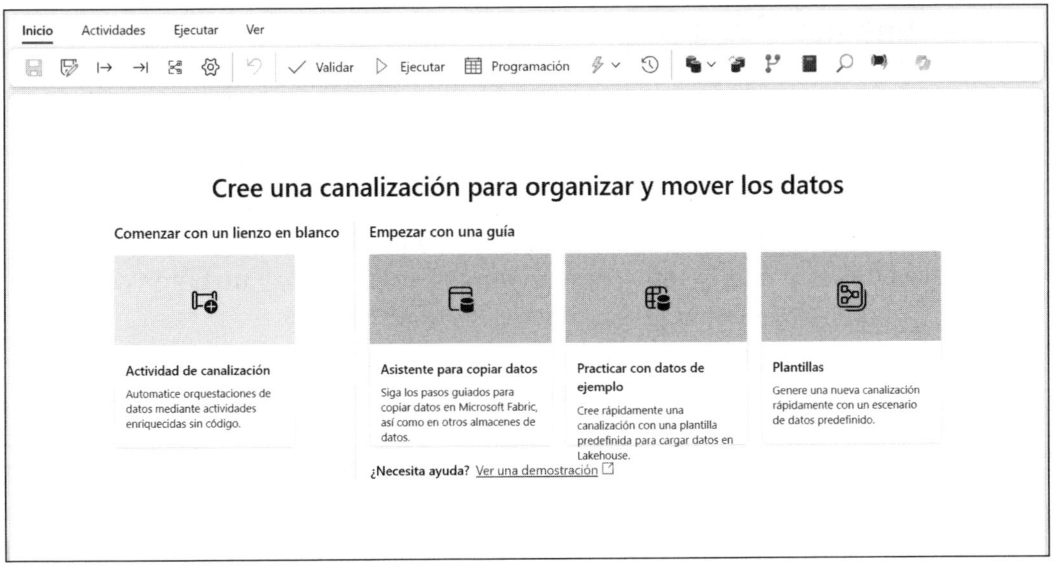

Figura 11.1. Interfaz de usuario de la canalización.

En este lienzo es donde se organizarán las diferentes actividades.

Actividades

Una canalización está compuesta por actividades, que son las tareas individuales que se ejecutan dentro de ella. Hay varias categorías de actividades:

- **Mover y transformar datos:** Como copiar datos o ejecutar flujos de datos.
- **Orquestación y control de flujo:** Permiten crear bucles, condiciones o llamar a otras canalizaciones.
- **Transformación:** Para aplicar cambios a los datos.
- **Metadata y validación:** Obtener información de un origen.
- **Notificaciones:** Para enviar alertas o mensajes.
- ***Machine learning*:** Para integrar modelos entrenados.

Las actividades se conectan entre sí y pueden tener distintas condiciones: ejecutarse solo si la anterior tuvo éxito, si falló, si fue omitida o simplemente cuando haya finalizado. Así se construye la lógica completa del flujo.

Crear una actividad

Para crear una actividad podemos usar el botón grande Actividad de canalización que aparece en el lienzo, para que aparezca un buscador de actividades. Los botones grandes desaparecerán cuando creemos la primera actividad.

La manera más habitual de crear una actividad es con los botones de la barra superior. En Inicio, a la derecha, hay botones para las actividades más utilizadas. En Actividades hay más botones de actividades, y al final hay un botón con tres puntos (...) que despliega el buscador de actividades.

Por último, pero no menos importante, está el Asistente para copiar datos, que nos permite crear y configurar una actividad de copia. Lo podemos iniciar con un botón grande que hay en el lienzo cuando está vacío, o usando el botón Copiar datos de la barra superior, haciendo clic en la flechita que está a la derecha.

Configuración de una actividad

Cuando creamos una actividad aparece una cajita en el lienzo y, si la seleccionamos, en la parte inferior de la pantalla aparece un panel de configuración. En la figura 11.2 se aprecia una actividad de copia con su configuración.

Todas las actividades tienen una pestaña de configuración general y pestañas específicas al tipo de actividad. En el caso de la figura, las pestañas específicas serían: Origen, Destino, Asignación y Configuración.

En la configuración general, lo mínimo es asignarle un nombre (obligatorio) y, adicionalmente, una descripción.

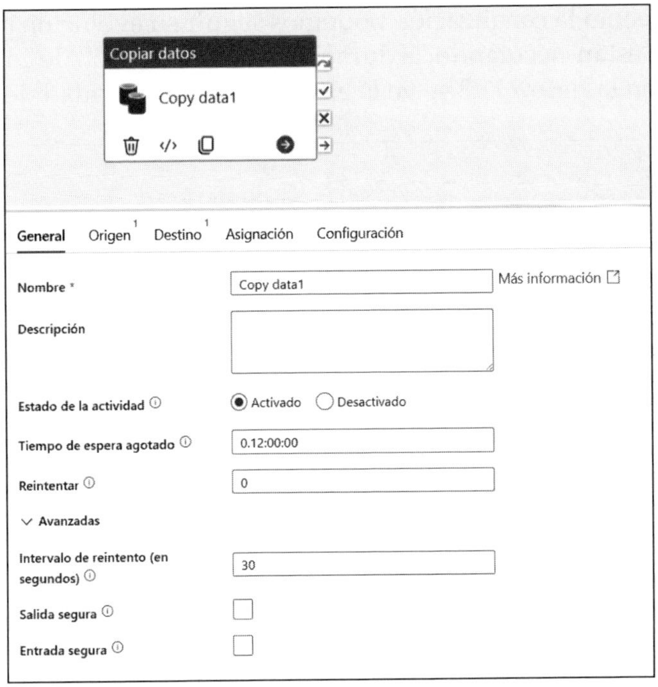

Figura 11.2. Configuración de una actividad de copia.

Además, podemos:

- Activar o desactivar la actividad, lo que resulta útil para hacer pruebas.
- Definir tiempos de espera máximos (por ejemplo, que falle si tarda más de 12 horas).
- Configurar reintentos automáticos si ocurre un error.
- Marcar la entrada o salida como seguras para que no se guarde información sensible en el registro de actividad.

Ejecución manual de una canalización

Mientras vamos añadiendo y configurando actividades en la canalización, podemos probar si todo funciona bien. Para ello, ejecutamos manualmente la canalización utilizando el botón Ejecutar. Es necesario que no haya cambios pendientes sin guardar. Antes de ejecutar, se valida que todas las actividades estén configuradas y, si no es así, se mostrará la lista de errores. También es posible validar sin ejecutar usando el botón Validar.

Mientras se ejecuta la canalización podemos seguir su evolución para saber qué actividades se están ejecutando, la duración y la información de entrada y salida. Por ejemplo, en la figura 11.3 se ve la ejecución de la actividad de copia.

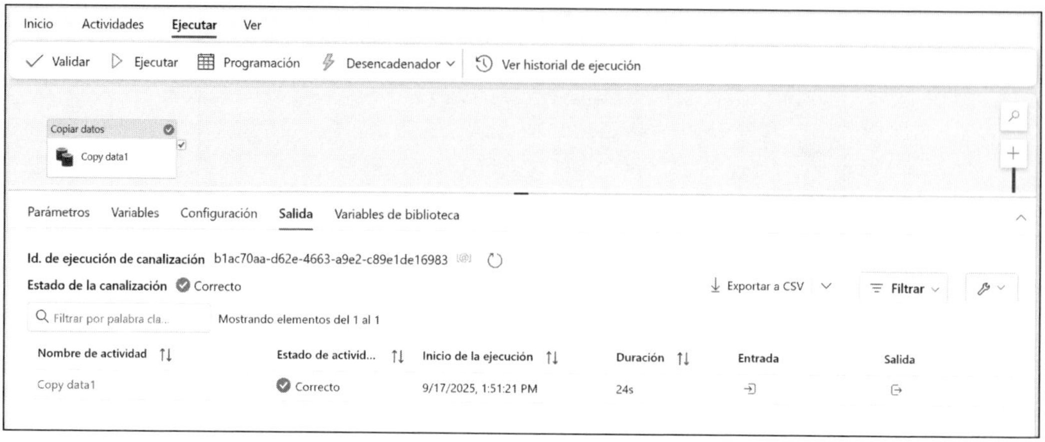

Figura 11.3. Ejecución de la actividad de copia.

Conectores de salida

Cuando seleccionamos una actividad, a la derecha de la cajita hay 4 botones llamados conectores de salida, que nos permiten conectarla con otras actividades. Para crear las conexiones, se arrastran estos conectores hacia otras actividades.

Una actividad puede tener conexiones con varias actividades, y entre dos actividades pueden existir varias conexiones.

NOTA:

Si a una actividad llegan varias conexiones, tienen que cumplirse todas las condiciones para que dicha actividad se ejecute. Es una operación AND.

Estos son los conectores de salida:

- En caso de éxito (verde): Las actividades enlazadas se ejecutarán si esta actividad se ejecutó correctamente.
- En caso de error (rojo): Las actividades enlazadas se ejecutarán si ocurrió un error al ejecutar la actividad.
- Al finalizar (azul): Las actividades enlazadas se ejecutarán si la actividad terminó de ejecutarse, ya sea que se ejecutó correctamente o que dio error.

- **Al omitir (gris)**: Las actividades enlazadas se ejecutarán si esta actividad no se ejecutó. Los motivos para no ejecutarse son: que la actividad esté desactivada o que dependa de otra actividad que no cumplió con la condición.

Con estos conectores de salida podemos implementar un flujo robusto, que actúe ante los fallos.

La figura 11.4 muestra una canalización que copia datos desde una base de datos hacia un Lakehouse, los transforma con un flujo de datos y actualiza un modelo semántico. En caso de producirse un error, se envía una notificación a Teams.

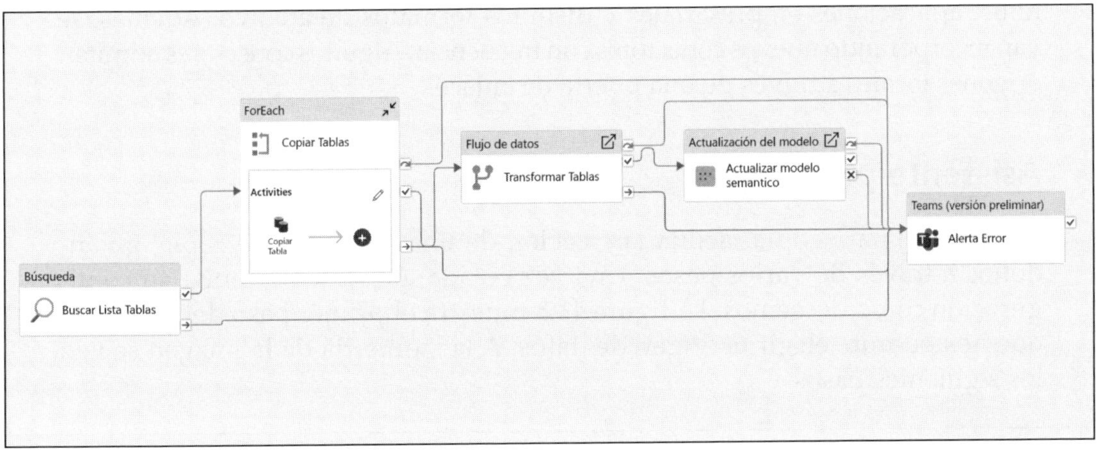

Figura 11.4. Ejemplo de canalización.

Para lograrlo, todas las actividades están conectadas con la notificación, aunque no siempre con el mismo conector. Si se utilizara únicamente **En caso de error**, la alerta solo se enviaría cuando fallaran todas a la vez, y eso no es lo que buscamos.

La solución es la siguiente: la primera actividad utiliza el conector **Al finalizar**; las actividades de copia y transformación se enlazan con dos conectores, **Al finalizar** y **Al omitir**; y la actualización del modelo semántico se conecta con **En caso de error** y **Al omitir**. Te dejamos que analices por qué esta configuración garantiza que la notificación llegue siempre que falle alguna de las actividades.

Actividad de copia

La actividad de copia se encarga de mover datos desde un origen hacia un destino. Es fundamental porque permite no solo ingerir datos en OneLake, sino también trasladarlos entre distintos elementos de almacenamiento o incluso exportarlos fuera de OneLake. Además, ofrece algunas transformaciones útiles, como la conversión entre formatos, la compresión o descompresión de archivos y la asignación de columnas y tipos de datos.

Por ejemplo, se pueden copiar archivos CSV desde un origen externo hacia una carpeta o directamente a una tabla de un Lakehouse. Otro caso común es copiar datos de una tabla de base de datos y almacenarlos en un archivo Parquet dentro del Lakehouse.

La conexión al origen y al destino se realiza mediante conectores. Actualmente, hay alrededor de 120 disponibles, que cubren bases de datos, servicios en la nube, aplicaciones empresariales y distintos formatos de archivo. Además, se van incorporando nuevos conectores con frecuencia. Algunos conectores admiten orígenes locales a través de una puerta de enlace.

Asistente para copia

El asistente para copia facilita la creación de una actividad de copia, guiándonos a través de varios pasos. Una vez creada, podemos cambiar su configuración como deseemos. La figura 11.5 muestra el primer paso del asistente, que nos permite elegir el origen de datos. A la izquierda de la imagen se ven los siguientes pasos.

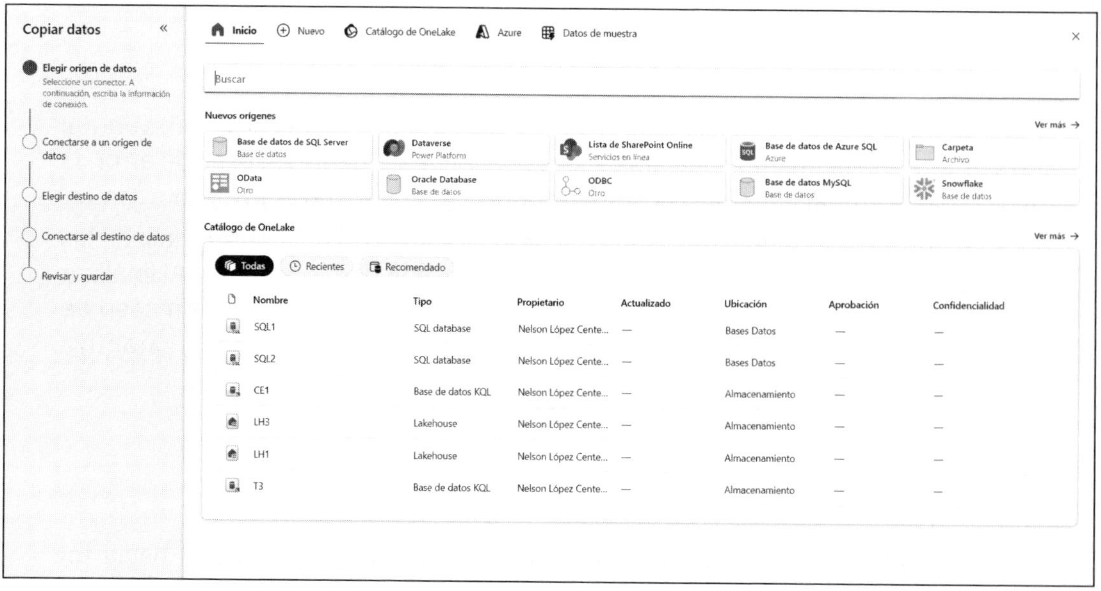

Figura 11.5. Asistente para la copia.

Más adelante, en este mismo capítulo, explicaremos el "trabajo de copia", que se parece mucho al asistente de copia, pero es un elemento independiente y no forma parte de una canalización.

Plantillas

Tenemos a nuestra disposición varias plantillas con canalizaciones predefinidas para realizar tareas habituales. Al utilizarlas se crean actividades ya conectadas entre sí, que podemos configurar para ajustarlas a nuestro escenario.

Se puede acceder a las plantillas con el botón grande **Plantillas**, que aparece cuando el lienzo está vacío. Otra opción es usar el botón de la barra superior en la pestaña **Inicio**. Su icono no es muy intuitivo, pero al situar el cursor encima aparece el mensaje **Usar una plantilla**.

La figura 11.6 muestra la pantalla de selección, con algunas de las plantillas disponibles. En algunos casos será necesario rellenar parámetros, como se observa en el ejemplo de la figura 11.7.

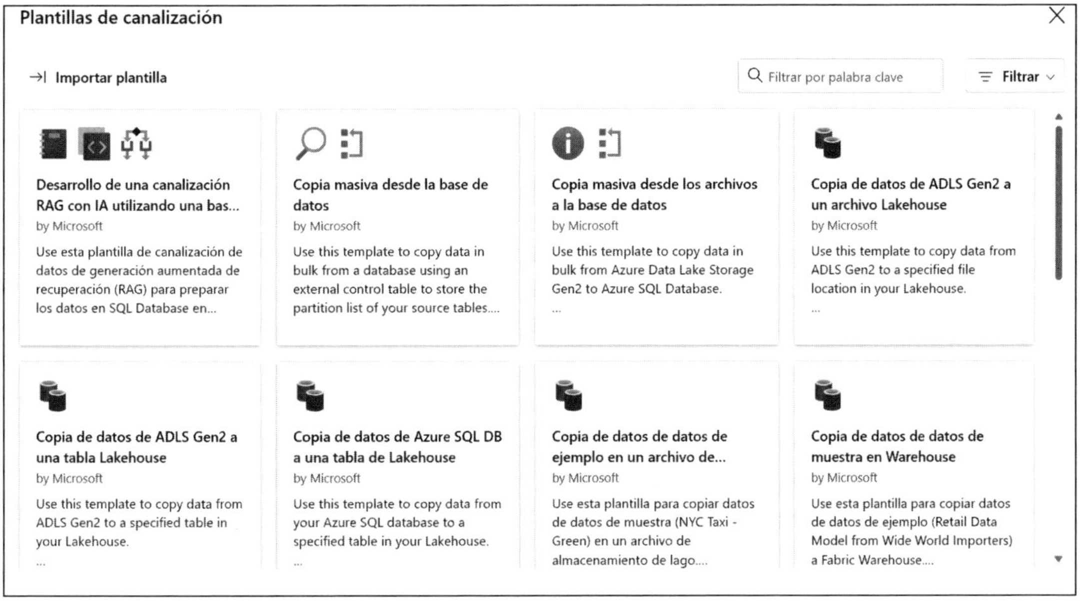

Figura 11.6. Plantillas disponibles.

Recomendamos revisar estas plantillas, porque pueden servir como punto de partida para un proyecto o como recursos de aprendizaje.

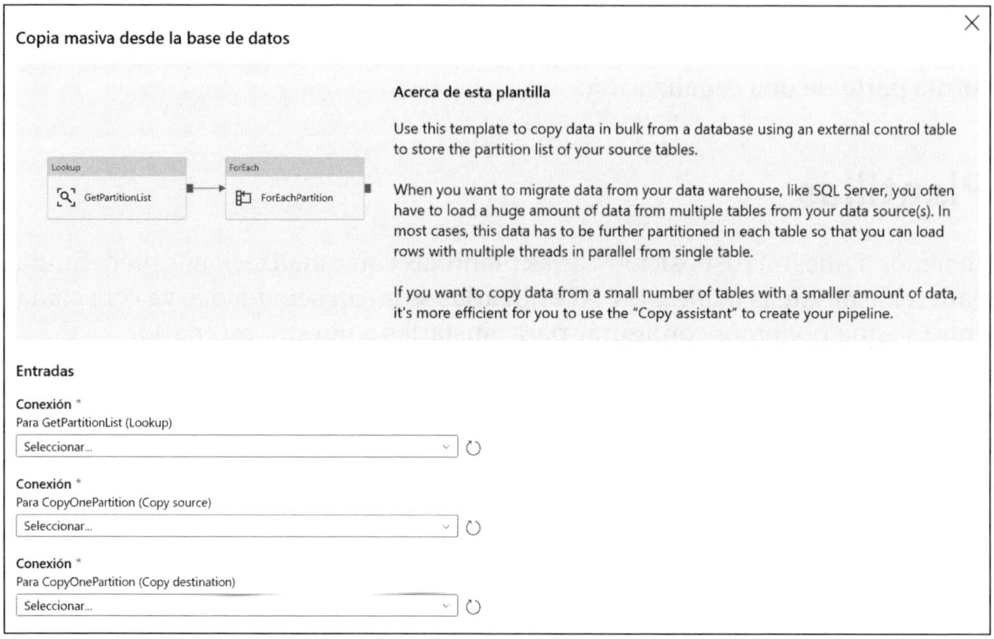

Figura 11.7. Uso de parámetros en las plantillas.

Parametrización

Las canalizaciones se pueden hacer dinámicas y reutilizables gracias a tres elementos:

- Expresiones.
- Variables.
- Parámetros.

Esto nos permite reutilizar la misma canalización en diferentes escenarios, sin necesidad de crear una nueva para cada origen o destino. Basta con cambiar los valores de los parámetros para que el flujo se adapte automáticamente a cada caso.

Expresiones de canalización

Las expresiones son un pequeño lenguaje que podemos usar dentro de las canalizaciones para generar contenido dinámico. Permiten incorporar funciones de distintos tipos: lógicas, de texto, de fecha y hora, matemáticas, de conversión o para trabajar con colecciones. Además, una expresión puede hacer referencia a variables y parámetros definidos en la canalización. Las expresiones siempre comienzan con una arroba (`@`). Algunos ejemplos de expresiones:

- Obtener la fecha y hora actual en UTC:

  ```
  @utcNow()
  ```

- Obtener la hora local para España:

  ```
  @convertTimeZone(utcNow(),'UTC','Romance Standard Time')
  ```

- Concatenar varios textos:

  ```
  @concat('Lakehouse_', pipeline().RunId, '_', utcNow())
  ```

  Genera un nombre de archivo dinámico que incluye un prefijo fijo, el identificador de la ejecución y la fecha/hora actual.

- Obtener la salida de otra actividad:

  ```
  @activity('BuscarTablas').output.value
  ```

  Recupera la lista de tablas que devolvió la actividad "BuscarTablas".

- Expresión lógica:

  ```
  @if(equals(pipeline().parameters.Modo,'ON'),'Activo','Inactivo')
  ```

  Devuelve "Activo" si el parámetro Modo es "ON", e "Inactivo" en cualquier otro caso.

Las expresiones se pueden utilizar al configurar las actividades, en cualquier campo que permita entrar texto libre. Cuando editamos alguno de estos campos, aparece la opción **Agregar contenido dinámico** y, si hacemos clic, se abre un panel para editar la expresión. La figura 11.8 muestra un ejemplo.

Variables

Las variables nos sirven para almacenar valores precalculados que luego se pueden usar en las expresiones.

Variables de sistema

Las variables de sistemas proporcionan información sobre el momento de la ejecución de la canalización. Para acceder a estas variables se utiliza la función `pipeline()`.

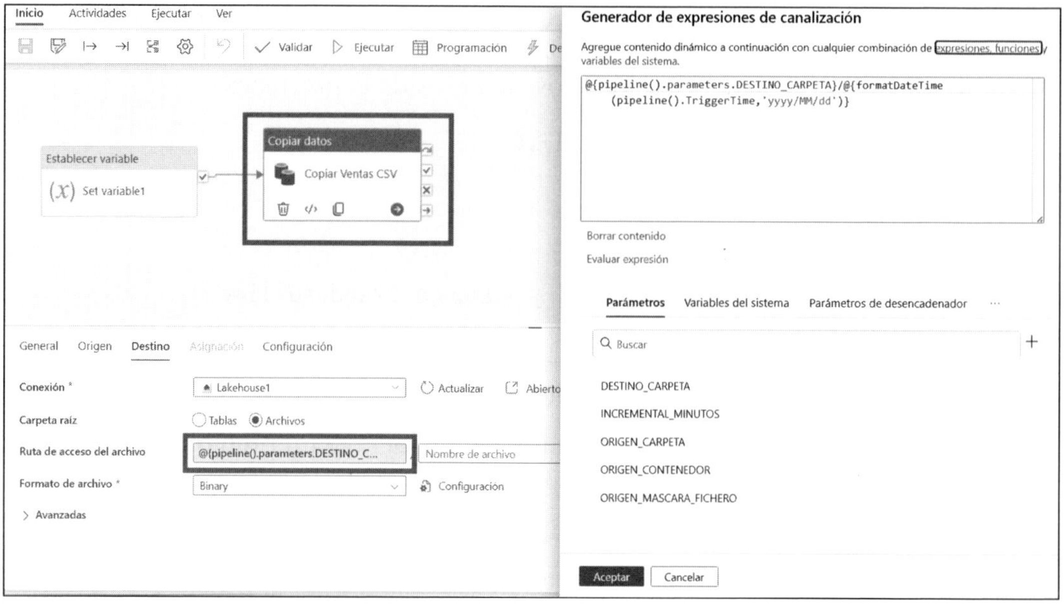

Figura 11.8. Ejemplo de uso de expresiones.

Ejemplos de variables del sistema:

- `@pipeline().RunId`: `Id` de ejecución de la canalización.
- `@pipeline().TriggerTime`: Hora de comienzo de ejecución de la canalización.

Variables de canalización

Estas variables se definen a nivel de la canalización, con un nombre, un tipo de dato y un valor por defecto (opcional). Para asignarles un valor dinámico se utiliza la actividad **Establecer variable**.

Para definir una variable, hay que hacer clic en el lienzo, en una zona donde no haya ninguna actividad y, en el panel inferior, abrir la pestaña **Variables**. Para utilizar la variable en una expresión, se utiliza la función `@variable('nombre_variable')`.

La figura 11.9 muestra tres pasos en la configuración de una canalización. En la primera imagen se define la variable `UltimaFechaModificacion` de tipo `string`. En la segunda, una actividad **Establecer variable** le asigna un valor mediante una expresión. Y, en la tercera, una actividad de copia utiliza esa variable dentro de otra expresión para construir el nombre del archivo de destino.

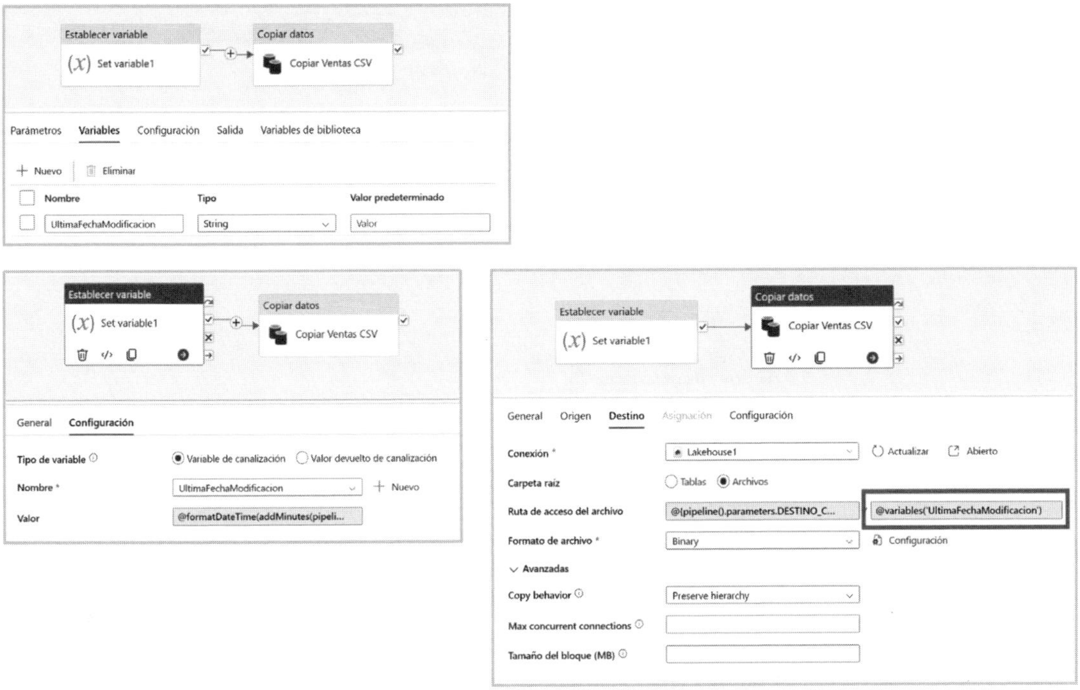

Figura 11.9. Ejemplo del uso de variables.

Parámetros

Los parámetros también se definen a nivel de la canalización, haciendo clic en el lienzo y abriendo la pestaña **Parámetros**. Tienen un nombre, un tipo de dato y un valor por defecto (opcional). Para utilizar un parámetro en una expresión hay que utilizar la sintaxis: `pipeline().parameters.nombre_parametro`.

Los valores se pueden cambiar al ejecutar la canalización, ya sea de forma manual o cuando la canalización se invoca dentro de otra canalización con una actividad **Invocar canalización**.

La figura 11.10 muestra el uso de los parámetros en la misma canalización anterior. En la primera imagen de arriba se definen varios parámetros. En la segunda, se utiliza el parámetro `DESTINO_CARPETA` para indicar la ruta de destino. En la imagen de abajo se muestra cómo, al ejecutar la canalización, se pueden cambiar los valores de los parámetros.

De este modo, una misma canalización puede servir para distintos casos cambiando solamente los valores de los parámetros en el momento de la ejecución.

Figura 11.10. Ejemplo de uso de parámetros.

Canalizaciones anidadas

Una manera de lograr esta reutilización es con canalizaciones anidadas, donde hay una canalización principal que invoca a otras canalizaciones secundarias. Estas últimas están parametrizadas, y en la canalización principal se asignan los valores a esos parámetros.

Este enfoque se complementa con archivos de configuración donde se guardan los valores de los parámetros.

Por ejemplo, imaginemos que debemos copiar varias tablas desde una base de datos hacia archivos Parquet en un Lakehouse. El proceso sería el siguiente:

- Crear un archivo de configuración con los nombres de las tablas y las rutas de destino.
- Diseñar una canalización que copie una sola tabla a un archivo Parquet, con parámetros para el nombre de la tabla y la ruta de destino.
- Crear una canalización principal que lea el archivo de configuración, recorra la lista de tablas y carpetas en un bucle e invoque a la canalización secundaria pasándole los valores correspondientes.

Para añadir nuevas tablas, basta con actualizar el fichero de configuración, sin necesidad de modificar las canalizaciones.

NOTA:

Lo mismo que hacemos con una canalización secundaria puede aplicarse a otros elementos de Fabric que también admiten parámetros como los flujos de datos Gen2 (capítulo 10) y los cuadernos Spark (capítulo 12).

Ejecución automática

La ejecución manual de las canalizaciones sirve para casos puntuales, pero, cuando orquestamos un proceso con canalizaciones, lo habitual es que puedan ejecutarse de forma automática. Tenemos dos maneras de hacerlo: mediante programación y mediante desencadenadores.

Programación

La forma más directa es programarlas para que se repitan con cierta frecuencia. Por ejemplo, que se ejecuten cada día a las 08:00.

Esto se configura con el botón Programación de la pestaña Ejecutar en la barra superior. En una programación se puede establecer una frecuencia mínima de 1 minuto y hay opciones de repetición por minutos, horas, días, días de la semana o meses. Además, es posible definir varias programaciones para una misma canalización. La figura 11.11 muestra un ejemplo con una programación ya definida de lunes a viernes a las 06:00, y otra en proceso de configuración de lunes a viernes a las 12:00.

Desencadenadores

Otra opción son los desencadenadores, que permiten ejecutar una canalización cuando ocurre un evento, por ejemplo, cuando se crea un archivo en una carpeta de un Lakehouse o cuando ocurrió un error en la ejecución de otra canalización.

Actualmente, los orígenes de eventos disponibles son:

- OneLake.
- Áreas de trabajo de Fabric.
- Azure Blob Storage.

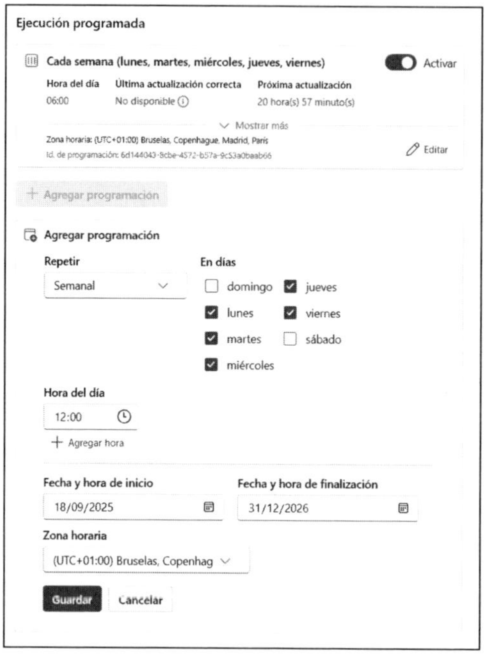

Figura 11.11. Ejemplo de programación de la actualización.

Al configurar un desencadenador se crea un elemento de tipo **Activador**, que explicaremos en el capítulo 13. Una misma canalización puede tener varios desencadenadores. La figura 11.12 muestra varias pantallas de la configuración de un desencadenador.

Historial de ejecución

Cuando las canalizaciones se ejecutan de forma automática, es imprescindible supervisarlas. En la pestaña **Ejecutar**, el botón **Ver historial de ejecución** muestra el listado de ejecuciones más recientes. Desde ahí podemos abrir cada ejecución y consultar la información de sus actividades (recordemos la figura 11.3).

¿Cuándo elegir una canalización?

Una canalización es adecuada cuando necesitas:

- Orquestación.
- Movimiento de datos.

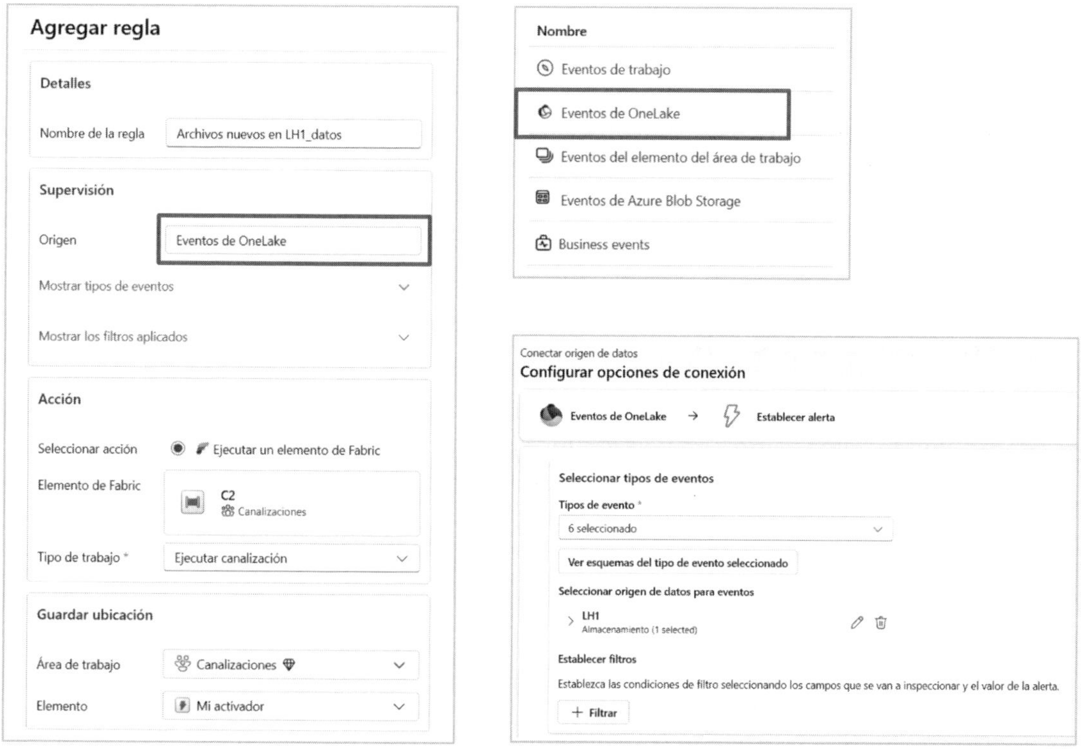

Figura 11.12. Ejemplo de configuración de un desencadenador.

Orquestación

Para orquestar es especialmente útil porque permite diseñar un flujo de actividades de forma visual, con poco código, invocar otros elementos de Fabric, manejar errores, enviar notificaciones y parametrizar para reutilizar.

También hay otras opciones para orquestar. Los cuadernos de Spark encajan cuando todo el flujo está en Spark. Apache Airflow es otra alternativa, aunque requiere programar en Python.

Movimiento de datos

Una canalización es una muy buena opción para mover datos porque la actividad de copia permite configurar en pocos pasos una canalización robusta y monitorizar su ejecución. No obstante, hay conectores que aún no están disponibles en las canalizaciones, por lo que conviene recurrir a alternativas. Los flujos de datos Gen2 cuentan con un catálogo más amplio de conectores y pueden ser una buena opción. Spark o Python también lo son, aunque requieren conocimientos de programación.

En algunos casos, Spark o Python ofrecen mayor flexibilidad o mejor rendimiento. Por ejemplo, Python es una excelente opción para integrarse con APIs complejas.

Por último, en la ingesta de datos en OneLake, cuando los orígenes lo permiten, los accesos directos y los reflejos pueden ser una mejor opción.

Trabajo de copia

El trabajo de copia es un elemento de Fabric especializado en el movimiento de datos. Puede verse como una versión independiente del asistente de copia de las canalizaciones, pero con opciones adicionales. Es la forma más sencilla de copiar datos y no requiere conocimientos de programación (*no code*).

Crear un trabajo de copia

Se crea, como cualquier otro elemento de Fabric, desde un área de trabajo mediante el botón Nuevo elemento. Allí se selecciona Trabajo de copia, se le asigna un nombre y se abrirá un asistente similar al mostrado en la figura 11.13, donde el primer paso es elegir el origen de los datos. En cuanto a conectividad, el trabajo de copia está prácticamente a la par de las canalizaciones, con soporte para más de 110 conectores de datos, y la lista sigue creciendo.

En el segundo paso se seleccionan los datos a copiar. Si se trata de tablas, es posible marcar varias a la vez.

En el tercer paso se elige el destino de los datos, utilizando los conectores disponibles.

Asignar a destino

En el cuarto paso se asigna el destino de los datos.

La figura 11.14 muestra un trabajo de copia con origen en una base de datos SQL en Azure y destino en un Lakehouse de Fabric. En el origen se seleccionaron dos tablas y ahora se están asignando al destino.

Como los datos de origen son estructurados, podemos elegir entre almacenarlos en archivos o en tablas. Si elegimos tablas, hay tres métodos de actualización: anexar, sobrescribir o combinar.

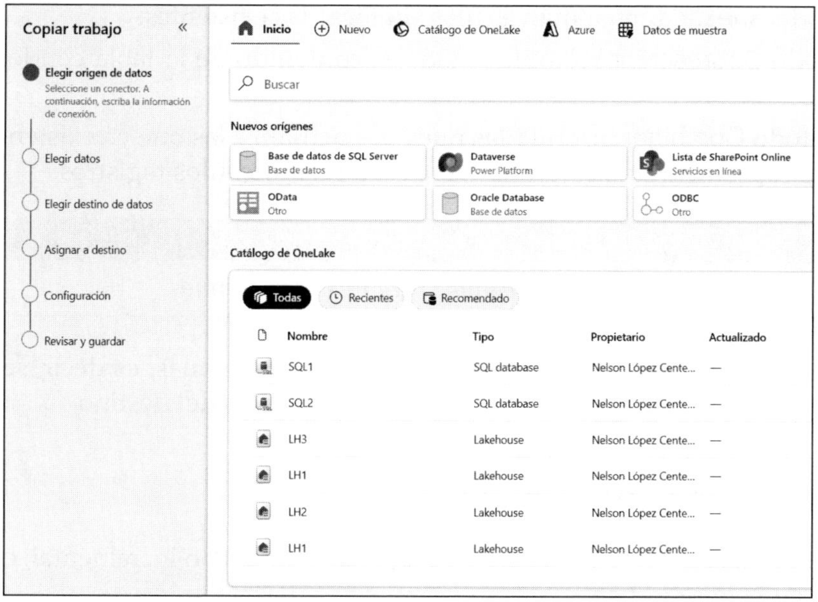

Figura 11.13. Asistente para el trabajo de copia.

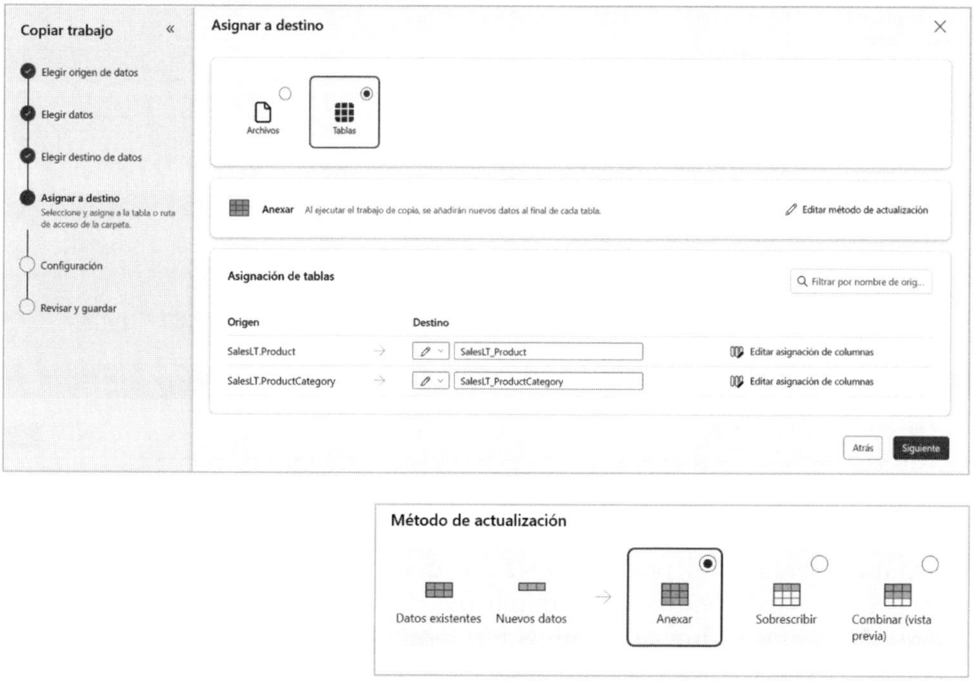

Figura 11.14. Configuración del destino.

El método Anexar agrega nuevas filas sin tocar las existentes.

El método Sobrescribir reemplaza todo el contenido de la tabla con los datos nuevos.

Y el método Combinar inserta filas nuevas y actualiza las que ya existen, lo que requiere especificar una columna clave para identificar los registros.

NOTA:

El método Combinar *no está disponible para todos los destinos.*

En este paso también se realiza la asignación de columnas, es decir, se indica cómo se corresponden las columnas del origen con las del destino.

Modo de trabajo de copia

En el quinto paso se elige si se hace una copia completa o incremental, como se aprecia en la figura 11.15.

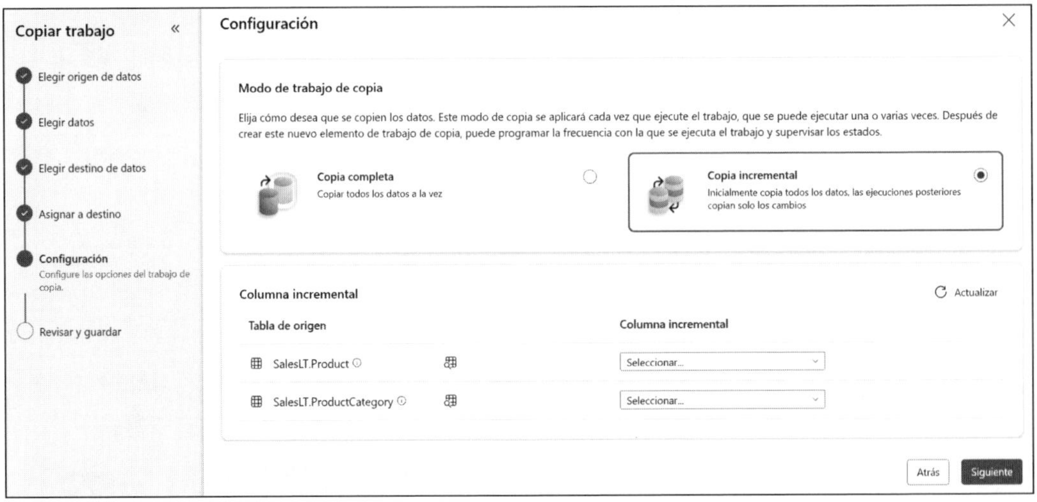

Figura 11.15. Configuración del tipo de copia.

Si elegimos incremental, por cada tabla hay que indicar una columna que servirá de marcador para identificar la última fila copiada. Esta columna debe tener valores diferentes y que se incrementen, por ejemplo, una fecha de creación. Inicialmente se hace una copia completa y en las actualizaciones posteriores se copiarán las filas posteriores al valor del último marcador.

Revisar y guardar

En el último paso, vemos un resumen de la copia y tenemos la opción de iniciar la transferencia inmediatamente o de configurar una programación de manera sencilla.

Configuración posterior

En la figura 11.16 se muestra un trabajo de copia que ya ha sido creado y se ha ejecutado.

Se puede apreciar que hay varios botones para modificar la configuración que hemos hecho con el asistente. Y también se puede revisar el historial de ejecución.

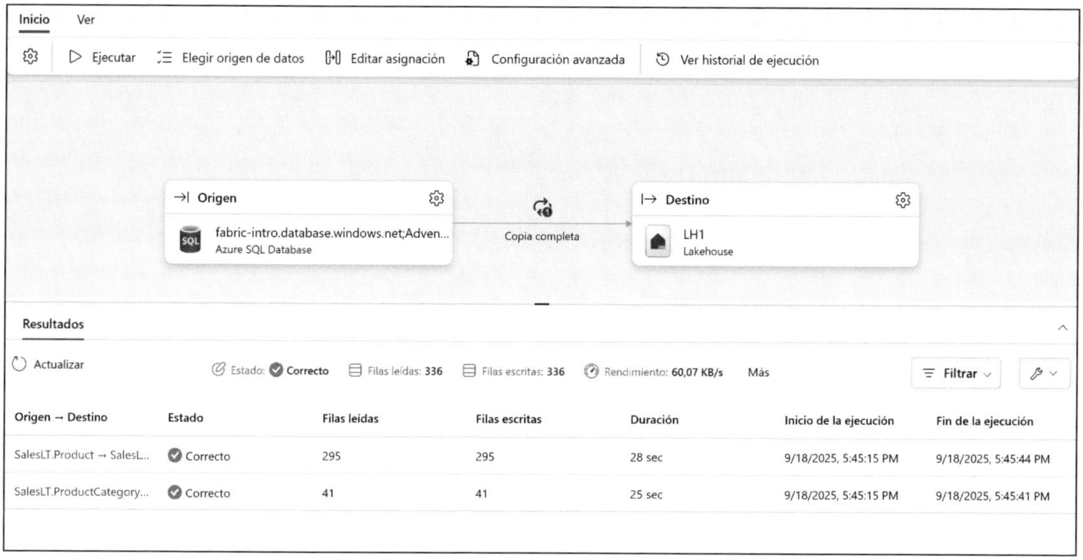

Figura 11.16. Ejemplo de trabajo copia.

Para configurar la programación de la ejecución, hay que usar el botón con la rueda dentada y entrar en la pestaña **Programación**, que es exactamente igual que la de las canalizaciones.

En el trabajo de copia no es posible usar desencadenadores. Sin embargo, las canalizaciones incluyen una actividad para invocar un trabajo de copia, lo que permite integrarlo en un flujo de datos con otros elementos.

¿Cuándo elegir un trabajo de copia?

El trabajo de copia es sencillo de configurar y ofrece opciones interesantes como la copia incremental, lo que lo convierte en una buena alternativa para realizar cargas simples de datos.

Además, Microsoft va incorporando nuevas funcionalidades de forma constante, por lo que es razonable pensar que puede convertirse en la primera opción cuando lo que necesitamos es mover datos de un origen a un destino.

Por ahora, su limitación principal es que no admite parametrización, lo que lo hace poco adecuado para escenarios en los que se requiera un flujo dinámico basado en configuración o en metadatos.

12

Spark y Python

En este capítulo aprenderás:

- Usar Spark y Python dentro de Microsoft Fabric para procesar datos.
- Cómo crear y ejecutar cuadernos interactivos con distintos lenguajes.
- Leer, transformar y escribir datos en un Lakehouse con PySpark.
- Qué son los DataFrames y cómo aprovechar herramientas como Data Wrangler.
- Automatizar procesos y ejecutar código con trabajos Spark y UDF.

La mayoría de los elementos que hemos explicado en capítulos anteriores son sobre todo visuales, permitiendo una implementación sin código o con poco código (*no-code, low-code*). Sin embargo, hay ocasiones en las que necesitamos mayor flexibilidad y reusabilidad, y en esos casos es preferible trabajar con código.

Además, con la llegada de la inteligencia artificial generativa, el desarrollo también está cambiando y ahora podemos generar fragmentos de código con la ayuda de los copilotos.

En este capítulo nos enfocaremos en los elementos que nos permiten trabajar directamente con código. Fabric nos ofrece dos caminos principales para ello:

- **Spark:** Un motor multilenguaje diseñado para procesar grandes volúmenes de datos de forma distribuida.
- **Python puro:** Un lenguaje muy popular que nos permite hacer análisis rápidos y flexibles.

El lugar donde escribiremos ese código son los cuadernos, que funcionan como blocs de notas interactivos en los que podemos combinar explicación, comandos y resultados en un mismo espacio.

También veremos otras formas de ejecutar código: los trabajos Spark y las funciones de datos de usuario con Python.

El objetivo no es que te conviertas en experto en programación, sino que entiendas cómo aprovechar Spark y Python dentro de Fabric para resolver problemas prácticos.

Spark en Fabric

Spark es un motor de procesamiento de datos diseñado para ejecutar tareas en paralelo en varios nodos, lo que le permite manejar grandes volúmenes de datos. Aunque también puede ejecutarse en un solo nodo para cargas más pequeñas. Una de sus principales fortalezas es que es multilenguaje:

- **Scala:** Es el lenguaje nativo de Spark y se utiliza para desarrollos avanzados o de alto rendimiento.
- **Spark SQL:** Es un módulo nativo que permite utilizar el motor de Spark con un lenguaje basado en el estándar SQL.
- **PySpark:** Es la interfaz de Python, que combina las bibliotecas propias de Spark con todas las funciones habituales de Python.
- **SparkR:** Es la interfaz de R, que permite aprovechar las bibliotecas de Spark junto con las funciones habituales del lenguaje R.

Esta integración con distintos lenguajes, y especialmente con Python mediante PySpark, es lo que hace de Spark una herramienta tan flexible para proyectos de ingeniería y ciencia de datos. En Fabric podemos usar Spark en los cuadernos y en los trabajos de Spark. Más adelante, en este capítulo, veremos ejemplos de ingeniería de datos con PySpark y Spark SQL, y en el capítulo 14 trabajaremos con ejemplos de ciencia de datos. Spark es un proyecto de código abierto y su nombre completo es Apache Spark, pero ha sido integrado en plataformas comerciales como Databricks y ahora en Fabric.

Fabric Runtime

Fabric incluye su propia distribución de Spark que recibe el nombre de Fabric Runtime. Esta distribución incorpora Delta Lake y trae preinstaladas muchas bibliotecas populares para Python, R y Scala. Además, añade optimizaciones específicas de Fabric, como el formato V-Order en los archivos Parquet y un motor de ejecución nativo, que el usuario puede habilitar en lugar del motor estándar de Spark para mejorar el rendimiento en determinados escenarios.

El Runtime tiene un número de versión, que en el momento de escribir este libro es la 1.3, y están bien definidas las versiones de sus componentes preinstalados. Por ejemplo, en Runtime 1.3, la versión de Apache Spark es la 3.5.0, la de Delta Lake es la 3.2 y la de Python es la 3.11.

Conocer las versiones es importante porque determinan qué funcionalidades están disponibles. Cuando sale una nueva versión del Runtime, se mantienen durante un tiempo varias versiones recientes, para evitar problemas de compatibilidad con proyectos en producción. Por ejemplo, en este momento coexisten las versiones 1.2 y 1.3 de Fabric Runtime.

La versión de Runtime se puede configurar a nivel de área de trabajo. Las áreas nuevas utilizan la última versión, mientras que las áreas ya existentes conservan la suya, aunque se puede cambiar manualmente.

Grupos de Spark

Spark se ejecuta en un sistema distribuido de varios nodos que forman un grupo (clúster). Hay dos tipos de nodos:

- **Controlador:** Coordina el trabajo. Analiza el código, lo divide en tareas que reparte a los ejecutores y recibe los resultados.
- **Ejecutor:** Realiza las tareas asignadas por el controlador que incluyen el procesamiento de los datos.

Lo más común es que un grupo esté formado por un controlador y varios ejecutores, pero es posible tener un grupo con un único nodo que sea controlador y ejecutor. La configuración de un grupo puede ser dinámica para adaptarse a la carga de trabajo.

Sesión

Estos grupos consumen recursos de la capacidad, por lo que solo se activan cuando se necesitan a través de una sesión. En Fabric, al ejecutar código en Spark se inicia automáticamente una sesión con un grupo de nodos. La sesión permanece activa mientras se usa y se cierra explícitamente o tras un tiempo sin actividad (*timeout*).

La figura 12.1 representa este proceso. Para ejecutar un código en Spark, primero se inicia una sesión con un grupo de nodos y, cuando está listo, se comienza la ejecución hasta que la sesión finaliza.

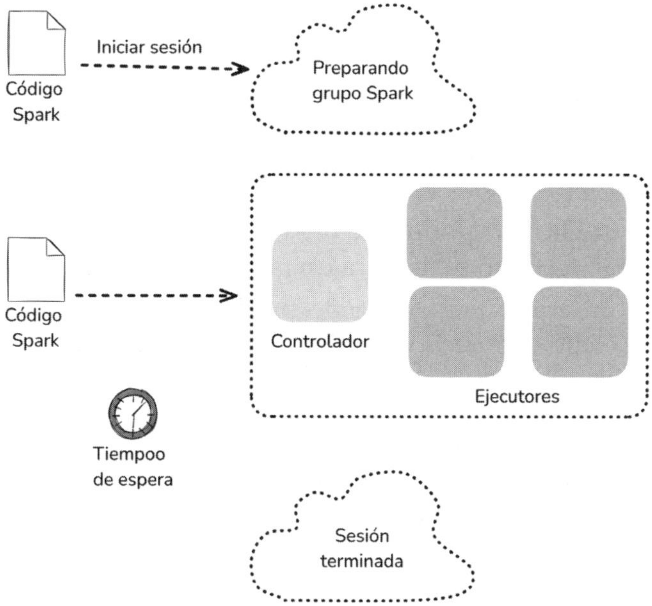

Figura 12.1. Ciclo de vida de una sesión en Spark.

Grupos de inicio

Fabric mantiene grupos de nodos ya preparados, que se le asignan a la capacidad en el momento en que se inicia una sesión. Gracias a ello, el grupo está disponible en un tiempo muy breve de 5 a 10 segundos.

Estos reciben el nombre de grupos de inicio, tienen una configuración predefinida con un tamaño de nodo mediano, admiten hasta 10 nodos y no permite muchas modificaciones.

Es como pedir en un sitio de comida rápida. Ya están listos, se preparan rápido y no puedes cambiar demasiado los ingredientes.

Los grupos de inicio están asignados de forma predeterminada a todas las áreas de trabajo con capacidad Fabric. Esta configuración se encuentra en la pestaña Ciencia/Ingeniería de datos, dentro de la opción Configuración de Spark del área de trabajo.

En la figura 12.2 se muestra la configuración por defecto. Allí puede verse que lo único que se puede modificar es:

- El rango de nodos totales, en este caso de 1 a 4.
- El rango de ejecutores por nodo, en este caso de 1 a 3.

Grupos personalizados

Si la configuración predefinida de los grupos de inicio no es suficiente, se pueden crear grupos personalizados con más opciones de configuración, pero tienen el inconveniente de que el inicio de sesión tardará más, incluso puede llegar a varios minutos.

Es como un menú a la carta donde puedes elegir el tamaño, los extras y los detalles de la preparación, pero se demora un poco más en estar listo.

Podemos crear un grupo personalizado desde la Configuración de Spark del área de trabajo, como se aprecia en la figura 12.3 y aquí sí se pueden configurar más propiedades:

- Tamaño del nodo: Pequeño, mediano o grande.
- Escalabilidad automática: Permite aumentar o reducir el número de nodos en función de la carga de trabajo.
- Número de nodos: Puede definirse como un rango, si hay escalabilidad automática, o como un valor fijo si no la hay.
- Asignar ejecutores dinámicamente: Permite que Spark ajuste la cantidad de ejecutores en cada nodo según la carga.
- Número de ejecutores: Se define como un rango cuando la asignación dinámica está activada.

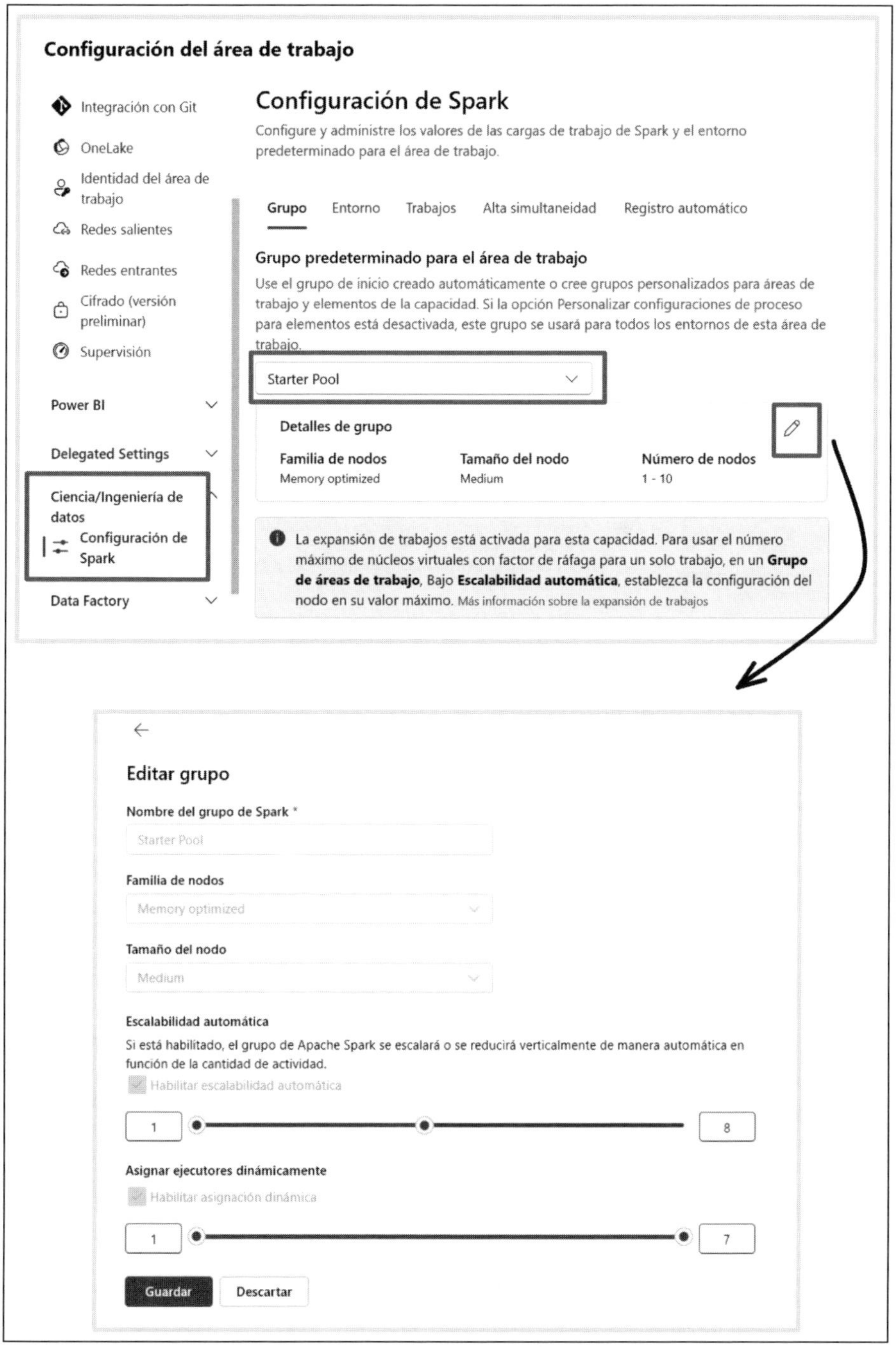

Figura 12.2. Configuración de Spark.

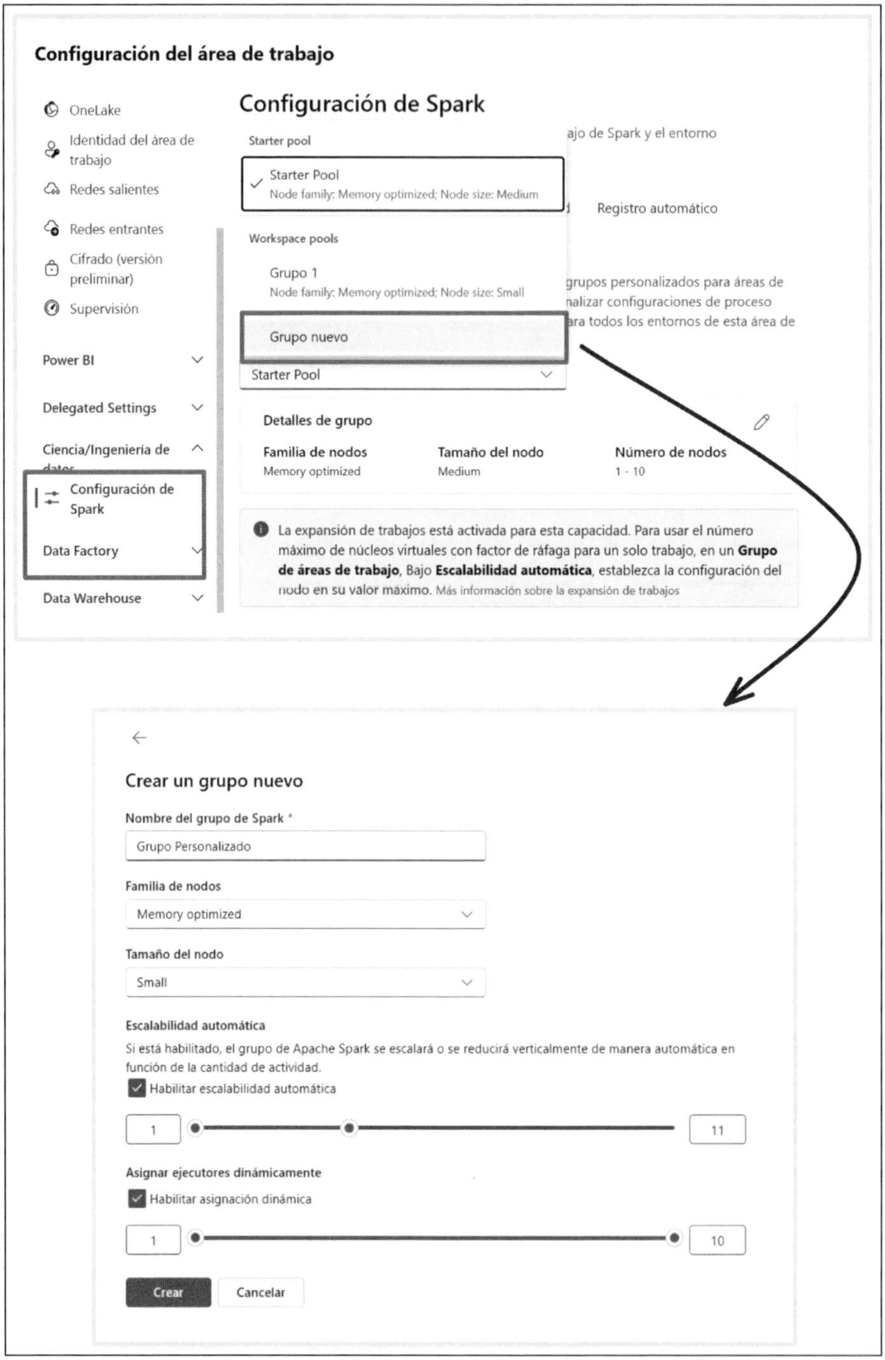

Figura 12.3. Crear un grupo personalizado.

Entornos

Hay ocasiones en que necesitamos personalizar el Fabric Runtime, por ejemplo, para instalar bibliotecas que no están incluidas. Para ello, existe un elemento de Fabric llamado Entorno, que nos permite crear un Runtime a la medida.

Un entorno se puede crear desde el botón **Nuevo elemento** del área de trabajo y basta con asignarle un nombre. La figura 12.4 muestra la página de configuración de un entorno, donde vemos cómo se puede:

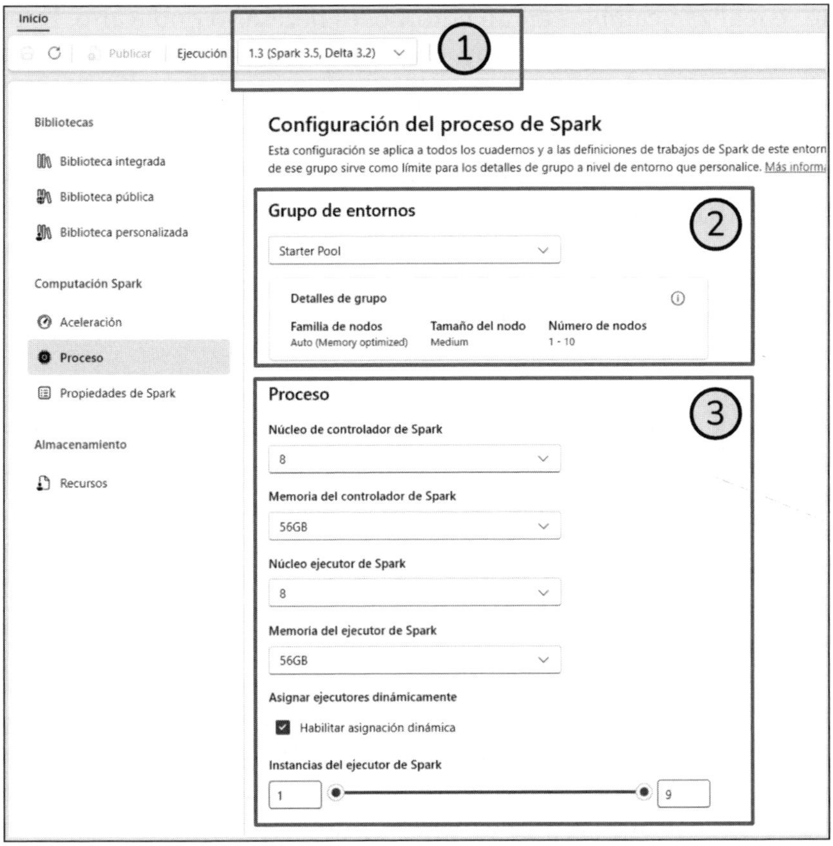

Figura 12.4. Crear y configurar un entorno.

1. Elegir la versión del Runtime.
2. Seleccionar el grupo de nodo a utilizar.
3. Definir varias propiedades de los nodos, como la cantidad de núcleos y el tamaño de la memoria del controlador y de los ejecutores.

Además, se pueden configurar otros aspectos:

- Revisar las bibliotecas preinstaladas.
- Instalar bibliotecas públicas y privadas.
- Activar el motor de ejecución nativo.
- Definir propiedades de Spark.
- Cargar archivos adicionales.

Cuando se realizan cambios en un entorno, es necesario publicarlo. Esta operación puede tardar, sobre todo si hay que instalar bibliotecas.

Un entorno se puede asignar a un área de trabajo desde la opción Configuración de Spark o directamente a un cuaderno o a un trabajo Spark.

Hay que tener en cuenta que, al utilizar un entorno personalizado, el inicio de sesión de Spark puede demorar más que con un grupo de inicio.

Python puro en Fabric

Ya vimos que Python es uno de los lenguajes soportados por Spark a través de PySpark. Pero hay ocasiones en que no se necesita la potencia del procesamiento distribuido de Spark, y es suficiente con utilizar Python y las numerosas bibliotecas disponibles. Por ejemplo:

- Si el volumen de datos a procesar es pequeño.
- Durante la exploración de datos.
- Al migrar *scripts* de Python existentes a Fabric.

Para estas situaciones, Fabric ofrece un entorno de Python puro con muchas bibliotecas populares preinstaladas (pandas, matplotlib, DuckDB, entre otras) que se ejecuta en un solo nodo preconfigurado con dos núcleos y 16 GB de memoria. En general, este entorno consume menos recursos que Spark.

A diferencia de lo que sucede con Spark, en estos momentos Python puro no admite entornos personalizados. Lo más que podemos hacer es elegir entre las versiones 3.10 y 3.11 de Python y, mediante una configuración de código, aumentar el número de núcleos y la memoria del nodo.

Este entorno de Python puro podemos utilizarlo en los cuadernos; veremos más adelante en este capítulo algunos ejemplos de ingeniería de datos.

También hay otro elemento de Fabric donde se utiliza Python puro: las funciones de datos de usuario, que explicaremos al final del capítulo. Aunque usan Python, no se ejecutan exactamente en el mismo entorno de los cuadernos.

Cuadernos

Un cuaderno es un elemento de Fabric diseñado para escribir y ejecutar código de forma interactiva. Soporta varios lenguajes y permite dividir el contenido en celdas, que pueden ejecutarse de manera individual o en conjunto. En cada celda se puede utilizar un lenguaje distinto y, al ejecutarla, los resultados aparecen justo debajo, ya sea como texto, tablas o gráficos.

Además del código, se pueden crear celdas de texto escritas con Markdown, ideales para agregar explicaciones, títulos o documentación dentro del mismo cuaderno. Estos cuadernos tienen su origen en el proyecto de código abierto Jupyter Notebook, creado originalmente para que los científicos de datos trabajaran de manera interactiva en un documento "vivo" que combina texto, código y resultados.

Con el tiempo, este modelo se ha vuelto muy popular también en otros ámbitos, como el análisis de datos y la ingeniería de datos, por su capacidad de unir documentación, ejecución y visualización en un mismo espacio de trabajo.

Crear un cuaderno

Como el resto de los elementos de Fabric, un cuaderno se puede crear con el botón Nuevo elemento del área de trabajo. Hay que tener en cuenta que, en la interfaz en español, el elemento aparece con el nombre Bloc de notas. No es necesario escribir un nombre al crearlo, ya que se le asigna uno por defecto que puede cambiarse después.

La figura 12.5 muestra cómo luce un cuaderno recién creado. Al igual que en otros elementos, hay una cinta de opciones en la parte superior, un explorador a la izquierda y un lienzo que ocupa la mayor parte del espacio, donde aparece una primera celda.

Para cambiar el nombre del cuaderno podemos usar el botón de configuración (icono de rueda dentada).

Por defecto está activado el autoguardado, que se puede desactivar desde la pestaña Editar de la cinta de opciones. El cuaderno mantiene un historial de los cambios, accesible desde el botón Historial, que se encuentra en la misma pestaña, en la parte superior derecha.

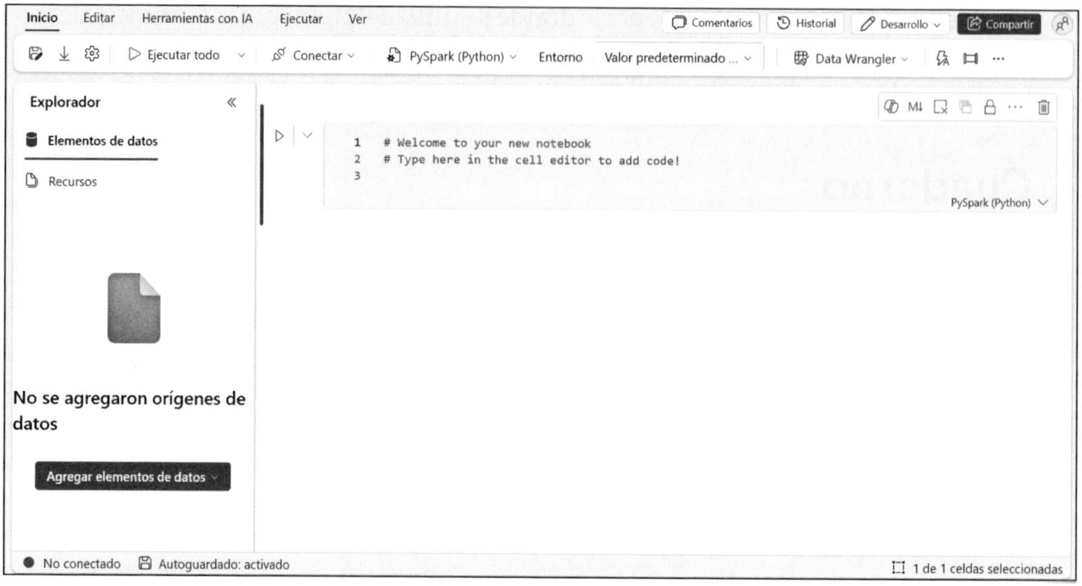

Figura 12.5. Ejemplo de un cuaderno nuevo.

Lenguajes

Como ya explicamos, un cuaderno puede trabajar con varios lenguajes. En la pestaña Inicio hay un botón para escoger el lenguaje predeterminado del cuaderno, como se muestra en la figura 12.6.

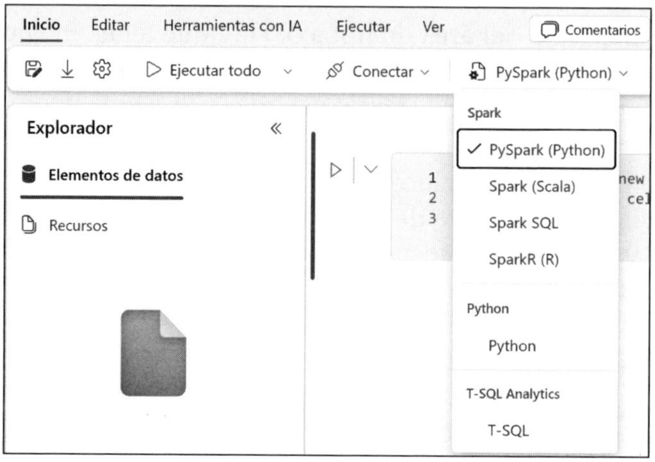

Figura 12.6. Seleccionar el lenguaje por defecto del cuaderno.

El lenguaje por defecto es PySpark, pero están disponibles los cuatro lenguajes de Spark (PySpark, Scala, Spark SQL y SparkR), Python puro, y además T-SQL.

NOTA:

Los cuadernos también pueden utilizarse para ejecutar consultas T-SQL sobre un Warehouse *o un punto de conexión SQL. Aunque en este libro no profundizaremos en ese tema, recomendamos explorarlo, ya que es una funcionalidad muy útil.*

Si se elige alguno de los lenguajes de Spark, aparecerá un botón adicional para seleccionar un entorno, en caso de disponer de uno preparado y desear usarlo específicamente con este cuaderno. Si se deja el valor predeterminado, el cuaderno usará el entorno de Spark configurado en el área de trabajo.

Si se selecciona Python puro, aparecerá un selector para escoger la versión de Python.

El lenguaje elegido se aplica de forma predeterminada a todas las celdas del cuaderno, aunque también es posible cambiar el lenguaje en una celda individual.

Celdas

Un cuaderno puede contener dos tipos de celdas:

- **Celda de código:** Se puede escribir y ejecutar código en cualquiera de los lenguajes explicados antes.
- **Celda de texto:** Escrita en Markdown, que permite dar formato al texto y añadir explicaciones o títulos dentro del cuaderno.

Una manera de crear una celda es mover el cursor por encima o debajo de una celda existente, en la zona izquierda, hasta que aparezcan los botones + Code y + Markdown, como se indica con el número 1 en la figura 12.7.

También se pueden crear celdas mediante combinaciones de teclas:

- **Alt-A:** Agrega una celda de código encima de la actual.
- **Alt-B:** Agrega una celda de código debajo de la actual.
- **Control-Mayús-A:** Agrega una celda Markdown encima de la actual.
- **Control-Mayús-B:** Agrega una celda Markdown debajo de la actual.

Otra alternativa es usar el botón + Agregar celda... de la pestaña Editar, que ofrece las mismas cuatro opciones.

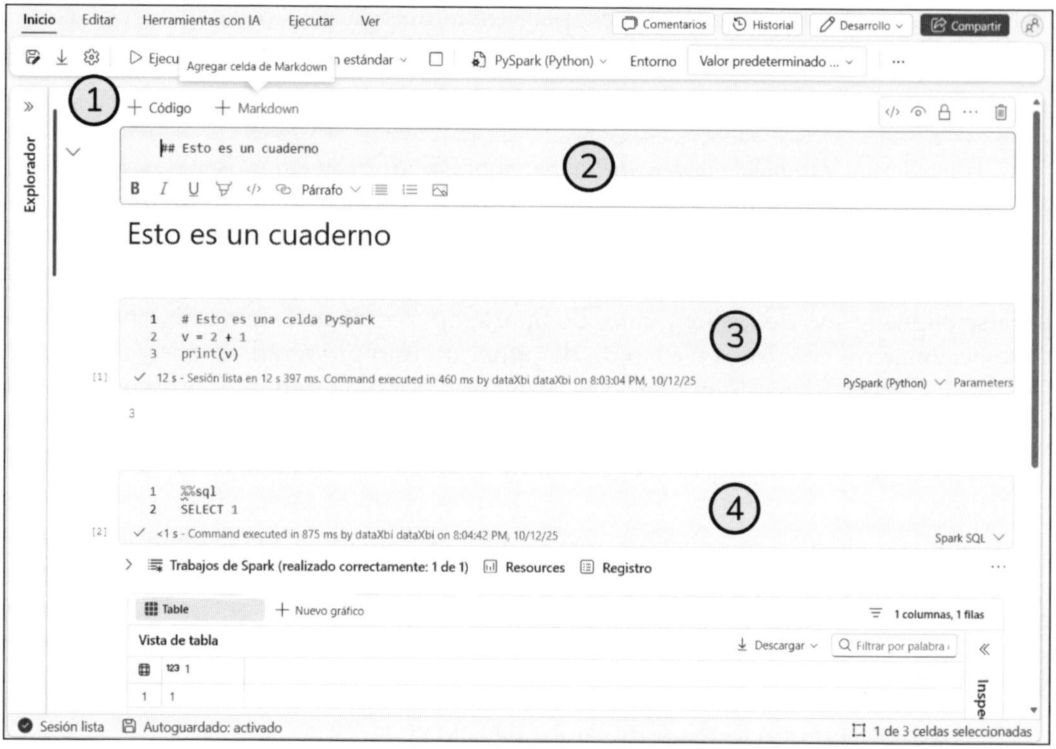

Figura 12.7. Crear celdas en el cuaderno.

Celda Markdown

En la figura 12.7 se señala con el número 2 una celda Markdown, donde se puede escribir texto con este lenguaje. Debajo del editor, hay botones que ayudan a aplicar formato y, en la esquina superior derecha, se encuentran opciones para convertir la celda en una de código, editar o visualizar el resultado, borrar la celda, entre otras.

Cuando se está editando una celda Markdown, el texto formateado se muestra debajo del área de edición. Al salir de la celda, el editor se oculta y solo queda visible el texto formateado.

Celda de código

En la figura 12.7 hay dos celdas de código.

La primera, señalada con el número 3, usa PySpark, el lenguaje predeterminado del cuaderno, y se indica en la esquina inferior derecha de la celda. También hay botones en la esquina superior derecha, que te invitamos a investigar.

El código de una celda puede ejecutarse con el botón play que está a la izquierda de la celda, o mediante la combinación de teclas **Control-Intro**. Si es la primera celda que se ejecuta, habrá que esperar a que se inicie la sesión, lo que puede tardar unos segundos o incluso minutos, según el entorno.

Una vez ejecutado el código, el resultado aparece debajo de la celda. En la parte inferior de la celda, se muestra un mensaje con el tiempo de ejecución y la fecha y hora.

Algo interesante es que los resultados se guardan junto con el código. Por eso, al abrir un cuaderno, se pueden ver los resultados de la última ejecución.

La segunda celda de código, señalada con el número 4, utiliza el lenguaje Spark SQL y realiza una consulta muy simple (SELECT 1) que devuelve una tabla con una sola celda con el valor 1, como se muestra en la figura 12.7.

El lenguaje de la celda se indica en la esquina inferior derecha, y también se indica en la línea 1 de la celda con el comando mágico `%%sql`.

Para cambiar el lenguaje de una celda, se puede utilizar el selector de la esquina inferior derecha o escribir el comando mágico directamente en la primera línea.

Estos son los comandos mágicos disponibles para cada lenguaje de Spark:

- `%%pyspark`.
- `%%sql`.
- `%%sparkr`.
- `%%spark`.

Hay otros comandos mágicos que explicaremos más adelante.

El lenguaje admitido en las celdas depende del lenguaje predefinido del cuaderno:

- Si el cuaderno usa alguno de los lenguajes de Spark, puede tener celdas con cualquiera de esos lenguajes.
- Si el cuaderno usa Python puro, puede incluir celdas en Python y en T-SQL.
- Si el cuaderno usa T-SQL, solo puede tener celdas en ese lenguaje.

Celda de parámetros

Una celda de código se puede marcar como celda de parámetros para definir variables que podrán modificarse desde una canalización u otro cuaderno que ejecute este cuaderno.

En cada cuaderno solo puede existir una celda de parámetros.

Para marcar una celda como celda de parámetros, se debe abrir el menú de tres puntos (...) en la esquina superior derecha de la celda y seleccionar la opción Cambiar a celda de parámetros. Al hacerlo, aparecerá un indicador en la esquina inferior derecha, junto al selector del lenguaje, que confirma que la celda ha sido configurada como de parámetros.

La figura 12.8 contiene una celda en lenguaje PySpark donde se definen las variables PAR1 y PAR2, que está marcada como celda de parámetros.

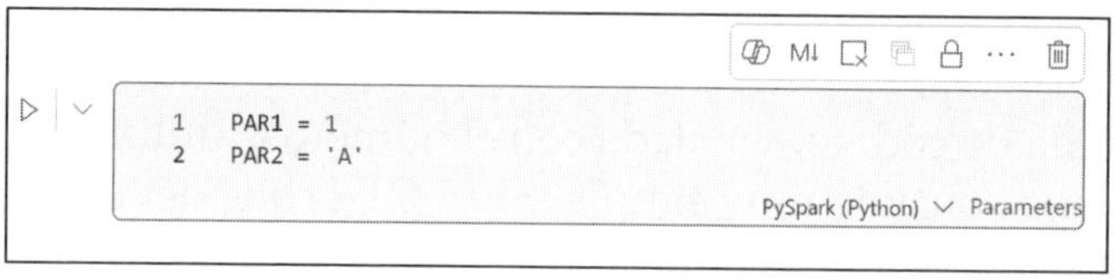

Figura 12.8. Ejemplo de celda de parámetros.

Ejecución

Además de ejecutar cada celda individualmente, se pueden ejecutar todas las celdas del cuaderno o solo un conjunto de ellas.

Cuando estamos en una celda, junto al botón play aparecen opciones para ejecutar todas las celdas anteriores o la celda actual y las siguientes.

En la cinta de opciones hay un botón Ejecutar todo, que ejecuta el cuaderno completo celda por celda de forma secuencial.

Si se desea detener la ejecución, se puede usar el botón Detener sesión de la cinta de opciones.

También es posible automatizar la ejecución mediante la configuración de una programación.

Para configurar la ejecución programada del cuaderno, se puede usar el botón Programación de la pestaña Ejecutar de la cinta de opciones. Es posible establecer hasta 20 programaciones, con frecuencias que pueden ir desde minutos hasta meses.

Otra manera de ejecutar automáticamente un cuaderno es integrándolo en una canalización, mediante la actividad de cuaderno.

La figura 12.9 muestra una canalización con una actividad de tipo cuaderno, configurada para ejecutar el cuaderno con parámetros que mostramos antes en la figura 12.8 y donde se asignan valores a dichos parámetros. Actualmente, los parámetros deben agregarse manualmente en la configuración de la canalización.

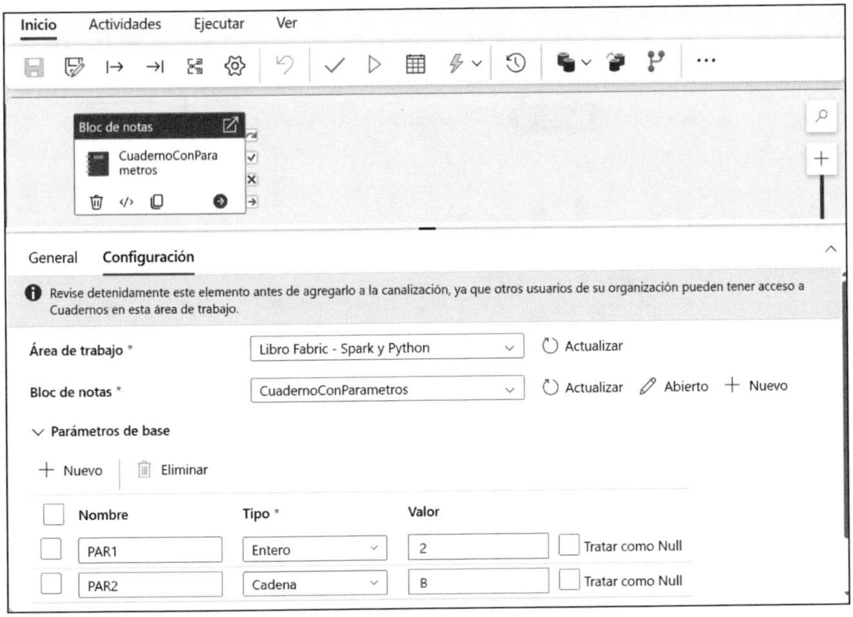

Figura 12.9. Ejemplo de canalización con actividad de cuaderno.

Además, se puede ejecutar un cuaderno desde otro cuaderno, como veremos más adelante en este capítulo, cuando expliquemos la orquestación.

Elementos de datos

Un cuaderno se puede conectar con los elementos de almacenamiento de Fabric para facilitar el acceso a archivos y tablas.

Los cuadernos que utilizan Spark o Python se pueden conectar a Lakehouses, mientras que los que emplean T-SQL se conectan a Warehouses y a un punto de conexión SQL.

En el caso de Spark o Python, la conexión se puede establecer directamente desde la interfaz de usuario, como se muestra a continuación. En escenarios más avanzados, también es posible hacerlo con el comando mágico `%%configure` o mediante código.

Para realizar la conexión desde la interfaz, usamos el botón Agregar elementos de datos del panel de exploración (a la izquierda), como se muestra en la figura 12.10, donde se han conectado dos Lakehouses: LH1 y LH2.

Siempre debe existir un Lakehouse predeterminado, que en este caso es LH1, identificado por el icono de anclar (chincheta).

Figura 12.10. Conectar orígenes de datos existentes a un cuaderno.

Si solo hay un Lakehouse conectado, será el predeterminado de forma automática. Si hay más de uno, se puede usar el menú contextual de cada uno para designarlo como predeterminado, y también se pueden desconectar los que no lo sean.

Cuando hay elementos de datos conectados en el explorador, se puede navegar por sus carpetas, archivos y tablas y utilizar el menú contextual para generar código automáticamente que cargue los datos.

La figura 12.11 muestra cuatro celdas de código PySpark generadas a partir de ese menú contextual, que cargan datos desde tablas y archivos de los Lakehouses LH1 y LH2 de la figura 12.10, donde LH1 es el predeterminado:

- **Celda 1:** Se generó a partir de la tabla dim_product del esquema dbo del Lakehouse LH1. Utiliza el método `spark.sql()` para ejecutar una consulta SQL. En la cláusula `FROM` se indica el esquema y el nombre de la tabla, pero no el nombre del Lakehouse, ya que LH1 es el predeterminado.
- **Celda 2:** Se generó a partir de un archivo CSV ubicado en la carpeta `ventas_csv` del Lakehouse LH1. Utiliza el método `spark.read.format("csv")` para leer los datos desde el archivo, cuya ruta se pasa como parámetro al método `load()` en la primera línea. En este caso, se usa una ruta relativa, que comienza en la carpeta raíz del Lakehouse predeterminado (LH1).
- **Celda 3:** Se generó a partir de la tabla Production_Product del esquema dbo del Lakehouse LH2. El código es similar al de la celda 1, pero el nombre de la tabla tiene tres partes en lugar de dos, ya que se incluye el nombre del Lakehouse (LH2) al no ser el predeterminado.

- **Celda 4:** Se generó a partir de un archivo CSV en la carpeta `presupuestos` del Lakehouse LH2. El código es similar, pero la ruta del archivo es absoluta, porque LH2 no es el Lakehouse predeterminado.

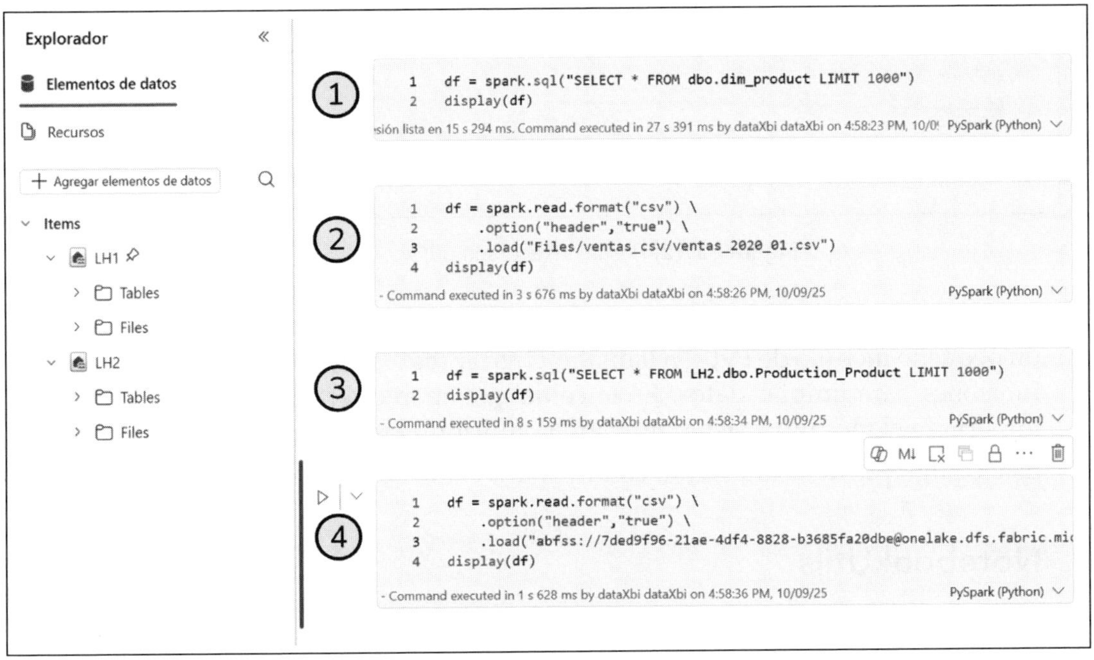

Figura 12.11. Celdas de código generadas desde los elementos de datos.

Estos han sido algunos ejemplos de cómo cargar datos con PySpark, que nos han servido para explicar la conexión del cuaderno con los elementos de datos. Retomaremos este tema, con otros ejemplos, más adelante en este capítulo en la sección sobre la ingesta de datos.

Recursos

En el explorador también hay un área llamada **Recursos**, donde se pueden cargar archivos que estarán disponibles como archivos locales del cuaderno.

Un caso de uso habitual es tener una biblioteca propia con funciones que podamos reutilizar dentro del cuaderno.

La figura 12.12 muestra la pestaña **Recursos** del explorador, donde aparece una carpeta llamada `Integrado (builtin)`. En esta ubicación es donde deben cargarse los archivos.

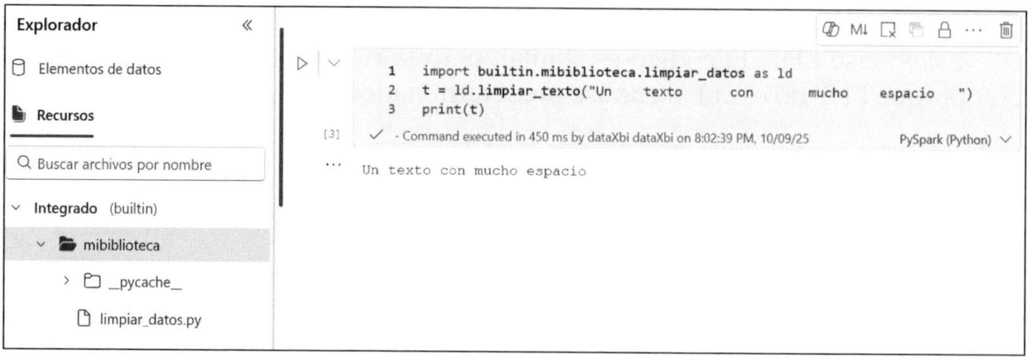

Figura 12.12. Pestaña **Recursos** del explorador.

En este ejemplo se ha creado una subcarpeta llamada `mibiblioteca` y se ha subido un pequeño módulo de Python llamado `limpiar_datos.py`, que contiene algunas funciones para limpiar datos. En la celda que aparece en la figura 12.12 se ha importado el módulo y se ha utilizado la función `limpiar_text()`.

Este código puede usarse tanto con PySpark como con Python puro.

NotebookUtils

La biblioteca NotebookUtils viene instalada en las versiones más recientes de Fabric Runtime (Spark) y de Python puro. Es una biblioteca desarrollada por Microsoft que contiene funciones auxiliares para los cuadernos.

NOTA:

Esta biblioteca se denominaba anteriormente MsSparkUtils, por lo que todavía pueden encontrarse muchos ejemplos que la usan con ese nombre.

Está dividida en varios módulos:

- fs: Operaciones del sistema de archivos.
- notebook: Operaciones con cuadernos (por ejemplo, orquestar la ejecución de cuadernos).
- credentials: Obtener credenciales (*tokens* y claves) de los recursos de Fabric.
- session: Operaciones de sesión (por ejemplo, detener una sesión).
- lakehouse: Operaciones con Lakehouse (por ejemplo, crear, eliminar, actualizar o listar Lakehouses).

- udf: Operaciones con funciones de datos de usuario.
- variableLibrary: Operaciones con la biblioteca de variables.
- runtime: Obtener información del contexto del Runtime que aplica a la sesión actual.
- connections: Operaciones con conexiones de datos.

Con la función `help()` se puede obtener ayuda general, de un módulo o de una función:

- `notebookutils.help()`: Ayuda general.
- `notebookutils.fs.help()`: Ayuda del módulo fs.
- `notebookutils.fs.help('ls')`: Ayuda de la función `ls` del módulo fs.

La figura 12.13 muestra una parte del resultado de la ayuda para el módulo fs.

Cuando se acceden a los archivos del Lakehouse predeterminado, el comportamiento de PySpark es diferente al de Python puro.

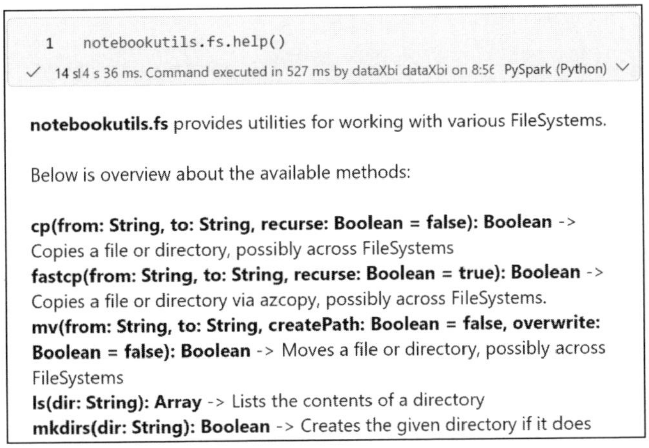

Figura 12.13. Ejemplo del uso de la función `help()`.

Por ejemplo, con PySpark se pueden listar todos los archivos y subcarpetas en la raíz de la carpeta Files del Lakehouse predefinido del cuaderno con este código:

```
notebookutils.fs.ls('Files')
```

Sin embargo, para hacer lo mismo en un cuaderno con Python puro, el código es:

```
notebookutils.fs.ls('/lakehouse/default/Files')
```

Recomendamos estudiar NotebookUtils, ya que es muy útil para trabajar con archivos y otros recursos de una forma eficiente.

En este capítulo la utilizaremos en algunos ejemplos, especialmente en las secciones dedicadas a la ingesta de datos y a la orquestación.

Visual Studio Code

Los cuadernos no solo se pueden usar desde la interfaz web de Fabric, sino también desde el editor Visual Studio Code.

La forma más sencilla de hacerlo es mediante el botón con el icono de VS Code en la cinta de opciones, que abrirá el cuaderno en la versión en línea de VS Code. Solo es necesario autenticarse con en el mismo usuario de Fabric.

La figura 12.14 muestra cómo luce un cuaderno abierto en VS Code en línea.

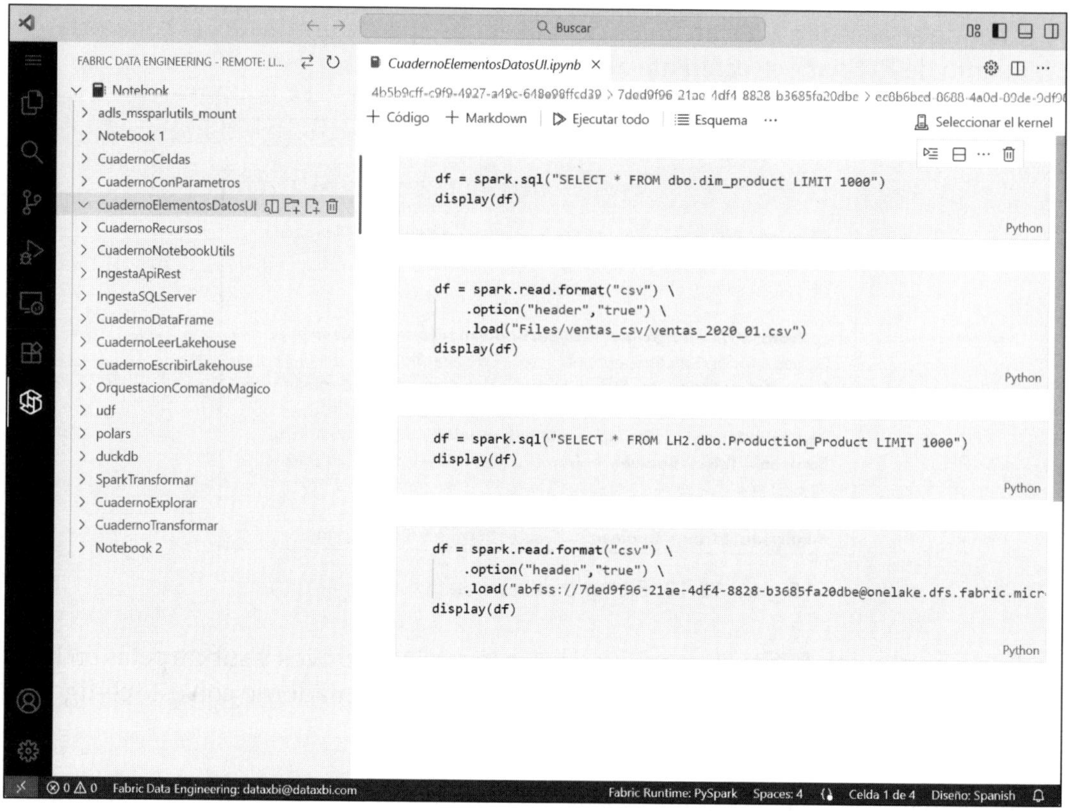

Figura 12.14. Vista de la versión en línea del VS Code.

Para editar los cuadernos con la versión local de VS Code, es necesario instalar la extensión Fabric Data Engineering VS Code. Una vez instalada, hay que autenticarse y seleccionar un área de trabajo para que aparezca la lista de cuadernos disponibles.

Para editar un cuaderno, primero se debe descargar mediante el botón que aparece junto a su nombre y, luego, abrirlo en el editor con el botón correspondiente.

La ejecución del cuaderno se realiza remotamente, en el entorno de Fabric, por lo que en VS Code es necesario seleccionar el *kernel* con el Fabric Runtime.

La figura 12.15 muestra un cuaderno abierto con VS Code local, que se ha ejecutado en Fabric.

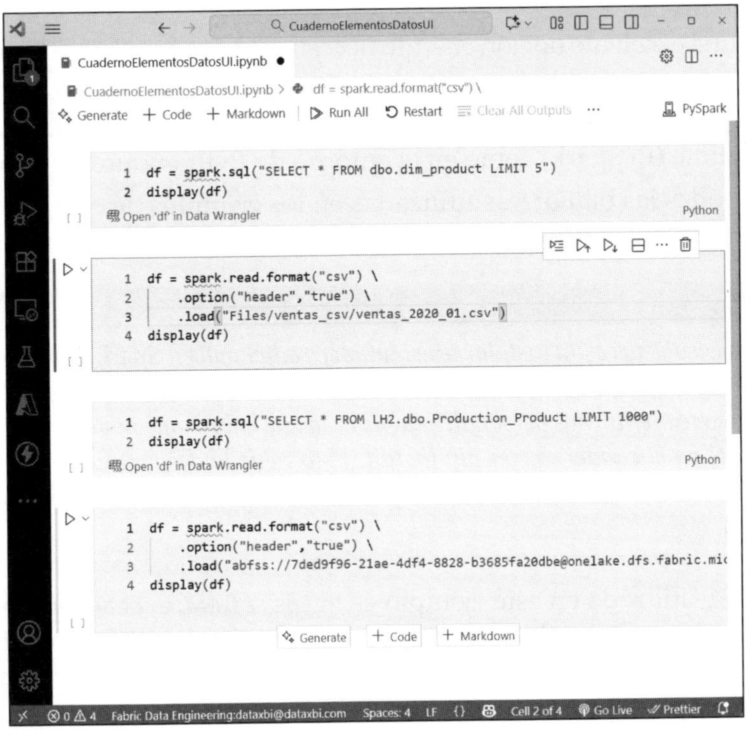

Figura 12.15. Vista de la versión local del VS Code.

Ingesta de datos

Ya hemos comentado que tanto Spark como Python puro son herramientas muy versátiles, y vamos a demostrarlo a través de varios ejemplos, comenzando por la ingesta de datos.

NOTA:

El código de estos ejemplos se puede descargar desde la carpeta `cap12` *del repositorio GitHub del libro.*

Cuando hablamos de ingesta de datos en Fabric, nos referimos al proceso de traer datos externos hacia OneLake, procurando mantener el formato original de los datos. Por esta razón, los almacenaremos como archivos en un Lakehouse, que es el punto de entrada natural para los datos en Fabric.

API REST

Python es una excelente opción cuando necesitamos ingerir datos desde una API REST, ya que existen bibliotecas que facilitan mucho este trabajo.

En este ejemplo se utiliza la biblioteca Requests, que está incluida tanto en el Fabric Runtime (PySpark) como en el entorno de Python puro de Fabric.

De hecho, todas las bibliotecas utilizadas en los ejemplos de este libro ya están incluidas en Fabric, por lo que no es necesario instalarlas.

NOTA:

Si en algún caso se necesita instalar una biblioteca adicional en Spark, la recomendación es crear un elemento Entorno y agregarla allí. En Python puro, en cambio, actualmente no es posible crear entornos personalizados, por lo que habría que instalar las bibliotecas directamente en el cuaderno con pip install. Esto tiene la desventaja de que, cada vez que se cierre la sesión, la instalación se pierde y deberá repetirse al volver a ejecutar el cuaderno.

La API REST utilizada en este ejemplo es `https://www.exchangerate-api.com`, que permite obtener tasas de cambio de divisas en tiempo real. Es una API sencilla, ya que se accede mediante una solicitud GET, la autenticación solo requiere una *API key* como parámetro y no necesita paginación. Sin embargo, la biblioteca Requests también admite escenarios mucho más complejos, incluyendo autenticación avanzada, paginación y manejo de errores.

La figura 12.16 muestra el código, que está compuesto por dos celdas: una de parámetros, y otra donde se realiza la conexión a la API y se descargan los datos en formato JSON hacia un archivo en un Lakehouse.

Este código funciona tanto con PySpark como con Python puro.

Antes de ejecutar el cuaderno, es necesario conectar un Lakehouse que contenga una carpeta llamada `divisas` dentro de `Files`.

```
1  API_KEY = '5a4d5e4754c26b636f66a950' # En un proyecto real utilizar Azure Key Vault
2  CARPETA_DESTINO = 'divisas'
```

[1] ✓ - Sesión lista en 15 s 98 ms. Command executed in 485 ms by dataXbi dataXbi on 10:18:56 AM, 10/10/25 PySpark (Python) Parameters

```
1  # Librerías de Python
2  import uuid
3  import requests
4  from notebookutils import fs
5  
6  # URL de la API REST
7  api_url = f'https://v6.exchangerate-api.com/v6/{API_KEY}/latest/eur'
8  
9  # Ruta al archivo destino
10 ruta_fichero_json = f'file:/lakehouse/default/Files/{CARPETA_DESTINO}/datos_{uuid.uuid4()}.json'
11 
12 # Llamada a la API ExchangeRate-API
13 r = requests.get(api_url)
14 
15 # Aborta la ejecución si la respuesta de la API es incorrecta
16 r.raise_for_status()
17 
18 # Guarda los datos en el archivo JSON
19 fs.put(ruta_fichero_json, r.text)
```

[2] ✓ - Command executed in 6 s 487 ms by dataXbi dataXbi on 10:19:02 AM, 10/10/25 PySpark (Python)

```
... True
```

Figura 12.16. Ejemplo de código para la conexión a una API REST.

En la celda de parámetros se definen dos variables: una para la *API key* y otra para el nombre de la carpeta destino (`divisas`).

NOTA:

En un proyecto real, las credenciales deben almacenarse en un lugar seguro, como Azure Key Vault, y obtenerse de forma segura mediante el módulo `credentials` *de la biblioteca NotebookUtils.*

En la segunda celda, la conexión a la API REST se realiza en la línea 13, utilizando la función `get()` de la biblioteca Requests, a la que se le pasa la URL de la API que ya incluye la *API key*.

Además de Requests, se utilizan las bibliotecas uuid y NotebookUtils:

- **uuid:** Forma parte de la biblioteca estándar de Python, se usa en la línea 10 para generar un nombre único para el archivo JSON donde se guardarán los datos.
- **NotebookUtils:** Se emplea en la línea 19 para crear el archivo JSON en el Lakehouse mediante la función `notebookutils.fs.put()`.

SQL Server

En este ejemplo se hará una conexión a un servidor SQL Server para descargar los datos de una tabla hacia archivos Parquet en un Lakehouse. Se crearán uno o varios archivos, según el volumen de datos y las particiones. Este ejemplo solo funciona con PySpark, porque se utiliza el conector JDBC que está incluido en Fabric Runtime.

Los datos se cargan hacia una estructura llamada DataFrame de Spark, que explicaremos en la siguiente sección, y desde allí se guardan en archivos Parquet.

La figura 12.17 muestra el código que también está dividido en una celda de parámetros y una celda de código PySpark.

```
# Conexión al origen Azure SQL
# En un proyecto real utilizar Azure Key Vault
SQL_SERVIDOR = "[redacted].database.windows.net"
SQL_USUARIO = "[redacted]"
SQL_CONTRASENA = "[redacted]"

SQL_BASE_DATOS = "AdventureWorks"
SQL_TABLA = "SalesLT.SalesOrderDetail"

# Nombre de la carpeta donde se guardarán los archivos Parquet
CARPETA_DESTINO = 'Files/sql_server/SalesLT_SalesOrderDetail'
```

[29] ✓ - Command executed in 344 ms by dataXbi dataXbi on 11:41:35 AM, 10/10/25 PySpark (Python) Parameters

\+ Código + Markdown

```
# Creando la cadena de conexión JDBC
jdbc_url = f"jdbc:sqlserver://{SQL_SERVIDOR}:1433;databaseName={SQL_BASE_DATOS};encrypt=true;trust

# Propiedades de conexión
connection_properties = {
    "user": SQL_USUARIO,
    "password": SQL_CONTRASENA,
    "driver": "com.microsoft.sqlserver.jdbc.SQLServerDriver"
}

# Leer los datos de la tabla desde SQL Server y guardarlos en un DataFrame de Spark
df = spark.read.jdbc(url=jdbc_url, table=SQL_TABLA, properties=connection_properties)

# Copiar los datos hacia la taba Delta destino en el lakehouse
df.write.format("parquet").mode("overwrite").save(CARPETA_DESTINO)
```

[30] ✓ - Command executed in 1 s 598 ms by dataXbi dataXbi on 11:41:37 AM, 10/10/25 PySpark (Python)

Figura 12.17. Ejemplo de código para conectar con una base de datos Azure SQL.

En la celda de parámetros se definen varias variables:

- `SQL_SERVIDOR`: Nombre del servidor SQL. Por ejemplo, si es una instancia de Azure SQL Database, terminará en `database.windows.net`. Este servidor debe estar configurado para permitir conexiones desde Fabric (Azure).

- `SQL_USUARIO` y `SQL_CONTRASENA`: Las credenciales para conectarse al servidor mediante el método de autenticación SQL Server Authentication.
- `SQL_BASE_DATOS`: Nombre de la base de datos.
- `SQL_TABLA`: Nombre de la tabla a importar.
- `CARPETA_DESTINO`: Ruta a la carpeta destino del Lakehouse donde se crearán los archivos Parquet con los datos de la tabla. Debe comenzar por `Files` y no es necesario crear las subcarpetas antes de ejecutar el cuaderno. Es una carpeta porque Spark creará varios archivos Parquet si el volumen de datos es grande.

Los datos de conexión y las credenciales se han ocultado porque el servidor utilizado no es público, por lo que, para probar este cuaderno, es necesario tener acceso a un servidor SQL.

NOTA:

Se recomienda almacenar las credenciales de manera segura en Azure Key Vault y obtenerlas mediante el módulo **credentials** *de la biblioteca NotebookUtils.*

En un escenario más avanzado, con grandes volúmenes de datos, se puede habilitar la lectura en paralelo añadiendo a la conexión las opciones `partitionColumn`, `lowerBound`, `upperBound` y `numPartitions`.

En la celda de código se realizan tres operaciones:

- Configurar la cadena de conexión JDBC a partir de las variables de la celda de parámetros.
- Leer los datos con la función `spark.read.jdbc()`, que los carga en un DataFrame de Spark. Si el volumen de datos es grande, la lectura se distribuye automáticamente entre varios nodos.
- Guardar los datos en archivos Parquet usando `df.write`, especificando el formato Parquet, el modo de sobreescritura y la ruta de la carpeta destino. La variable `df` representa el DataFrame de Spark y contiene una gran cantidad de datos. Spark los dividirá en varios archivos Parquet dentro de la carpeta indicada.

En este ejemplo se utiliza la estrategia de sobrescribir los datos en el destino.

Sin embargo, si el volumen de datos es considerable o la ingesta se repite con frecuencia, conviene explorar estrategias de carga incremental, utilizando columnas de control como fechas de actualización o identificadores crecientes.

DataFrame

Una vez que los datos se han ingerido hacia OneLake podemos comenzar a transformarlos, una tarea en la que Spark y Python son verdaderos caballos de batalla. El primero destaca en el procesamiento de grandes volúmenes de datos, y el segundo puede emplearse para procesar volúmenes medianos o pequeños.

Una de las razones más importantes de su eficacia es una estructura de datos llamada DataFrame, que está formada por filas y columnas con su tipo de dato, similar a una tabla de base de datos, pero con métodos (similares a funciones) que permiten filtrar, transformar y combinar los datos de forma muy eficiente mediante operaciones vectorizadas.

Tiene sus orígenes en el lenguaje R o incluso un poco antes, pero alcanzó gran popularidad con la aparición de la biblioteca pandas en Python.

PySpark incorporó posteriormente un DataFrame similar al de pandas, aunque con diferencias importantes tanto en los métodos como, sobre todo, en su implementación. Mientras el DataFrame de pandas trabaja únicamente en la memoria operativa, el de PySpark aprovecha el motor distribuido de Spark, lo que le permite procesar grandes volúmenes de datos de forma escalable.

Operaciones con DataFrame

A continuación, mostramos varios ejemplos de operaciones con un DataFrame. Cada operación está hecha primero con pandas y después con PySpark, para que puedas comparar las similitudes y diferencias.

Crear un DataFrame

pandas

```
import pandas as pd

data = {'producto': ['A', 'B', 'C'], 'precio': [10, 20, 30], 'color':
['Rojo', 'Verde', 'Azul']}
df_pandas = pd.DataFrame(data)
```

PySpark

```
data = [('A', 10, 'Rojo'), ('B', 20, 'Verde'), ('C', 30, 'Azul')]
df_spark = spark.createDataFrame(data, ['producto', 'precio', 'color'])
```

Filtrar filas

pandas

```
df_pandas_filtrado = df_pandas[df_pandas["precio"] > 15]
```

PySpark

```
df_spark_filtrado = df_spark.filter(df_spark.precio > 15)
```

Seleccionar columnas

pandas

```
df_pandas_proyeccion = df_pandas[["producto", "precio"]]
```

PySpark

```
df_spark_proyeccion = df_spark.select("producto", "precio")
```

Agrupar y agregar

pandas

```
pandas_agrupado = df_pandas.groupby("producto")["precio"].mean()
```

PySpark

```
df_spark_agrupado = df_spark.groupBy("producto").agg({"precio": "avg"})
```

NOTA:

En el caso de pandas no devuelve un DataFrame, sino una estructura de datos específica para el agrupamiento.

Añadir una nueva columna

pandas

```
df_pandas["precio_con_iva"] = df_pandas["precio"] * 1.21
```

PySpark

```
from pyspark.sql.functions import col
df_spark_columna = df_spark.withColumn("precio_con_iva", col("precio") * 1.21)
```

Combinar dos DataFrames

pandas

```
import pandas as pd
df_merged = pd.merge(df1, df2, on="id")
```

PySpark

```
df_join = df1.join(df2, on="id", how="inner")
```

Guardar resultados en archivos

pandas

```
df.to_parquet("/lakehouse/default/Files/ventas.parquet", index=False)
```

PySpark

```
df.write.format("parquet").mode("overwrite").save("Files/ventas")
```

Mostrar los datos

pandas

```
print(df.head())
```

PySpark

```
df.show()
```

NOTA:

En un cuaderno se puede utilizar la función `display(df)` *para visualizar el contenido de un DataFrame pandas o Spark.*

Evaluación diferida

En pandas, las operaciones se ejecutan de inmediato sobre los datos cargados en memoria. Sin embargo, en PySpark, las transformaciones son perezosas (*lazy*) porque se acumulan hasta que se ejecuta una acción como `show()`, `count()` o `write()`. Esta diferencia es una de las claves que permite a Spark procesar grandes volúmenes de datos sin saturar la memoria del sistema.

Data Wrangler

Los cuadernos de Fabric incorporan una herramienta visual para ayudarnos a trabajar con DataFrames tanto de pandas como de Spark. Se llama Data Wrangler y se accede a ella mediante el botón con el mismo nombre.

Está inspirada en Power Query, por lo que hay botones para ejecutar operaciones sobre la tabla que representa el DataFrame. Se van añadiendo pasos con estas operaciones y se pueden ver los cambios en la tabla. A partir de estos pasos se puede generar un código para pandas o para PySpark.

Para usar Data Wrangler, debe estar iniciada la sesión de Spark o Python puro y se debe haber cargado algún DataFrame a una variable. Data Wrangler reconocerá estas variables y las listará para que se seleccione con la que se va a trabajar.

En la figura 12.18 se muestra el uso de Data Wrangler para transformar un DataFrame. A la izquierda, se observan los pasos de transformación aplicados; en el centro, aparece la tabla con los datos resultantes y, en la parte inferior, el código Python correspondiente al último paso.

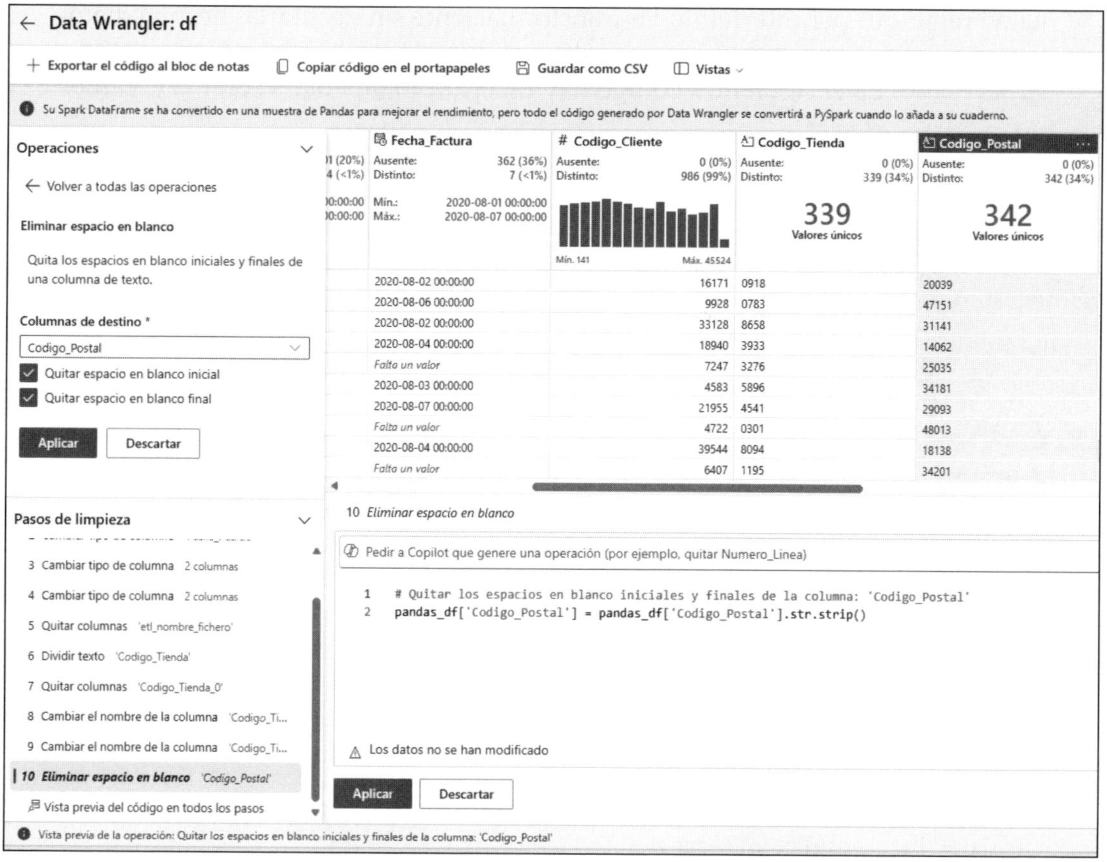

Figura 12.18. Ejemplo del uso de Data Wrangler.

Otras bibliotecas

En Python han aparecido en los últimos años otras bibliotecas que optimizan el uso de la memoria y los núcleos de los procesadores, logrando superar en rendimiento a pandas en el procesamiento de datos con un volumen medio en sistemas con un solo nodo de cómputo (no distribuidos como Spark). Queremos mencionar dos muy populares y que vienen instaladas en el entorno de Python puro en Fabric.

Polars

Polars es una biblioteca similar a pandas, pero mucho más rápida y capaz de manejar mayores volúmenes de datos. Su estructura principal, el DataFrame, funciona de forma parecida a la de pandas, aunque también incorpora el LazyFrame, que permite definir las transformaciones sin ejecutarlas de inmediato. Esto posibilita crear un plan de consulta optimizado que se ejecuta solo cuando es necesario. En el siguientes código hay un ejemplo de Polars con LazyFrame:

```
import polars as pl

# Crear LazyFrame
lazy_df = (
    pl.DataFrame({
        "product": ["A", "B", "C", "D"],
        "price": [10, 20, 30, 40],
        "category": ["X", "Y", "X", "Y"]
    })
    .lazy()
)

# Definir las transformaciones
lazy_result = (
    lazy_df
    .filter(pl.col("price") > 15)
    .group_by("category")
    .agg(pl.col("price").mean().alias("avg_price"))
)

# Mostrar el plan lógico optimizado
print("Plan lógico:")
print(lazy_result.explain())

# Ejecutar el plan
result = lazy_result.collect()

print("\nResultado final:")
print(result)
```

DuckDB

DuckDB es un gestor de base de datos muy ligero, diseñado para ejecutarse dentro de cualquier aplicación. Si conoces SQLite, comparten esa filosofía, aunque DuckDB se diferencia porque almacena los datos en columnas. Esto lo hace ideal para tareas de análisis, donde las operaciones de agregación sobre columnas son muy comunes. Una de sus principales ventajas es la velocidad, tanto al cargar datos como al ejecutar consultas SQL, gracias a una tecnología que optimiza el uso del procesador.

Además, DuckDB puede consultar directamente archivos Parquet o CSV, sin necesidad de cargarlos previamente en una base de datos.

En el siguiente código tienes un ejemplo de uso de DuckDB:

```
import duckdb
import pandas as pd

# Crear un DataFrame
df = pd.DataFrame({
    "product": ["A", "B", "C", "D"],
    "price": [10, 20, 30, 40],
    "category": ["X", "Y", "X", "Y"]
})

# Registrar el DataFrame como una tabla temporal
duckdb.register("products", df)

# Ejecutar la consulta SQL
result = duckdb.query("""
    SELECT category, AVG(price) AS avg_price
    FROM products
    WHERE price > 15
    GROUP BY category
""").to_df()

print(result)
```

Carga de datos desde un Lakehouse

Ahora que conocemos mejor lo que es un DataFrame, presentaremos algunos ejemplos de carga de datos desde un Lakehouse para luego poderlos explorar o transformar.

Todos los ejemplos son con PySpark porque es lo más utilizado, pero también se podrían hacer con Python puro para volúmenes moderados de datos.

Además, en los ejemplos se asume que hay un Lakehouse conectado al cuaderno.

NOTA:

Muchas veces el código se separa en varias líneas para una mejor legibilidad, pero, si se pega directamente en un cuaderno, es necesario añadir el separador \ al final de cada línea.

Leer un archivo CSV

Con encabezados

Se asume que el archivo CSV tiene encabezados y que el delimitador de columnas es la coma, que es la opción por defecto, por lo que no hay que indicarlo:

```
df = spark.read.format("csv")
        .option("header", True)
        .load("Files/ventas/ventas.csv")
```

Cambiando el delimitador

Se indica explícitamente que el delimitador es el punto y coma:

```
df = spark.read.format("csv")
    .option("header", True)
    .option("delimiter", ";")
   .load("Files/ventas/ventas.csv")
```

Infiriendo el esquema

Como los archivos CSV no indican el tipo de datos de las columnas, Spark les asigna el tipo `StringType` por defecto, pero hay una opción para inferir el esquema automáticamente, examinando una muestra de los datos:

```
df = spark.read.format("csv")
   .option("header", True)
   .option("inferSchema", True)
   .load("Files/ventas/ventas.csv")
```

Definiendo el esquema

También se puede definir explícitamente el esquema para tener un mejor control. Además, se ha indicado que el archivo no tiene encabezado:

```
from pyspark.sql.types import StructType, StructField, StringType,
IntegerType, DoubleType, DateType
```

```
schema = StructType([
    StructField("id_venta", IntegerType(), True),
    StructField("producto", StringType(), True),
    StructField("cantidad", IntegerType(), True),
    StructField("precio", DoubleType(), True),
    StructField("fecha_venta", DateType(), True)

])

df = spark.read.format("csv")
    .option("header", False)
   .schema(schema)
  .load("Files/ventas/ventas.csv")
```

Leer una carpeta

En lugar de leer un solo archivo, se pueden leer todos los archivos de una carpeta o los que cumplan con un patrón:

```
df = spark.read.format("csv")
    .option("header", True)
    .option("inferSchema", True)
    .load("Files/ventas/2025*.csv")
```

Leer un archivo Parquet

Un único archivo Parquet

Los archivos Parquet sí contienen un esquema, por lo que generalmente no es necesario definirlo.

```
df = spark.read.format("parquet").load("Files/ventas/ventas.parquet")
```

Todos los archivos de una carpeta

La ruta apunta a una en carpeta en lugar de a un archivo.

Si la carpeta tiene subcarpetas en un formato como este: `year=2025/month=1`, leerá recursivamente y agregará las columnas year y month al DataFrame.

```
df = spark.read.format("parquet").load("Files/ventas/")
```

Algunos archivos de una carpeta

En la ruta se puede usar un patrón para seleccionar los archivos a leer:

```
df = spark.read.format("parquet").load("Files/ventas/2025*.parquet")
```

Filtro de partición

Si la carpeta está particionada de esta manera: `year=2025/month=1`, se puede aplicar un filtro para solo leer algunas particiones:

```
df = spark.read.format("parquet")
           .load("Files/ventas/")
            .filter("year = 2025 and month = 10")
```

Leer un archivo JSON

Un único documento JSON

Si el archivo contiene un único documento JSON hay que habilitar la opción multiline:

```
df = spark.read.format("json")
        .option("multiline", "true")
        .load("Files/divisas/tasas.json")
```

Ejemplo del contenido del archivo:

```
[
  {
    "moneda": "USD",
    "tasa": 1.07
  },
  {
    "moneda": "GBP",
   "tasa": 0.85
  },
  {
    "moneda": "JPY",
    "tasa": 160.12
  }
]
```

Un documento JSON por línea

Si el archivo contiene un JSON por línea, como en este ejemplo:

```
{"moneda": "USD", "tasa": 1.07}
{"moneda": "GBP", "tasa": 0.85}
{"moneda": "JPY", "tasa": 160.12}
```

Se indica `multiline` = `false` no se usa porque `false` es el valor por defecto:

```
df = spark.read.format("json")
         .load("Files/divisas/tasas.json")
```

Leer una carpeta

Al igual que con los CSV, se pueden leer todos los archivos de una carpeta o los que cumplan con un patrón.

```
df = spark.read.format("json")
       .load("Files/divisas/2025/*.json")
```

Leer una tabla

Si los datos ya están en una tabla del Lakehouse, también se pueden cargar en un DataFrame para explorarlos o procesarlos.

Conviene recordar que esta carga es *lazy*, ya que los datos no se leen realmente hasta que se necesitan, por ejemplo, al mostrarlos en pantalla.

Lectura directa de una tabla

Se hace una referencia directa a una tabla para trabajar con ella mediante PySpark:

```
df = spark.table("dbo.dim_product")
```

Consulta Spark SQL

También es posible ejecutar una consulta SQL directamente desde Spark. Esta opción permite aplicar filtros, combinaciones u otras operaciones antes de continuar con las transformaciones en PySpark.

```
df = spark.sql("SELECT * FROM dbo.dim_product WHERE Color = 'Red'")
```

Exploración

Siempre es útil explorar los datos para conocerlos mejor e identificar posibles problemas.

Vamos a mostrar algunos ejemplos de cómo usar PySpark para explorar los datos ya cargados en un DataFrame con el nombre df.

Mostrar el esquema

Muestra los nombres de las columnas con su tipo de dato:

```
df.printSchema()
```

Contar las filas

Muestra la cantidad de filas:

```
cf = df.count()
print(cf)
```

Mostrar las primeras filas

Muestra las primeras 5 filas, sin truncar los valores de las columnas que sean largos:

```
df.show(5, truncate=False)
```

Contar valores únicos

Cuenta los valores únicos de algunas columnas de dimensiones:

```
from pyspark.sql.functions import countDistinct

df.select(
    countDistinct("Codigo_Cliente").alias("Clientes_unicos"),
    countDistinct("Codigo_Tienda").alias("Tiendas_unicas"),
    countDistinct("Codigo_Producto").alias("Productos_unicos")
).show()
```

Contar valores nulos

Cuenta los valores nulos de cada columna:

```
from pyspark.sql.functions import col, sum as sum_, when

df.select([
    sum_(when(col(c).isNull(), 1).otherwise(0)).alias(c)
    for c in df.columns
]).show()
```

Estadísticas básicas

Calcula el valor promedio, el mínimo y el máximo de la columna Precio_Unitario:

```
df.select(
   avg("Precio_Unitario").alias("Precio_medio"),
   min("Precio_Unitario").alias("Precio_min"),
   max("Precio_Unitario").alias("Precio_max")
).show()
```

Transformación

Ahora veremos algunos ejemplos de transformación con PySpark.

Asumimos que se han cargado datos hacia dos DataFrames: `df_sales_order` y `df_product`.

Seleccionar y renombrar columnas

Se seleccionan algunas columnas de la tabla sales_order y se renombran las columnas CustomerID y TerritoryID:

```
from pyspark.sql.functions import col

so_sel = (df_sales_order
    .select(
        "SalesOrderKey",
        "OrderDate",
        "ProductKey",
        "OrderQty",
        "UnitPrice",
        "UnitPriceDiscount",
        "LineTotal",
        col("CustomerID").alias("CustomerKey"),
        col("TerritoryID").alias("TerritoryKey")
    )
)
```

Columnas calculadas

Se limpian los valores nulos de la columna UnitPriceDiscount.

Se crean nuevas columnas:

- NetUnitPrice: `UnitPrice * (1 - UnitPriceDiscount)`.
- DiscountAmount: `UnitPrice * UnitPriceDiscount * OrderQty`.
- LineTotalCalc: `NetUnitPrice * OrderQty`.

Se parte del DataFrame so_sel del ejemplo anterior:

```
from pyspark.sql.functions import col, coalesce, lit, round

so_calc = (so_sel
   .withColumn("UnitPriceDiscount", coalesce(col("UnitPriceDiscount"), lit(0)))
```

```
    .withColumn("NetUnitPrice",       col("UnitPrice") * (lit(1) -
col("UnitPriceDiscount")))
    .withColumn("DiscountAmount",     col("UnitPrice") *
col("UnitPriceDiscount") * col("OrderQty"))
    .withColumn("LineTotalCalc",      round(col("NetUnitPrice") *
col("OrderQty"), 2))
)
```

Derivadas de fechas

Se crean columnas calculadas para extraer el año, el mes y el día de la columna OrderDate.

Se parte del DataFrame so_calc del ejemplo anterior.

Ejecutar un cuaderno con NotebookUtils

```
from pyspark.sql.functions import year, month, dayofmonth

so_date = (so_calc
    .withColumn("OrderYear",  year(col("OrderDate")))
    .withColumn("OrderMonth", month(col("OrderDate")))
    .withColumn("OrderDay",   dayofmonth(col("OrderDate")))
)
```

Combinar dos tablas

Se combinan las tablas sales_order y product para enriquecer la primera con nuevas columnas calculadas Revenue y Margin.

Para la tabla sales_order se usan los datos ya procesados que están en el DataFrame so_date.

Se hace un `JOIN LEFT` con la columna común ProductKey.

Al final se eliminan las columnas usadas para cálculos intermedios:

```
from pyspark.sql.functions import col, round

prod_sel = df_product.select(
    "ProductKey","StandardCost"
)

so_enriched = (so_date
    .join(prod_sel, on="ProductKey", how="left")
    .withColumn("CostTotal",   col("StandardCost") * col("OrderQty"))
```

```
    .withColumn("Revenue",     col("NetUnitPrice") * col("OrderQty"))
    .withColumn("Margin",      round(col("Revenue") - col("CostTotal"), 2))
)

so_enriched.drop("StandardCost")
so_enriched.drop("CostTotal")
```

Dimensión Producto

Se construye la dimensión Producto:

- **Deduplicación:** Se eliminan los valores repetidos de la columna clave.
- **Normalización:** Se quitan los espacios a las columnas ProductName, ProductNumber y Color, y esta última se convierte a mayúsculas.
- Se seleccionan las columnas de la dimensión:

```
from pyspark.sql.functions import upper, trim

dim_product_unique = (df_product
    .dropDuplicates(["ProductKey"])
    .select(
        "ProductKey",
        "ProductID",
        trim(col("ProductName")).alias("ProductName"),
        trim(col("ProductNumber")).alias("ProductNumber"),
        upper(trim(col("Color"))).alias("Color"),
        "Size",
        "SubcategoryName",
        "CategoryName",
        "StandardCost",
        "ListPrice"
    )
)
```

Escritura hacia un Lakehouse

Una vez cargados y transformados los datos en un DataFrame, se pueden guardar nuevamente en el Lakehouse, generalmente en una tabla diferente a la de origen. Así funciona una arquitectura multicapa (Medallion).

PySpark es la herramienta de Fabric que ofrece más posibilidades para gestionar tablas en un Lakehouse, y en esta sección explicaremos las principales opciones. Utilizar una configuración adecuada al escribir tablas es muy importante, ya que influye directamente en el rendimiento de las consultas. Es necesario tener en cuenta factores como el modo de escritura, el particionado y la evolución del esquema. Los ejemplos que mostraremos son con PySpark. También es posible hacerlo con Python puro mediante la biblioteca deltalake, pero es un tema más avanzado que no trataremos en este libro.

El código más básico para escribir una tabla desde un DataFrame Spark es:

```
df.write.format("delta").saveAsTable("T1")
```

Este código crea la tabla `T1` si no existe. Si ya existe, generará un error.

Modos de escritura

Este comportamiento lo podemos controlar con el método `mode()`. Por ejemplo:

```
df.write.format("delta").mode("overwrite").saveAsTable("T1")
```

En este caso, si la tabla existe, se sobrescribe. Los modos disponibles son:

- `error`: Lanza un error si la tabla ya existe. Es el valor predeterminado y evita sobreescrituras accidentales.
- `overwrite`: Sobrescribe la tabla completa, reemplazando todos los datos. Se utiliza en cargas completas o refrescos totales.
- `append`: Añade los nuevos datos al final de la tabla. Se utiliza en cargas incrementales.
- `ignore`: No realiza ninguna acción si la tabla ya existe y no genera error.

Particionado

Para controlar el particionado de la tabla se utiliza el método `partitionBy()` y le pasamos como parámetro las columnas por las que se quiere particionar. Por ejemplo:

```
df.write.format("delta").mode("overwrite").partitionBy("year", "month").
saveAsTable("T1")
```

Esto dividirá los archivos Parquet que contienen la tabla Delta en carpetas de años y subcarpetas de meses, como se muestra en la figura 12.19. La estrategia de particionado debe pensarse bien, eligiendo columnas que distribuyan los datos de forma equilibrada entre las particiones. Es un tema complejo y aquí solo mostramos un ejemplo sencillo, pero existen más opciones y consideraciones.

```
├── year=2023/
│   ├── month=01/
│   │   ├── part-0000.snappy.parquet
│   │   ├── part-0001.snappy.parquet
│   │   └── ...
│   ├── month=02/
│   │   ├── part-0000.snappy.parquet
│   │   └── ...
│   └── ...
├── year=2024/
│   ├── month=01/
│   │   ├── part-0000.snappy.parquet
│   │   └── ...
│   └── ...
```

Figura 12.19. Ejemplo de partición de un archivo Parquet.

Actualización del esquema

Cuando se crea la tabla, su esquema se guarda en los metadatos. Al hacer una actualización, ya sea con el modo `overwrite` o `append`, se valida que los nuevos datos tengan el mismo esquema. Si no es así, se genera un error.

La opción `mergeSchema` permite cambiar este comportamiento mezclando el esquema de la tabla con el del DataFrame. Si hay nuevas columnas, se añaden al esquema y las columnas existentes permanecen, aunque no estén en los datos nuevos:

```
df.write.format("delta").mode("append").option("mergeSchema", True).
saveAsTable("T1")
```

Si lo que se desea es reemplazar completamente el esquema de la tabla, puede usarse la opción `overwriteSchema`, que solo funciona con el modo `overwrite`:

```
df.write.format("delta").mode("overwrite").option("overwriteSchema", True).
saveAsTable("T1")
```

Orquestación

Un cuaderno puede ejecutar a otro cuaderno, lo que resulta útil para organizar el código o para orquestar procesos de datos más complejos. Hay tres maneras de hacerlo:

- Comando mágico `%run`.
- Ejecutar un cuaderno con NotebookUtils.
- Ejecutar varios cuadernos con NotebookUtils.

Comando mágico %run

El comando mágico `%run` permite ejecutar otro cuaderno dentro del actual. En la práctica funciona como si copiara el código del cuaderno llamado y lo insertara en el actual antes de ejecutarlo, de modo que se comparten las mismas variables y el mismo entorno de ejecución.

La sintaxis es:

```
%run nombre_cuaderno
```

Debe ser el único código de la celda.

El cuaderno al que se hace referencia debe estar en la misma área de trabajo que el cuaderno donde se utiliza `%run`.

NOTA:

En este momento, el comando mágico `%run` solo se admite en cuadernos Spark.

Con `%run` no es posible pasar parámetros al cuaderno referenciado, aunque se puede lograr un efecto similar modificando los valores de las variables después de haber ejecutado el comando.

Este comando es muy útil para organizar el código. Por ejemplo, se puede crear un cuaderno que defina varias funciones auxiliares y luego incluirlo desde otros cuadernos mediante `%run`.

En la figura 12.20 se muestran dos cuadernos: `limpiar_datos` y `orquestacion_cmd_run`.

En el cuaderno `limpiar_datos` se define la variable `SALUDAR` y dos funciones: la función `saludar()`, que imprime el valor de la variable, y la función `limpiar_texto()`, que elimina los espacios adicionales y caracteres especiales de una cadena de texto.

El cuaderno `orquestacion_cmd_run` tiene tres celdas. En la primera usa `%run` para incluir al otro cuaderno. En la segunda, le cambia el valor a la variable `SALUDO` y ejecuta la función `saludar()` para comprobar que utiliza el nuevo valor. En la tercera celda se ejecuta la función `limpiar_texto()`.

limpiar_datos

```python
SALUDO = 'Buenos días'

def saludar():
    """
    Imprime el valor de la variable SALUDO.
    """
    print(SALUDO)

def limpiar_texto(str):
    """
    Limpia el texto de caracteres no deseados y espacios en blanco.
    """
    import re

    # Eliminar caracteres no alfanuméricos (excepto espacios)
    texto_limpio = re.sub(r'[^a-zA-Z0-9\s]', '', str)

    # Eliminar espacios en blanco adicionales
    texto_limpio = ' '.join(texto_limpio.split())

    return texto_limpio
```

PySpark (Python)

orquestacion_cmd_run

```python
%run limpiar_datos
```

✓ 12 sen 12 s 208 ms. Command executed in 58 ms by Nelson López Centeno on 9:52:17 PySpark (Python)

```python
SALUDO = 'Buenas tardes'
saludar()
```

✓ <1 s Command executed in 307 ms by Nelson López Centeno on 9:52:18 PM, 10/12/2 PySpark (Python)

```
Buenas tardes
```

```python
t = limpiar_texto("Esto   es   un   texto con mucho    espacio.     ")
print(t)
```

✓ <1 s Command executed in 290 ms by Nelson López Centeno on 9:52:18 PM, 10/12/2 PySpark (Python)

```
Esto es un texto con mucho espacio
```

Figura 12.20. Ejemplo de uso del comando mágico `%run`.

Ejecutar un cuaderno con NotebookUtils

La biblioteca NotebookUtils permite ejecutar un cuaderno pasándole parámetros y recibiendo un valor de salida, incluso si el cuaderno está en otra área de trabajo.

NOTA:

Este mecanismo funciona tanto con Spark como con Python puro, pero ambos cuadernos tienen que ser del mismo tipo.

El cuaderno se ejecutará dentro del mismo grupo de Spark (o en el mismo nodo de Python puro) que el cuaderno que lo invoca, aunque no comparte variables ni contexto de ejecución con él.

Para ejecutar el cuaderno se utiliza el método `notebookutils.notebook.run()`.

Por ejemplo, para ejecutar un cuaderno en la misma área de trabajo:

```
notebookutils.notebook.run("otro_cuaderno", 120)
```

El primer parámetro es el nombre del cuaderno y el segundo parámetro es el tiempo de espera en segundos.

Para ejecutar un cuaderno en otra área de trabajo:

```
notebookutils.notebook.run("otro_cuaderno", 120, workspace="OtraAreaTrabajo")
```

En la figura 12.21 hay tres cuadernos: `orquestación_run`, `otro_cuaderno` y `otro_cuaderno_otra_area`. Los dos primeros están en la misma área de trabajo y el tercero está en otra. En el primer cuaderno se ha utilizado `notebookutils.notebook.run()` para ejecutar los otros dos cuadernos.

Se aprecia que al ejecutarlos hay una indicación visual del progreso de la ejecución.

El cuaderno "hijo" puede recibir parámetros y devolver un valor de salida.

Para recibir parámetros, debe incluir una celda de parámetros, y para devolver un valor debe usar el método `notebookutils.notebook.exit()`.

El cuaderno "padre" pasa los parámetros mediante un diccionario. Por ejemplo:

```
notebookutils.notebook.run("otro_cuaderno", 120, {"par1": 10, "par2": "A"})
```

En la figura 12.22 se muestran dos cuadernos: `otro_cuaderno` y `orquestacion_run`.

El primero tiene una celda de parámetros con las variables `A` y `B` y otra celda donde se utiliza `notebookutils.notebook.run()` para devolver la suma `A + B`.

El segundo cuaderno ejecuta el primero pasándole valores a los parámetros y se captura el resultado para imprimirlo.

Ejecutar varios cuadernos con NotebookUtils

Con el método `notebookutils.notebook.runMultiple()` se pueden ejecutar varios cuadernos en paralelo o definir un diagrama de dependencia entre ellos.

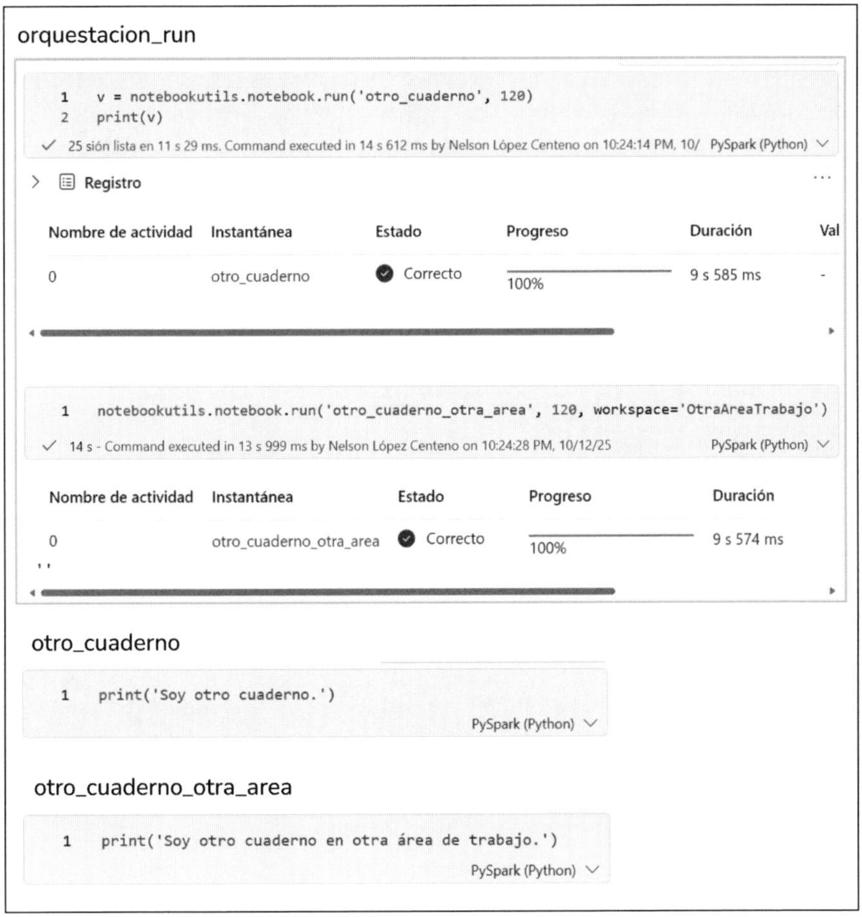

Figura 12.21. Ejemplo de uso del comando `notebookutils.notebook.run()`.

Para ejecutar varios cuadernos en paralelo, se pasa una lista con los nombres de los cuadernos:

```
notebookutils.notebook.runMultiple(['cuaderno_1', 'cuaderno_2'])
```

NOTA:

El número máximo recomendado de cuadernos a ejecutar de forma simultánea es 50.

También es posible definir un grafo de dependencias entre los cuadernos y pasarles parámetros. Para ello, se debe crear un objeto JSON con la definición del grafo y pasarlo al método `notebookutils.notebook.runMultiple()`.

Figura 12.22. Ejemplo de uso del comando `notebookutils.notebook.run()` con parámetros.

La figura 12.23 muestra un ejemplo con 4 cuadernos, donde los cuadernos 1 y 2 no tienen dependencias y se ejecutan al inicio en paralelo; el cuaderno 3 depende de los cuadernos 1 y 2, y el cuaderno 4 depende del 3. Además, a cada cuaderno se pasa un parámetro.

La figura 12.24 muestra la ejecución de la definición anterior y el diagrama de dependencias, generado con la opción `{"displayDAGViaGraphviz": True}`.

Hay más opciones disponibles, que se pueden consultar en la ayuda mediante el comando:

```
notebookutils.notebook.help('runMultiple')
```

```
DAG = {
    "activities": [
        {
          "name": "cuaderno_1",
           "path": "cuaderno_1",
           "args": {"PAR1": "1"},
        },
        {
          "name": "cuaderno_2",
           "path": "cuaderno_2",
           "args": {"PAR1": "2"},
        },
        {
          "name": "cuaderno_3",
           "path": "cuaderno_3",
           "args": {"PAR1": "3"},
           "dependencies": ["cuaderno_1","cuaderno_2"]
        },

        {
          "name": "cuaderno_4",
           "path": "cuaderno_4",
           "args": {"PAR1": "3"},
           "dependencies": ["cuaderno_3"]
        },
    ],
}
```

Figura 12.23. Ejemplo de un DAG (*Directed Acyclic Graph*) entre cuadernos.

```
1    v = notebookutils.notebook.runMultiple(DAG, {"displayDAGViaGraphviz": True})
```

✓ - Command executed in 33 s 898 ms by Nelson López Centeno on 1:16:19 PM, 10/11/25 PySpark (Python)

Nombre de actividad	Instantánea	Estado	Progreso	Duración	Valor de salida
cuaderno_1	cuaderno_1	Correcto	100%	10 s 524 ms	1
cuaderno_2	cuaderno_2	Correcto	100%	10 s 524 ms	2
cuaderno_3	cuaderno_3	Correcto	100%	9 s 529 ms	3
cuaderno_4	cuaderno_4	Correcto	100%	8 s 507 ms	3

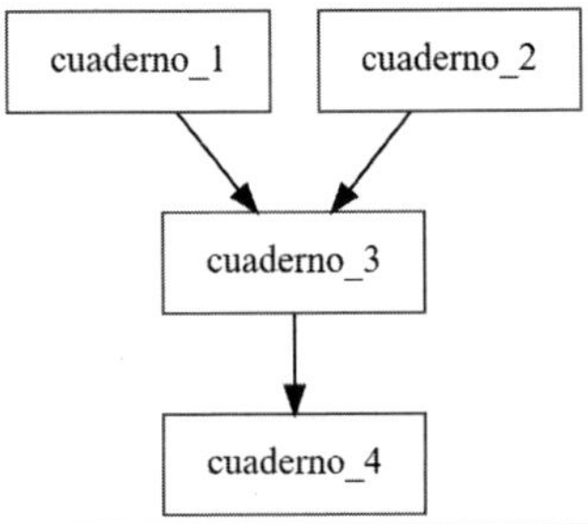

Figura 12.24. DAG obtenido al ejecutar el comando `notebookutils.notebook.runMultiple`.

Visualización

Existen muchas bibliotecas de visualización en Python, y los entornos predefinidos de Spark y de Python puro incluyen algunas de ellas.

En esta sección utilizaremos tres bibliotecas muy conocidas para crear un ejemplo sencillo. Verás el código de cada una para que puedas compararlas y hacerte una idea de sus similitudes y diferencias.

NOTA:

Para obtener el listado de bibliotecas instaladas en PySpark o Python puro, se puede ejecutar en una celda el comando `pip list`.

Las bibliotecas que usaremos son:

- **Matplotlib:** Es la biblioteca gráfica más popular de Python y ofrece una enorme cantidad de opciones de configuración.
- **Seaborn:** Utiliza internamente Matplotlib, pero incluye configuraciones predefinidas que simplifican el trabajo.
- **Plotly:** Genera gráficos interactivos mediante JavaScript, lo que permite explorar los datos directamente con el cursor.

NOTA:

Seaborn no está incluida en el entorno de Python puro, por lo que es necesario instalarla con el comando `pip install seaborn`. *Ten en cuenta que, al iniciar una nueva sesión, habrá que volver a instalarla.*

Vamos a usar estas tres bibliotecas para dibujar el mismo gráfico de líneas, que muestra el progreso de las ventas durante varios meses.

Los datos están almacenados en un DataFrame pandas:

```
import pandas as pd

df = pd.DataFrame({
    "Mes": ["Ene", "Feb", "Mar", "Abr", "May", "Jun"],
    "Ventas": [1200, 1500, 1800, 2100, 1900, 2300]
})
```

Este es el código para dibujar el gráfico de líneas con Matplotlib (figura 12.25):

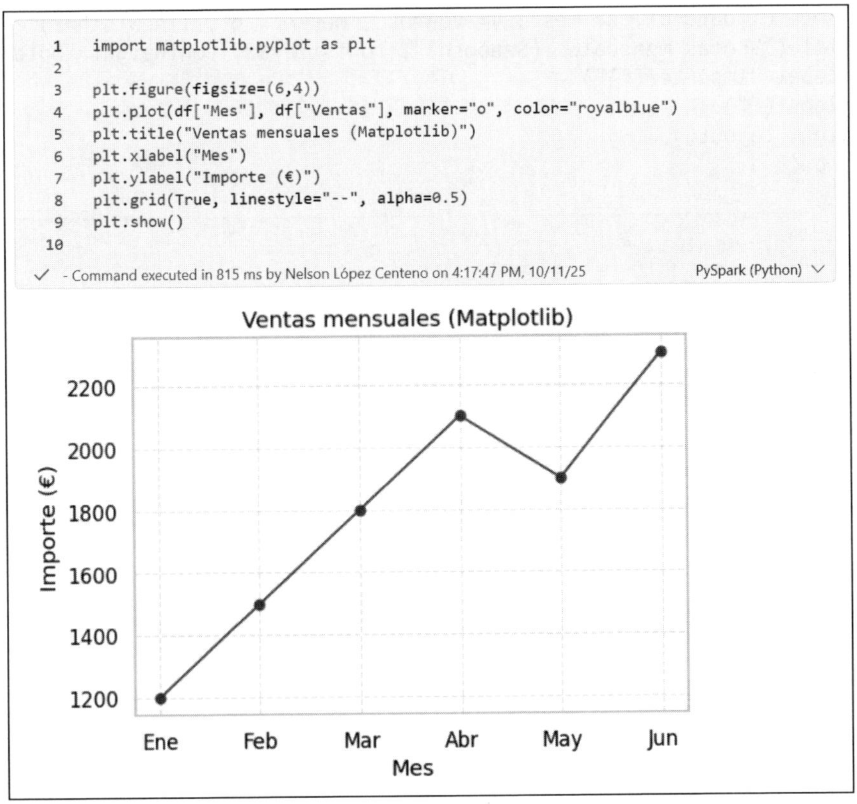

Figura 12.25. Gráfico de líneas resultado de usar la librería Matplotlib.

```
import matplotlib.pyplot as plt

plt.figure(figsize=(6,4))
plt.plot(df["Mes"], df["Ventas"], marker="o", color="royalblue")
plt.title("Ventas mensuales (Matplotlib)")
plt.xlabel("Mes")
plt.ylabel("Importe (€)")
plt.grid(True, linestyle="--", alpha=0.5)
plt.show()
```

A continuación, el mismo gráfico con Seaborn (figura 12.26):

```
import seaborn as sns
import matplotlib.pyplot as plt

sns.set_theme(style="darkgrid", palette="flare", font="DejaVu Sans", font_
scale=1.1)
```

```
sns.lineplot(data=df, x="Mes", y="Ventas", marker="o", linewidth=2)
plt.title("Ventas mensuales (Seaborn)", fontsize=13, fontweight="bold")
plt.ylabel("Importe (€)")
plt.xlabel("")
plt.tight_layout()
plt.show()
```

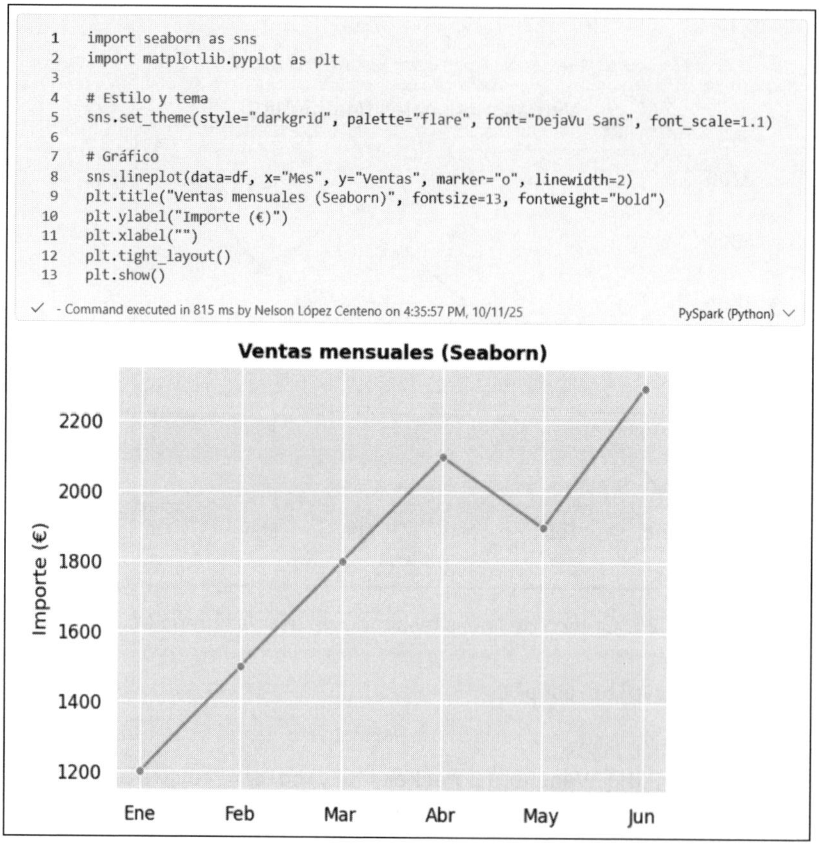

Figura 12.26. Gráfico de líneas resultado de usar la librería Seaborn.

Por último, el gráfico equivalente con Plotly, que en este caso es interactivo: al mover el cursor sobre un punto aparece un *popup* con la información (figura 12.27):

```
import plotly.express as px

fig = px.line(df, x="Mes", y="Ventas", markers=True,title="Ventas mensuales
(Plotly)")
fig.update_layout(yaxis_title="Importe (€)")
fig.show()
```

```
import plotly.express as px

fig = px.line(df, x="Mes", y="Ventas", markers=True,
              title="Ventas mensuales (Plotly)")
fig.update_layout(yaxis_title="Importe (€)")
fig.show()

```

✓ - Command executed in 8 s 248 ms by Nelson López Centeno on 4:17:56 PM, 10/11/25 PySpark (Python)

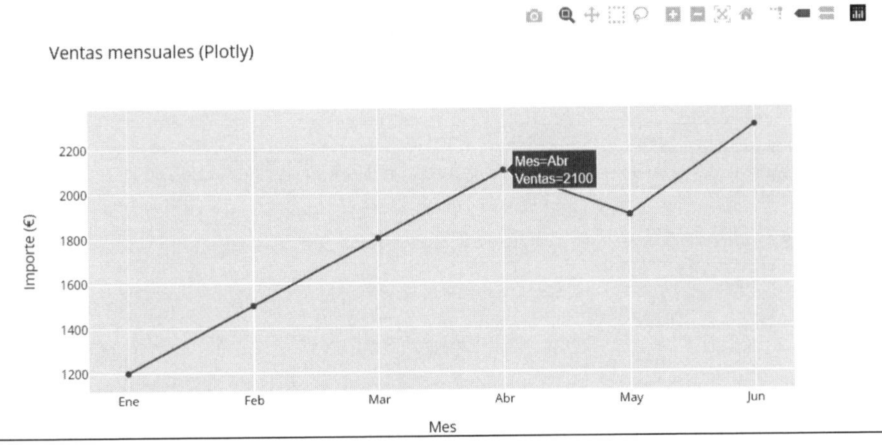

Figura 12.27. Gráfico de líneas resultado de usar la librería Plotly.

Trabajos Spark

Hasta ahora hemos ejecutado el código Spark en los cuadernos, pero también lo podemos hacer con los trabajos Spark, otro elemento de Fabric.

A diferencia de los cuadernos, los trabajos Spark no son interactivos, sino que se ejecutan bajo demanda, ya sea manualmente o mediante una programación automática. La sesión de Spark se inicia al comenzar la ejecución y se cierra al finalizar. El código se ejecuta sobre el mismo Fabric Runtime de Spark utilizado por los cuadernos y puede aprovechar también los entornos personalizados.

Los trabajos Spark admiten los lenguajes PySpark, SparkR y Scala.

Su creación es similar a la de cualquier otro elemento de Fabric y solo requiere asignar un nombre. Al abrirlo, se muestra una interfaz como la de la figura 12.28, donde es necesario configurar tres aspectos principales:

- Seleccionar el lenguaje.
- Cargar el archivo que contiene el código.
- Agregar una referencia de Lakehouse.

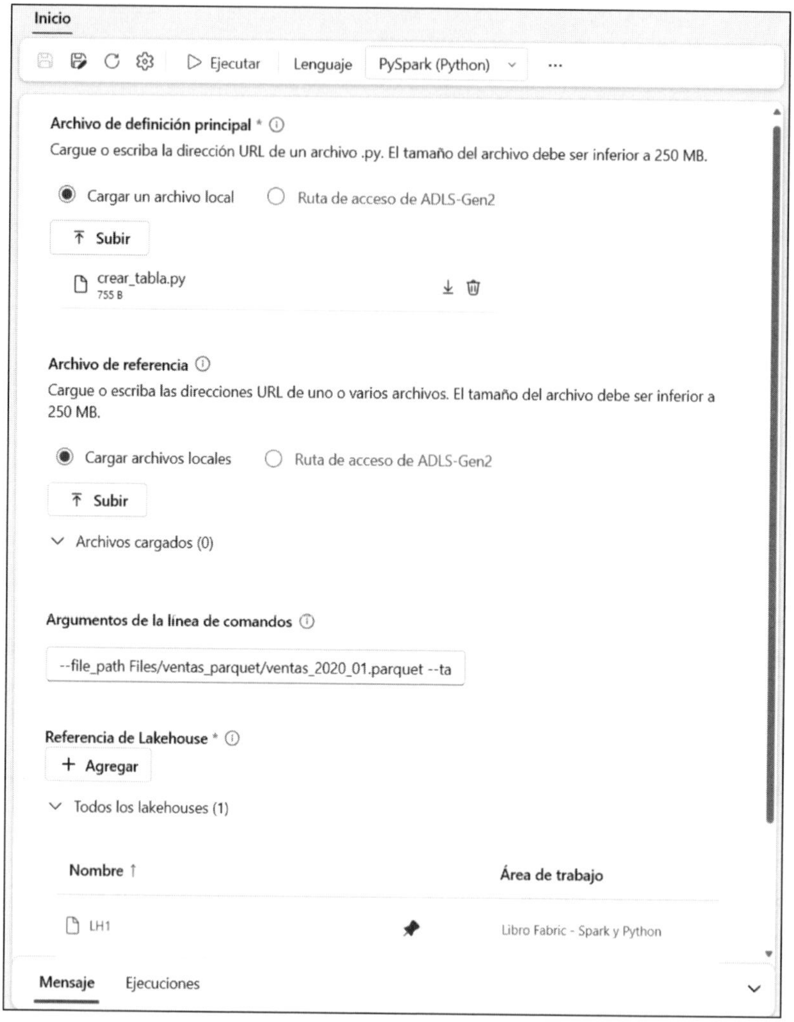

Figura 12.28. Configurar un trabajo Spark.

En el ejemplo de la figura 12.28, el lenguaje es PySpark, el archivo es `crear_tabla.py` y el Lakehouse asociado es LH1. Además, se han definido los siguientes argumentos de la línea de comandos:

- `--file_path`: `Files/ventas_parquet/ventas_2020_01.parquet`.
- `--table_name`: `ventas`.

También es posible cargar archivos de referencia, por ejemplo, para módulos con funciones auxiliares, aunque en este caso no se han utilizado.

El *script* Python subido carga datos desde un archivo Parquet y los escribe en una tabla Delta. Está diseñado para leer la ruta del archivo y el nombre de la tabla a partir de los argumentos configurados.

Una vez definido el trabajo Spark, puede ejecutarse manualmente desde el botón **Ejecutar** de la cinta de opciones. Si se desea programar su ejecución automática, se utiliza la pestaña **Programación** de la configuración, que es similar a la de otros elementos de Fabric y permite definir hasta veinte programaciones diferentes.

Otra forma de automatizar su ejecución es mediante la actividad **Trabajo de Spark** en una canalización, donde puede integrarse en una orquestación junto a otros elementos de Fabric. Los trabajos Spark son especialmente útiles para automatizar procesos de transformación o mantenimiento que ya se han probado en un cuaderno. Permiten ejecutar código de manera repetible, programada y sin intervención manual, lo que los convierte en una componente esencial en los entornos de producción de Fabric.

Funciones de datos de usuario

Las funciones de datos de usuario o UDF (*User Defined Functions*) son otro elemento de Fabric donde se puede ejecutar código Python puro, aunque no es el mismo entorno utilizado en los cuadernos.

Con estas funciones se pueden implementar tareas de limpieza, validación, actualización o procesamiento de datos, entre otras, que luego se pueden ejecutar desde otros elementos de Fabric o desde aplicaciones externas. También son la base para implementar los flujos translíticos de Power BI.

NOTA:

Los flujos translíticos de Power BI no se abordarán en este libro.

La figura 12.29 muestra un esquema de las UDF, donde el entorno de ejecución de Python es el recuadro de líneas continuas, donde se pueden crear funciones (fx1, fx2, fx3) para realizar diferentes tareas.

Estas funciones acceden a los recursos de Fabric a través de conexiones que se crean en el entorno. Por el momento las conexiones disponibles son:

- Lakehouse (archivos y tablas).
- Warehouse.
- Base de datos SQL.
- Base de datos reflejada.

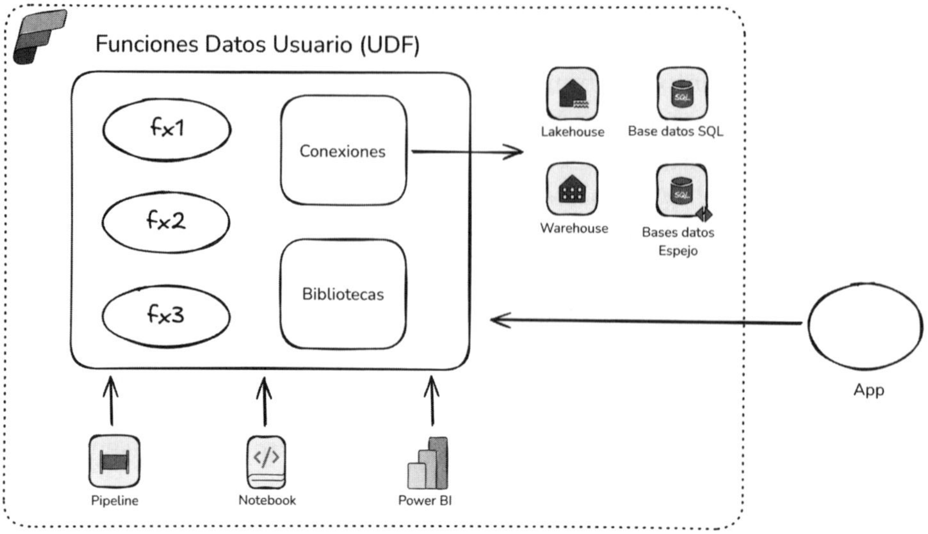

Figura 12.29. Esquema de las UDF (*User Defined Functions).*

El entorno incluye varias bibliotecas de Python públicas y la biblioteca fabric.functions. Además, se pueden añadir otras bibliotecas Python, tanto públicas como privadas.

Las funciones se pueden ejecutar desde otros elementos de Fabric:

- Canalizaciones.
- Cuadernos.
- Power BI.

Y también desde aplicaciones externas a Fabric a través de una API REST.

Crear una UDF

Al igual que ocurre con otros elementos de Fabric, podemos crear una UDF desde el botón **Nuevo elemento** del área de trabajo. Al hacerlo, se abrirá una página como la de la figura 12.30, donde podemos comenzar a crear las funciones.

La figura 12.31 muestra el editor de código, con una función de ejemplo que Fabric crea por defecto. Vamos a revisar este código.

Entre las bibliotecas que se importan se incluye fabric.functions, que contiene utilidades auxiliares para facilitarnos el desarrollo. En la línea 5 se inicializa esta biblioteca.

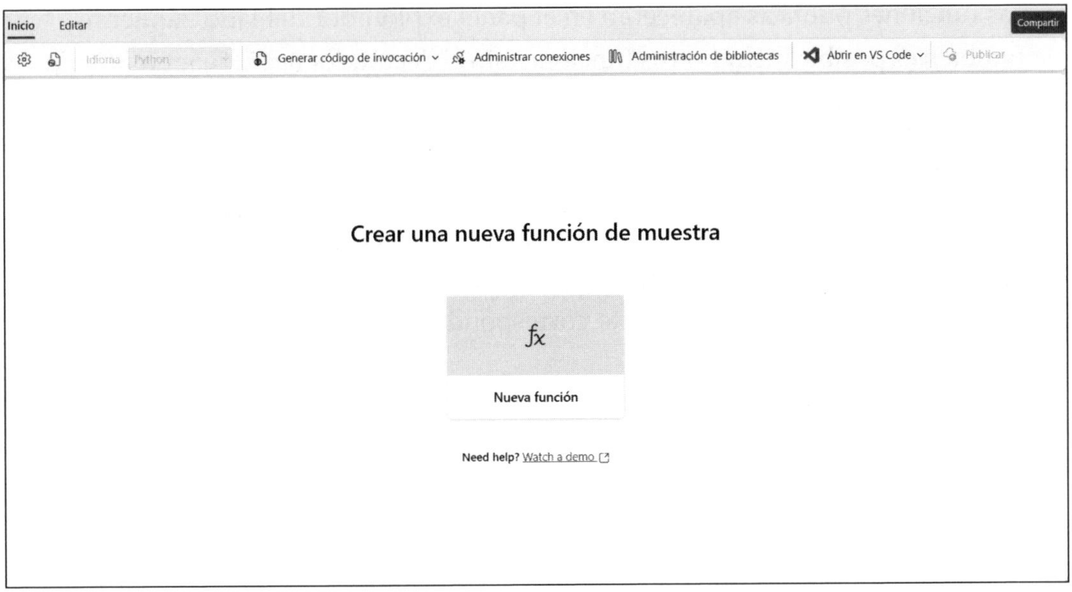

Figura 12.30. Crear una UDF (*User Defined Functions).*

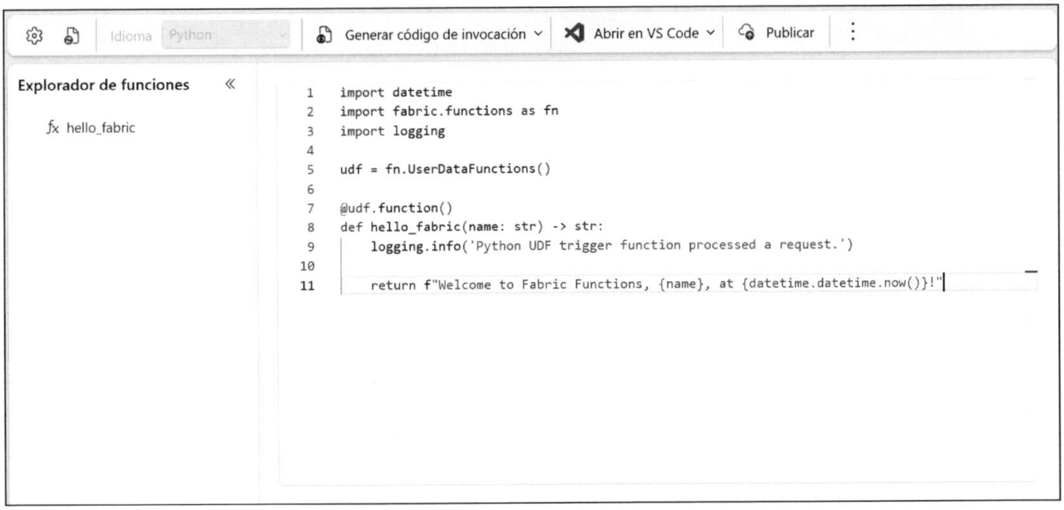

Figura 12.31. Ejemplo de código de una función.

En la línea 8 se define la función `hello_fabric()`, precedida por el decorador `@udf.function()`. Este decorador indica que la función es pública, es decir, que puede invocarse desde otros elementos de Fabric y desde aplicaciones externas, como se explicó anteriormente.

Las funciones públicas aparecerán en el panel explorador del lado izquierdo.

También es posible incluir otras funciones sin el decorador `@udf.function()`. En ese caso, serán privadas y solo estarán disponibles dentro del propio archivo, lo que puede ser útil para organizar mejor el código.

En el ejemplo, la función `hello_fabric()` recibe un argumento de tipo `str` y devuelve también un valor de tipo `str`. Su código es sencillo, registra un mensaje mediante `logging.info()` y retorna un texto como respuesta.

Cuando se invoque esta función, bastará con pasarle un valor como argumento y devolverá el mensaje con el texto correspondiente.

Probar la función

Esta función se puede probar directamente desde el entorno de desarrollo.

En el menú contextual de la función, disponible en el panel **Explorador**, hay un pequeño botón (ver figura 12.32) que permite ejecutar una prueba rápida.

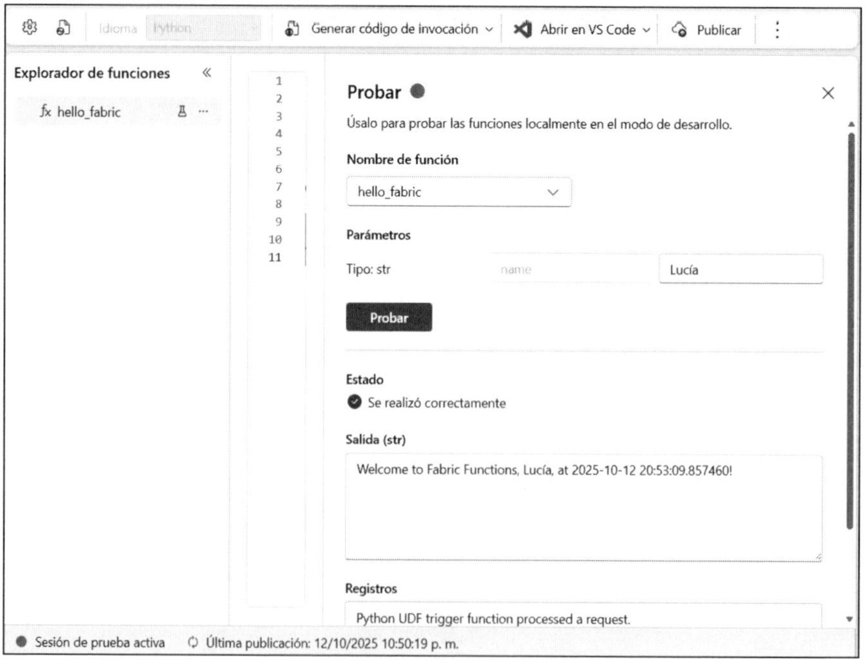

Figura 12.32. Ejemplo de prueba de una función desde el entorno de desarrollo.

Al hacer clic, se abre un panel lateral donde podemos introducir valores para los parámetros, ejecutar la función y ver el resultado devuelto.

NOTA:

Esta función solo puede probarse dentro de este entorno.

Para poder utilizarla desde otros elementos de Fabric o desde aplicaciones externas, es necesario publicarla mediante el botón **Publicar** de la cinta de opciones.

Conexiones

Vamos a crear una nueva función que lea datos desde una tabla de un Lakehouse. Como se comunicará con un elemento de Fabric, es necesario crear primero una conexión. Para ello, utilizamos el botón **Administrar conexiones**, como se muestra en la figura 12.33, donde se ha agregado una conexión al Lakehouse LH1. Esta conexión aparece en el listado con el alias LH1. Este alias es importante porque se utiliza en el código.

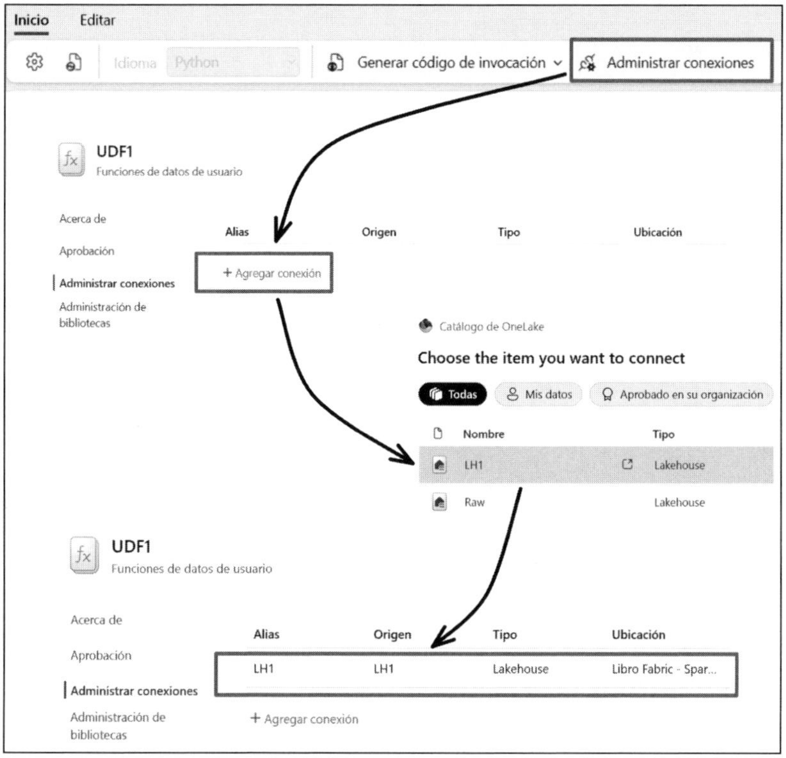

Figura 12.33. Ejemplo de conexión a un Lakehouse.

Una vez creada la conexión, regresamos al editor para añadir una nueva función. Para no empezar desde cero, podemos insertar un código de ejemplo desde el botón **Insertar muestra** de la cinta de opciones y seleccionar la opción **Lakehouse/ Query data from lakehouse tables**.

Esto insertará un fragmento similar al que se muestra en la figura 12.34. El código completo es un poco largo, pero vamos a concentrarnos en las dos líneas marcadas en la figura, que copiamos aquí:

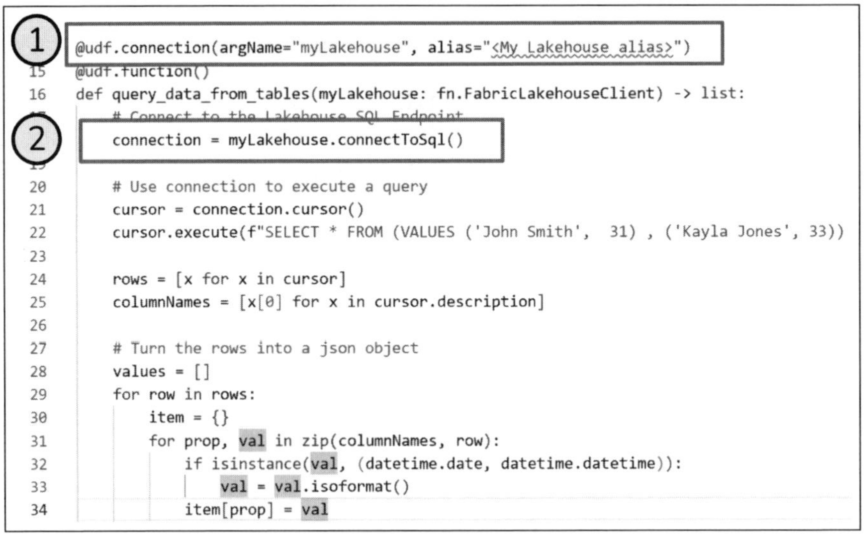

```
1 @udf.connection(argName="myLakehouse", alias="<My Lakehouse alias>")
@udf.function()
def query_data_from_tables(myLakehouse: fn.FabricLakehouseClient) -> list:
    # Connect to the Lakehouse SQL Endpoint
2   connection = myLakehouse.connectToSql()

    # Use connection to execute a query
    cursor = connection.cursor()
    cursor.execute(f"SELECT * FROM (VALUES ('John Smith', 31) , ('Kayla Jones', 33))

    rows = [x for x in cursor]
    columnNames = [x[0] for x in cursor.description]

    # Turn the rows into a json object
    values = []
    for row in rows:
        item = {}
        for prop, val in zip(columnNames, row):
            if isinstance(val, (datetime.date, datetime.datetime)):
                val = val.isoformat()
            item[prop] = val
```

Figura 12.34. Ejemplo de código ejemplo para crear una función.

1. `@udf.connection(argName="myLakehouse", alias="<My Lakehouse alias>")`.
2. `connection = myLakehouse.connectToSql()`.

La primera línea es un decorador que indica que la función utiliza una conexión con un alias y que dicha conexión se recibirá como argumento, con el nombre `myLakehouse`. Para usar la conexión que acabamos de crear, debemos reemplazar el alias por LH1, para que el código quede así:

```
@udf.connection(argName="myLakehouse", alias="LH1")
```

Añadir una nueva columna

La segunda línea se encuentra dentro de la función y es donde se establece la conexión con el Lakehouse LH1.

El resto del código ejecuta una consulta SQL y recorre las filas del resultado para construir un objeto JSON, que luego se devuelve como salida de la función.

Si observamos la consulta, notaremos que no utiliza realmente ninguna tabla del Lakehouse, sino que crea dos filas directamente en la sentencia SQL. Esto se ha hecho así para que el ejemplo funcione en cualquier entorno, incluso si el Lakehouse está vacío. En la figura 12.35 se muestra el resultado de ejecutar esta nueva función de ejemplo.

Figura 12.35. Resultado de ejecutar la función.

Ejecutar la función desde un cuaderno

Como ya comentamos, las UDF pueden invocarse desde otros elementos de Fabric o desde aplicaciones externas. En este caso, dado que estamos en un capítulo dedicado a Spark y Python, veremos cómo conectarnos a una UDF desde un cuaderno. Lo primero que debemos hacer es publicar las funciones mediante el botón Publicar de la cinta de opciones.

Una vez completada la publicación, podemos utilizar el botón Generar código de invocación, que permite explorar distintas opciones de conexión:

- **Especificación OpenAPI:** Contiene una definición formal de las funciones de la UDF, que puede usarse para generar aplicaciones cliente.
- **Código de cliente:** Genera ejemplos de código para cada función, útiles como base para implementar clientes en Python, C#, Node.js, o para invocarlas desde cuadernos (que es el caso que nos interesa).

En la figura 12.36 se muestra un ejemplo del código necesario para invocar, desde un cuaderno, las dos funciones que creamos anteriormente.

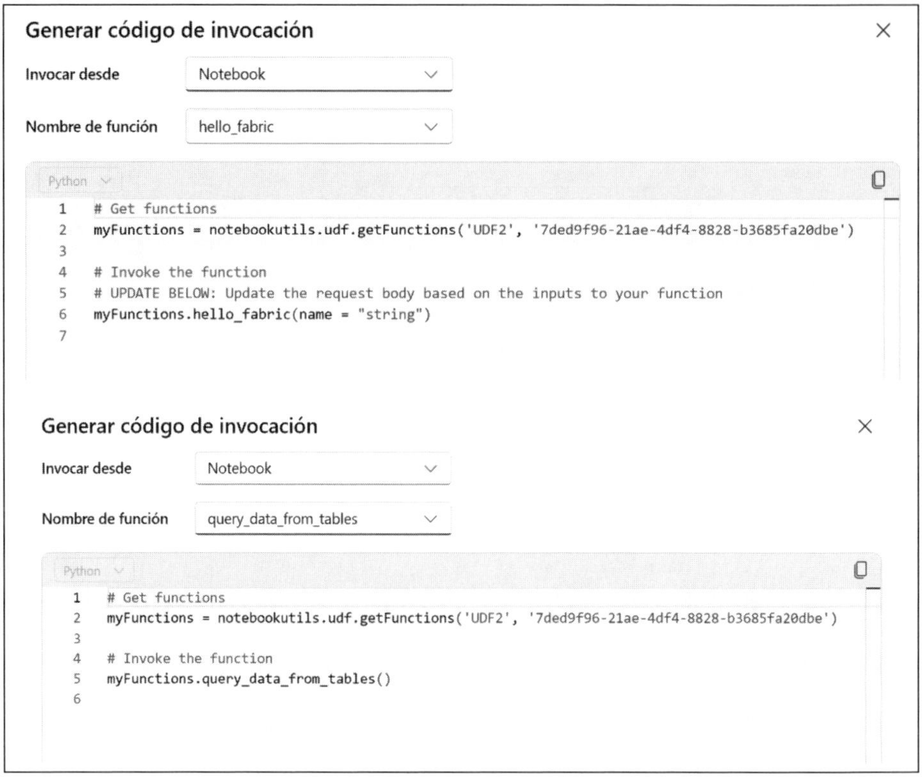

Figura 12.36. Ejemplo de código generado para invocar las funciones creadas.

El código es muy sencillo y utiliza la biblioteca NotebookUtils.

Primero se llama a la función `notebookutils.udf.getFunctions()`, pasando como parámetros el nombre del elemento UDF y el identificador del área de trabajo.

Esto devuelve un objeto con las funciones disponibles, que pueden invocarse como métodos de ese mismo objeto.

En la figura 12.37 se muestra un cuaderno donde se ejecutan ambas funciones y se imprimen los resultados.

Cuando el cuaderno y la UDF pertenecen a la misma área de trabajo, no es necesario especificar el identificador del área de trabajo al llamar a `notebookutils.udf.getFunctions()`.

El cuaderno de la figura funciona tanto con PySpark como con Python puro.

```
# Get functions
myFunctions = notebookutils.udf.getFunctions('UDF2')

# Invoke the function
f1 = myFunctions.query_data_from_tables()
print(f1)

# Invoke the function
f2 = myFunctions.hello_fabric(name = "string")
print(f2)
```

✓ en 3 s 851 ms. Command executed in 15 s 884 ms by dataXbi dataXbi on 11:04:25 Python

```
[{'EmpName': 'John Smith', 'DepID': 31}, {'EmpName': 'Kayla Jones', 'DepID': 33}]
Welcome to Fabric Functions, string, at 2025-10-11 21:04:23.797289!
```

Figura 12.37. Resultado de ejecutar el código generado.

¿Cuándo elegir Spark o Python puro?

Este capítulo ha sido largo porque hemos querido reunir en un mismo sitio Spark y Python puro, ya que tienen mucho en común y se complementan dentro de Fabric. Ambos comparten la misma lógica de trabajo con DataFrames, las mismas bibliotecas de análisis y una filosofía muy parecida: transformar datos de forma expresiva y eficiente.

La diferencia está en la escala. Python es ideal para tareas exploratorias o volúmenes moderados de datos, mientras que Spark entra en juego cuando el tamaño o la complejidad del procesamiento exige distribuir la carga. En Fabric, además, todo está preparado para aprovechar al máximo Spark: las tablas Delta, las optimizaciones automáticas y las operaciones sobre grandes volúmenes de datos encajan de forma natural. En cambio, con Python puro hay que realizar muchos de estos procesos de forma más manual.

Otro punto importante es que tanto Spark como Python requieren programar. No son herramientas *low-code* ni *no-code*, pero hoy contamos con una ayuda muy valiosa: la inteligencia artificial generativa. Con Copilot o ChatGPT, escribir código se vuelve más rápido, intuitivo y accesible, incluso para quienes no vienen del mundo de la programación.

Por eso, más que elegir entre uno y otro, la clave está en entender sus fortalezas y combinarlos según la necesidad de cada proyecto.

13 Elementos de inteligencia en tiempo real

En este capítulo aprenderás:

- Qué son los elementos de inteligencia en tiempo real en Fabric y cómo se complementan entre sí.
- Cómo crear y configurar un Eventstream para capturar, transformar y enrutar datos en movimiento.
- Cómo visualizar la información en un panel en tiempo real y configurar su actualización automática.
- Cómo usar **Activador** para definir reglas y generar acciones automáticas a partir de eventos.
- Cómo aprovechar el **Centro en tiempo real** como punto de partida para organizar y supervisar todos estos elementos.

En este capítulo explicaremos varios de los elementos de Fabric que permiten implementar procesos de datos controlados por eventos. Estos procesos pueden trabajar con flujos continuos, casi en tiempo real, o con flujos discretos.

En Fabric, a este conjunto se le conoce como elementos de inteligencia en tiempo real y son los siguientes:

- Eventstream (flujo de eventos).
- Casa de eventos.
- Panel en tiempo real.
- Activador.

Con estos elementos podemos implementar una solución sin código o con poco código (*no-code, low-code*) de inteligencia en tiempo real, como la que se muestra en la figura 13.1.

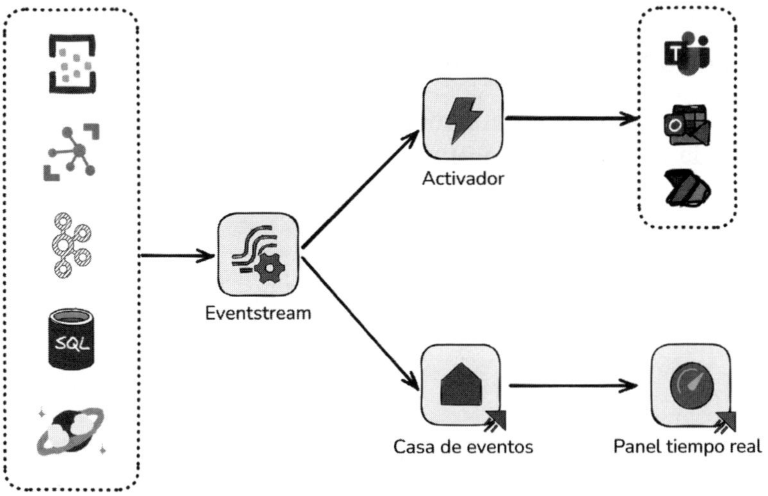

Figura 13.1. Solución de inteligencia en tiempo real.

Para la implementación seguiríamos de manera general estos pasos:

- Crear un Eventstream que reciba los datos en movimiento, los transforme y los enrute.
- Almacenar los datos en una base de datos KQL, dentro de una Casa de eventos, que contiene una o más bases de datos KQL.
- Consultar y analizar los datos utilizando consultas KQL.

- Visualizar los datos en tiempo real en un panel de tiempo real o en un informe de Power BI.
- Configurar alertas con **Activador** para generar acciones automatizadas.

En la interfaz web de Fabric existe el Centro de tiempo real donde podemos gestionar todos estos elementos.

A continuación, describiremos estos componentes, excepto la Casa de eventos y las bases de datos KQL, que ya vimos en el capítulo 8.

Eventstream

Eventstream realiza tres funciones:

- Captura de datos desde los orígenes.
- Transformación.
- Enrutamiento hacia los destinos.

Estas funciones las ejecuta de una manera muy eficiente porque su arquitectura está optimizada para escalar automáticamente.

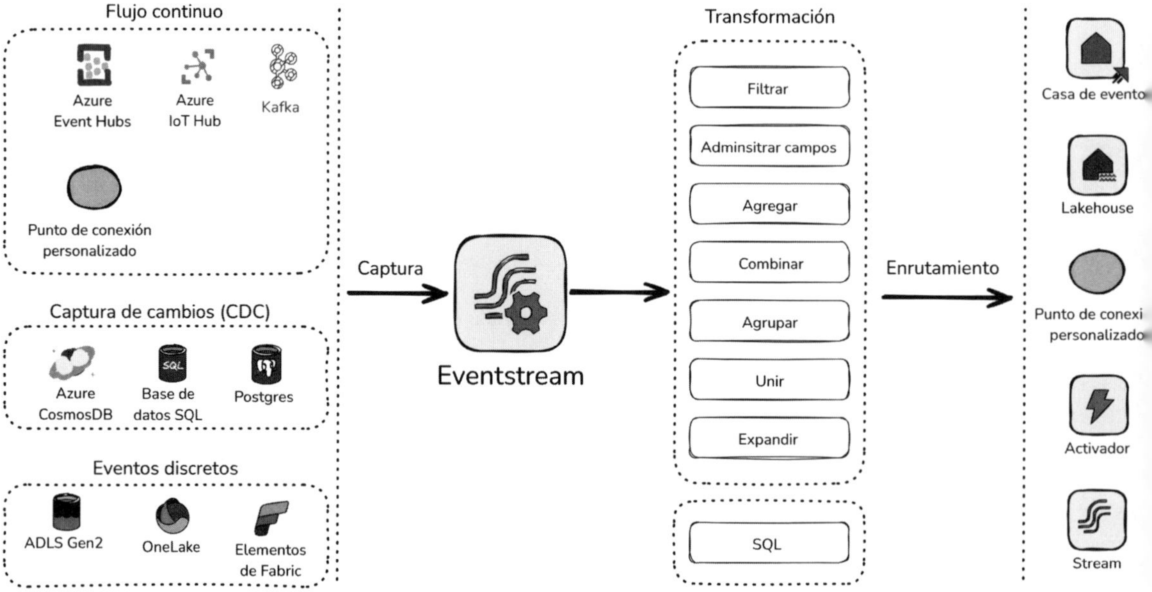

Figura 13.2. Funciones de Eventstream.

En la figura 13.2 están representadas estas tres operaciones. A la izquierda se sitúan los orígenes de datos; a continuación, aparece el elemento Eventstream; a su derecha, se listan las transformaciones que puede hacer sobre los datos y, a la derecha, de las transformaciones están los destinos hacia donde puede enrutar los datos.

Por ejemplo, imaginemos que tenemos sensores de temperatura y humedad conectados a un concentrador de dispositivos IoT que envía lecturas cada minuto. El flujo de eventos captura los datos y les aplica transformaciones de filtrado para separar los datos de temperatura de los datos de humedad. Finalmente, enruta cada uno hacia su propia tabla en una Casa de eventos.

Un mismo elemento flujo de datos puede recibir datos desde varios orígenes y enrutarlos hacia varios destinos. También puede aplicar más de una transformación a los datos antes de enviarlos al destino.

Crear un Eventstream

Un Eventstream se crea desde un área de trabajo como cualquier otro elemento y solo requiere escribir el nombre.

Al abrirlo, aparece un lienzo en blanco (figura 13.3) con tres botones grandes, y en la parte superior una cinta de opciones con un botón de configuración y otro para añadir un origen de datos.

Figura 13.3. Nuevo Eventstream.

NOTA:

En la documentación oficial se menciona que hay flujos con funcionalidades mejoradas y con funcionalidades estándar, pero estos últimos son obsoletos y todos los que se crean son con funcionalidades mejoradas.

Orígenes de datos

En la figura 13.2 los orígenes de los datos los hemos agrupado en tres categorías:

- **Flujo continuo:** Componentes que emiten datos provenientes de dispositivos IoT o telemetría, generalmente con una frecuencia media o alta, casi en tiempo real en algunos casos. Se incluyen Azure Event Hubs, Azure IoT Hub y Kafka. Además de un punto de conexión personalizado, que permite recibir datos desde aplicaciones hechas a la medida.
- **Captura de cambios (CDC):** Bases de datos en las que se puede configurar este mecanismo (CDC), que envía notificaciones de los cambios en los datos a medida que van ocurriendo.
- **Eventos discretos:** Estos son eventos que generan Azure Data Lake Gen2 o Fabric cuando hay cambios en los archivos o en los propios elementos de Fabric. Por ejemplo, cuando se crea un archivo en una carpeta o cuando falla la ejecución de una canalización.

Los componentes que hemos agrupado en flujo continuo dependen de una infraestructura adicional fuera de Fabric. Por ejemplo, la configuración para gestionar los sensores de temperatura y humedad de una cadena hotelera puede tener un Azure IoT Hub para cada hotel y un Azure Event Hub global al que se conectaría Eventstream. Otro ejemplo de una configuración más sencilla es un Arduino con algunos sensores que se comunique directamente con Eventstream utilizando el punto de conexión personalizado.

Conectar un origen de datos

Para conectarnos a un origen de datos, en la interfaz web del Eventstream utilizamos alguno de los botones grandes del lienzo o el botón de la cinta de opciones. En cualquier caso, tenemos tres opciones:

- Conectar orígenes de datos: Abre un buscador con todos los conectores disponibles, tanto para eventos de Fabric o Azure, bases de datos con CDC o los componentes que hemos llamado de flujo continuo. La figura 13.4 muestra una secuencia con una pantalla inicial con sugerencias y otra pantalla con acceso a todos los conectores. Al elegir un origen se abrirá un asistente de configuración.

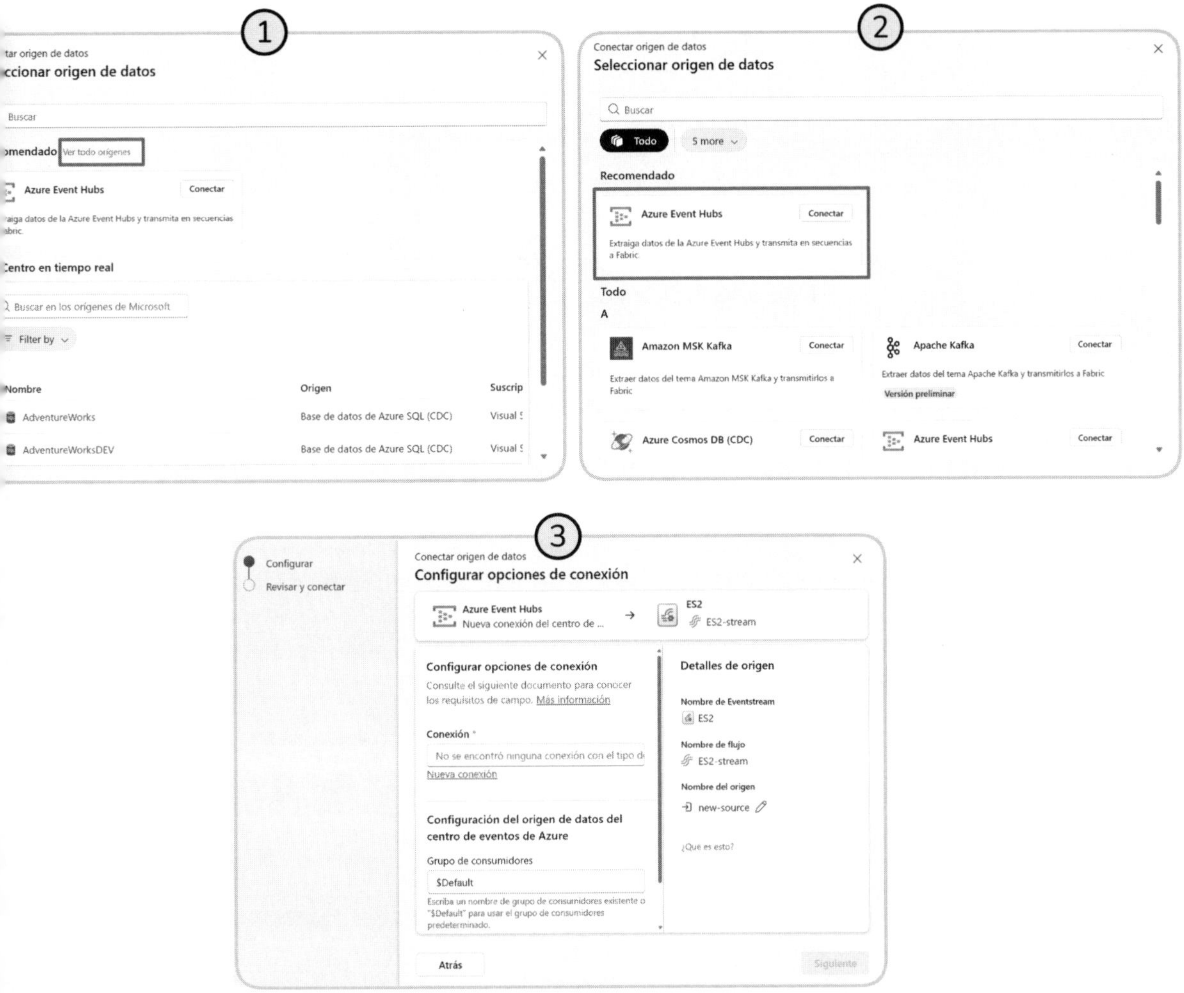

Figura 13.4. Conectar origen de datos en Eventstream.

- **Usar datos de muestra:** Se puede elegir entre varios conjuntos de datos, como se aprecia en la figura 13.5. Se creará un flujo continuo de los datos elegidos. Es ideal para hacer demostraciones y para aprender.
- **Usar un punto de conexión personalizado:** En este caso solo habrá que escribir el nombre que le daremos al origen.

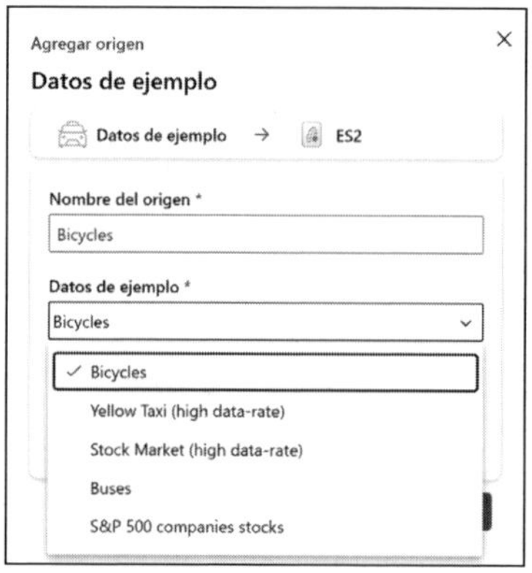

Figura 13.5. Datos de muestra en Eventstream.

Una vez terminada la selección del origen, aparecerá en el lienzo un flujo con tres cajitas representando el origen, el Eventstream y las posibles transformaciones o destinos (figura 13.6).

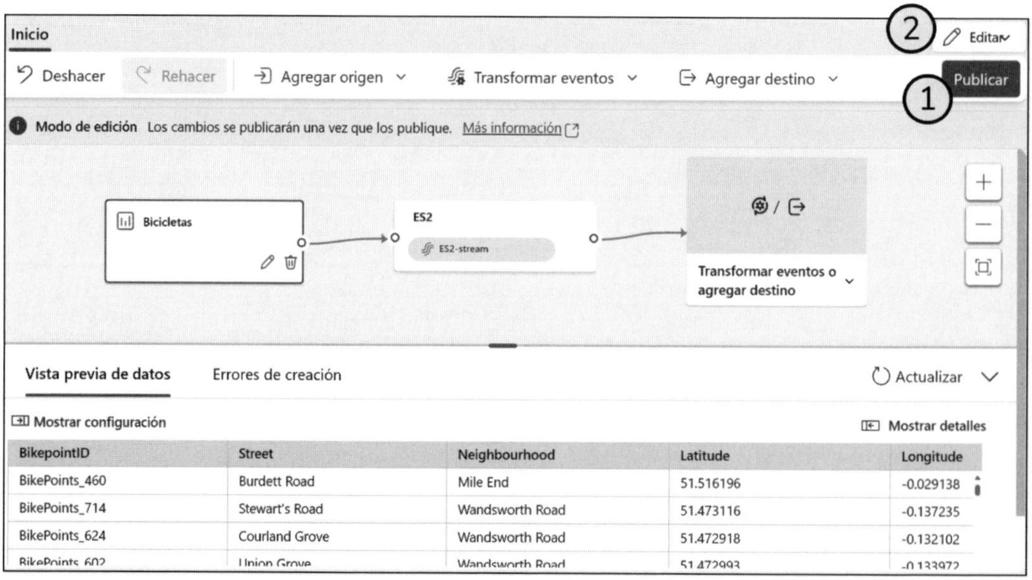

Figura 13.6. Editor de Eventstream.

Las cajitas tienen un botón para editar sus propiedades y otro para eliminarla. En la cinta de opciones hay nuevos botones para añadir transformaciones y destinos, y en la parte inferior del lienzo hay un panel que mostrará los detalles de la cajita que se haya seleccionado.

La interfaz web del Eventstream está en el modo de edición y con el botón **1** se pueden publicar los cambios realizados para que el flujo comience a trabajar. Además, con el botón **2** se puede cambiar a la vista en vivo. Si volvemos a entrar en el modo de edición, se trabajará con una copia del flujo para no afectar al flujo real. En la vista en vivo se puede ver lo que va pasando en cada paso del flujo y se pueden pausar los orígenes o los destinos.

NOTA:

Si se sale del modo de edición sin haber publicado, se perderán los cambios.

Cuando hacemos clic en una cajita de un origen de datos, en el panel inferior del lienzo podemos ver los datos que van llegando. Esto también se puede apreciar en la figura 13.6, donde hemos utilizado como origen el conjunto de datos de muestra Bicicletas.

NOTA:

Hay que tener en cuenta que los datos pueden tardar unos minutos en aparecer la primera vez.

Punto de conexión a la medida

Pero el origen Punto de conexión a la medida es diferente al resto, porque antes de poder recibir datos necesitamos los parámetros de conexión para configurar la aplicación que los enviará. Para obtener estos parámetros, hay que publicar el flujo y, en la vista en vivo, hacer clic en la cajita de este origen, como se muestra en la figura 13.7. A través de este origen las aplicaciones pueden enviar datos directamente a Eventstream utilizando uno de estos protocolos: Event Hub, AMQP o Kafka. Y cada protocolo admite tres tipos de autenticación: Básico, Azure Entra ID y Clave de acceso compartido (SAS).

Múltiples orígenes

A un mismo flujo podemos añadir varios orígenes de datos, pero en ese caso se mezclarán todos en el Eventstream y obtendremos una sola tabla con las columnas de todos los orígenes. Por ejemplo, en la figura 13.8 se han utilizado los conjuntos de datos de muestra Bicicletas y Buses y se ha hecho clic en la cajita del Eventstream, por lo que en la parte inferior del lienzo se aprecia la tabla resultante, con columnas de ambos conjuntos. Como ambos orígenes tienen columnas diferentes, en las filas con los datos de las bicicletas, las columnas de los buses están vacías, y viceversa.

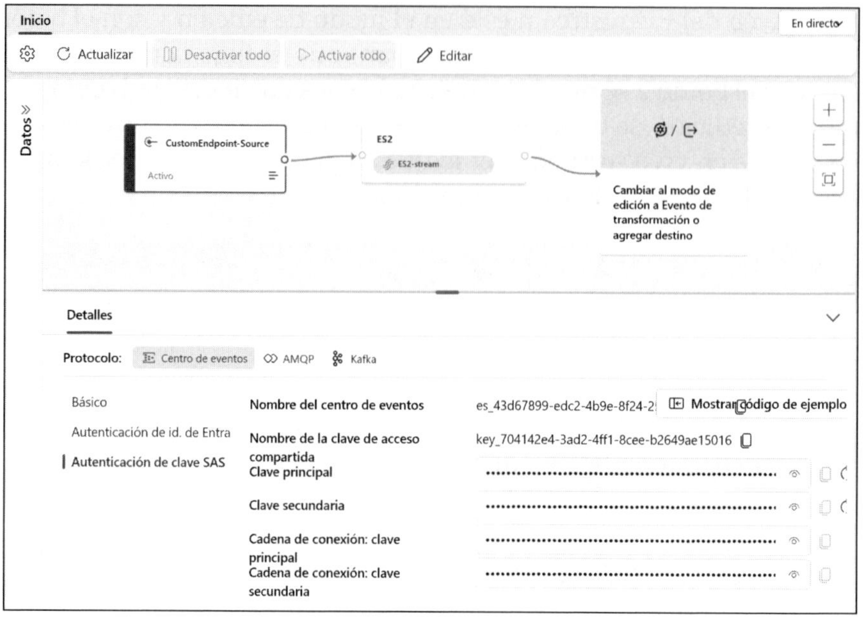

Figura 13.7. Flujo de datos en tiempo real con Eventstream.

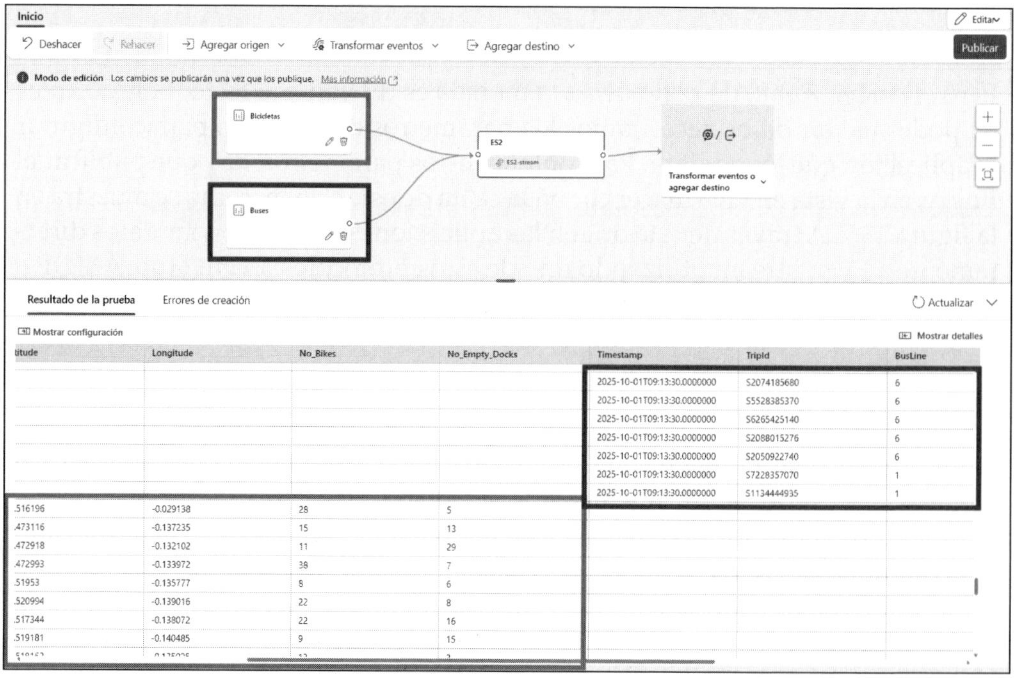

Figura 13.8. Flujo de datos en tiempo real con múltiples orígenes.

Aunque esta tabla se puede dividir con transformaciones posteriores, nuestra recomendación es que solo se utilicen múltiples orígenes en un mismo flujo si estos guardan relación entre sí, por lo que tendría sentido combinarlos en una misma tabla.

Transformaciones

Una vez que se ha agregado el origen, podemos continuar el flujo con transformaciones o con destinos. Las transformaciones son opcionales, por ejemplo, podemos tener un flujo que copie los datos exactamente como vienen del origen hacia una base de datos KQL y que sea allí donde se hagan las transformaciones siguiendo una arquitectura Medallion.

Pero muchas veces necesitamos preparar los datos antes de guardarlos en un destino, por ejemplo, para hacer alguna conversión de datos, o para enrutarlos hacia destinos diferentes a partir de los valores de alguna columna, o cuando se están recibiendo datos a una frecuencia muy alta de milisegundos, pero va bien con guardar los valores promedio agrupados por segundo.

Las transformaciones se ejecutarán en un componente interno del Eventstream llamado Procesador de eventos.

Hay varias transformaciones predefinidas que se configuran visualmente (*no-code*), pero también se pueden crear transformación con código SQL.

Crear una transformación

Para crear una transformación se puede utilizar la cajita que aparece inicialmente justo detrás de la cajita de Eventstream o el botón de la cinta de opciones. Cuando creamos una transformación, le podemos asignar un nombre y tenemos que configurarla.

Las transformaciones tienen que estar conectadas al Eventstream o a otra transformación a través de una flecha, que se crea arrastrando el cursor desde una cajita a la otra. Por ejemplo, la figura 13.9 muestra un flujo donde hay dos ramas de transformaciones que salen del Eventstream. En la rama superior hay dos transformaciones, mientras que en la inferior hay una sola.

A una transformación le podemos añadir otra a continuación usando el botón con un símbolo de suma (+) que aparece al mover el cursor por el lado derecho de su cajita. Si movemos el cursor por una conexión, aparecerán dos botones para insertar una nueva transformación o para borrar la conexión.

La última transformación debe estar conectada a un destino para poder publicar el flujo.

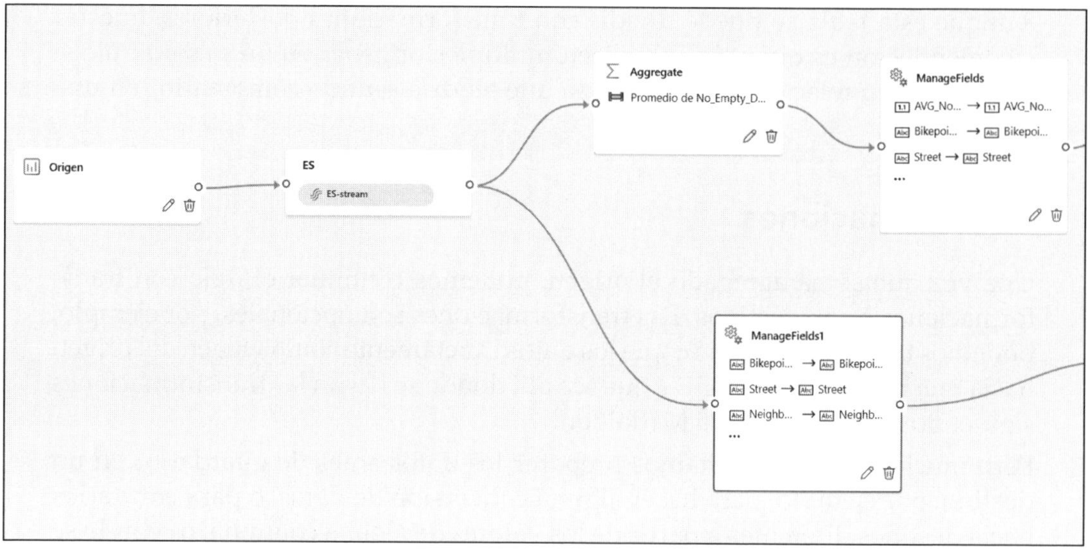

Figura 13.9. Flujo de datos con dos ramas de transformaciones.

Transformaciones predefinidas

En este momento existen siete transformaciones predefinidas:

- Agregado.
- Expandir.
- Filtro.
- Agrupar por.
- Administrar campos.
- Unión.
- Combinación.

Para dar una idea de cómo se configuran estas transformaciones, veremos un ejemplo. La transformación **Administrar campos** permite eliminar columnas, cambiar el tipo de datos de las columnas o crear columnas nuevas utilizando funciones de fecha y hora, de cadenas de texto y matemáticas.

En el conjunto de datos de muestra **Bicicletas**, por ejemplo, hay una columna con el ID del punto de alquiler de una bicicleta, que tiene el nombre **BikepointID** y que contiene valores como estos: **BikePoints_460, BikePoints_81**.

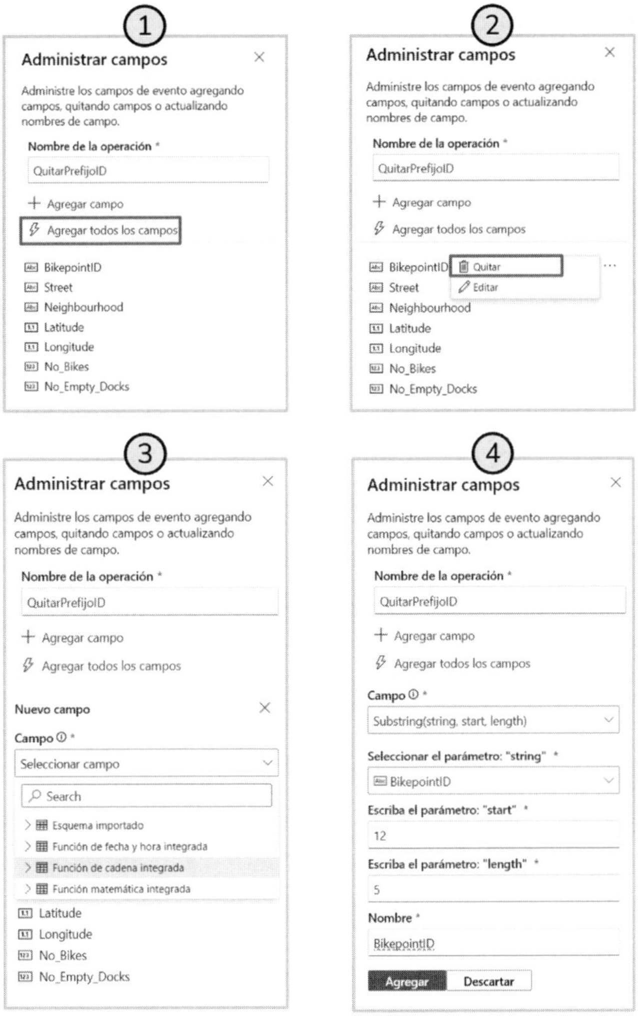

Figura 13.10. Ejemplo de la transformación **Administrar campos**.

Con la transformación **Administrar campos** podemos quitar el prefijo y solo dejar el número, usando la función de cadena de texto `substring()`. En la figura 13.10 mostramos la secuencia de pasos de configuración:

1. Agregar todos los campos.
2. Quitar el campo `BikepointID`.
3. Agregar campo escogiendo la función de cadena de texto `Substring()`.
4. Configurar los parámetros de la función y el nombre del campo.

Transformaciones con código SQL

Si se necesitan transformaciones más complejas o si el equipo de desarrollo prefiere trabajar con código, se puede utilizar una variante del lenguaje SQL, que es la misma utilizada por el servicio Azure Stream Analytics.

NOTA:

Las transformaciones con código SQL están en versión preliminar en el momento de escribir este libro.

Por ahora, cuando se usa una transformación SQL hay que indicar el destino dentro de la consulta y no pueden existir otras transformaciones (ni SQL ni predefinidas) en la misma rama, por lo que si se necesitan varias transformaciones hay que hacerlas en el mismo comando SQL.

La figura 13.11 muestra una consulta SQL que hace la misma transformación que hicimos anteriormente con una transformación predefinida.

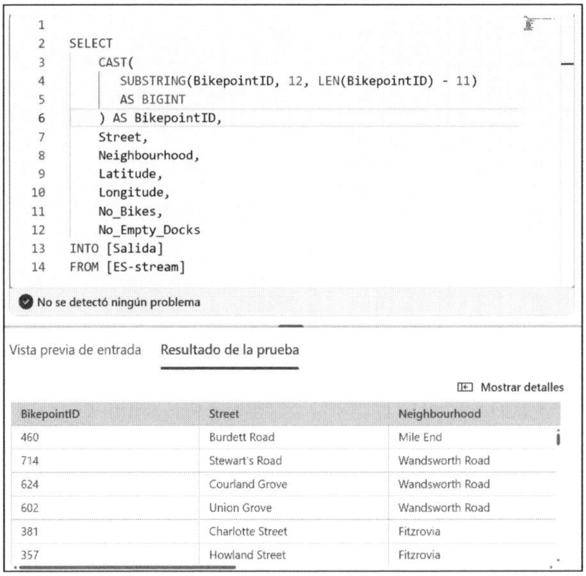

Figura 13.11. Ejemplo de transformación realizada con código SQL.

Destinos

El último paso para configurar un flujo de Eventstream es indicar los destinos, que en estos momentos son cinco:

- Casa de eventos.
- Lakehouse.
- Punto de conexión a la medida.
- Activador.
- *Stream*.

Cuando utilizamos la Casa de eventos podemos hacer consultas KQL sobre los datos que se van almacenando, como vimos en el capítulo 8, y podemos crear cuadros de mando operativos en tiempo casi real. Esto es un ejemplo de lo que se conoce en arquitectura de datos como el camino caliente (*hot path*).

Por otra parte, utilizamos el destino Lakehouse cuando los datos van a ser procesados en lote, por ejemplo, para crear un modelo semántico. Esto es lo que se conoce como el camino frío (*cold path*). En una misma arquitectura se pueden combinar ambos caminos. En este caso, antes de almacenarlos se utiliza la transformación Agregado para disminuir la granularidad de los datos. Por ejemplo, promediar los valores de los últimos 5 minutos.

El punto de conexión a la medida también lo podemos utilizar como destino, para enviar datos a una aplicación con alguno de los protocolos soportados: EventHub, AMQP y Kafka. Al igual que cuando se configura como origen, hay que publicar el flujo de Eventstream para obtener la cadena de conexión. Este destino no funciona con el procesador de eventos, por lo que no se puede usar en una rama que tenga transformaciones.

Más adelante, en este capítulo, profundizaremos en el elemento Activador, que, como ya mencionamos, permite generar acciones. Cuando se utiliza como destino en un flujo, generalmente los datos se filtran o agregan previamente.

El destino *Stream* es muy interesante, porque los datos en realidad no se almacenan en ningún sitio, sino que se crea un flujo secundario, o derivado, a partir del flujo principal. Para poder usar este destino hay que hacer previamente alguna transformación, de manera que este flujo derivado sea diferente al principal.

Al *Stream* se le pueden añadir nuevas transformaciones y destinos. Un caso de uso común es cuando en un flujo se han hecho transformaciones y se quiere añadir un destino que no las admite. Con el destino *Stream* se puede crear un flujo derivado y añadirle a este el destino.

Configuración de una Casa de eventos

Al usar una Casa de eventos como destino, los datos se almacenan en una tabla de una base de datos KQL. En la configuración hay que decidir si la ingestión es directa o se utiliza el procesador de eventos. Esta decisión no se puede cambiar luego. En el primer caso hay menos latencia, pero no se pueden usar transformaciones. Aunque el flujo no tenga transformaciones, si no hay seguridad de que en el futuro no habrá transformaciones, es mejor utilizar el procesador de eventos.

La ingestión directa se configura en dos pasos. Primero, se indican la Casa de eventos y la base de datos KQL y se publica el flujo, y luego, desde la vista en vivo, se hace la conexión con la tabla. La figura 13.12 muestra la secuencia de pasos para una ingestión directa y la configuración para cuando se usa el procesador de eventos.

Figura 13.12. Configuración de una Casa de eventos como destino de Eventstream.

Configuración de un Lakehouse

Al usar un Lakehouse como destino los datos se guardan en una tabla Delta, por lo que en la configuración hay que indicar el Lakehouse y la tabla. Además, hay una configuración avanzada que es muy importante para el buen rendimiento de la tabla Delta.

Recordemos que los datos de las tablas Delta se almacenan en archivos Parquet, que, una vez que se crean, no se pueden modificar y, si hay muchos archivos pequeños, el rendimiento de las consultas no es bueno. Por este motivo, el

Eventstream no copia los datos a la tabla Delta a medida que van llegando, sino que espera a tener un volumen de datos razonable antes de crear un archivo Parquet. Este volumen está controlado por dos propiedades de configuración:

- **Número mínimo de líneas en un archivo Parquet:** Valor por defecto: 100.000 filas.
- **Tiempo máximo en segundos para crear el archivo Parquet:** Valor por defecto: 120 segundos.

Si se llega al tiempo máximo antes del número mínimo de columnas, el archivo se crea, para garantizar que los datos no demoren tanto en estar disponibles.

Vista en vivo

Cuando terminamos de diseñar el flujo, lo publicamos para que comience a procesar los datos, transformarlos y almacenarlos en los destinos. Con la vista en vivo podemos supervisar el funcionamiento del flujo. Por ejemplo, en la figura 13.13 se ha seleccionado la cajita del Eventstream y en el panel inferior hay una vista previa de los datos.

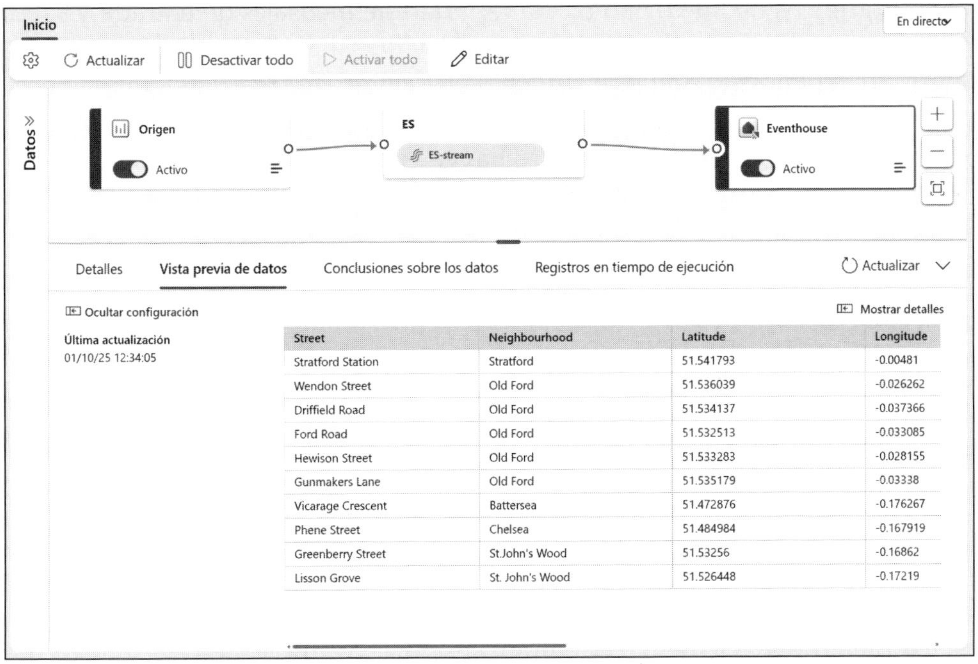

Figura 13.13. Vista previa de los datos de un flujo de eventos.

Pausar y reanudar

Mientras el flujo está trabajando, podemos desactivar los orígenes y los destinos. Esto lo podemos hacer individualmente, con un botón que hay en sus respectivas cajitas (ver en figura 13.13) o para todos al mismo tiempo con el botón Desactivar todos. Y luego se pueden volver a activar, también de manera individual o global.

Al activarlo, en algunos orígenes y destinos se puede escoger desde qué momento comienzan a enviar datos: el momento en que se detuvo, ahora o desde una hora personalizada en el pasado. La mayoría de los orígenes solo admite desde el momento en que se detuvo, pero Azure Event Hub y Azure IoT Hub admiten las tres opciones.

Hay algunos orígenes y destino que no se pueden desactivar, como las aplicaciones personalizadas, los eventos de Azure y Fabric o los flujos derivados.

Supervisión

Cuando seleccionamos las cajitas de un flujo, además de una vista previa de los datos, tenemos acceso a dos pestañas con información sobre su rendimiento.

La pestaña Conclusiones sobre los datos muestra estadísticas sobre la cajita seleccionada. Por ejemplo, en la figura 13.14 está seleccionado el Eventstream y hay dos gráficos de línea, uno con la cantidad de mensajes de entrada y salida y otro con el volumen, en bytes, de entrada y de salida. Las estadísticas que se muestran dependen del tipo de origen o de destino que se seleccione.

En algunas cajitas, hay otra pestaña llamada Registros en tiempo de ejecución, que nos permite ver mensajes que se hayan emitido, con tres posibles niveles: informativo, advertencia y error.

Configuración

En la cinta de opciones de la vista en vivo hay un botón de Configuración. Entre sus opciones hay dos parámetros, retención y rendimiento del evento, que queremos explicar en detalle.

Retención

Los datos que llegan a Eventstream se guardan internamente durante un periodo de retención que por defecto es de 1 día, pero que puede ampliarse hasta 90 días. Estos datos los usa el Eventstream como un búfer, por ejemplo, si un destino sufre un fallo cuando se restablece se enviarán datos que se recibieron mientras estaba fuera de servicio. Otro ejemplo: si se hacen cambios en las transformaciones o en un destino, se puede poner en pausa el destino y luego reanudarlo indicando que se utilicen datos desde una hora personalizada en el pasado. Estos datos no se pueden acceder directamente, pero ocupan espacio en OneLake, lo que implica un coste.

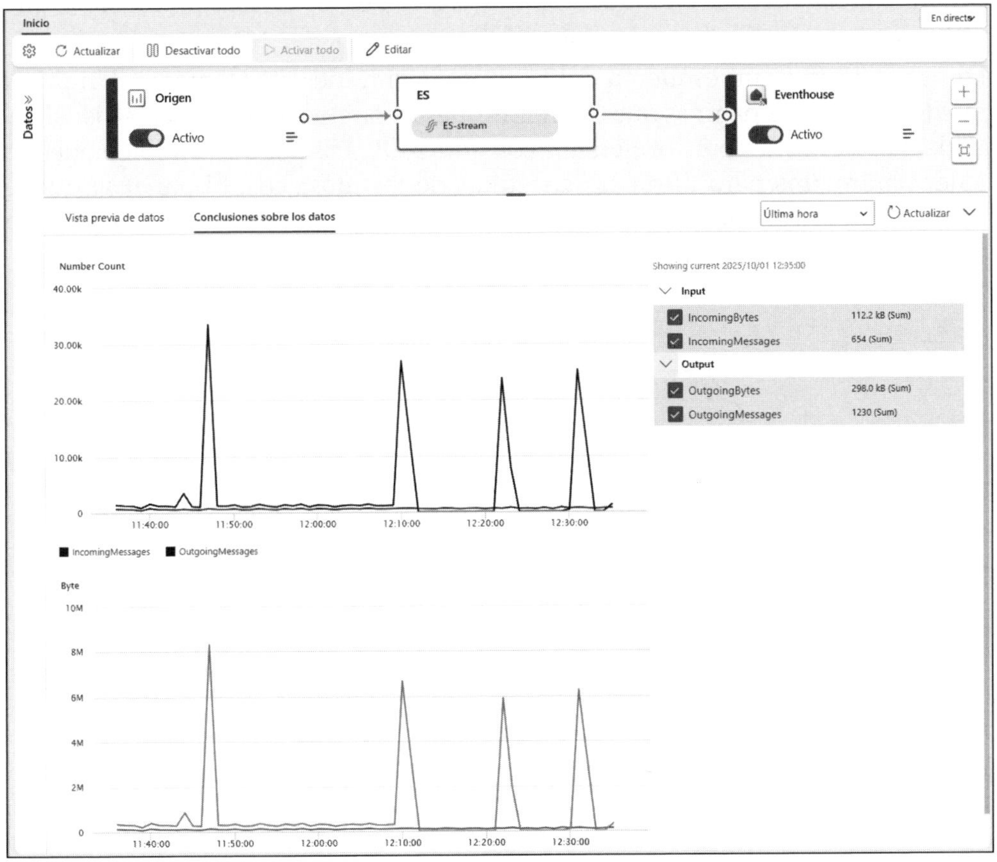

Figura 13.14. Vista Conclusiones sobre los datos.

Rendimiento del evento

Podemos configurar tres niveles de rendimiento de los datos de entrada y salida de un Eventstream: bajo, medio y alto. Por defecto está en un nivel bajo.

Esto configura las capacidades de escalado del Eventstream, pero el rendimiento real depende de cada conector. Antes de cambiar la configuración, se recomienda pausar las cajitas del flujo que lo permiten.

Hay que tener en cuenta que un aumento del rendimiento implica más consumo de la capacidad Fabric.

Panel en tiempo real

El **Panel en tiempo real** es un nuevo elemento de visualización de Fabric específico para crear cuadros de mando operativos con datos en tiempo casi real, que utiliza como origen la base de datos KQL.

La figura 13.15 es un esquema del funcionamiento de este elemento. Un panel puede tener varias páginas que están compuestas por mosaicos (objetos visuales). Cada mosaico tiene como origen una consulta KQL. Las páginas también pueden tener parámetros para filtrar las consultas de los mosaicos. El panel se puede configurar para que las consultas KQL se ejecuten automáticamente de manera continua o cada cierto intervalo de tiempo.

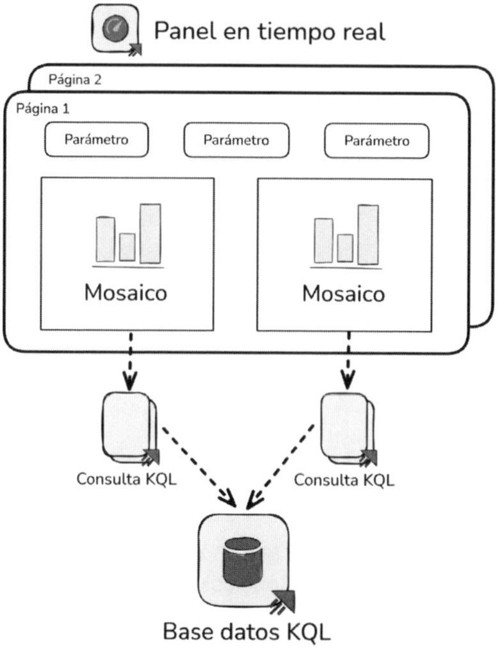

Figura 13.15. Esquema del funcionamiento de un panel en tiempo real.

Crear un panel

El **Panel en tiempo real** lo podemos crear, como todos los elementos de Fabric, con el botón **Crear elemento** de un área de trabajo. Solo debemos tener cuidado de seleccionar el elemento correcto y no confundirlo con el **Panel** de Power BI (figura 13.16).

Figura 13.16. Crear un panel en tiempo real.

Al crearse el elemento, se abrirá la interfaz web de edición del Panel en tiempo real, con la cinta de opciones y un lienzo para agregar los mosaicos (también se les llama iconos).

También se puede crear un panel en tiempo real desde una base de datos KQL, que ya tendrá configurado un origen de datos y un mosaico con una consulta KQL.

Orígenes de datos

En un panel en tiempo real en blanco debemos empezar por añadir un nuevo origen de datos, usando el botón correspondiente de la cinta de opciones. Al utilizar el botón aparecerán tres opciones:

- Catálogo de Onelake: Para buscar las bases de datos KQL disponibles en Fabric.
- Azure Data Explorer: Servicio de Azure que utiliza su propia base de datos KQL. Es necesario conocer la URL de conexión y el nombre de la base de datos.
- Azure Monitor: Servicio de Azure para registrar eventos, con dos modalidades: Application Insights y Log Analytics. También utiliza su propia base de datos KQL. Es necesario conocer la ubicación en Azure: suscripción, grupo de recursos, área de trabajo o nombre de la aplicación y el nombre de la base de datos.

Cuando configuramos un origen de datos podemos escoger la manera en que el usuario final del panel tendrá acceso a los datos:

- **Identidad de paso a través:** El usuario final del panel debe tener acceso a la base de datos de origen.
- **Identidad del editor del panel:** El acceso a los datos se realiza a través de una conexión definida por el editor del panel, por lo que el usuario final no necesita tener acceso a los datos.

Por último, en un origen de datos se puede configurar una caché para mantener una copia de los resultados y reutilizarlos en consultas repetidas. Esta caché puede tener una antigüedad máxima de entre 5 segundos y 2 horas. Su uso mejora el rendimiento y reduce el consumo de capacidad, aunque a cambio los datos no son tan recientes.

Para configurar los orígenes de datos que ya existen, usamos el botón **Orígenes de datos** de la pestaña **Administrar** de la cinta de opciones.

Mosaicos

Para añadir nuevos mosaicos al lienzo usamos el botón **Agregar icono** y se abrirá una pantalla como la de la figura 13.17.

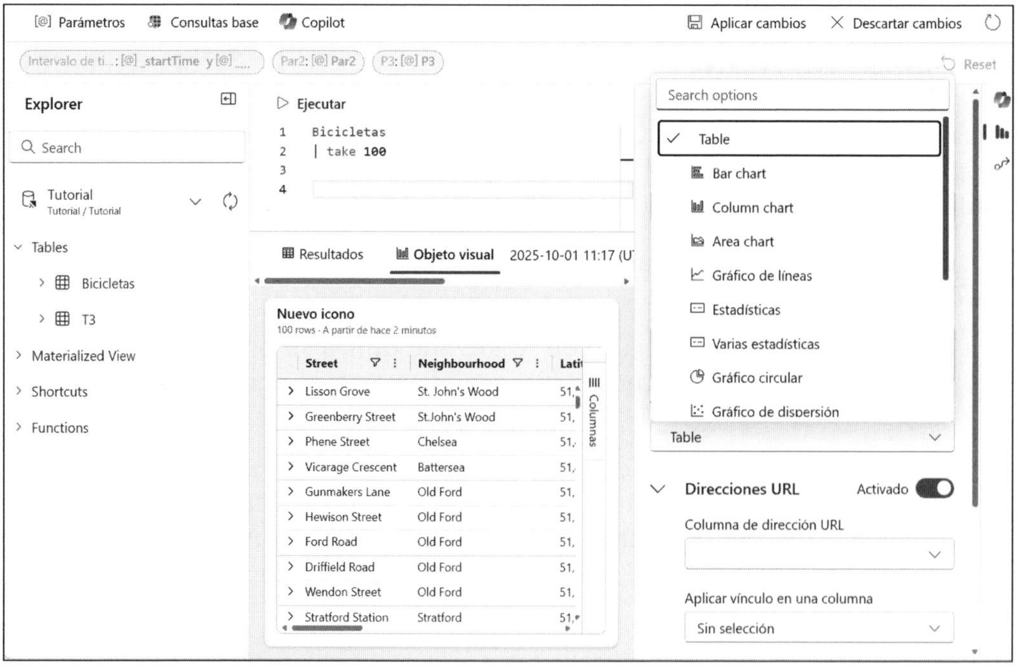

Figura 13.17. Ejemplo de añadir mosaico a un panel.

A la izquierda están los orígenes de datos y, si hay más de uno, debemos seleccionar el que usaremos en el mosaico. En el centro está el editor de la consulta KQL y, al ejecutarla, vemos una tabla con el resultado. A la derecha, hay un panel para configurar el objeto visual, que por defecto es una tabla, pero hay varios tipos de gráficos, como se ve en la figura. Cada tipo de gráfico tiene su propia configuración, aunque son mucho más limitadas que las de Power BI.

Una vez terminada la configuración del mosaico, la guardamos usando el botón Aplicar cambios. Esto nos llevará al lienzo donde aparecerá el nuevo mosaico y podremos ajustar su tamaño. El mosaico tiene un menú contextual, que aparece cuando pasamos el cursor sobre él, con opciones para editarlo, explorar los datos, actualizar los datos, entre otras.

Siguiendo el mismo proceso anterior, se pueden añadir más mosaicos al lienzo.

Para probar el resultado como lo verá el usuario final, se puede cambiar al modo de visualización con el botón Edición/Visualización, que está en la parte superior derecha.

Páginas

Un panel en tiempo real puede tener varias páginas, y para crearlas se utiliza el panel Páginas situado a la izquierda del lienzo. El usuario final verá este panel si hay más de una página. Por defecto estará replegado y el usuario final lo podrá abrir y volver a replegar, pero se puede configurar para esté abierto siempre.

Parámetros

En un panel en tiempo real se pueden definir parámetros y usarlos para filtrar las consultas KQL. Para crear un parámetro usamos el botón Parámetro nuevo de la cinta de opciones y para gestionar los parámetros usamos el botón Parámetros de la pestaña Administrar de la cinta de opciones.

Hay varios tipos de parámetros:

- Selección única.
- Selección múltiple.
- Texto libre.
- Intervalo de tiempo.
- Origen de datos.

Cada tipo tiene una configuración específica, por ejemplo, al crear un parámetro de tipo Selección única, hay que añadir a mano una lista de valores o escribir una consulta KQL para obtener la lista.

Los parámetros se mostrarán en la parte superior del lienzo, debajo de la cinta de opciones. Cuando configuramos un parámetro podemos seleccionar en qué páginas será visible.

Estos parámetros se comportarán como variables que pueden ser utilizadas dentro de las consultas KQL de los mosaicos, de manera que, al utilizar los parámetros de una página, se filtren los mosaicos.

Por ejemplo, cuando creamos un panel ya trae definido un parámetro de tipo Intervalo de tiempo que expone las variables `_startTime` y `_endTime` y que se pueden utilizar en una consulta KQL de la manera siguiente:

```
Bicicletas
| where Timestamp between (_startTime .. _endTime)
```

Los parámetros también permiten definir filtros cruzados entre los mosaicos de una página y definir páginas de obtención de detalles. Para ello, hay que ir a la configuración del mosaico y, en el panel derecho, seleccionar la opción Interacciones.

Actualización automática

El panel en tiempo real se puede configurar para que se actualice automáticamente. Por defecto esta opción está desactivada y, para activarla, en el modo de edición hay que usar el botón Actualizar automáticamente de la pestaña Administrar de la cinta de opciones. Hay dos parámetros de configuración:

- Intervalo de tiempo mínimo: Define la frecuencia mínima de actualización que puede escoger un usuario final.
- Frecuencia de actualización predeterminada: Es la que se aplicará automáticamente al panel. Se puede escoger una actualización continua, intervalos de 10 segundos, 30 segundos, y así hasta 1 día. También se puede desactivar.

Una vez activada la función, el usuario final verá un botón para elegir la frecuencia de actualización, pero las opciones disponibles dependerán del intervalo mínimo que haya definido el editor del panel.

La actualización continua refresca los datos cada segundo o cuando termine de ejecutarse la consulta anterior, si demora más de 1 segundo. Hay que ser cuidadoso con esta opción, ya que puede implicar un mayor consumo de capacidad.

Activador

Activador es un elemento de Fabric especializado en realizar acciones cuando se detectan determinados cambios en los datos. Su funcionamiento se puede dividir en tres etapas:

- Consume flujos de datos casi en tiempo real.
- Evalúa reglas a gran velocidad.
- Ejecuta acciones.

Un ejemplo sencillo del uso de Activador es configurar una alerta en un informe de Power BI para que, si las ventas diarias de una tienda caen por debajo de cierto valor, se envíe automáticamente un correo a la gerencia. Otro ejemplo más complejo es vigilar la vibración de una máquina industrial. Si en un periodo de 5 minutos la vibración supera el umbral establecido, Activador puede enviar una señal para detener la máquina antes de que se produzca un fallo mayor.

Funcionamiento

La figura 13.18 representa un esquema del funcionamiento de Activador.

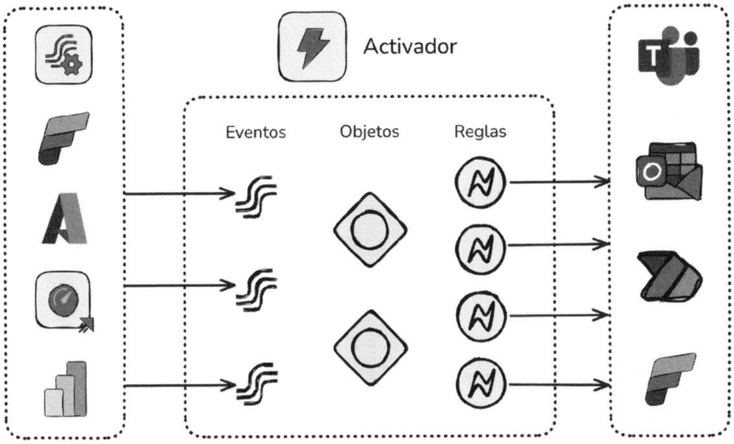

Figura 13.18. Esquema del funcionamiento de Activador.

A la izquierda están los orígenes que generan eventos, entre los que destaca Eventstream por su capacidad de capturar datos desde varias fuentes. Por ejemplo, si se quiere que Activador monitorice dispositivos de IoT, se hace a través de

Eventstream. También hay otros orígenes como los eventos de Fabric o de Azure, los informes de Power BI o los paneles de tiempo real. En la parte central de la figura se representan los flujos de eventos, los objetos, las reglas y las acciones.

Cuando Activador se conecta a algún origen se crea un flujo de eventos (no confundir con un Eventstream) donde cada evento tiene una marca de tiempo y algún o algunos valores que se quieren monitorizar.

Con estos eventos es posible definir objetos de negocio para modelar entidades de un proceso, por ejemplo, una bicicleta o un registro (*log*) de una aplicación. Para hacerlo, es necesario contar entre los datos del evento con una columna para identificar los objetos, por ejemplo, `IdBicicleta`. Al objeto además se le añaden otras columnas para definir sus propiedades.

A partir de los eventos o de los objetos se crean reglas que se estarán evaluando de manera continua. Estas reglas contienen condiciones, que pueden ser sencillas, como una comparación con un valor numérico o de texto, o más complejas y que tienen en cuenta los estados anteriores de un objeto. Un ejemplo de regla: que el valor de una propiedad de un objeto cambia un 10 % con relación al evento anterior. Cuando la condición de una regla se cumple, esta se activa y se genera una acción.

En la parte derecha de la figura están representados los cuatro destinos que pueden tener las acciones:

- Enviar mensaje a Teams.
- Enviar correo electrónico.
- Ejecutar alguno de estos elementos de Fabric: Cuaderno Spark o Python, Canalización, Trabajo de Spark.
- Ejecutar un flujo de Power Automate.

Crear un activador

Podemos crear un activador, como en el resto de los elementos de Fabric, con el botón **Nuevo elemento** de un área de trabajo. En ese caso, aparecerá un gran lienzo vacío con dos botones, uno para obtener datos y otro para generar datos de ejemplo. Pero también es posible crear un activador desde otros elementos de Fabric, por ejemplo, desde un informe Power BI, desde un panel en tiempo real, desde un conjunto de consultas KQL. En estos casos, el activador creado ya contendrá un flujo de eventos con el origen de datos y alguna regla definida.

Vamos a asumir que tenemos un activador vacío al que queremos conectar con algún origen de datos.

Obtener datos

Cuando buscamos un origen de datos aparecerán muchas opciones, pero solo con algunas se establece una conexión directa porque en la mayoría de los casos se crea un Eventstream para que haga de intermediario entre activador y el origen.

Por ejemplo, la figura 13.19 muestra una conexión a Azure Event Hub y otra conexión a Eventos de *OneLake*. En la primera conexión se puede apreciar que se va a crear un Eventstream y que incluso se puede crear en otra área de trabajo.

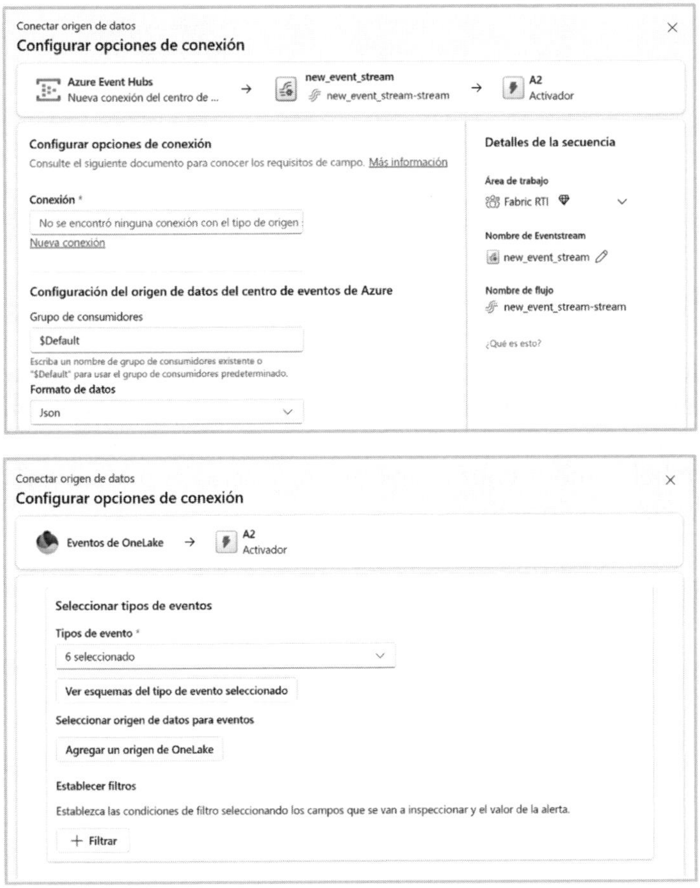

Figura 13.19. Conectar origen de datos a un activador.

Una vez creada la conexión, podemos ver el flujo de eventos y explorar los datos que van llegando. En la figura 13.20 se ha hecho una conexión con el conjunto de datos de muestra **Mercado bursátil**.

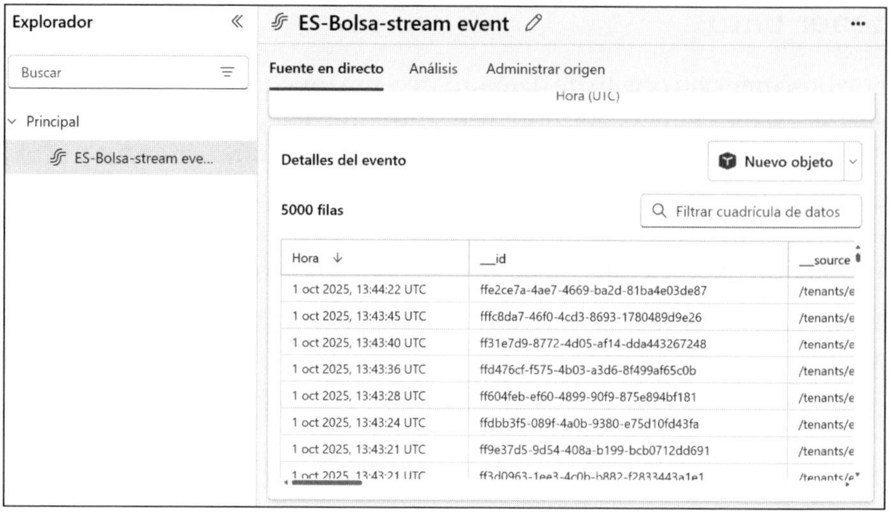

Figura 13.20. Vista de un flujo de eventos en directo.

Crear un objeto

A partir de los eventos con datos bursátiles, vamos a crear un objeto de negocio que llamaremos `Simbolo`, para monitorizar la evolución de los símbolos bursátiles. La figura 13.21 muestra la configuración del objeto, donde se utiliza la columna symbol como identificador único, y se seleccionan varias columnas como propiedades del objeto.

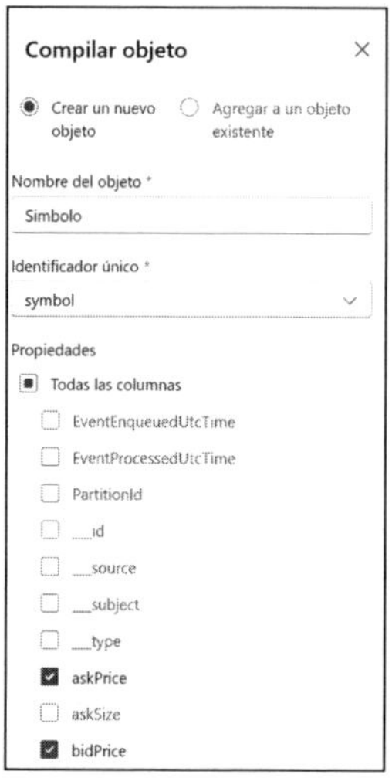

Figura 13.21. Crear un objeto en Activador.

Una vez creado el objeto, podemos analizar la evolución de cada propiedad. Por ejemplo, en la figura 13.22 se aprecia la evolución del precio de venta de cada símbolo.

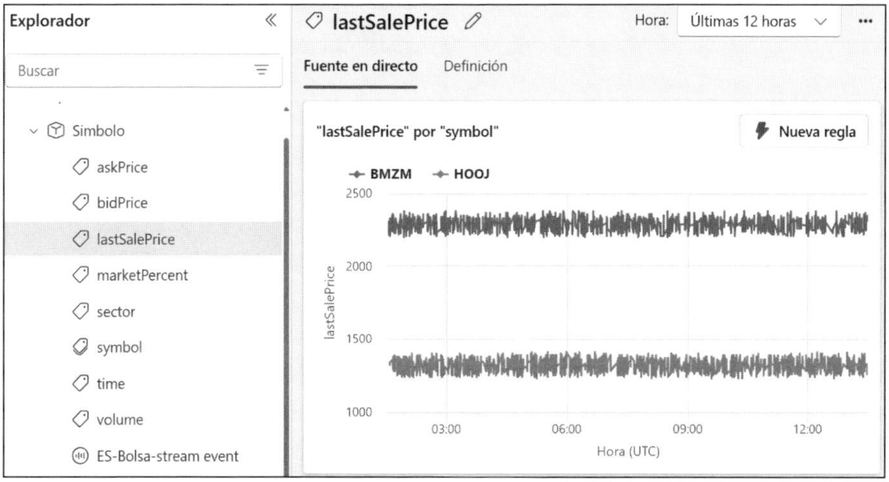

Figura 13.22. Evolución de propiedad de un objeto.

Crear una regla

Continuando con el ejemplo, crearemos una regla que detecte cuándo el precio de venta de un símbolo disminuye un 5 % o más, y ejecute un cuaderno Spark.

Para crear la regla, seleccionamos la propiedad `lastSalePrice` del objeto `Simbolo` y agregamos una condición de tipo `Disminuye en`, indicando un valor del 5 %. De esta manera configuramos que la alerta se dispare cuando el precio de la acción baje al menos un 5 % en el periodo definido.

En la figura 13.23 se muestra el panel de configuración de la condición (la imagen original ha sido recortada en dos partes para mayor claridad).

Configuramos la acción con el tipo Elemento de Fabric y seleccionamos el cuaderno.

Una vez que la regla se haya creado, estará activa comprobando de manera continua si se cumple la condición. Aparecerá en el panel izquierdo, debajo de la propiedad `lastSalePrice` del objeto `Simbolo`.

Si seleccionamos la regla, podemos detener su ejecución utilizando un botón de la cinta de opciones. También podemos ver un gráfico con el historial de las veces que la regla se activó.

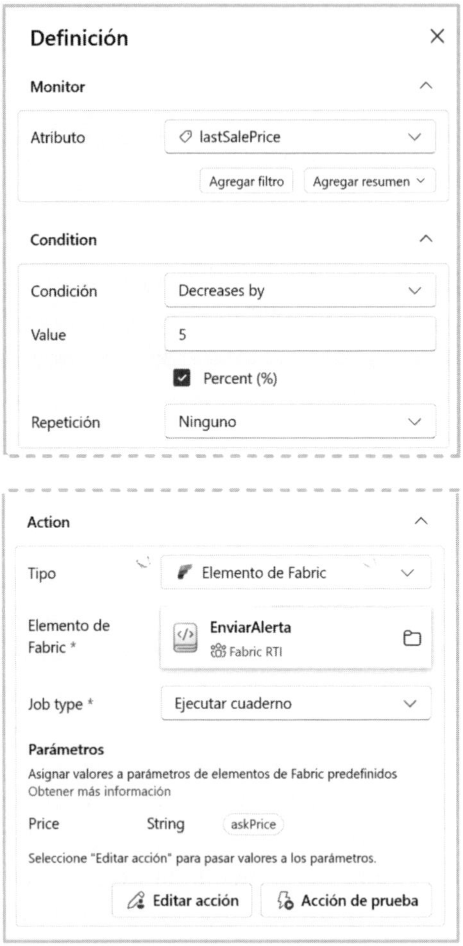

Figura 13.23. Crear y configurar una regla en Activador.

Centro en tiempo real

Para terminar este capítulo, vamos a revisar brevemente el **Centro en tiempo real**, que es una página de Fabric donde tenemos en un solo lugar todos los elementos relacionados con datos en movimiento.

Para entrar a la página, usamos el botón **Tiempo real** del panel de navegación de Fabric. La figura 13.24 muestra el **Centro en tiempo real**, que tiene un menú a la izquierda con opciones para conectarse a orígenes de datos o suscribirse a eventos. En la parte superior central, tiene varios botones grandes con algunas sugerencias para crear un Eventstream, un activador, un panel en tiempo real o explorar los datos. Y debajo de los botones grandes tiene una lista de los Eventstreams y las tablas de las bases de datos KQL disponibles.

El **Centro en tiempo real** es un excelente punto de partida para iniciar un proyecto de análisis en tiempo real.

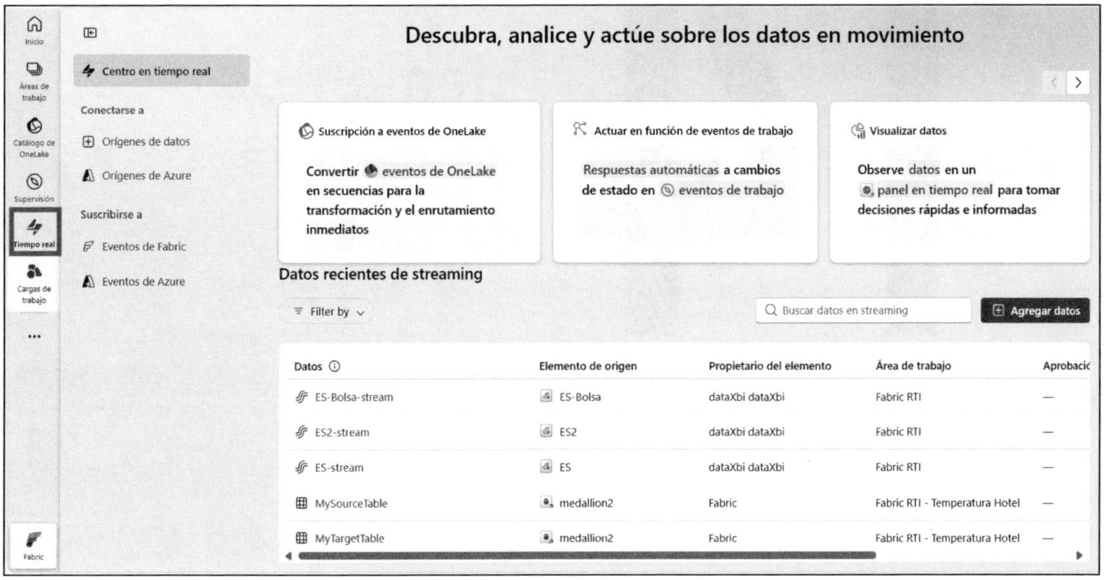

Figura 13.24. Centro en tiempo real.

14 Elementos de ciencia de datos

En este capítulo aprenderás a:

- Usar Spark en Microsoft Fabric para crear y entrenar modelos de aprendizaje automático.
- Aplicar bibliotecas como Prophet y MLlib para hacer predicciones y clasificaciones con datos del Lakehouse.
- Gestionar el ciclo de vida de los modelos mediante experimentos y modelos de ML con MLflow.
- Automatizar el entrenamiento de modelos con el asistente AutoML de Fabric.
- Integrar inteligencia artificial generativa usando las funciones de IA y los agentes de datos conectados a Azure OpenAI.

Una de las claves de Fabric es su capacidad para integrar la inteligencia artificial en los procesos y aprovechar los datos de OneLake para enriquecer los modelos de aprendizaje automático y de IA.

En este capítulo haremos un breve recorrido por la ciencia de datos, que abarca desde el uso de funciones estadísticas hasta la creación de modelos de aprendizaje automático y la aplicación de técnicas de inteligencia artificial.

Las herramientas fundamentales para la ciencia de datos en Fabric son Spark y Python, que incorporan numerosas bibliotecas estadísticas y de aprendizaje automático.

Además, Fabric ofrece elementos especializados como los modelos de aprendizaje automático y los experimentos, que ayudan a gestionar el ciclo de vida de un modelo y se apoyan en la biblioteca MLflow.

A esto se suman las funciones de IA, que permiten utilizar los servicios de Azure OpenAI, y el agente de datos, que aprovecha la IA generativa para conversar directamente con los datos.

NOTA:

En este capítulo trabajaremos directamente con datos del Lakehouse. *Sin embargo, Fabric también permite conectar los modelos semánticos de Power BI con los entornos de ciencia de datos mediante la biblioteca Semantic Link, que se explicará con más detalle en el capítulo 16.*

Predicción con la biblioteca Prophet

Comenzaremos con un ejemplo en el que utilizaremos la biblioteca Python Prophet, incluida en el entorno predeterminado de Spark y con la que podemos hacer predicciones de series temporales.

Prophet fue concebida para ser fácil de usar con series temporales que presentan estacionalidad (por ejemplo, temporadas altas y bajas) y maneja bien los valores faltantes o atípicos.

Hemos elegido Prophet por su sencillez, porque el objetivo de este ejemplo no es profundizar en el algoritmo, sino mostrar cómo incorporar la ciencia de datos en el flujo de trabajo de Fabric.

Haremos una predicción de las ventas para los próximos 12 meses a partir de las ventas diarias registradas desde el año 2022. En este caso, partiremos de una tabla almacenada en un Lakehouse, ya preparada para usarla con Prophet y que contiene solo las columnas `fecha` y `venta_total_dia`. La predicción se realiza en un cuaderno Spark, y el resultado se guarda en otra tabla del Lakehouse (figura 14.1). La tabla de resultados podría transformarse después para incorporarla en un modelo semántico y utilizarla en Power BI.

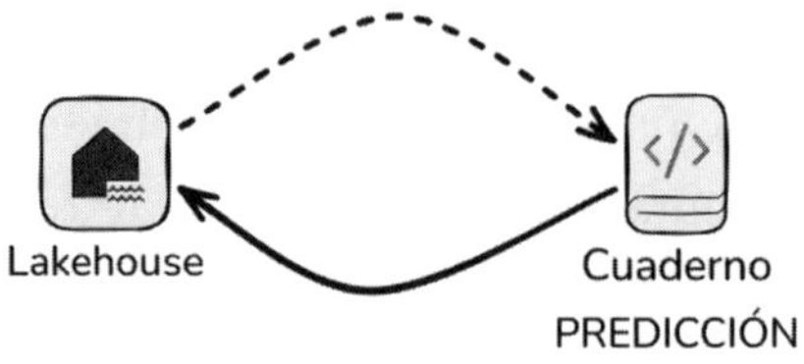

Figura 14.1. Flujo de trabajo para la predicción.

En la figura 14.2 se muestra un código que realiza las siguientes tareas:

```
import pandas as pd
from prophet import Prophet
import pyspark.sql.functions as F

ventas_diarias = spark.table('ventas_diarias')

df = ventas_diarias.toPandas()
df.columns=['ds','y']

m = Prophet()
m.fit(df)

valores_futuros =  m.make_future_dataframe(periods=12, freq='M')

prediccion = m.predict(valores_futuros)

prediccion_spark = spark.createDataFrame(prediccion)
prediccion_spark \
    .write.format("delta") \
    .mode("overwrite") \
    .saveAsTable("prediccion_ventas_mensuales")
```

✓ - Command executed in 47 s 536 ms by dataXbi dataXbi on 7:36:33 PM, 10/20/25 PySpark (Python)

Figura 14.2. Ejemplo de código utilizando la biblioteca Prophet.

1. Se cargan los datos de la tabla ventas_diarias en un DataFrame de Spark.
2. Se convierte el DataFrame de Spark a pandas, ya que Prophet trabaja con DataFrames de pandas.
3. Se renombran las columnas a "ds" y "y", como espera Prophet.
4. Se entrena el modelo con los datos originales usando el método `fit()`.
5. Se generan las fechas futuras (12 meses) con `make_future_dataframe()`.

6. Se realiza la predicción con el método `predict()`.
7. Se guarda el resultado en otra tabla del Lakehouse, convirtiendo previamente el DataFrame de pandas a Spark.

En la figura 14.3 se visualiza un gráfico con los valores reales y los valores previstos por el modelo.

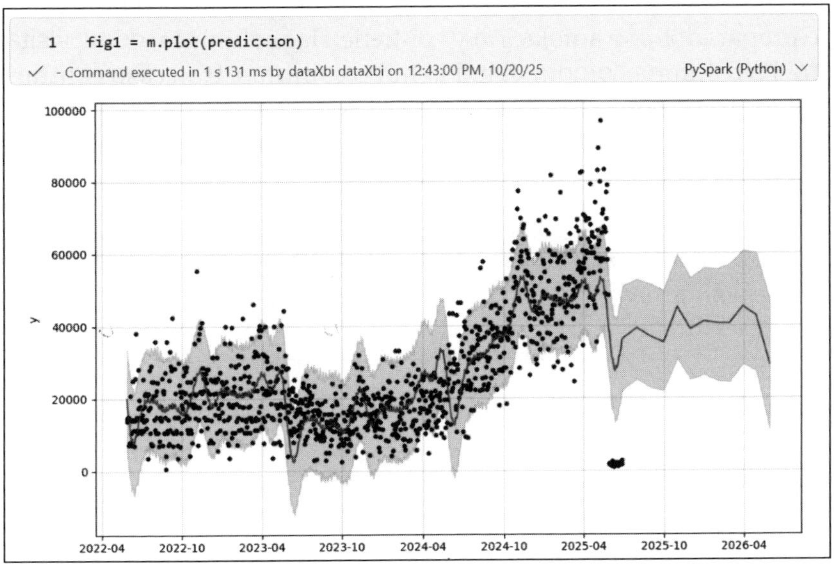

Figura 14.3. Representación gráfica de los resultados de la predicción.

Clasificación con la biblioteca MLlib

El ejemplo anterior es sencillo, ya que el modelo se entrenó directamente mediante la función `fit`, que ajusta los parámetros internos del modelo a partir de los datos de entrada y las etiquetas o valores objetivo. Sin embargo, en la mayoría de los proyectos de ciencia de datos el entrenamiento de un modelo sigue los siguientes pasos:

1. Obtener una muestra de los datos.
2. Preparar los datos: limpiar y extraer características.
3. Separar la muestra en entrenamiento y prueba.
4. Entrenar el modelo con los datos de entrenamiento.
5. Evaluar el modelo con los datos de prueba.

Veamos un ejemplo con estos pasos usando un algoritmo de clasificación para predecir qué usuarios de un sitio web tienen más posibilidades de hacer una compra según su edad y el número de visitas al sitio. Utilizaremos MLlib, la biblioteca de ML de Spark incluida en el entorno predeterminado de Fabric, que incorpora algoritmos de clasificación, regresión y *clustering*, entre otros.

Como en el ejemplo anterior, los datos están en una tabla de Lakehouse y el resultado de la clasificación se guardará en otra tabla del propio Lakehouse. Los datos han sido preparados con antelación y contienen las columnas: **edad**, **visitas_web** y **compra**. La columna **compra** vale 1 si hubo compra y 0 en caso contrario. Este tipo de algoritmo requiere columnas con las características de entrada y una columna con el resultado esperado, llamada **etiqueta**. En nuestro caso, **edad** y **visitas_web** son las características y `compra` es la etiqueta.

NOTA:

Es un ejemplo muy simple que no considera otras variables que serían deseables en un caso real.

La figura 14.4 presenta el código con comentarios en cada paso, donde queremos destacar algunos puntos:

```
# Bibliotecas
from pyspark.ml.feature import VectorAssembler
from pyspark.ml.classification import LogisticRegression
from pyspark.ml.evaluation import BinaryClassificationEvaluator

# Leer los datos
df = spark.table('visitas_web')

# Preparar las características (features)
assembler = VectorAssembler(inputCols=["edad", "visitas_web"], outputCol="features")
df_features = assembler.transform(df)

# Dividir en entrenamiento y prueba
train_df, test_df = df_features.randomSplit([0.7, 0.3], seed=42)

# Crear y entrenar el modelo
lr = LogisticRegression(featuresCol="features", labelCol="compra")
modelo = lr.fit(train_df)

# Hacer la predicción
predicciones = modelo.transform(test_df)

# Evaluar el modelo
evaluator = BinaryClassificationEvaluator(labelCol="compra")
print("AUC =", evaluator.evaluate(predicciones))

# Guardar el resultado en una tabla
predicciones_guardar = predicciones.select("edad", "visitas_web", "prediction", "probability")
predicciones_guardar.write.format("delta").mode("overwrite").saveAsTable("prediccion_compras_web")
```

✓ - Command executed in 15 s 246 ms by dataXbi dataXbi on 7:48:50 PM, 10/20/25 PySpark (Python)

Figura 14.4. Ejemplo de código utilizando la biblioteca MLlib.

- La biblioteca MLlib está en el paquete pyspark.ml, del cual en este ejemplo se han usado los componentes `VectorAssembler`, `LogisticRegression` y `BinaryClassificationEvaluator`.
- MLlib trabaja con DataFrames de Spark, por lo que no es necesario convertir los datos a pandas.
- Los datos se separan de forma aleatoria con una semilla fija (42) para garantizar que sean los mismos cada vez que se ejecuta el cuaderno. Al dividirlos, el 70 % se utiliza para entrenamiento y el 30 % para evaluación.
- La métrica de evaluación AUC (*Area Under the Curve*) se emplea en algoritmos de clasificación binaria como este. Un valor de 1 indicaría una clasificación perfecta, aunque en este caso el conjunto de datos es muy pequeño y el modelo probablemente esté sobreajustado (*overfitting*).

En la figura 14.5 se visualiza la tabla resultante con la predicción, que incluye las columnas originales junto con las columnas **prediction** y **probability**. **Prediction** muestra el valor previsto por el modelo para cada registro, mientras que **probability** indica el grado de confianza asociado a dicha predicción.

123 edad	123 visitas_web	1.2 prediction	ANY probability
25	5	0.0	{"type":1,"values":[1,0]}
32	10	0.0	{"type":1,"values":[0.6167233522414999,0.383...
37	13	1.0	{"type":1,"values":[8.468366799689069e-13,0.9...
40	15	1.0	{"type":1,"values":[1.1692298148674641e-20,1]}
50	20	1.0	{"type":1,"values":[9.408208082915342e-43,1]}
53	22	1.0	{"type":1,"values":[1.2989939684020617e-50,1]}
55	24	1.0	{"type":1,"values":[1.70437345637193e-57,1]}

Figura 14.5. Tabla de los resultados de la predicción.

Ciclo de vida de un modelo con MLflow

En el ejemplo anterior, el modelo se entrena y se utiliza para hacer predicciones en el mismo cuaderno. Sin embargo, en proyectos reales, donde los volúmenes de datos son mayores y se busca una mayor precisión en las predicciones, el entrenamiento puede tardar bastante tiempo. Por esta razón, suele separarse el entrenamiento del uso del modelo, siguiendo un flujo como este:

1. Entrenar y evaluar el modelo.
2. Desplegar la mejor versión.

3. Usar el modelo con datos reales.
4. Supervisar su rendimiento.
5. Volver a entrenarlo para mejorarlo.

Para gestionar este ciclo de manera estructurada y trazable, podemos apoyarnos en MLflow, una biblioteca de código abierto incluida en el entorno de Spark de Fabric e integrada directamente en la plataforma. Gracias a esta integración, podemos crear desde la propia biblioteca dos elementos nativos de Fabric:

- Experimento.
- Modelo de ML.

La figura 14.6 presenta un código similar al del ejemplo anterior (figura 14.5), pero utilizando MLflow para registrar un experimento y, dentro de él, un modelo. En la primera, las diferencias respecto al ejemplo anterior (figura 16.4) son las siguientes:

- En el bloque de bibliotecas se incluye mlflow.
- Después de leer los datos se asignan explícitamente los tipos de las columnas.
- En la línea 26 se crea un experimento con el nombre `ClasificaciónComprasWeb`, lo que genera un elemento de tipo **Experimento** en el área de trabajo.

El código continúa en la segunda, donde se inicia una ejecución del experimento para entrenar y evaluar el modelo. Las diferencias principales con el ejemplo anterior son:

- `mlflow.start_run()` inicia una ejecución del experimento. Cada vez que se ejecute el cuaderno se registrará una nueva ejecución dentro del mismo experimento.
- Después de entrenar el modelo y hacer la predicción con los datos de prueba, se define una firma donde se especifican los parámetros de entrada y salida del modelo. En este caso, las entradas son las características (`edad` y `vistas_web`) y la salida es la predicción.
- Tras evaluar el modelo, se registra en el experimento el valor de la métrica AUC.
- Finalmente, el modelo se guarda junto con su firma dentro del experimento.

En la figura 14.7 se observa el resultado de la ejecución del código. Se puede apreciar que la ejecución recibe un nombre aleatorio. Igualmente se indica la hora de inicio, la duración, el estado y el nombre del experimento.

```python
# Bibliotecas
from pyspark.ml.feature import VectorAssembler
from pyspark.ml.classification import LogisticRegression
from pyspark.ml.evaluation import BinaryClassificationEvaluator
from pyspark.sql import functions as F
import mlflow
from mlflow.models.signature import infer_signature

# Leer los datos
df = spark.table('visitas_web')

# Asignar tipos de datos correctos a las columnas
df = df \
    .withColumn("edad", F.col("edad").cast("double")) \
    .withColumn("visitas_web", F.col("visitas_web").cast("double")) \
    .withColumn("compra", F.col("compra").cast("int"))

# Preparar las características (features)
assembler = VectorAssembler(inputCols=["edad", "visitas_web"], outputCol="features")
df_features = assembler.transform(df)

# Dividir en entrenamiento y prueba
train_df, test_df = df_features.randomSplit([0.7, 0.3], seed=42)

# Crear un experimento con MLflow (se crea un elemento Experimento en Fabric)
mlflow.set_experiment("ClasificacionComprasWeb")

# Iniciar una ejecución del experimento
with mlflow.start_run() as run:
    # Entrenar el modelo
    lr = LogisticRegression(featuresCol="features", labelCol="compra")
    modelo = lr.fit(train_df)

    # Hacer la prediccón para poder evaluar
    predicciones = modelo.transform(test_df)

    # Inferir la firma del modelo (input y output)
    X_sig = test_df.select("edad","visitas_web").toPandas()
    y_sig = predicciones.select("prediction").toPandas()
    signature = infer_signature(X_sig, y_sig)

    # Evaluar el modelo y registrar la métrica
    evaluator = BinaryClassificationEvaluator(labelCol="compra")
    auc = evaluator.evaluate(predicciones)
    mlflow.log_metric("auc", random.random())

    # Registrar el modelo con su firma dentro del experimento
    mlflow.spark.log_model(modelo, artifact_path="model", signature=signature)
```

✓ - Command executed in 18 s 174 ms by dataXbi dataXbi on 12:11:43 AM, 10/21/25 PySpark (Python)

Figura 14.6. Ejemplos de código utilizando la biblioteca MLflow.

En el siguiente epígrafe veremos cómo consultar estos experimentos y versiones de modelos directamente desde el portal de Fabric.

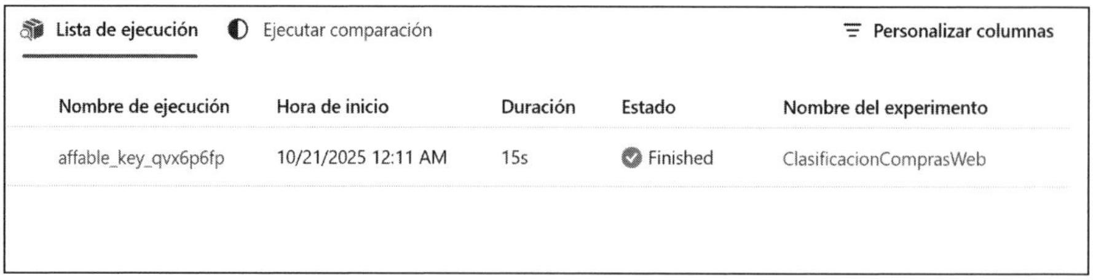

Figura 14.7. Resultado de la ejecución del código anterior.

El elemento Experimento

Después de ejecutar el ejemplo anterior, si accedemos al área de trabajo, veremos un nuevo elemento con el nombre `ClasificacionComprasWeb`, de tipo Experimento, como se aprecia en la figura 14.8.

Figura 14.8. Vista del experimento en el área de trabajo.

Al entrar en el experimento se abre una página como la de la figura 14.9. En el panel izquierdo aparece el listado de ejecuciones del experimento.

En el panel principal, que ocupa la mayor parte de la pantalla, se pueden ver las propiedades de la ejecución seleccionada: fecha de inicio, duración, estado, nombre del cuaderno en el que se ejecutó, entre otras. También es posible cambiar el nombre predefinido de la ejecución y añadir una descripción.

Debajo de estas propiedades, se encuentran dos botones principales, que se describen a continuación. Más abajo, se ven los detalles de la ejecución seleccionada, incluyendo las métricas de evaluación y los esquemas de entrada y salida del modelo.

Lista de ejecución

El primero de los botones mencionados es Ver lista de ejecuciones, que también se encuentra en la pestaña Ver de la cinta de opciones.

Este botón nos lleva a una pantalla donde podemos comparar varias ejecuciones del mismo experimento para determinar cuál obtuvo los mejores resultados.

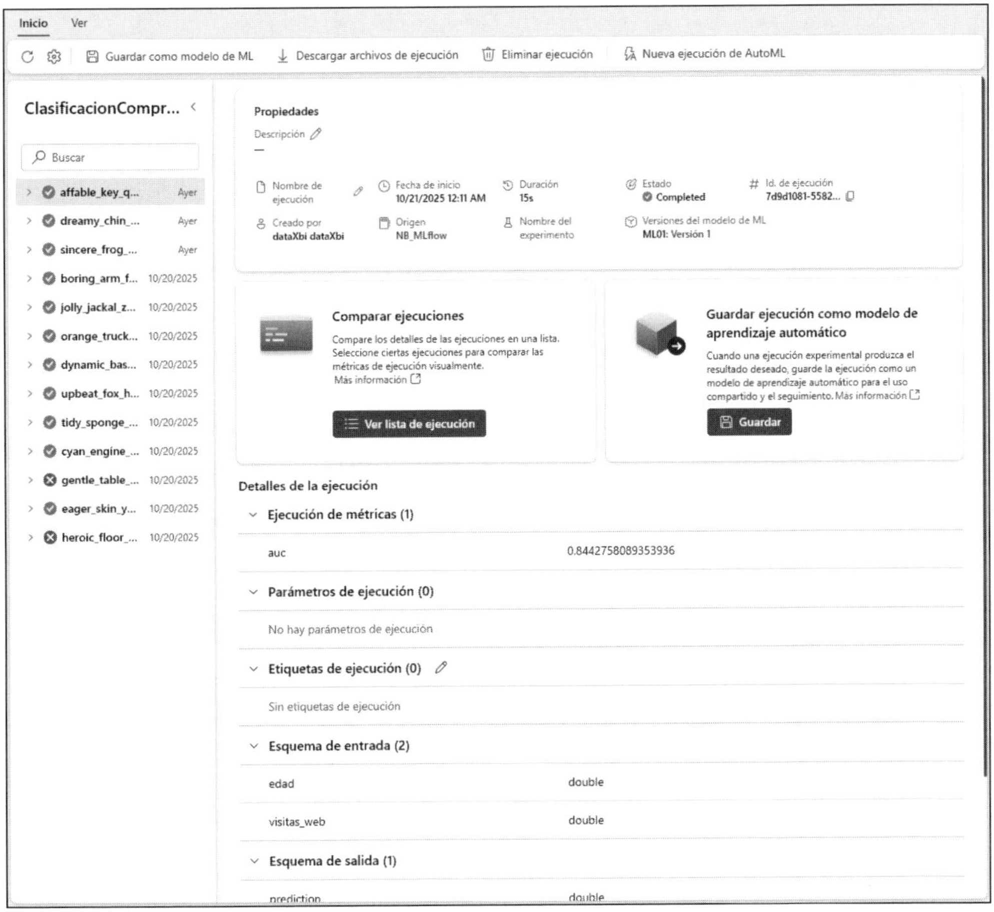

Figura 14.9. Detalles de una ejecución de experimento en Fabric.

En la figura 14.10 se visualizan tres ejecuciones comparadas por la métrica AUC, donde se identifica claramente la ganadora.

Para volver a la vista inicial, se utiliza el botón Detalles de la ejecución, disponible en la pestaña Ver de la cinta de opciones.

Guardar como modelo de ML

El otro botón destacado de la página de inicio es Guardar, que también aparece en la cinta de opciones con el nombre Guardar como modelo de ML. Este botón permite extraer el modelo entrenado durante una ejecución y guardarlo como un elemento independiente de tipo Modelo de ML.

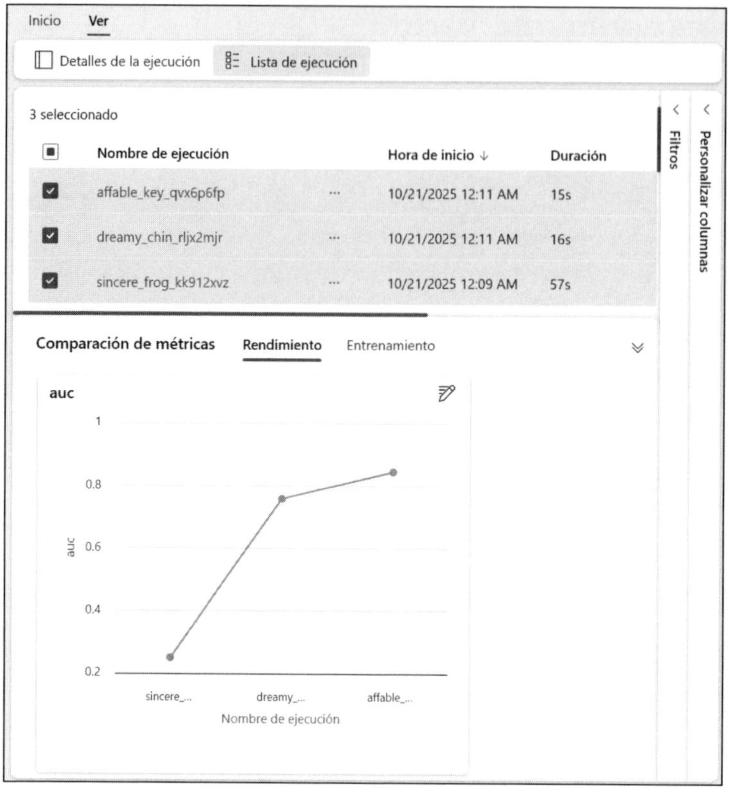

Figura 14.10. Vista de comparación de ejecuciones en un experimento de Fabric.

En la figura 14.11 se observa cómo, al usar esta opción, podemos crear un nuevo modelo o añadirlo a uno existente.

Figura 14.11. Opciones para guardar un modelo de ML en Fabric.

Crear un experimento vacío

Un elemento **Experimento** puede crearse desde la biblioteca MLflow, como vimos anteriormente, o directamente desde el área de trabajo mediante el botón **Nuevo elemento**.

En este caso se genera un experimento vacío, como se visualiza en la figura 14.12, donde aparecen varios botones para iniciar el trabajo: crear un cuaderno a partir de una plantilla, usar uno existente, crear un nuevo cuaderno o utilizar AutoML.

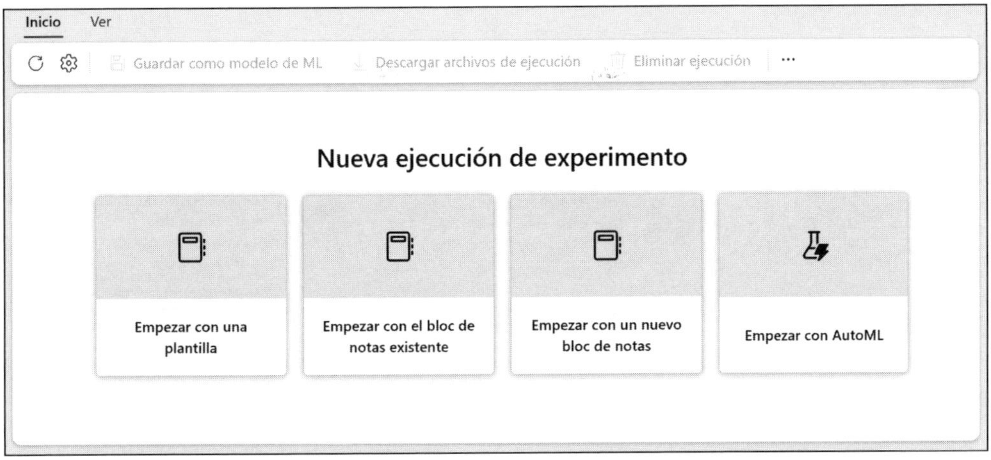

Figura 14.12. Opciones para iniciar una nueva ejecución de experimento.

Los tres primeros botones permiten gestionar el experimento mediante MLflow, mientras que el último ofrece la posibilidad de hacerlo a través de un asistente visual, que explicaremos en el epígrafe siguiente.

El elemento Modelo de ML

Anteriormente, vimos cómo se puede extraer un modelo de ML desde un experimento y guardarlo como un elemento de Fabric. Esta acción paralelamente lo registra en el sistema de seguimiento de MLflow, lo que permite gestionarlo y utilizarlo posteriormente para hacer predicciones con datos reales.

La figura 14.13 representa el elemento en el área de trabajo, y la figura 14.14 muestra el modelo abierto. Su interfaz es similar a la de un experimento, con la diferencia de que el panel izquierdo contiene las versiones del modelo, mientras que el de experimentos contiene el listado de ejecuciones realizadas.

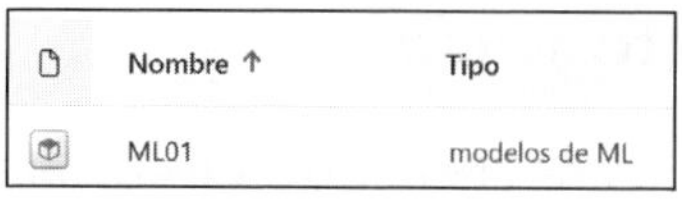

Figura 14.13. Vista del elemento **Modelo de ML** en el área de trabajo.

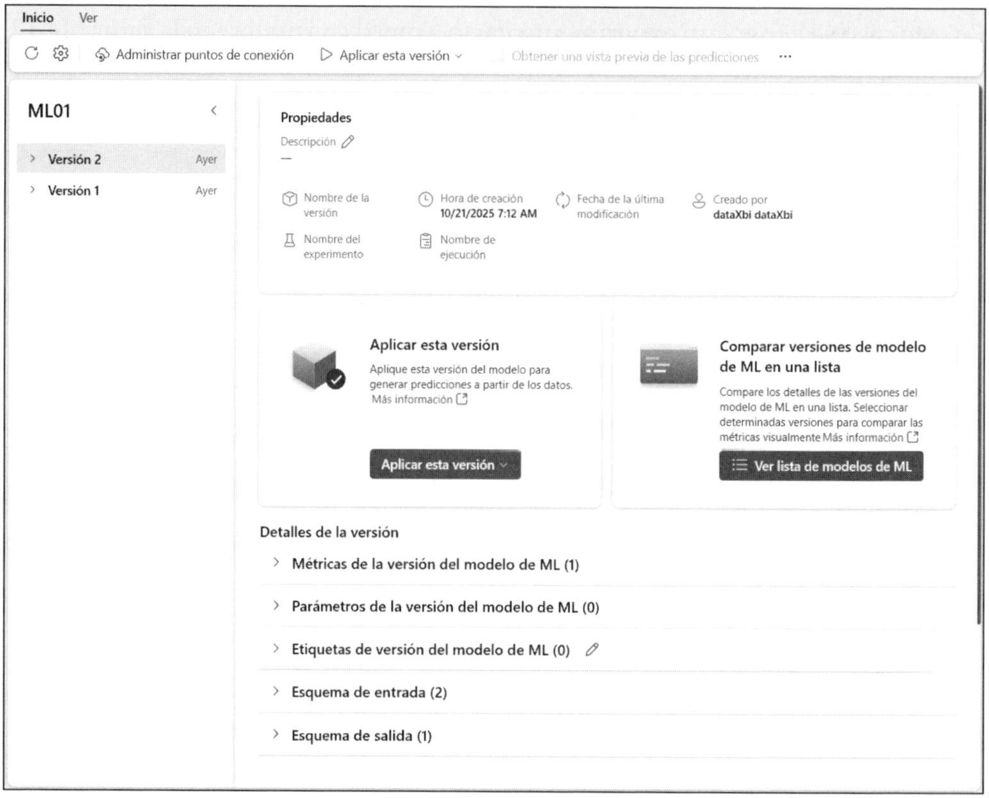

Figura 14.14. Interfaz de un modelo de ML con sus versiones en Fabric.

Estas versiones se generan cuando, desde un experimento, se guarda un modelo en otro ya existente. La idea general es crear un experimento en el que se realizan varias ejecuciones para seleccionar el mejor modelo y, una vez identificado, extraerlo como un elemento de tipo modelo de ML para realizar predicciones con datos reales. Más adelante, se pueden ejecutar nuevas pruebas dentro del mismo experimento para seguir mejorando el modelo y guardar las versiones resultantes en el mismo elemento.

Cuando en la interfaz del modelo está seleccionada una versión, aparecen dos botones: **Aplicar esta versión** y **Ver lista de modelos de ML**. Este último es similar al que aparece en un experimento y permite comparar distintas versiones.

Aplicar esta versión

Con el botón **Aplicar esta versión** podemos crear un cuaderno Spark que utiliza esa versión del modelo para hacer predicciones sobre una tabla del Lakehouse y guardar los resultados en otra. El cuaderno se genera mediante un asistente visual o a partir de una plantilla. La figura 14.15 ejemplifica algunos pasos del asistente y la figura 14.16 expone el código generado.

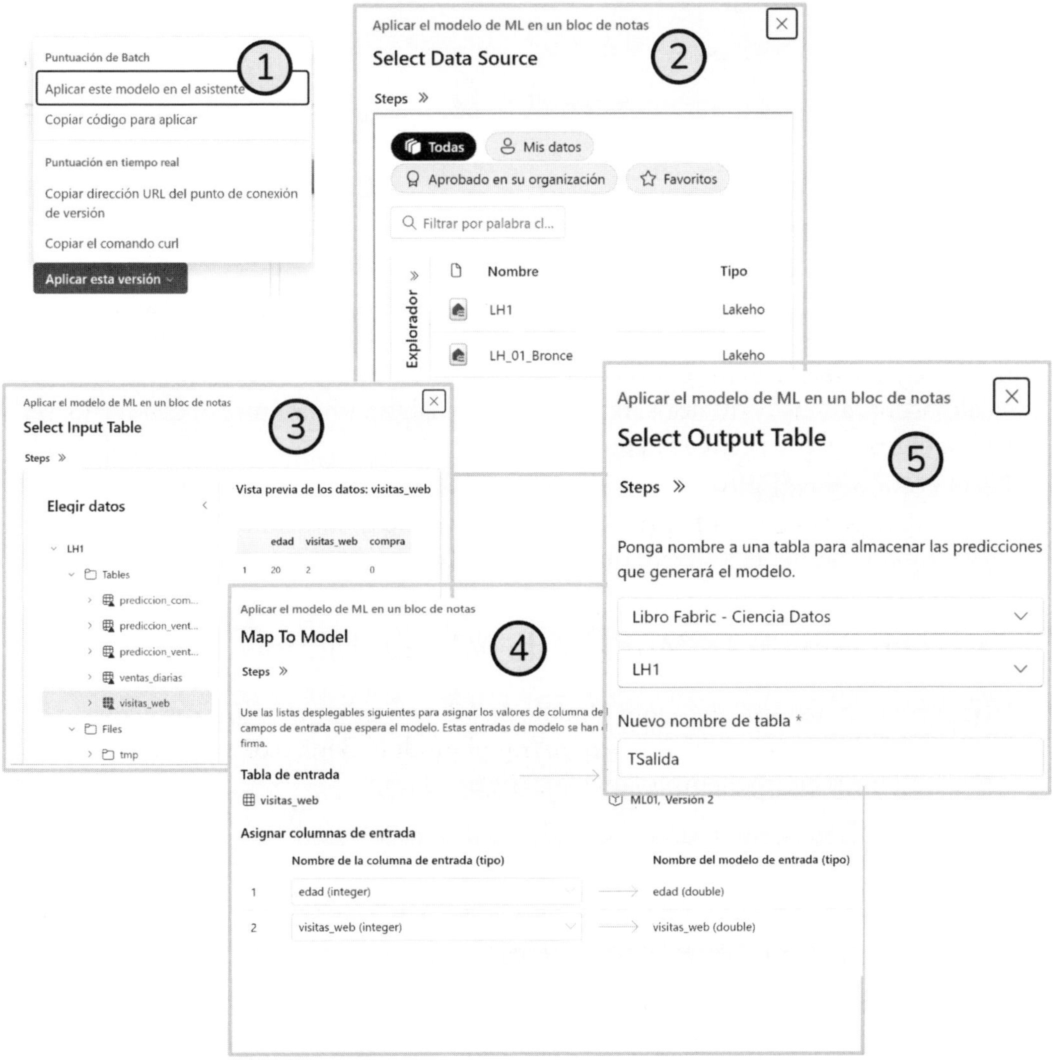

Figura 14.15. Pasos del asistente para aplicar un modelo de ML en un cuaderno.

```
import mlflow
from synapse.ml.predict import MLFlowTransformer

df = spark.read.format("delta").load(
    "abfss://xxxx@onelake.dfs.fabric.microsoft.com/xxxx/Tables/visitas_web"
)

model = MLFlowTransformer(
    inputCols=["edad","visitas_web"],
    outputCol="prediction",
    modelName="ML01",
    modelVersion=2
)
df = model.transform(df)

df.write.format('delta').mode("overwrite").save(
    "abfss://xxxx@onelake.dfs.fabric.microsoft.com/xxxx/Tables/ClasComprasWeb"
)
```

PySpark (Python)

Figura 14.16. Código para aplicar un modelo de ML con MLFlowTransformer.

En los pasos de la primera se observa que, primero, se eligen el Lakehouse y la tabla, luego las columnas que corresponden a los parámetros de entrada del modelo, y posteriormente el nombre de la tabla destino y de las columnas donde se almacenarán los resultados. Finalmente, se asigna un nombre al cuaderno, se revisa el resumen y se crea el cuaderno.

En el código mostrado en la segunda imagen se utiliza el módulo `synapse.ml.predict` para realizar la predicción con el modelo, indicando los parámetros de entrada y salida, el nombre del modelo y la versión.

Crear un elemento Modelo de ML con MLflow

Otra forma de crear un elemento Modelo de ML es mediante código, utilizando la biblioteca MLflow. Lo primero es registrar el modelo dentro de un experimento, como ya vimos en un ejemplo anterior (figura 14.6):

```
mlflow.spark.log_model(modelo, artifact_path="model")
```

Luego se registra en MLflow:

```
model_uri = f"runs:/{run.info.run_id}/model"

mlflow.register_model(model_uri, "Modelo01")
```

Gracias a la integración con Fabric, se crea al mismo tiempo un nuevo elemento de tipo Modelo de ML.

Crear un modelo de ML vacío

Podemos crear un modelo vacío con el botón **Nuevo elemento** del área de trabajo. Al abrirlo, aparecen varias opciones:

- Empezar con una plantilla.
- Empezar con un bloc de notas existente.
- Empezar con un nuevo bloc de notas.
- Empezar con la ejecución de un experimento existente.
- Empezar con AutoML.

Las cuatro primeras opciones ya las hemos visto de una u otra forma, y en el epígrafe siguiente explicaremos cómo funciona AutoML.

AutoML

AutoML (*Automated Machine Learning*) es un término que engloba los proyectos e investigaciones orientados a hacer que el entrenamiento de modelos de aprendizaje automático sea accesible a profesionales no expertos, mediante la automatización de las tareas más complejas del proceso. En otras palabras, AutoML acerca el aprendizaje automático a quienes ya trabajan con datos, pero no son especialistas en ciencia de datos. Microsoft ha desarrollado la biblioteca de código abierto FLAML, que implementa AutoML y que se incluye en el entorno predefinido de Spark. Además, Fabric incorpora un asistente AutoML con una interfaz visual que ayuda a crear un cuaderno Spark para entrenar un modelo de ML.

Para utilizar AutoML, debemos crear un cuaderno y hacer clic en el botón **Nueva ejecución de AutoML**, que se encuentra en la pestaña **Herramientas con IA** de la cinta de opciones. Al hacerlo, se abrirá el asistente que se observa en la figura 14.17, el cual guía el proceso a través de los siguientes pasos:

1. Elegir el origen de datos.
2. Seleccionar los datos.
3. Definir el propósito del modelo de aprendizaje automático.
4. Configurar los datos de entrenamiento.
5. Indicar los detalles finales.
6. Revisar y crear el cuaderno.

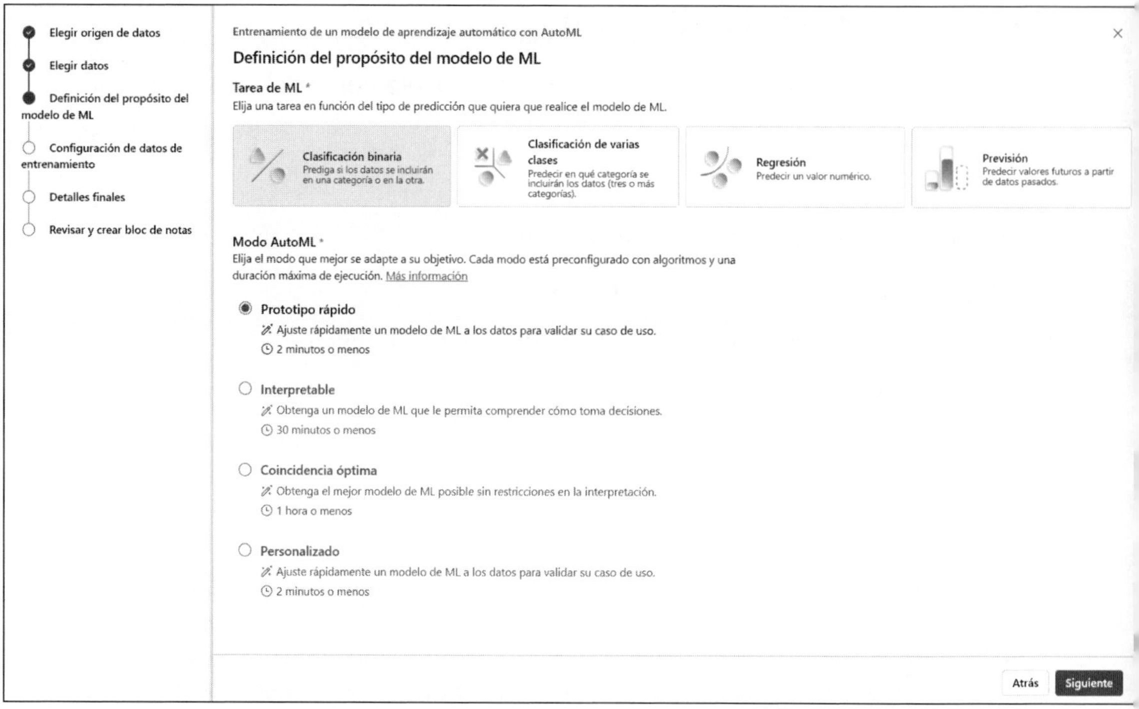

Figura 14.17. Entrenamiento de un modelo de ML con AutoML.

En los dos primeros pasos se elige una tabla de un Lakehouse, que servirá como conjunto de datos para el entrenamiento.

En el paso 3 hay que elegir el tipo de tarea que realizará el modelo, entre las siguientes opciones:

- Clasificación binaria: Predice si los datos pertenecen a una categoría u otra. Por ejemplo, si un visitante de un sitio web realizará o no una compra.
- Clasificación de varias clases: Predice a qué categoría pertenece cada dato entre tres o más posibles. Por ejemplo, segmentar clientes según su frecuencia de compra, gasto medio, tipo de producto y canal preferido.
- Regresión: Predice un valor numérico. Por ejemplo, el precio estimado de una vivienda en función de la superficie, el número de habitaciones, la ubicación y la antigüedad.
- Previsión: Predice valores futuros a partir de datos históricos. Por ejemplo, las ventas mensuales de un producto durante el próximo año a partir de las ventas registradas en los dos años anteriores.

Después de elegir la tarea, hay que indicar un modo de trabajo, de los cuales dependerán los modelos que se utilicen y el tiempo que tardará el entrenamiento. Estos son los modos de trabajo:

- Prototipo rápido.
- Interpretable.
- Coincidencia óptima.
- Personalizado.

En la figura 14.17 puedes ver los modos de trabajo con sus características y la duración aproximada de su ejecución.

En el paso 4 se configuran las columnas de la tabla de origen que se usarán para el entrenamiento. Asimismo, se pueden configurar los tipos de datos y definir cómo se completarán los valores faltantes.

En el paso 5 se elige si se entrenarán varios modelos a la vez con pandas o uno solo con Spark. El primer modo se recomienda para volúmenes pequeños de datos, mientras que el segundo para volúmenes grandes. Igualmente se indica el nombre del experimento y el nombre del modelo de ML. Una vez finalizado el asistente, se crean celdas en el cuaderno con todo el código necesario para entrenar un modelo con los datos seleccionados utilizando la biblioteca FLAML.

Al ejecutar el cuaderno, se crean automáticamente los elementos **Experimento** y **Modelo de ML**, que se podrán administrar como vimos en los epígrafes anteriores. Además, el código generado puede servir como punto de partida para nuevos desarrollos o para ajustar modelos existentes.

Funciones de IA

Hasta ahora hemos trabajado con aprendizaje automático (ML) para crear modelos predictivos. En este epígrafe utilizaremos la inteligencia artificial generativa.

Las funciones de IA permiten acceder a los servicios de Azure OpenAI de una manera muy cómoda, tanto en PySpark como en Python puro.

NOTA:

Estas funciones necesitan una licencia F2 o superior, ya que no están disponibles en la licencia de prueba. Además, es necesario habilitar las opciones de Copilot y Azure OpenAI Service en el portal de administración. Los requerimientos son los mismos que los de Copilot, explicados en el capítulo 17.

La sintaxis básica para utilizar estas funciones es la siguiente:

```
import synapse.ml.spark.aifunc as aifunc

df_salida = df_entrada.ai.<nombre_funcion>(<parámetros>)
```

En la primera línea se importa la biblioteca que contiene las funciones IA y las integra en el DataFrame. En la segunda, se aplica una de estas funciones sobre los datos, de modo que cada fila se procesa de forma individual y el resultado se devuelve en nuevas columnas.

Casi todas las funciones utilizan tres parámetros básicos que controlan cómo se leen los datos y dónde se guardan los resultados:

- input_col: Nombre de la columna con los valores de entrada a la función.
- output_col: Nombre de la columna que se añadirá al DataFrame con el resultado de la función. Es opcional y, si no se indica, se utiliza un nombre predefinido.
- error_col: Nombre de una columna que se añadirá al DataFrame para reportar errores al ejecutar la función. Es opcional y, si no se indica, se utiliza un nombre predefinido.

En el ejemplo anterior se ha utilizado un DataFrame de PySpark, y lo mismo haremos en los próximos ejemplos. Las funciones de IA pueden usarse igualmente con pandas, aunque la sintaxis varía y requiere instalar bibliotecas que no están incluidas en el entorno predefinido.

Funciones disponibles

En el momento de escribir el capítulo están disponibles las siguientes funciones:

- `ai.similarity`: Compara dos textos y devuelve una puntuación de similitud con valores entre -1 (opuestos) y 1 (idénticos). Puede comparar una columna contra un texto fijo o dos columnas entre sí.
- `ai.classify`: Analiza el texto en una columna y lo clasifica en una categoría dentro de una lista de categorías.
- `ai.analyze_sentiment`: Analiza el texto en una columna y devuelve una etiqueta de sentimiento: `positive`, `negative`, `neutral`, `mixed` (o `null` si no puede determinarlo).
- `ai.fix_grammar`: Corrige la gramática del texto en una columna y devuelve el texto revisado.

- `ai.extract`: Analiza el texto en una columna para extraer los valores de entidades a partir de una lista de entidades que se le pasa como parámetro. Devuelve una columna por cada entidad de la lista. Más adelante veremos un ejemplo.
- `ai.summarize`: Genera un resumen del texto de la columna indicada en el parámetro `input_col`. Si no se utiliza el parámetro, resume todas las columnas.
- `ai.translate`: Traduce el texto de una columna al idioma indicado en el parámetro `to_lang`. Por el momento se ha probado con estos idiomas: checo, inglés, finlandés, francés, alemán, griego, italiano, polaco, español y sueco.
- `ai.generate_response`: Utiliza un *prompt* con instrucciones para generar un texto tomando los valores de las columnas como contexto. Opcionalmente, el *prompt* puede formatearse para incorporar los nombres de las columnas. Más adelante, mostraremos un ejemplo.

NOTA:

Las funciones de IA trabajan mejor con textos en inglés.

Ejemplos

Veamos ahora algunos ejemplos prácticos del uso de estas funciones.

Función ai.classify

En la figura 14.18 se presenta un ejemplo del uso de la función `ai.classify`, que permite clasificar textos según su contenido. El proceso consiste en:

- Crear un conjunto de descripciones de destinos.
- Aplicar la función para asignar una categoría (playa, montaña o ciudad) a cada texto.
- Obtener un resultado con las descripciones clasificadas.

El resultado evidencia cómo la función identifica correctamente el tipo de destino al que se refiere cada descripción.

Función ai.extract

En la figura 14.19 se muestra un ejemplo del uso de la función `ai.extract`, que permite identificar entidades específicas dentro de un texto.

```python
import synapse.ml.spark.aifunc as aifunc

df = spark.createDataFrame([
    ("Arena fina, sol y mar cristalino. Ideal para relajarse y tomar el sol.",),
    ("Senderos entre bosques y montañas, perfecto para hacer rutas de senderismo.",),
    ("Calles llenas de historia, museos y vida nocturna vibrante.",)
], ["descripcion"])

categorias = df.ai.classify(
    labels=["playa", "montaña", "ciudad"],
    input_col="descripcion",
    output_col="categoria"
)

display(categorias)
```

✓ - Command executed in 4 s 894 ms by dataXbi dataXbi on 8:09:26 PM, 10/21/25 PySpark (Python)

Table + Nuevo gráfico 3 columnas, 3 filas

Vista de tabla Descargar Filtrar por palabra

	ABC descripcion	ABC categoria	ANY descripcion_classify_error
1	Arena fina, sol y...	playa	NULL
2	Senderos entre ...	montaña	NULL
3	Calles llenas de ...	ciudad	NULL

Inspeccionar

Figura 14.18. Ejemplo del uso de la función `ai.classify`.

```python
import synapse.ml.spark.aifunc as aifunc

df = spark.createDataFrame([
    ("El coche rojo Ford Fiesta tiene motor híbrido y está en excelente estado.",),
    ("Acabamos de recibir un BMW X5 negro con tracción total y asientos de cuero.",),
    ("El Toyota Corolla blanco ofrece un consumo muy eficiente y bajo mantenimiento.",)
], ["descripcion"])

df_coches = df.ai.extract(
    labels=["marca", "modelo", "color"],
    input_col="descripcion"
)

display(df_coches)
```

✓ - Sesión lista en 11 s 119 ms. Command executed in 20 s 128 ms by dataXbi dataXbi on 8:31:30 PM, 10/21/25 PySpark (Python)

Table + Nuevo gráfico 5 columnas, 3 filas

Vista de tabla Descargar Filtrar por palabra

	ABC descripcion	ABC marca	ABC modelo	ABC color	ANY descripcion_extract_error
1	El coche rojo Fo...	Ford	Fiesta	rojo	NULL
2	Acabamos de re...	BMW	X5	negro	NULL
3	El Toyota Coroll...	Toyota	Corolla	blanco	NULL

Inspeccionar

Figura 14.19. Ejemplo del uso de la función `ai.extract`.

El proceso consiste en:

- Crear un conjunto de descripciones de coches.
- Aplicar la función para extraer la marca, el modelo y el color mencionados en cada texto.
- Obtener un resultado con las entidades reconocidas en columnas separadas.

El resultado permite ver cómo la función identifica correctamente los datos principales de cada descripción.

Función ai.generate_response

En la figura 14.20 se observa un ejemplo del uso de la función `ai.generate_response` para crear descripciones breves a partir de distintos conceptos.

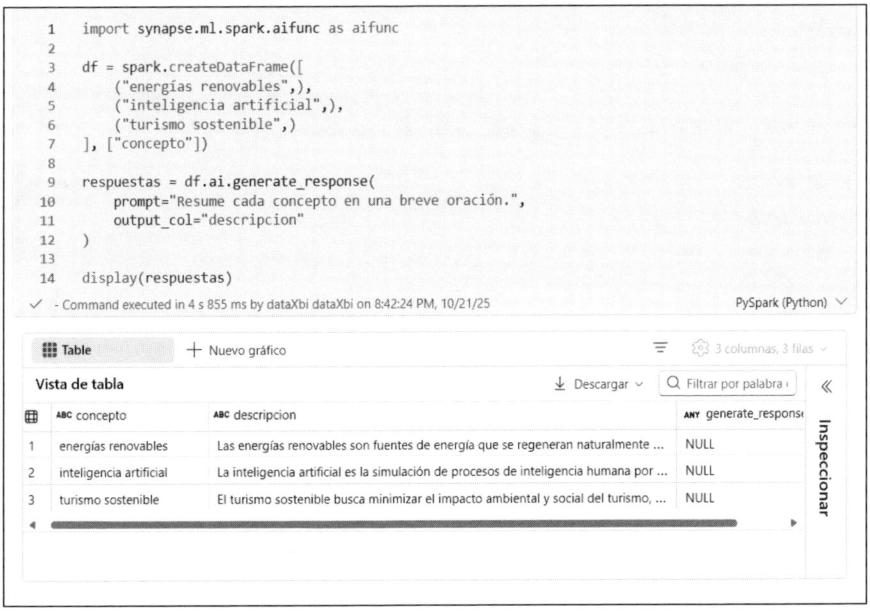

Figura 14.20. Ejemplo del uso de la función `ai.generate_response`.

El proceso consiste en:

- Definir una lista de temas generales, como energías renovables, inteligencia artificial o turismo sostenible.
- Aplicar la función para generar una oración breve que resuma cada concepto.
- Obtener un resultado con las descripciones generadas automáticamente.

El resultado muestra cómo la función produce explicaciones concisas y naturales adaptadas a cada concepto. En la figura 14.21 se aprecia otro ejemplo del uso de la función `ai.generate_response`, pero esta vez con un *prompt* que utiliza valores de varias columnas del DataFrame.

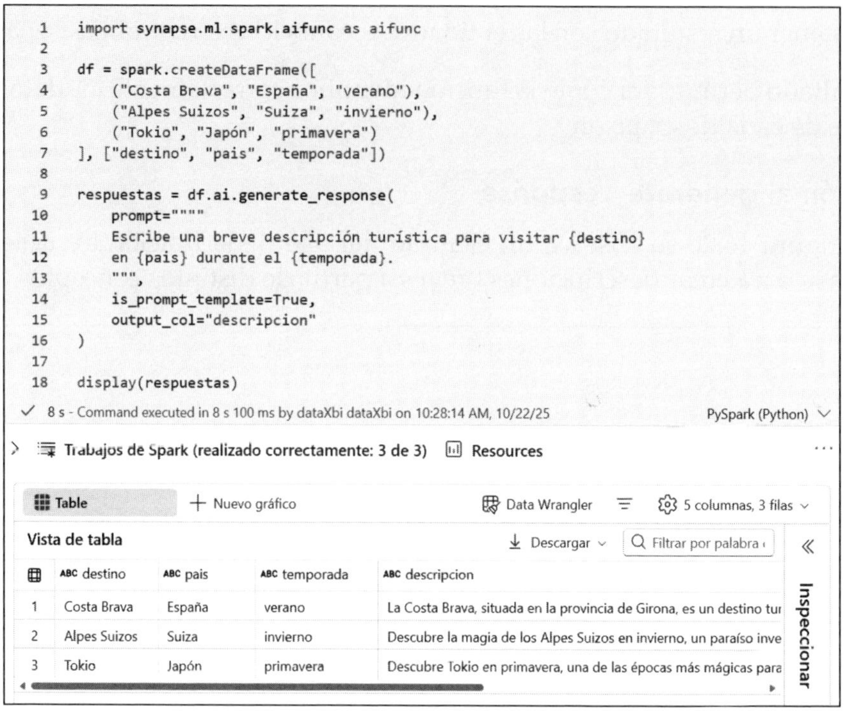

Figura 14.21. Otro ejemplo del uso de la función `ai.generate_response`.

El proceso consiste en:

- Crear un conjunto de filas con las columnas **destino**, **país** y **temporada**.
- Usar un *prompt* que incluye estos nombres entre llaves, para que la función inserte automáticamente los valores de cada fila.
- Utilizar el parámetro `is_prompt_template` para indicar que el *prompt* incluye los nombres de las columnas.
- Obtener una descripción generada a medida para cada combinación de destino, país y temporada.

El resultado ejemplifica cómo la función adapta el texto generado según la información disponible en cada registro.

Configuración de OpenAI

Las funciones de IA utilizan por defecto el modelo gpt-4o-mini de OpenAI, aunque es posible modificarlo según la configuración que tengamos en Azure OpenAI Service.

En el caso de PySpark, los valores de configuración se establecen al inicio del cuaderno con el siguiente código:

```
from synapse.ml.services.openai import OpenAIDefaults
defaults = OpenAIDefaults()

defaults.set_deployment_name("your-deployment-name")
defaults.set_subscription_key("your-subscription-key")
defaults.set_URL("https://your-openai-endpoint.openai.azure.com/")
defaults.set_temperature(0.05)
```

Estos parámetros permiten definir:

- El modelo o despliegue que se utilizará.
- La clave de suscripción al servicio de Azure OpenAI.
- La URL del *endpoint* correspondiente.
- El valor de temperatura, que controla el grado de variación o creatividad en las respuestas.

Agentes de datos

Para terminar el capítulo, vamos a explicar brevemente los agentes de datos, un elemento de Fabric que utiliza inteligencia artificial generativa para convertir preguntas en lenguaje natural en consultas sobre los datos disponibles en Fabric y devolver las respuestas también en lenguaje natural.

NOTA:

Este elemento tiene los mismos requerimientos que las funciones de IA y Copilot, que se pueden ver en detalle en el capítulo 17.

Los agentes de datos están concebidos para ser utilizados por aplicaciones externas a Fabric a través de una API REST, como Copilot Studio, Azure AI Foundry, Microsoft Teams o aplicaciones de terceros.

Funcionamiento

En términos generales, un agente funciona de esta manera:

- Antes de utilizarlo, hay que configurar la conexión con uno o varios orígenes de datos dentro de Fabric, que pueden ser modelos semánticos, Warehouses, puntos de conexión SQL (por ejemplo, de un Lakehouse) o bases de datos KQL.
- Se deben definir instrucciones y consultas de ejemplo para cada origen de datos.
- El usuario final debe tener acceso tanto a Fabric como a los orígenes configurados, ya que el agente solo puede responder sobre la información a la que el usuario tiene permiso.
- Cuando un usuario formula una pregunta, el agente utiliza los servicios de Azure OpenAI integrados en Fabric para procesar y validar la solicitud.
- Identifica los orígenes de datos configurados a los que el usuario tiene acceso y utiliza las instrucciones definidas para determinar cuáles debe consultar.
- Para cada origen, emplea la herramienta correspondiente para convertir el lenguaje natural al lenguaje de consulta adecuado: DAX, SQL o KQL.
- Las consultas se validan y ejecutan, y los resultados se formatean siguiendo tanto las instrucciones configuradas como la petición del usuario.

Configuración

Un agente de datos se crea como el resto de los elementos de Fabric, con el botón Nuevo elemento del área de trabajo. Al abrirlo se presenta una pantalla como la de la figura 14.22, donde se explican claramente los pasos a seguir.

El primer paso es configurar los orígenes de datos. Hay que seleccionar los elementos de almacenamiento y, dentro de cada uno, las tablas. Una vez conectados los orígenes, se puede comenzar a hacer algunas preguntas de prueba.

En la figura 14.23 se han seleccionado tablas de un modelo semántico y de un Lakehouse y se han hecho algunas preguntas de prueba.

Para mejorar las respuestas se pueden configurar instrucciones (*prompts*). Con el botón Instrucciones del agente se definen las instrucciones generales, que se enviarán a la IA generativa con cada pregunta que haga el usuario. Cuanto más detalladas sean las instrucciones, mejor. Por ejemplo, se puede incluir una descripción general de los datos, indicar el origen preferido según el tema de la pregunta o definir el formato esperado de las respuestas.

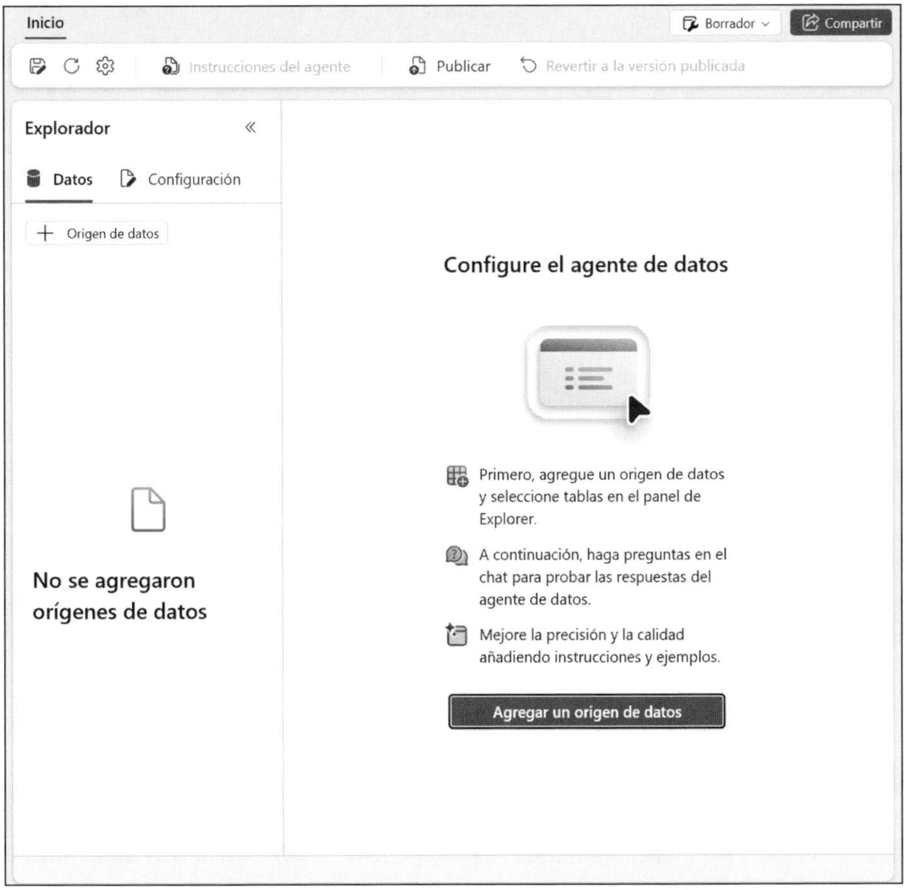

Figura 14.22. Configuración del agente de datos.

Cada origen tiene su propia configuración, compuesta por instrucciones específicas y consultas de ejemplo. Para acceder a esta configuración hay que seleccionar el origen y entrar en la pestaña **Configuración** del explorador.

Las instrucciones del origen se utilizan cuando se enruta una pregunta a este origen y se utilizan para mejorar la consulta SQL, DAX o KQL. Deben describir los datos del origen, las tablas, las columnas y sus relaciones.

Las consultas de ejemplo se componen de pares de preguntas y sus consultas correspondientes, que sirven al agente como patrones de aprendizaje.

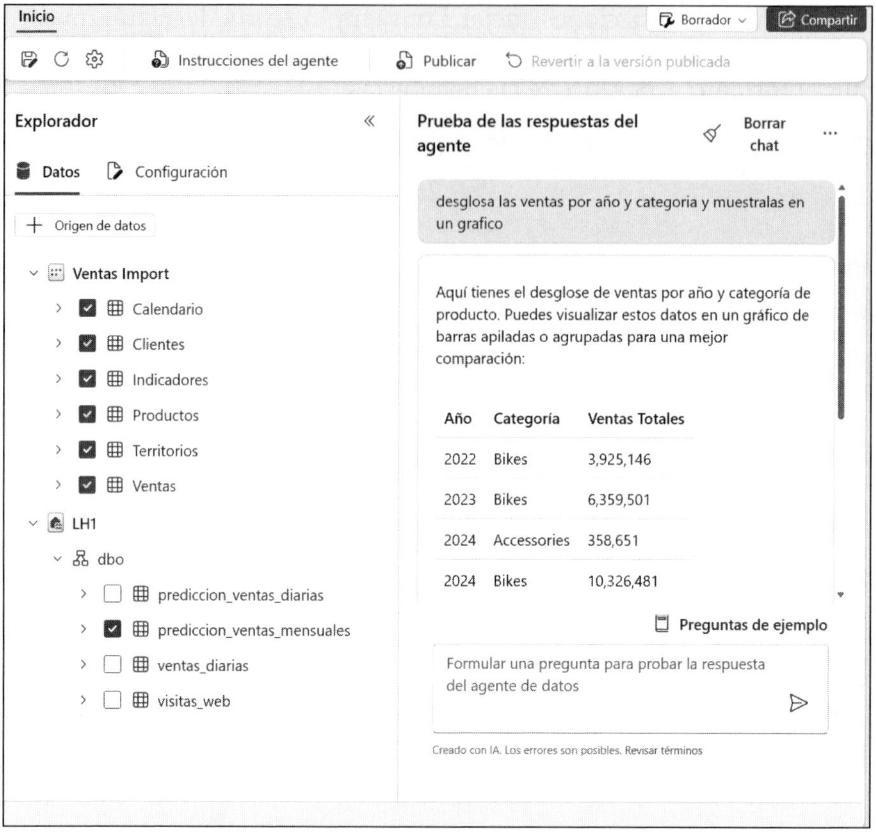

Figura 14.23. Ejemplo de un agente de datos en acción en Fabric.

NOTA:

En este momento los modelos semánticos no admiten configuración de instrucciones ni de consultas de ejemplo.

Una vez configurado el agente de datos, hay que publicarlo para que pueda ser utilizado por los usuarios finales desde otras aplicaciones. Para ello se utiliza el botón Publicar de la cinta de opciones.

Al publicarlo, se debe escribir una descripción del agente, indicando el tipo de preguntas que puede responder y a qué datos puede acceder. Esta descripción ayuda a los usuarios a entender su propósito y puede ser usada por aplicaciones externas para decidir cuándo utilizarlo.

Cada vez que se realicen cambios en la configuración del agente será necesario volver a publicarlo.

15 Gestión de la capacidad

En este capítulo aprenderás:

- Cómo funciona la capacidad en Fabric, qué son las CU y cómo se consumen en distintas operaciones.
- Qué mecanismos existen para gestionarla y supervisarla, como *throttling*, *bursting*, *smoothing* o la escalabilidad automática de Spark.
- Qué herramientas ofrece Fabric para vigilar el uso de la capacidad, como el Centro de supervisión, la aplicación Capacity Metrics, la aplicación Chargeback y opciones avanzadas como FUAM.

Los recursos de una capacidad Fabric se pagan con una tarifa plana y se comparten entre todos los elementos de las áreas de trabajo asignadas. Estos recursos se miden en unidades de capacidad (CU) y están limitados por el tamaño (SKU) contratado. Por ejemplo, una capacidad F2 dispone de 2 CU.

Es como vivir en un país imaginario donde un canal reparte un agua mágica que fluye siempre frente a cada morada o taller. Cada familia puede abrir su compuerta para usarla, pero el agua desaparece si no se aprovecha al instante (figura 15.1).

Figura 15.1. Metáfora de Fabric como un país imaginario con un canal de agua mágica.

Si muchas moradas y talleres lo hacen al mismo tiempo, la corriente pierde fuerza y, si ninguno la abre, el agua sigue su curso y se pierde.

La gestión de la capacidad en Fabric es fundamental, y en este capítulo te presentaremos dos herramientas incluidas en la plataforma que te ayudarán. El tema es más amplio y aquí solo haremos una breve introducción.

Operaciones

No todos los elementos consumen los mismos recursos, al igual que no todos los talleres de nuestro país imaginario gastan la misma cantidad de agua mágica. El consumo se mide a nivel de cada operación que puede realizar un elemento. La mayoría de los elementos realizan varias operaciones. Estas operaciones tienen un nombre para poder identificarlas en los registros de consumo. Por ejemplo, una canalización puede realizar dos operaciones: `DataMovement` y `ActivityRun`.

Las operaciones se dividen en dos tipos:

- **Interactivas:** Por lo general, son rápidas e iniciadas por los usuarios, por ejemplo, las consultas DAX que se ejecutan al interactuar con un informe de Power BI.
- **En segundo plano (*background*):** Por lo general, demoran en ejecutarse y pueden iniciarse de forma automática o manual, por ejemplo, la actualización de un modelo semántico o las operaciones de un flujo de datos o de una canalización.

Cada operación ya tiene definido su tipo, no es una elección del usuario.

Throttling, bursting y *smoothing*

Si en nuestro país imaginario todas las moradas y talleres abren sus compuertas al mismo tiempo, el flujo del agua mágica baja y es posible que no llegue a todos por igual. Eso mismo ocurre en Fabric y se conoce como *throttling*, el sistema limita la ejecución de nuevas tareas cuando se alcanza el límite de CU de la capacidad.

Esto supone un reto en la gestión, porque hay que vigilar y tomar medidas para evitar que el trabajo se frene. Para ayudarnos, Fabric cuenta con dos mecanismos: *bursting* y *smoothing*.

El *bursting* consiste en que las tareas se ejecutarán en el menor tiempo posible, aunque para ello se excedan momentáneamente las CU de la capacidad.

Mientras que el *smoothing* compensa este consumo extra distribuyendo las CU gastadas en ese pico en un período de tiempo que depende del tipo de operación:

- **Operaciones interactivas:** 5 minutos.
- **Operaciones en segundo plano:** 24 horas.

La figura 15.2 muestra un ejemplo de *bursting* y *smoothing* con una operación en segundo plano.

Es como recibir un préstamo sin intereses que vamos devolviendo en pequeñas cuotas. O, volviendo al país mágico, como si el canal aumentara su caudal durante el pico de demanda para que el agua mágica llegue a todos y luego el resto del día fluyera a un nivel más bajo de lo normal.

El *bursting* y el *smoothing* no eliminan el *throttling*, pero lo evitan en algunos casos.

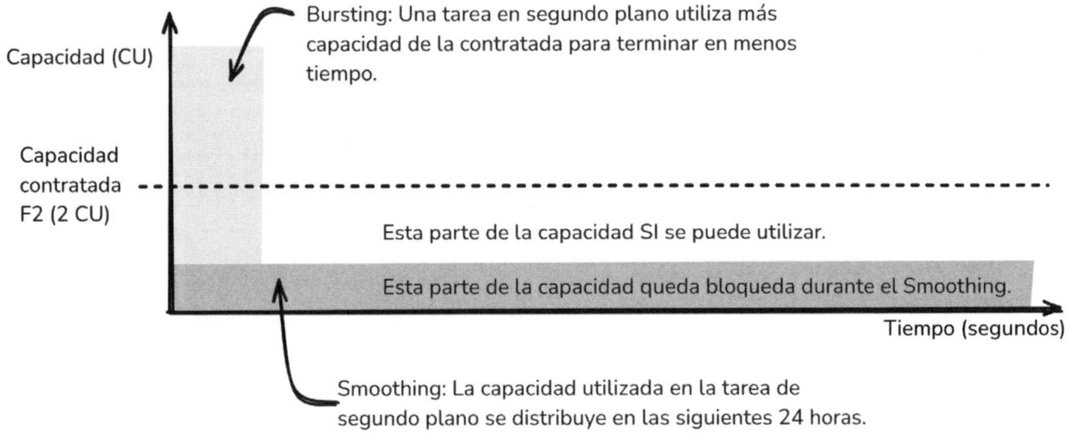

Figura 15.2. *Bursting* y *smoothing* en una capacidad de Fabric.

Escalabilidad automática en Spark

Hay una excepción a lo que hemos explicado hasta ahora: Spark se puede configurar para usar recursos fuera de la capacidad contratada y consumir solo lo que necesite hasta un límite definido.

A esto se le llama escalabilidad automática y funciona con la modalidad de pago por uso, independiente de la capacidad de Fabric. Aquí no se aplican *bursting* y *smoothing*.

Es como si a nuestro país imaginario llegara un vecino dispuesto a gastar unas monedas extras en un pequeño canal privado de agua mágica. Ese canal tiene un grifo que solo se abre cuando lo necesita, y cada vez que lo hace debe echar moneditas.

Esta configuración se hace en el portal de administración, dentro de las propiedades de una capacidad, con la opción Facturación de escalabilidad automática para Apache Spark, como se muestra en la figura 15.3. Además de activarla, hay que indicar el consumo máximo de CU.

NOTA:

Esta opción no está disponible en la licencia de prueba de Fabric.

Figura 15.3. Configuración de la escalabilidad automática en Spark.

Centro de supervisión

Cuando gestionamos una capacidad en Fabric, debemos estar preparados para responder en caso de problemas. Una tarea que se queda bloqueada o una actualización de un modelo semántico que se repite demasiado puede consumir más capacidad de la prevista y afectar al rendimiento de otros elementos.

Por eso es importante contar con un lugar donde ver todo lo que está ocurriendo en la plataforma y tomar decisiones rápidas.

Ese lugar es el Centro de supervisión, una página de la interfaz de Fabric donde se pueden ver el estado de todas las actividades que se están realizando, y donde además se les puede dar seguimiento, como ir a los detalles e incluso cancelar algunas tareas.

Se accede con el botón Supervisión del panel de navegación, y consiste en un listado de actividades con su estado, donde se pueden ordenar y filtrar las columnas.

NOTA:

En el centro de supervisión se mostrarán las actividades de los elementos de todas las áreas de trabajo a las que se tenga acceso.

En la figura 15.4 se muestran actividades en distintos estados: no iniciada, en curso, correcto y erróneo. También podemos identificar de un vistazo el tipo de elemento y la hora en que comenzó cada actividad. Además, hay otras columnas que podemos gestionar mediante el botón **Opciones de columna**.

Se pueden consultar las actividades de los últimos 30 días, aunque de inicio en el listado se verán unas 50, pero al desplazarse aparecen más filas.

Figura 15.4. Vista del **Centro de supervisión**.

El botón **Filtro** (figura 15.5) permite aplicar varios criterios para encontrar lo que buscamos. Por ejemplo, para buscar las actividades que están demorando mucho podemos filtrar por el estado **En curso** y ordenar el listado por la fecha de inicio.

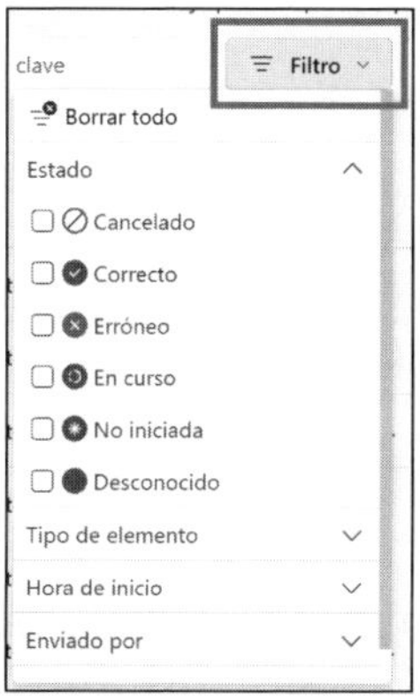

Figura 15.5. Opciones del botón **Filtro**.

Cuando una actividad está en curso la podemos cancelar utilizando el menú contextual, como muestra la figura 15.6, aunque hay elementos que no admiten cancelación.

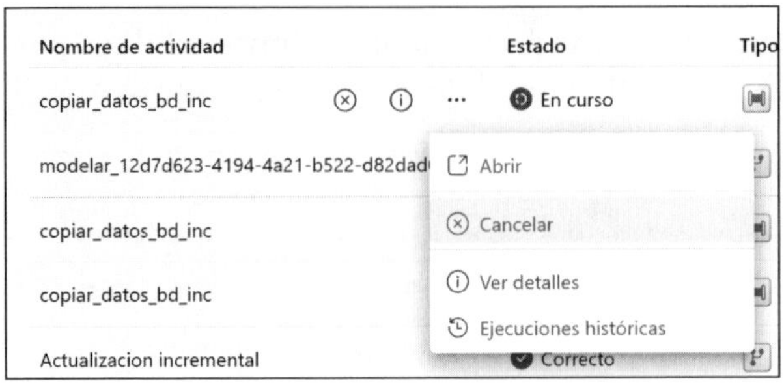

Figura 15.6. Menú contextual de una actividad.

En algunos casos, se pueden ver los detalles de la ejecución de una actividad haciendo clic sobre su nombre. Por ejemplo, la figura 15.7 muestra los recursos utilizados por un cuaderno Spark.

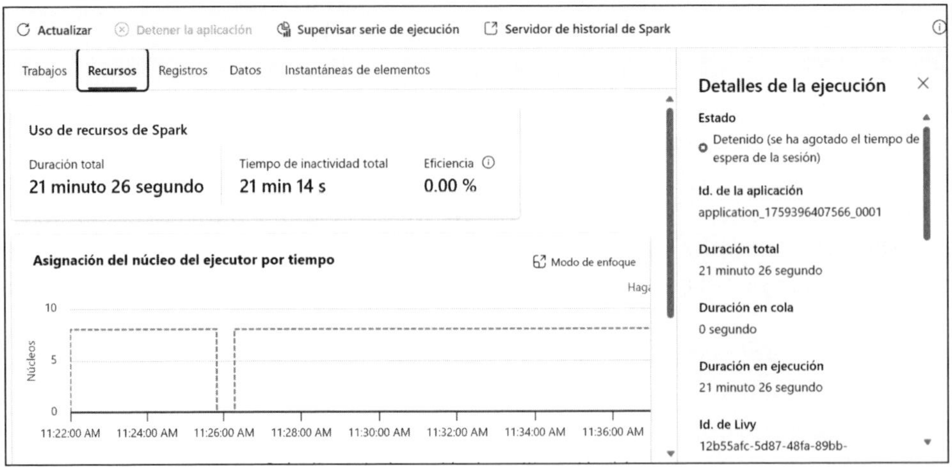

Figura 15.7. Detalles de la ejecución de una actividad.

Capacity Metrics

Para conocer cómo se está utilizando la capacidad de una manera detallada hasta el nivel de operaciones, Microsoft distribuye gratuitamente la aplicación de Power BI Fabric Capacity Metrics, que se instala desde la tienda de aplicaciones.

NOTA:

Hay que ser administrador del inquilino o de alguna capacidad para poder configurar y utilizar esta aplicación.

La instalación creará un área de trabajo con el nombre Microsoft Fabric Capacity Metrics con un informe y un modelo semántico en modo Importar que se actualizará una vez al día, aunque se puede actualizar manualmente cuando se desee.

Antes de comenzar a utilizarla, debemos configurarla con la zona horaria local, el nombre de la región y el ID de una capacidad. Tiene cinco páginas:

- Health: Resumen del estado de todas las capacidades a las que se tenga acceso.
- Compute: Utilización de las CU dentro de una capacidad desglosado por elemento durante los últimos 14 días.
- Storage: Utilización del almacenamiento dentro de una capacidad desglosado por área de trabajo durante los últimos 30 días.
- Autoscale Compute for Spark: Recursos utilizados por Spark dentro de una capacidad cuando está activa la escalabilidad automática.
- Item History: Tendencias de consumo dentro de una capacidad durante los últimos 30 días.

Para dar una idea mostraremos algunas pantallas, pero no explicaremos en detalle los indicadores. Recomendamos revisar la documentación oficial para comprenderlos a fondo.

La figura 15.8 muestra la página Compute que está dividida en tres áreas que hemos numerado:

1. Gráfico de cinta con la evolución diaria de varias métricas desglosadas por tipo de elemento. En la figura se ven las CU, pero también se puede analizar la duración, la cantidad de operaciones o la cantidad de usuarios.
2. Gráfico de columnas para entender el aprovechamiento de la capacidad a lo largo del tiempo. En la figura se ve el porcentaje de CU desglosado por el tipo de operación (interactiva o en segundo plano), pero hay otros indicadores como el porcentaje de *throttling*. Además, tiene una página de detalles para profundizar en el consumo por operación en un intervalo de 30 segundos, muy útil para comprender el patrón de uso de la capacidad.
3. Tabla con los detalles por elemento donde para cada elemento se puede saber las CU consumidas, la duración, entre otras métricas.

Figura 15.8. Página **Compute** de Fabric Capacity Metrics.

Para dar una idea de la utilidad de esta página, la figura 15.9 muestra una situación donde se hizo *bursting* de una operación en segundo plano y en el gráfico de la derecha se ve perfectamente el *smoothing*.

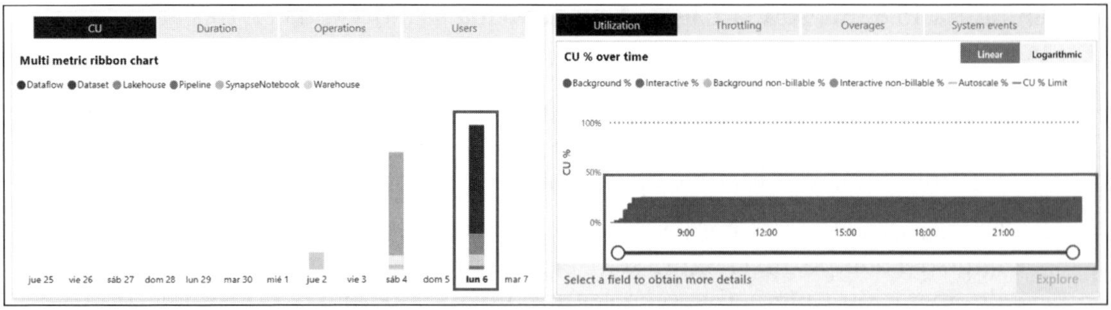

Figura 15.9. Ejemplo de *bursting y smoothing*.

Para terminar esta introducción a la *app* Capacity Metrics te mostramos en la figura 15.10 la página **Storage** con desgloses del consumo de almacenamiento por área de trabajo y por día.

Figura 15.10. Página **Storage** de Fabric Capacity Metrics.

Chargeback

Fabric Chargeback es otra aplicación de Power BI distribuida gratuitamente por Microsoft, que permite analizar el consumo de CU por área de trabajo y por dominio, con la finalidad de saber quién está usando la capacidad. No vamos a profundizar en esta aplicación y solo mostraremos dos pantallas. En la figura 15.11 se ve la página principal, donde aparece un resumen de la utilización de la capacidad desglosada por área de trabajo, elemento o dominio. Esto permite detectar rápidamente los mayores consumidores. También se puede ver el consumo diario. En la figura 15.12 se muestra la página de detalles para un área de trabajo, donde se pueden analizar cuáles son los elementos que más consumen.

FUAM

Para cerrar este capítulo queremos mencionar una herramienta muy potente para la supervisión de la capacidad llamada FUAM (Fabric Unified Admin Monitoring). Es de código abierto y se encuentra en un repositorio de GitHub de Microsoft, aunque no es un producto oficial.

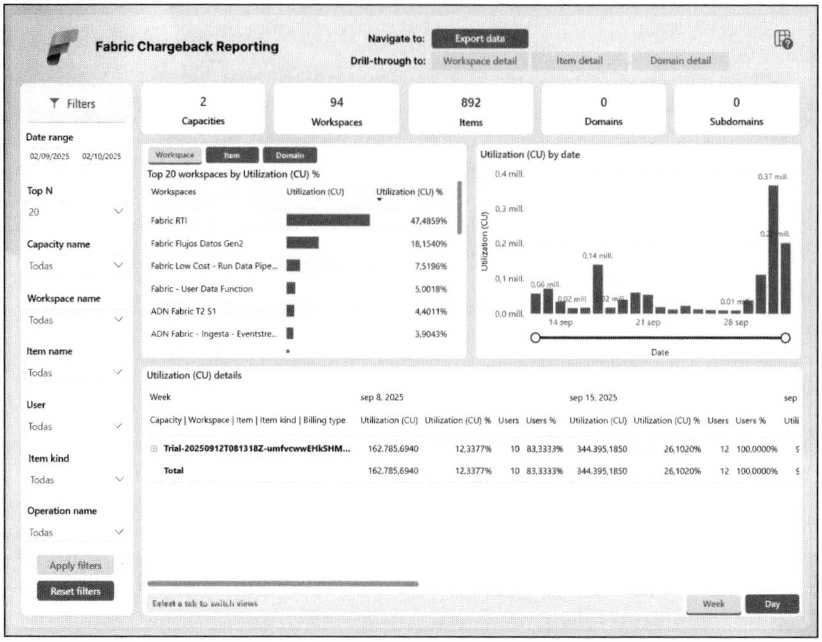

Figura 15.11. Página principal de la aplicación Fabric Chargeback Reporting.

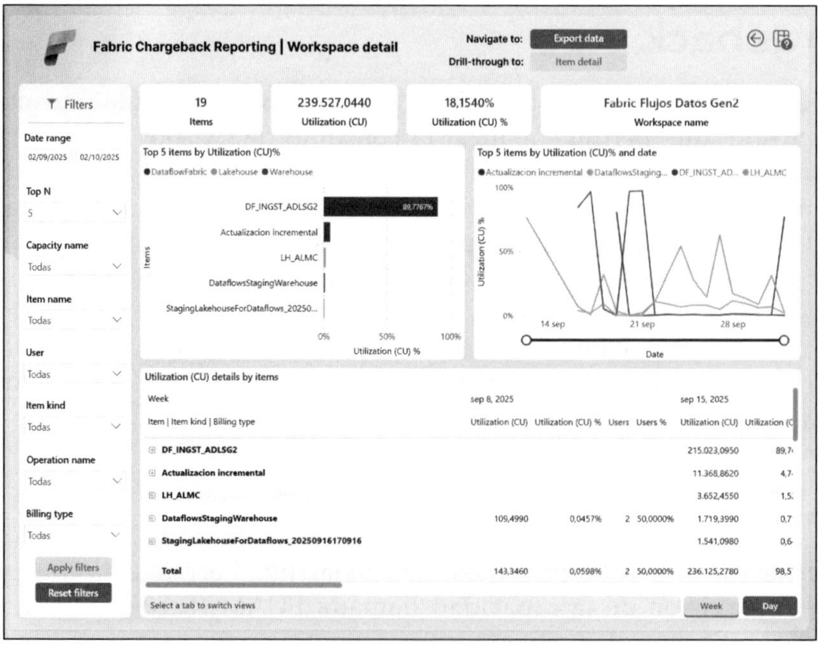

Figura 15.12. Página de detalles de un área de trabajo en Chargeback.

Está construida con varios elementos de Fabric como Lakehouse, canalizaciones, cuadernos y Power BI. Su despliegue requiere seguir una serie de pasos que están bien documentados, y también existen utilidades que ayudan a acelerarlo.

La figura 15.13 muestra una imagen tomada de la documentación de FUAM.

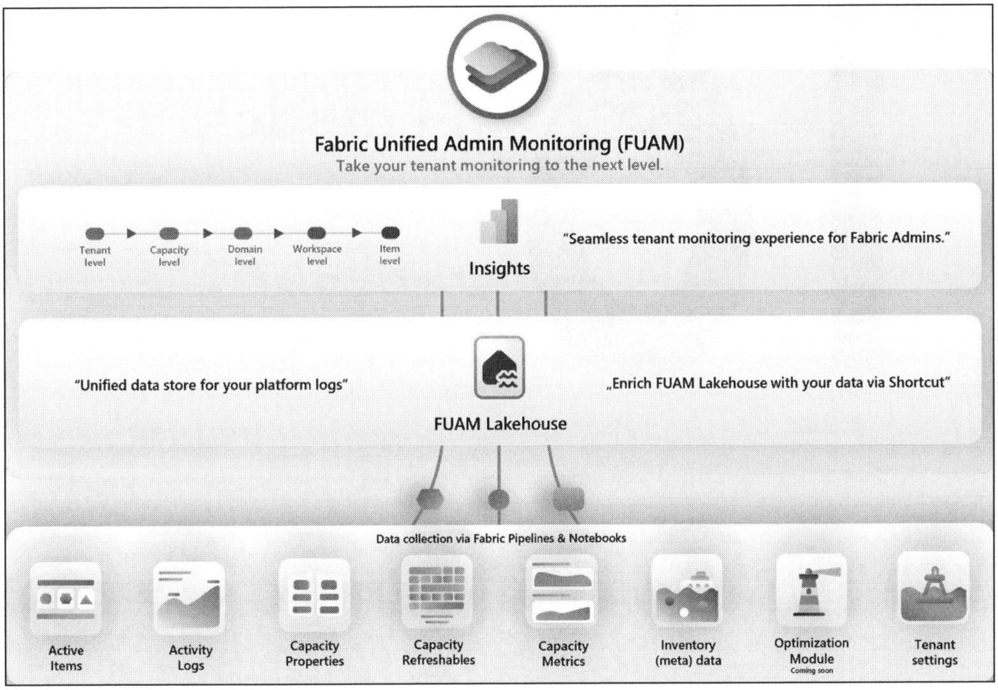

Figura 15.13. Imagen tomada de la documentación de FUAM.

Es una herramienta muy potente, aunque exige dedicación y algo más de conocimiento técnico para aprovecharla al máximo.

16 El modelo semántico en Fabric

En este capítulo aprenderás:

- Fabric como origen de datos para los modelos semánticos en modo Importar o DirectQuery.
- El modo Direct Lake, que trabaja con tablas Delta en OneLake y requiere preparar y optimizar los datos previamente.
- Cómo Semantic Link convierte a los modelos semánticos en la base para la ciencia de datos y la automatización, además de ser el producto final del análisis.

En Power BI, el modelo semántico es la pieza clave del análisis de datos porque es donde se expresan las reglas del negocio a través de la estructura del modelo (tablas de hechos y de dimensiones) y de las medidas DAX. En Fabric mantiene la misma relevancia e incluso la amplía, porque un modelo semántico bien diseñado es la mejor base para obtener resultados de calidad con la inteligencia artificial generativa.

Modos de almacenamiento

Los modelos semánticos en Power BI y Fabric se consultan mediante DAX, lenguaje que es procesado por un motor analítico compuesto por dos componentes principales:

- **Motor de fórmula:** Analiza una consulta DAX y la descompone en una serie de pasos. Cuando se necesitan datos para un paso, se los pide al motor de almacenamiento.
- **Motor de almacenamiento:** Encargado de recuperar los datos del modelo semántico solicitados por el motor de fórmulas. Existen dos implementaciones:
    - **VertiPaq:** Base de datos en memoria con almacenamiento columnar, diseñada para consultas de alto rendimiento.
    - **DirectQuery:** Envía cada consulta al origen de los datos.

Las tablas de un modelo semántico tienen un **modo de almacenamiento** que define qué motor de almacenamiento se usa y cómo.

En Power BI, hay dos modos de almacenamiento: Importar y DirectQuery, y en Fabric hay un modo adicional llamado Direct Lake.

- **Modo Importar:** Utiliza VertiPaq. Los datos se importan desde el origen hacia un almacenamiento dentro del modelo semántico y desde aquí se cargan en VertiPaq. Para traer nuevos datos hay que volver a importarlos desde el origen.
- **Modo DirectQuery:** Los datos permanecen en el origen y se consultan directamente.
- **Modo Direct Lake:** Utiliza VertiPaq, pero los datos no están dentro del modelo semántico, sino en tablas Delta en OneLake. VertiPaq funciona con una caché a donde se cargan automáticamente los datos que hacen falta para satisfacer una consulta DAX. Hay dos implementaciones:
    - Direct Lake en OneLake.
    - Direct Lake en SQL.

En este capítulo profundizaremos en este nuevo modo de almacenamiento, pero antes queremos explicar brevemente cómo conectarse a Fabric para crear modelos semánticos en modo Importar o DirectQuery.

Crear un modelo semántico Importar o DirectQuery

Es posible crear un modelo semántico con Power BI Desktop en modo Importar o DirectQuery conectándonos a elementos de almacenamiento de Fabric:

- Warehouse.
- Punto de conexión de análisis de SQL (Lakehouse, bases de datos, reflejos).
- Base de datos KQL.

La forma más sencilla de conectarse es a través del botón para acceder al catálogo de OneLake (figura 16.1).

Figura 16.1. Catálogo de OneLake.

Para establecer una conexión SQL, en el catálogo de OneLake escogemos el elemento (**Lakehouse, Warehouse, Base de datos**) y en el botón **Conectar** seleccionamos la opción **Conectar al punto de conexión de SQL**, como muestra la figura 16.2. Para conectarnos a la base de datos KQL, utilizamos directamente el botón **Conectar**. Una vez conectados, ya sea por SQL o por KQL, escogemos las tablas e indicamos si el tipo de conexión será Importar o DirectQuery.

A partir de aquí seguimos desarrollando el modelo semántico desde Power BI Desktop y, cuando esté listo, lo publicamos en un área de trabajo.

Estrategia Fabric ETL *low cost*

Por cierto, con un modelo semántico en modo Importar se puede implementar la estrategia que nosotros llamamos "Fabric ETL *low cost*" y que consiste en tener dos áreas de trabajo, una con capacidad Fabric, donde se hace el procesamiento de los datos (ETL), y otra donde está el modelo semántico y los informes, con licencia Pro o PPU. Utilizamos una licencia Fabric de pago por uso, y la capacidad permanece en pausa y solo se activa para hacer la ETL y hasta que se hace la actualización del modelo semántico en modo Importar que está en la otra área de trabajo.

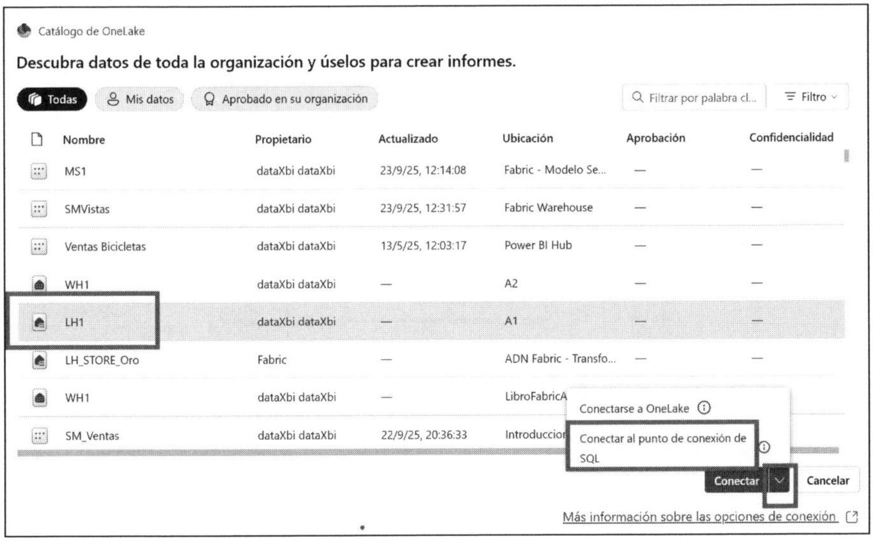

Figura 16.2. Punto de conexión SQL.

Para "apagar" y "encender" la capacidad hay que implementar un mecanismo utilizando la API REST de Fabric. En la comunidad hay varias soluciones con Azure, Power Automate o la línea de comandos.

Direct Lake

Como ya comentamos antes, en el modo de almacenamiento Direct Lake los datos residen en tablas Delta en OneLake y se importan automáticamente a VertiPaq a medida que se van necesitando (figura 16.3).

Vamos a profundizar en el funcionamiento general y en las diferencias entre Direct Lake OneLake y Direct Lake SQL.

Enmarcar

Cuando se crea un modelo semántico Direct Lake, además de los metadatos del modelo (esquemas de las tablas, las relaciones, las medidas, entre otros), también se guardan metadatos sobre las tablas Delta, que indican cuál es la versión actual de cada tabla. Cualquier actualización posterior que ocurra en los datos de las tablas no se reflejarán hasta que no se actualicen estos metadatos. Al proceso de actualizar los metadatos de las tablas Delta se le da el nombre de "enmarcar".

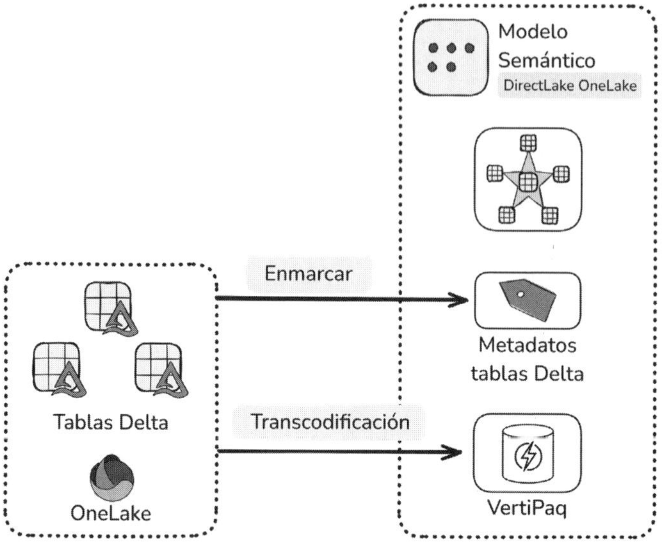

Figura 16.3. Direct Lake en OneLake.

Cuando actualizamos un modelo semántico con Direct Lake, lo que se hace es el enmarcado. Esta actualización es diferente a la del modo Importar, porque aquí solo se actualizan los metadatos a la última versión de las tablas Delta, no se importa ningún dato, por lo que es una operación muy rápida.

La actualización se puede hacer manual o se puede configurar una programación o mediante la API REST de Power BI. Estas tres opciones son las mismas que la de los modelos con modo Importar.

Además, Direct Lake tiene una cuarta opción en la que la actualización de los metadatos (enmarcado) se hace automáticamente cuando se detectan cambios en los datos de las tablas Delta. Esta opción está habilitada por defecto, y se puede cambiar entrando a la configuración del modelo semántico (figura 16.4).

La actualización continua está bien si queremos mostrar los datos a medida que van llegando. Pero, si tenemos un proceso por lotes que, por ejemplo, se ejecuta una vez al día, es mejor desactivar esta opción y hacer la actualización de los metadatos del modelo una vez que se hayan cargado todos los datos en las tablas Delta.

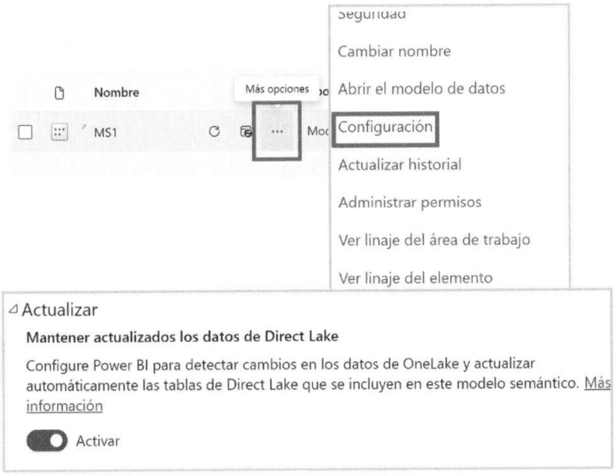

Figura 16.4. Configuración del modelo semántico.

Transcodificación

Cuando se hace la primera consulta DAX, se cargan en VertiPaq los datos de las tablas Delta que hagan falta para satisfacer la consulta. Aquí se aprovechan las características de Delta Lake para escoger solo las columnas necesarias y minimizar el tiempo de carga. También hay que hacer una conversión de formato entre Delta y VertiPaq, aunque es un proceso bastante rápido por las similitudes entre ambos, sobre todo cuando las tablas Delta utilizan V-Order. Este proceso tiene el nombre de "transcodificación".

La próxima vez que se ejecute la misma consulta DAX no se traen los datos de OneLake, sino que se usan los que ya están en VertiPaq. Si se hace una nueva consulta DAX que utiliza columnas que no están en VertiPaq, se hará otra transcodificación para traer las nuevas columnas.

Aunque la transcodificación es bastante rápida, le añade una demora a las consultas que la requieren, mientras que la velocidad de las consultas que no la requieren es comparable a las que se hacen en un modelo semántico en modo Importar.

Temperatura de las columnas

VertiPaq actúa como un almacenamiento temporal en memoria (caché) con un tamaño limitado por la capacidad de Fabric. Por ejemplo, una F2 tiene hasta 3 GB de memoria disponible, mientras que F16 tiene 5, por lo que puede suceder que no haya espacio cuando se necesiten cargar más columnas. En ese caso, no hay otra alternativa que eliminar de VertiPaq los datos de algunas columnas.

El criterio que se usa para decidir esas columnas es la frecuencia de uso. Cada columna tiene un valor de temperatura, que aumenta mientras se utiliza en las consultas DAX y disminuye cuando no se utiliza. Se quitarán las columnas con menor temperatura.

Cuando se actualizan los metadatos (enmarcado), se eliminan de VertiPaq las columnas que se haya detectado que cambiaron en las tablas Delta, así la próxima vez que una consulta DAX requiera columnas, estas se vuelven a cargar, garantizando que se correspondan con la última versión de los datos.

Limitaciones

Direct Lake tiene limitaciones y, a continuación, listamos las más importantes en este momento, pero hay mejoras constantes, por lo que recomendamos revisar la documentación oficial:

- No se pueden crear columnas calculadas.
- No se pueden crear tablas calculadas que hagan referencia a tablas o columnas que estén en modo Direct Lake.
- Direct Lake en SQL puede revertir a DirectQuery en algunos casos, por ejemplo, cuando el origen es una vista en lugar de una tabla.
- Direct Lake en OneLake está en versión preliminar.

Direct Lake en OneLake

Este método de acceso es más reciente y en el momento de escribir el libro está en versión preliminar.

En Direct Lake en OneLake se hace una conexión directa a las tablas Delta de OneLake para leer tanto los datos como los metadatos.

En un mismo modelo se pueden mezclar tablas provenientes de varios elementos de almacenamiento (Lakehouses, Warehouses), incluso de diferentes áreas de trabajo.

No se puede crear una tabla en el modelo a partir de una vista T-SQL.

Creación de un modelo semántico Direct Lake en OneLake

El modelo semántico Direct Lake en OneLake se puede crear desde Power BI Desktop o desde la interfaz web del Lakehouse.

Para crearlo desde Power BI Desktop, abrimos el catálogo de OneLake, escogemos un Lakehouse o un Warehouse y hacemos clic directamente en el botón **Conectar** (que usará la opción por defecto **Conectarse a OneLake**)

Al conectarse, hay que indicar un nombre para el modelo semántico, el área de trabajo donde se creará y escoger las tablas a añadir. El área de trabajo debe tener una capacidad Fabric asignada.

El modelo lo modificamos directamente en el área de trabajo, no es necesario publicarlo. Y cualquier cambio que hagamos se guarda automáticamente.

Aquí estamos trabajando directamente con las tablas Delta en OneLake y no al punto de conexión SQL, por lo que solo se podrán escoger tablas, no se pueden utilizar vistas de T-SQL.

Entraremos a la vista de modelo de Power BI Desktop donde veremos las tablas elegidas. Desde aquí, podemos volver a usar el catálogo de OneLake para seguir eligiendo tablas para el modelo desde otros Lakehouses o Warehouses. En el modelo de la figura 16.5, hemos utilizado tablas de un Lakehouse ubicado en el área de trabajo A1 y de un Warehouse ubicado en el área de trabajo A2.

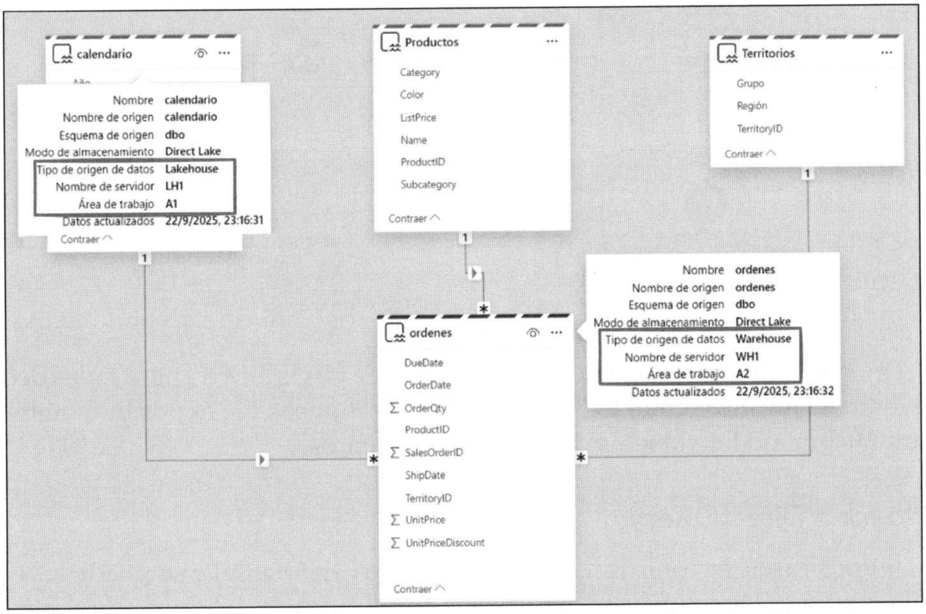

Figura 16.5. Editar modelo semántico.

Como ya hemos explicado, un modelo Direct Lake OneLake puede estar formado por tablas Delta de diferentes orígenes.

Las modificaciones al modelo semántico se pueden hacer tanto en Power BI Desktop como en la interfaz web de Fabric.

Direct Lake en SQL

En Direct Lake en SQL (figura 16.6) se utiliza el punto de conexión SQL de un Lakehouse o Warehouse para obtener el listado de tablas y vistas que se pueden incluir en el modelo semántico y para aplicar los permisos. Para leer los datos y los metadatos de las tablas Delta se hace una conexión directa a OneLake.

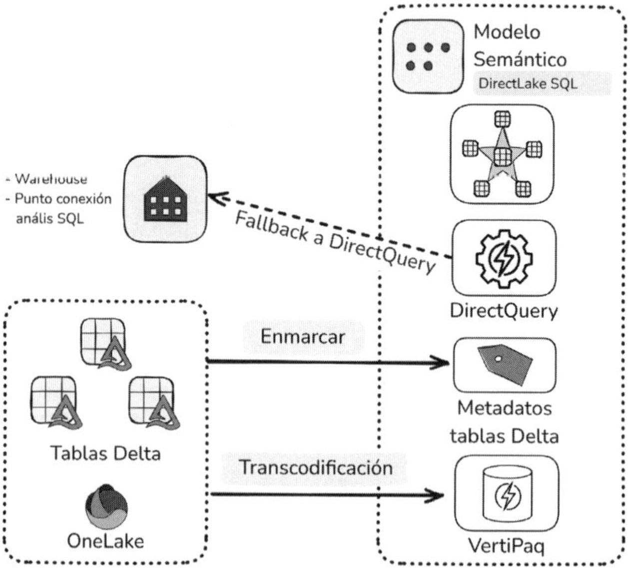

Figura 16.6. Direct Lake en SQL.

En el modelo semántico se pueden incluir tablas y vistas T-SQL, pero todas deben provenir del mismo elemento (Lakehouse o Warehouse). No es posible combinar en un mismo modelo objetos de distintos elementos.

Fallback a DirectQuery

En algunos casos, la conexión directa a los datos en OneLake se puede revertir a una conexión DirectQuery para leer los datos a través del punto de conexión SQL. Por ejemplo:

- Al acceder a una vista T-SQL.
- Cuando una tabla requiere RLS.
- Si los datos requeridos para satisfacer una consulta DAX sobrepasan la cantidad de memoria límite de la capacidad.

DirectQuery es más lento que el acceso directo a OneLake y tiene sus limitaciones, por lo que se recomienda tratar de evitar este comportamiento. Por ejemplo, no usar vistas T-SQL como origen en las tablas del modelo semántico.

Este comportamiento se puede controlar con la propiedad DirectLakeBehavior, que puede tomar estos valores:

- Automático: Revierte a DirectQuery cuando se cumpla alguna de las condiciones mencionadas antes.
- DirectLakeOnly: Nunca se revierte a DirectQuery. Si se cumple algunas de las condiciones, se devuelve un error.
- DirectQueryOnly: Siempre se usa DirectQuery. Solo se emplea para pruebas de rendimiento de DirectQuery.

La recomendación es deshabilitar el *fallback*, usando la opción DirectLakeOnly.

La propiedad se puede cambiar editando el modelo en la interfaz web de Fabric, como se muestra en la figura 16.7.

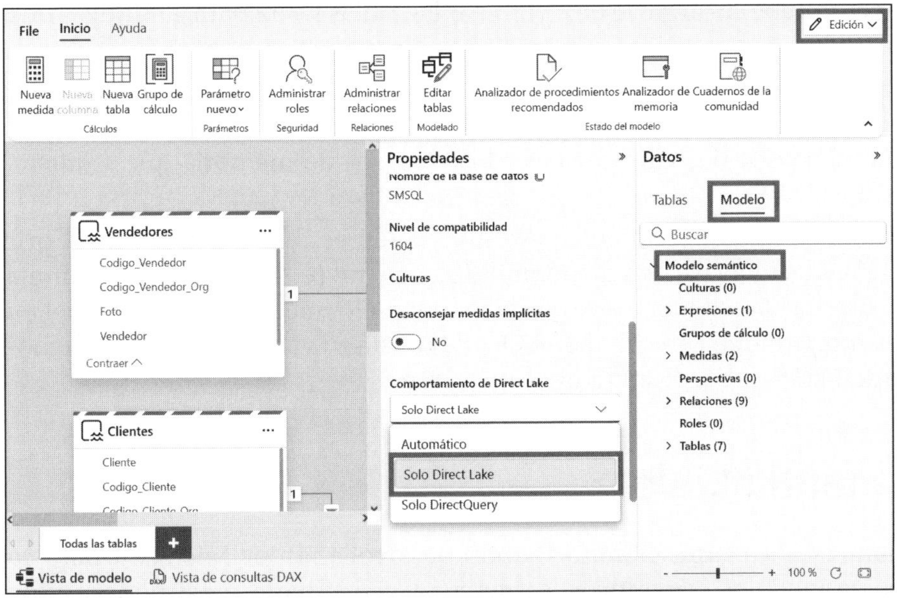

Figura 16.7. Propiedad DirectLakeBehavior del modelo semántico.

Creación de un modelo semántico Direct Lake en SQL

Por el momento, la creación de un modelo semántico Direct Lake en SQL se hace en la interfaz web de Fabric.

Para ello, hay que abrir un Warehouse o un punto de conexión SQL de un Lakehouse en la interfaz web de Fabric y usar el botón **Nuevo modelo semántico**. Se abrirá una ventana para escribir el nombre del modelo, seleccionar un área de trabajo y escoger las tablas y vistas a incluir. Se creará un elemento **Modelo semántico** en el área de trabajo y se abrirá el editor para poder completar el modelo con las relaciones, medidas y demás.

Las modificaciones al modelo semántico se pueden hacer tanto en Power BI Desktop como en la interfaz web de Fabric.

¿Cuándo elegir Direct Lake?

Direct Lake es una buena opción cuando trabajamos con un gran volumen de datos que podemos ingerir y transformar previamente para obtener un modelo tabular con hechos y dimensiones almacenados en tablas Delta.

Al crear un modelo semántico con Direct Lake no es posible aplicar transformaciones sobre las tablas directamente, por lo que toda la preparación y limpieza de datos debe realizarse antes, en el proceso que generan esas tablas Delta. Además, el proceso debe encargarse de optimizar las tablas Delta para garantizar un buen rendimiento.

El mecanismo de enmarcado proporciona una forma eficaz de utilizar los datos en el modelo sin tener que moverlos, pero hay que tener en cuenta la capacidad de Fabric necesaria para satisfacer los recursos de memoria que requieren las consultas DAX.

En cuanto a qué método de acceso utilizar, Direct Lake en SQL fue la primera implementación y está en disponibilidad general (GA), pero tiene las limitantes del *fallback* a DirectQuery y de que el modelo solo puede incluir tablas del mismo elemento. Aunque Direct Lake en OneLake está en vista preliminar, creemos que es la solución que terminará imponiéndose.

Semantic Link

Semantic Link es una librería Python desarrollada por Microsoft para conectarnos a modelos semánticos desde cuadernos Spark, y así poder utilizarlos como orígenes de datos para entrenar modelos y otras tareas de ciencia de datos.

Esto es muy interesante porque, hasta hace poco, el modelo semántico se entendía como un producto final, como el último paso en el proceso de análisis. Con Semantic Link se cierra el círculo, ya que ahora puede ser el punto de partida para otros procesos que generen nuevos datos, los almacenen en OneLake y los integren en otros modelos semánticos. Esto abre la puerta a un universo de nuevas posibilidades.

Utilizar la librería

Esta librería ya está preinstalada en los entornos más recientes de los cuadernos de PySpark y de Python en Fabric, por lo que para utilizarla basta con importarla:

```
import sempy.fabric as fabric
```

y comenzar a utilizar las funciones disponibles.

Vamos a utilizar un cuaderno Python para mostrar una serie de ejemplos donde nos conectamos a un modelo semántico de nombre MS1 ubicado en la misma área de trabajo donde está el cuaderno.

Ya hemos mencionado que una de las grandes ventajas de Fabric es la integración entre sus componentes. En los ejemplos no será necesario introducir las credenciales para autenticarnos y acceder al modelo semántico, porque se utilizan automáticamente las del usuario que ejecuta el cuaderno.

NOTA:

El cuaderno lo puedes descargar desde el repositorio GitHub del libro, en la carpeta `cap16/semantic_link`.

Listar los modelos semánticos del área de trabajo

En el primer ejemplo (figura 16.8) se utiliza la función `list_datasets()` para obtener una lista de los modelos semánticos del área de trabajo donde está el cuaderno. También es posible indicar otra área de trabajo con el parámetro `workspace`, por ejemplo:

```
list_datasets(workspace="A1")
```

El resultado se devuelve en un FabricDataFrame, que es una estructura de datos propia de Semantic Link basado en pandas DataFrame, pero extendido con propiedades y funciones específicas para trabajar con modelos semánticos. En la figura se ve este resultado, que incluye el nombre del modelo semántico, su ID, la fecha de creación y la última actualización.

```
import sempy.fabric as fabric

df_datasets = fabric.list_datasets()
df_datasets
```

✓ 20 s - Command executed in 20 s 797 ms by dataXbi dataXbi on 11:43:40 AM, 9/24/25 Python

	Dataset Name	Dataset ID	Created Timestamp	Last Update
0	MS1	201d6ced-aed5-4341-9a8c-53bcb2f38ba3	2021-02-12 23:00:58	NaT

Figura 16.8. Listar modelos semánticos con Semantic Link.

Listar las tablas del modelo semántico

Con la función `list_tables()` obtenemos el listado de tablas y columnas del modelo.

La figura 16.9 muestra solo las tablas y la figura 16.10 las tablas y las columnas. La diferencia está en el valor del parámetro `include_columns`.

```
df_tables = fabric.list_tables("MS1", include_columns=False)
df_tables
```

✓ 1 s - Command executed in 1 s 330 ms by dataXbi dataXbi on 11:43:42 AM, 9/24/25 Python

	Name	Description	Hidden	Data Category	Type
0	Productos		False		Table
1	Territorios		False		Table
2	calendario		False		Table
3	ordenes		False		Table

Figura 16.9. Listar tablas con Semantic Link.

Como en el resto de las funciones, el resultado es un `FabricDataFrame` que, por ejemplo, se pudiera filtrar para listar solo las columnas de una tabla.

Obtener los datos de una tabla

Además de la estructura del modelo, podemos acceder a los datos. La función `read_table()` devuelve un `FabricDataFrame` con los datos de una tabla. Con el parámetro `num_rows` podemos controlar la cantidad de filas que devuelve.

```
df_columns = fabric.list_tables("MS1", include_columns=True)
df_columns
```

✓ <1 s - Command executed in 373 ms by dataXbi dataXbi on 11:43:42 AM, 9/24/25 Python

	Name	Description	Hidden	Data Category	Type	Column
0	Productos		False		Table	ProductID
0	Productos		False		Table	Name
0	Productos		False		Table	Color
0	Productos		False		Table	ListPrice
0	Productos		False		Table	Subcategory
0	Productos		False		Table	Category
1	Territorios		False		Table	TerritoryID
1	Territorios		False		Table	Región

Figura 16.10. Listar tablas y columnas con Semantic Link.

La figura 16.11 muestra algunos datos de la tabla **Territorios**.

```
df_table = fabric.read_table("MS1", "Territorios")
df_table
```

✓ 4 s - Command executed in 4 s 263 ms by dataXbi dataXbi on 11:48:02 AM, 9/24/25 Python

	TerritoryID	Región	Grupo
0	1	Northwest	North America
1	2	Northeast	North America
2	3	Central	North America
3	4	Southwest	North America
4	5	Southeast	North America

Figura 16.11. Ejemplo de `FabricDataFrame`.

Relaciones del modelo

Regresando a la estructura del modelo semántico, también podemos trabajar con las relaciones.

En la figura 16.12 se ha utilizado la función `list_relationships`() para guardar en un `FabricDataFrame` la lista de las relaciones.

Incluso es posible mostrar un gráfico con la estructura del modelo, como se aprecia en la figura 16.13, donde se ha utilizado la función `plot_relationship_metadata`.

```
relationships = fabric.list_relationships("MS1")
relationships
```

✓ <1 s - Command executed in 401 ms by dataXbi dataXbi on 12:14:55 PM, 9/24/25 Python

	Multiplicity	From Table	From Column	To Table	To Column	Active	Cross Filtering Behavior	Security Filtering Behavior
0	m:1	ordenes	OrderDate	calendario	Fecha	True	OneDirection	OneDirection
1	m:1	ordenes	ProductID	Productos	ProductID	True	OneDirection	OneDirection
2	m:1	ordenes	TerritoryID	Territorios	TerritoryID	True	OneDirection	OneDirection

Figura 16.12. Listar relaciones.

```
from sempy.relationships import plot_relationship_metadata

relationships = fabric.list_relationships("MS1")
plot_relationship_metadata(relationships)
```

✓ 3 s - Command executed in 3 s 259 ms by dataXbi dataXbi on 12:13:58 PM, 9/24/25 Python

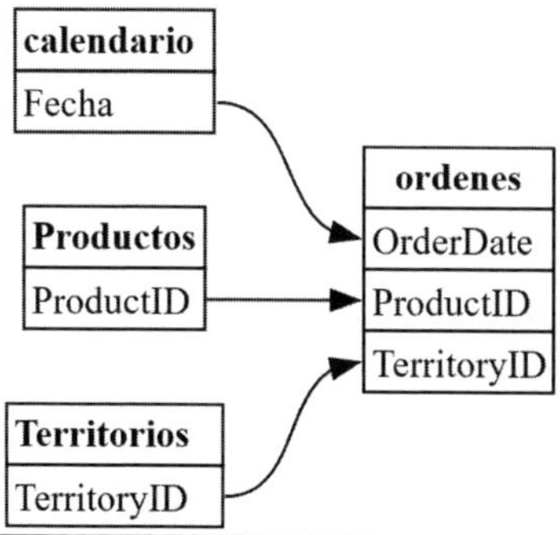

Figura 16.13. Gráfico de relaciones con Semantic Link.

Medidas DAX del modelo

La función `list_measures()` nos permite obtener las medidas del modelo semántico. Como se ve en la figura 16.14, este modelo solo tiene una medida: `Total Price`.

```
1   df_measures = fabric.list_measures("MS1")
2   df_measures
```

✓ <1 s - Command executed in 359 ms by dataXbi dataXbi on 11:43:42 AM, 9/24/25 Python

	Table Name	Measure Name	Measure Expression	Measure Data Type	Measure Hidden	Measure Display Folder	Measure Description	Format String
0	ordenes	Total Price	SUMX(ordenes,ordenes[UnitPrice] * ordenes[Orde...	Double	False			#,0.00\ "€";-#,0.00\ "€";#,0.00\ "€"

Figura 16.14. Listado de medidas.

Evaluar una medida DAX

La función `evaluate_measure()` nos ofrece un gran poder al permitirnos ejecutar una medida DAX con la posibilidad de agrupar y filtrar, devolviendo el resultado en un `FabricDataFrame`. En la figura 16.15 se ha obtenido el valor de la medida `[Total Price]` sin aplicar ningún filtro.

```
1   fabric.evaluate_measure("MS1", measure="Total Price")
```

✓ 5 s ommand executed in 5 s 586 ms by dataXbi dataXbi on 11:43:48 AM, 9/2 Python

	Total Price
0	110373889.313399

Figura 16.15. Evaluar medida.

En la figura 16.16 se ha evaluado la misma medida, pero agrupando el resultado por las columnas Categoría y Región. Y en la figura 16.17, además de agruparse, se han filtrado por las regiones Francia y Germany y la categoría Bikes.

Otra manera muy interesante de evaluar una medida DAX es construir un `FabricDataFrame` con los valores de las dimensiones que nos interesen, y aplicar medidas DAX sobre ellos.

Por ejemplo, en la figura 16.18 se ha construido un `FabricDataFrame` con dos columnas y 5 filas. Las columnas son Productos[Category] y Territorios[Región], cuyos nombres coinciden con columnas de dimensiones del modelo. En las filas hemos insertado los valores manualmente.

```python
fabric.evaluate_measure(
    "MS1",
    measure="Total Price",
    groupby_columns=["Productos[Category]","Territorios[Región]"]
)
```

✓ <1 s - Command executed in 813 ms by dataXbi dataXbi on 11:44:44 AM, 9/24/25 Python

	Category	Región	Total Price
0	Accessories	Australia	162664.5486
1	Accessories	Canada	222680.3929
2	Accessories	Central	46783.671
3	Accessories	France	112348.3443
4	Accessories	Germany	97914.0452
5	Accessories	Northeast	51627.3081
6	Accessories	Northwest	163459.2547
7	Accessories	Southeast	46268.0777
8	Accessories	Southwest	255205.0082

Figura 16.16. Evaluar medida agrupada por columnas.

```python
fabric.evaluate_measure(
    "MS1",
    measure="Total Price",
    groupby_columns=["Productos[Category]","Territorios[Región]"],
    filters={"Territorios[Región]": ["France", "Germany"], "Productos[Category]": ["Bikes"]}
)
```

✓ <1 s - Command executed in 829 ms by dataXbi dataXbi on 10:45:11 AM, 9/24/25 Python

	Category	Región	Total Price
0	Bikes	France	6151455.1085
1	Bikes	Germany	4411001.511

Figura 16.17. Evaluar medida agrupada por columnas y filtrada.

Luego al `FabricDataFrame` se le ha añadido otra columna con la medida `[Total Price]`, utilizando la función `add_measure()`.

El resultado se puede ver en la figura 16.18, donde se ha calculado la medida DAX para cada fila. En las dos últimas filas el valor de la medida es NA debido a que la categoría Shoes no existe en el modelo semántico.

```
from sempy.fabric import FabricDataFrame

df = FabricDataFrame({
        "Productos[Category]": ["Bikes", "Bikes", "Clothing", "Clothing","Shoes", "Shoes"],
        "Territorios[Región]": ["France", "Germany","France", "Germany","France", "Germany"]
    }
)

joined_df = df.add_measure("Total Price", dataset="MS1")
joined_df
```

✓ <1 s - Command executed in 758 ms by dataXbi dataXbi on 1:40:49 PM, 9/24/25 Python

	Productos[Category]	Territorios[Región]	Total Price
0	Bikes	France	6151455.1085
1	Bikes	Germany	4411001.511
2	Clothing	France	156543.2748
3	Clothing	Germany	99157.9945
4	Shoes	France	<NA>
5	Shoes	Germany	<NA>

Figura 16.18. Construir `FabricDataFrame`.

Comando mágico %%dax

El último ejemplo de Semantic Link que vamos a mostrar es el comando mágico `%%dax`, con el que podemos escribir expresiones DAX directamente en una celda del cuaderno. Antes de usar `%%dax` hay que habilitarlo con el comando:

```
%load_ext sempy
```

La figura 16.19 muestra un ejemplo donde de nuevo se obtiene una tabla con el precio total por categoría y región. La primera línea de la celda tiene el comando mágico seguido del nombre del modelo semántico. En las siguientes líneas está la expresión DAX que comienza con la instrucción `EVALUATE`.

Semantic Link Labs

Hemos mostrado algunos ejemplos de lo que se puede hacer con Semantic Link, pero hay mucho más. Además de la ciencia de datos, también tiene aplicaciones en administración y gobernanza.

Hay una librería de código abierto llamada Semantic Link Labs, que extiende Semantic Link con una gran cantidad de funcionalidades adicionales, que son de gran ayuda para automatizar tareas de Fabric.

```
%load_ext sempy
```

✓ - Comando ejecutado en 392 ms el 1:40:28 PM, 9/24/25.

```
%%dax "MS1"
EVALUATE
SUMMARIZECOLUMNS(
    'Productos'[Category],
    'Territorios'[Región],
    "Precio Total", [Total Price]
)
```

✓ - Comando ejecutado en 1 s 309 ms el 1:40:30 PM, 9/24/25.

	Productos[Category]	Territorios[Región]	[Precio Total]
0	Bikes	Northwest	13965980.338
1	Components	Northwest	1784207.4353
2	Clothing	Northwest	259282.4624
3	Accessories	Northwest	163459.2547
4	Bikes	Australia	10203922.8417
5	Components	Australia	203791.0536

Figura 16.19. Uso del comando mágico %%dax.

17

Copilot en Fabric

En este capítulo aprenderás:

- Usar Copilot en los distintos elementos de Fabric para agilizar las tareas de ingesta, transformación y análisis de datos.
- Generar pasos de transformación, optimizar consultas y documentar procesos en los flujos de datos Gen 2.
- Generar, resumir y solucionar errores en las canalizaciones.
- Generar código, explorar datos y obtener ideas de análisis en los cuadernos.
- Generar, explicar y corregir consultas T-SQL en un Warehouse.

La integración de Copilot en Fabric mejora la experiencia de los usuarios en tareas de ingesta, transformación y análisis de datos. Está disponible en varios elementos de Fabric y puede ser utilizado por diferentes perfiles como creadores, administradores y consumidores de información.

Un aspecto que genera inquietud al trabajar con IA generativa es la seguridad y la privacidad de los datos. En el caso de Fabric, Copilot se apoya en los servicios de Azure OpenAI, lo que garantiza que todo lo que se envía permanece privado y no se utiliza para entrenar ningún modelo.

Conviene tener presente que se trata de una tecnología en evolución. En el momento de escribir este libro Copilot está en versión preliminar, por lo que es posible encontrar errores o limitaciones que se irán resolviendo antes de su disponibilidad general. Además, como ocurre con cualquier sistema de IA generativa, pueden presentarse respuestas imprecisas, incompletas o con un nivel de detalle inadecuado. Por eso es recomendable revisar siempre los resultados y utilizarlos como apoyo, no como sustituto del criterio profesional.

Finalmente, hay que recordar que su uso consume la capacidad de Fabric asignada al área de trabajo, por lo que resulta fundamental aplicarlo de manera responsable y eficiente.

Requerimientos de licencia y configuración

Para usar Copilot en Fabric, necesitas una licencia F2 o superior, ya que no está disponible en la licencia de prueba.

Además, en el portal de administración hay que ir a la configuración de inquilinos y abrir la sección **Copilot y Azure OpenAI Service** (ver figura 17.1).

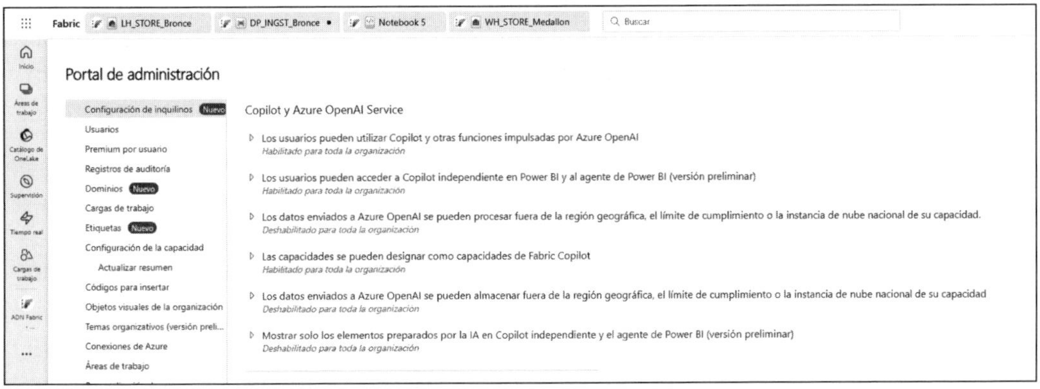

Figura 17.1. Configuración de Copilot en el portal de administración.

Dentro de esta sección, hay que comprobar que esté habilitada la opción Los usuarios pueden utilizar Copilot y otras funciones impulsadas por OpenAI. Esta opción es la que permite acceder a todas las funciones de Copilot y puede gestionarse tanto a nivel de todo el inquilino como de una capacidad específica.

Procesamiento y almacenamiento de datos fuera de la región

Al momento de escribir este capítulo, los servicios de Azure OpenAI utilizados por Copilot se encuentran en Estados Unidos y Europa. Si el inquilino de Fabric se encuentra en una región diferente, es necesario comprobar dos opciones específicas para que Copilot funcione correctamente:

- Los datos enviados a Azure OpenAI se pueden procesar fuera de la región geográfica, el límite de cumplimiento o la instancia de nube nacional de su capacidad: Si el inquilino de Fabric está en una región distinta, es necesario habilitar esta opción para poder usar Copilot. Antes de hacerlo, recomendamos confirmarlo con el departamento legal y tener presente que los datos se procesarán fuera de la región geográfica de tu organización. De forma predeterminada esta opción está deshabilitada para toda la organización.
- Los datos enviados a Azure OpenAI se pueden almacenar fuera de la región geográfica, el límite de cumplimiento o la instancia de nube nacional de su capacidad: Esta opción es similar a la anterior, pero en este caso implica que la información no solo se envía, sino que también puede almacenarse. Lo que se guarda es el historial de conversaciones, con el fin de proporcionar contexto y mejorar la calidad de las respuestas.

  Esta configuración aplica únicamente a Copilot en los cuadernos y en los agentes de datos. Las recomendaciones son las mismas que en el caso anterior: validar con el departamento legal y ser conscientes de que los datos podrían quedar almacenados fuera de la región geográfica de la organización.

Capacidades de Fabric Copilot

La última opción que veremos es Las capacidades se pueden designar como capacidades de Fabric Copilot.

Esta opción resulta muy útil porque permite asignar una o varias capacidades exclusivamente para ejecutar las operaciones de Copilot, incluso si los elementos con los que se trabaja se encuentran en otra capacidad.

Por ejemplo, supongamos que la capacidad C está designada como Copilot y que en la capacidad A tenemos un cuaderno Spark. Si un usuario emplea Copilot en ese cuaderno, el consumo de CU no impactará a la capacidad A, sino a la capacidad C. De esta manera, un pico de consumo de Copilot no afectará el rendimiento de la capacidad principal.

Una vez habilitada esta opción, es necesario entrar en la configuración de la capacidad designada y, dentro de la sección Capacidad de Copilot, indicar qué usuarios o grupos podrán utilizarla.

Siguiendo el ejemplo anterior, si el usuario U está incluido en esa lista y usa Copilot en un elemento del área de trabajo A, el consumo se imputará a la capacidad C.

Copilot en el flujo de datos Gen2

Empezaremos por mostrar cómo utilizar Copilot en un flujo de datos Gen 2.

Para ello, crearemos un nuevo flujo de datos Gen 2 y, desde la pestaña Inicio, abriremos el panel de chat de Copilot haciendo clic en el botón Copilot en la cinta de opciones. El panel se abre a la derecha del panel de configuración de consultas y, como no se ha creado ninguna consulta en el flujo, solo está disponible la opción Obtener datos.

Obtener datos

Al seleccionar Obtener datos, en el cuadro del chat aparece el texto Obtener datos de y debemos especificar el nombre del origen. En el ejemplo de la figura 17.2 seleccionamos un Lakehouse que se encuentra en la misma área de trabajo que el flujo.

Copilot realiza la búsqueda del origen por nosotros y activa el asistente que nos guiará en el proceso de obtener datos, a partir de aquí debemos seguir los pasos del asistente. Por ejemplo, si especificamos que el origen es un archivo CSV que se encuentra en una carpeta de SharePoint, Copilot, automáticamente abre el asistente con las opciones disponibles para SharePoint.

Otras opciones de ayuda

En el borde superior derecho del panel de Copilot aparecen dos botones, el primero es una escoba para eliminar los mensajes del chat y el segundo botón para cerrar el panel.

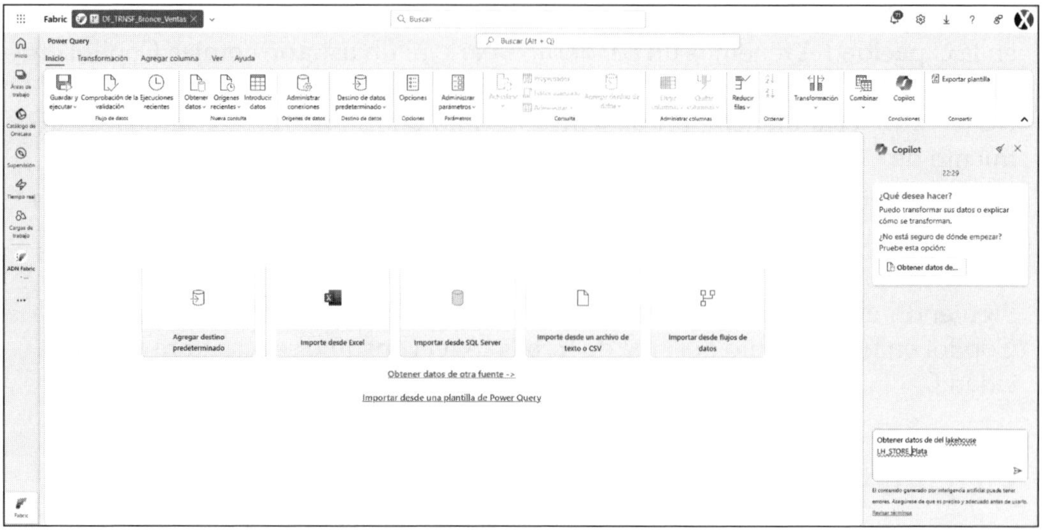

Figura 17.2. Panel de chat de Copilot.

Si eliminamos los mensajes, como ya hemos creado algunas consultas, aparecerán dos nuevas opciones además de **Obtener datos de** (figura 17.3):

- Agregar un paso que....
- Describir esta consulta.

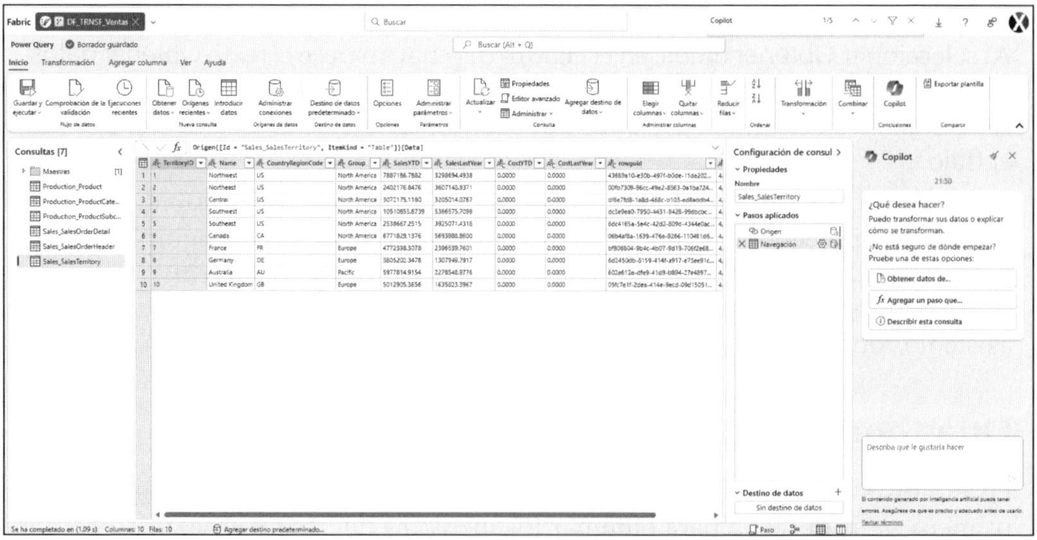

Figura 17.3. Opciones de ayuda de Copilot en un flujo de datos Gen2.

Agregar un paso que...

Podemos utilizar esta opción para solicitarle que realice nuevos pasos de transformación sobre una consulta. Debemos describir las transformaciones que deseamos realizar en el cuadro del chat utilizando lenguaje natural lo más claro y directo posible.

Algunos ejemplos de transformación que hemos aplicado en estas consultas son los que se detallan a continuación.

Elegir columnas

Seleccionamos la consulta `Production_Product` y le pedimos que nos deje solamente las columnas ProductID, Name, Color y ProductSubcategoryID (ver en la figura 17.4).

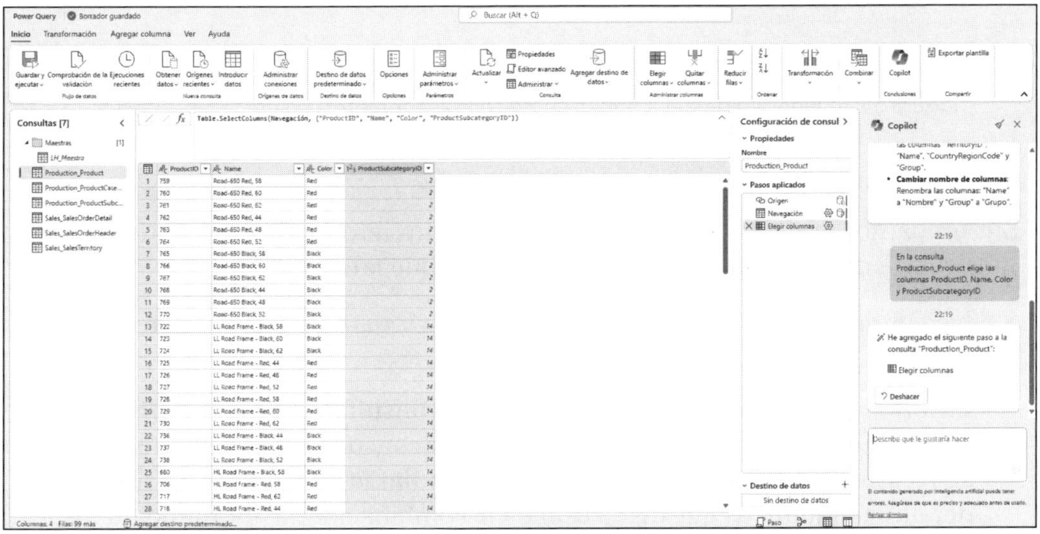

Figura 17.4. Ejemplo transformación **Elegir columnas** con Copilot.

Renombrar columnas

En este caso le pedimos que renombrara la columna Name como Product y también lo hizo correctamente. El resultado puedes verlo en la figura 17.5.

Cambiar tipo de datos a una columna

A continuación, le pedimos que cambiara el tipo de datos a una columna y también lo hizo bien.

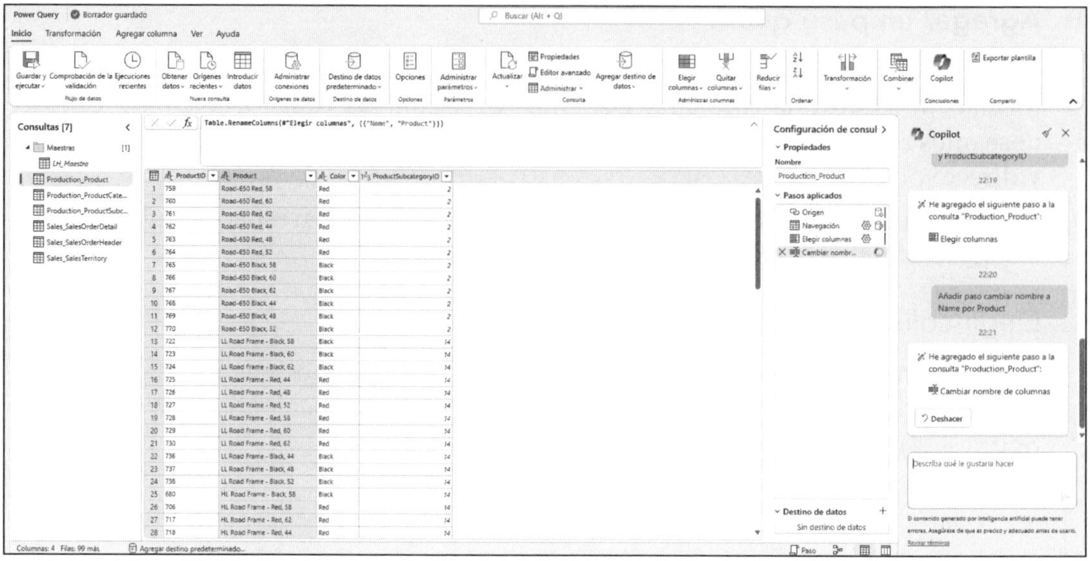

Figura 17.5. Ejemplo de transformación de cambiar nombre a columna con Copilot.

Transformaciones que fallaron

Sin embargo, no todas las transformaciones tuvieron éxito. A continuación, mostramos dos ejemplos de transformaciones que fallaron:

- Le pedimos cambiar el nombre de la consulta y su respuesta fue que no podía hacerlo.
- En otro caso, le solicitamos combinar las consultas `Production_Product` y `ProductionSubcategory`. Se creó una nueva consulta, pero utilizó la opción `NestedJoin` de manera incorrecta. Al reformular la petición y especificar con detalle las columnas que debía usar en la combinación, sí obtuvimos el resultado esperado (ver figura 17.6).

Este ejemplo demuestra que Copilot mejora sus respuestas cuando recibe instrucciones claras y detalladas. Aunque las transformaciones que puede realizar aún son limitadas, una buena redacción de las solicitudes puede marcar la diferencia entre un resultado fallido y uno correcto.

Describir esta consulta

Para probar esta opción escogimos la consulta `Sales_SalesTerritory`, en la que previamente realizamos algunas transformaciones manualmente, como elegir columnas y cambiar el nombre a dos columnas.

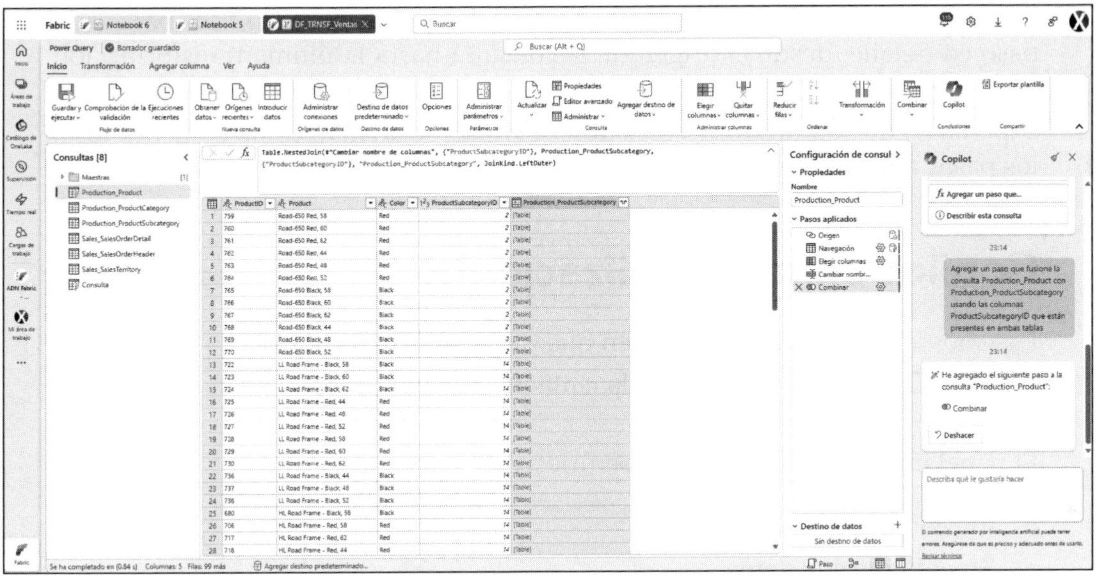

Figura 17.6. Ejemplo de transformación de combinar consultas con Copilot.

Una vez que la consulta estuvo lista, le pedimos que nos la describiera y en la figura 17.7 puedes ver el resultado.

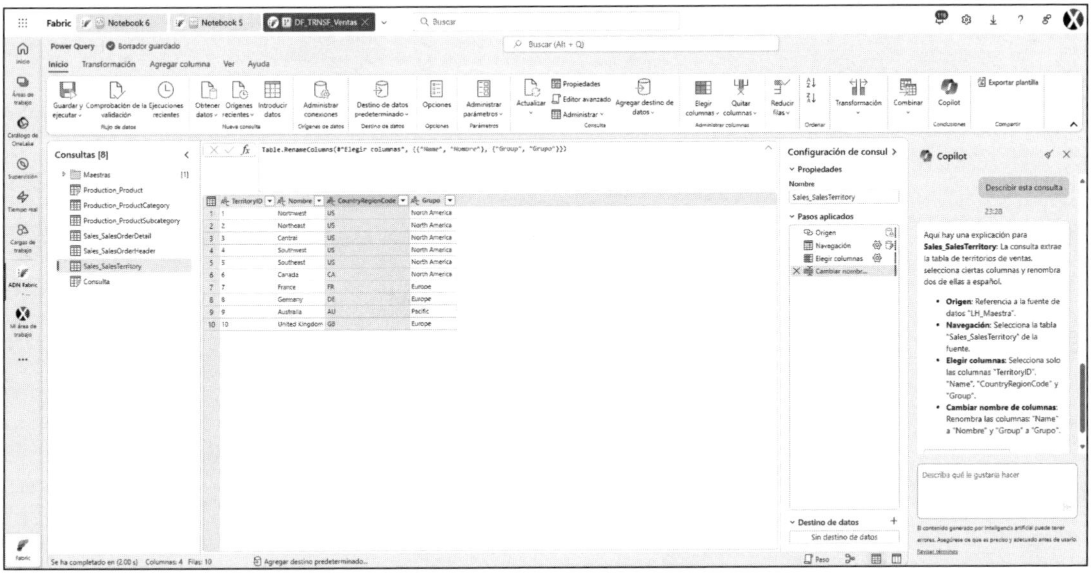

Figura 17.7. Ejemplo de describir consulta con Copilot.

Primero, hace una descripción general de la consulta y luego lo hace para cada paso en detalle, desde el origen de la consulta hasta la última transformación aplicada.

Esperamos que en un futuro esas descripciones se añadan como comentarios a los pasos aplicados.

Copilot en las canalizaciones

Pasemos ahora a probar Copilot en una canalización.

El botón **Copilot** está ubicado en la cinta de opciones, igual que en los flujos de datos.

El panel muestra tres formas de pedirle ayuda:

- Ingesta de datos.
- Transforme sus datos.
- Resumir esta canalización.

Además, tenemos el cuadro característico donde podemos interactuar con Copilot en lenguaje natural, como se ve en la figura 17.8.

Figura 17.8. Panel de Copilot en una canalización.

Ingesta de datos

Si elegimos **Ingesta de datos**, nos propone traer datos mediante una actividad de copia. Sin embargo, podemos modificar esta sugerencia y escoger otra actividad de ingesta, como un trabajo de copia o un flujo de datos Gen2.

Si aceptamos la sugerencia, añade una actividad **Copiar datos** en el lienzo y le asigna un nombre por defecto (**CopyDataActivity1**). A continuación, Copilot solicita información sobre el origen y destino de los datos en el cuadro del chat, como se muestra en la figura 17.9. Dicha información se puede introducir manualmente, pero también se puede hacer uso del comodín "/ para que muestre la lista de conexiones disponibles tanto para el origen como para el destino, y de esta forma solo necesitamos elegir la conexión adecuada en cada caso (figura 17.10).

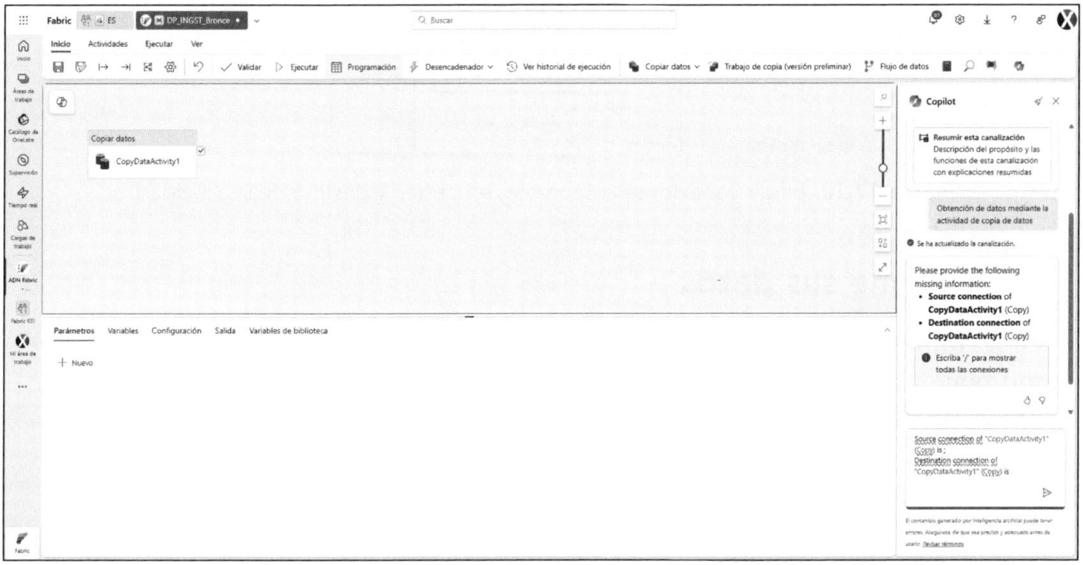

Figura 17.9. Añadir actividad a la canalización usando Copilot.

En el ejemplo de la figura, se escogió como destino un Lakehouse en la misma área de trabajo, pero podíamos haber escogido cualquier almacenamiento que tuviéramos disponible.

Una vez que se conecta al destino, solicita el nombre de la tabla donde se almacenarán los datos. El mismo proceso lo repetimos con el origen.

Después de que se ha determinado el origen y el destino de los datos, Copilot nos sugiere ejecutar la canalización. Si no hay errores, se ejecutará la actividad de copia y podremos ver el estado de la ejecución en el panel de salida.

Figura 17.10. Elegir conexiones disponibles en origen y destino de la actividad.

Transforme sus datos

Si a continuación se selecciona la opción **Transforme sus datos**, Copilot nos propone utilizar un flujo de datos Gen2. Al igual que en el caso de **Ingesta de datos**, podemos modificar su propuesta eligiendo cualquier otra actividad de transformación.

Si aceptamos su sugerencia, añade una nueva actividad de flujo de datos y la conecta con la anterior. También abre el panel **Salida de validación de Canalización**, como se observa en la figura 17.11.

Este panel nos advierte de que hay una actividad no válida y que debemos corregirla o desactivarla para poder guardar la canalización. Esta advertencia se debe a que aún no se ha configurado la actividad flujo de datos, es decir, no hemos especificado el área de trabajo donde se encuentra el flujo ni tampoco el nombre del flujo.

Debajo de la advertencia, hay dos botones que nos ayudan a configurar cada propiedad. Al hacer clic en el botón del ID del área de trabajo, en el lienzo se selecciona la actividad de flujo y se activa la pestaña **General** de la actividad. Si activamos la pestaña **Configuración** se ve que Copilot le asignó como área de trabajo al flujo la misma de la canalización, pero podemos cambiarlo manualmente. En la misma pestaña debemos seleccionar el flujo que ejecutará la actividad y con esto los errores quedarán corregidos y podemos guardar y ejecutar la canalización.

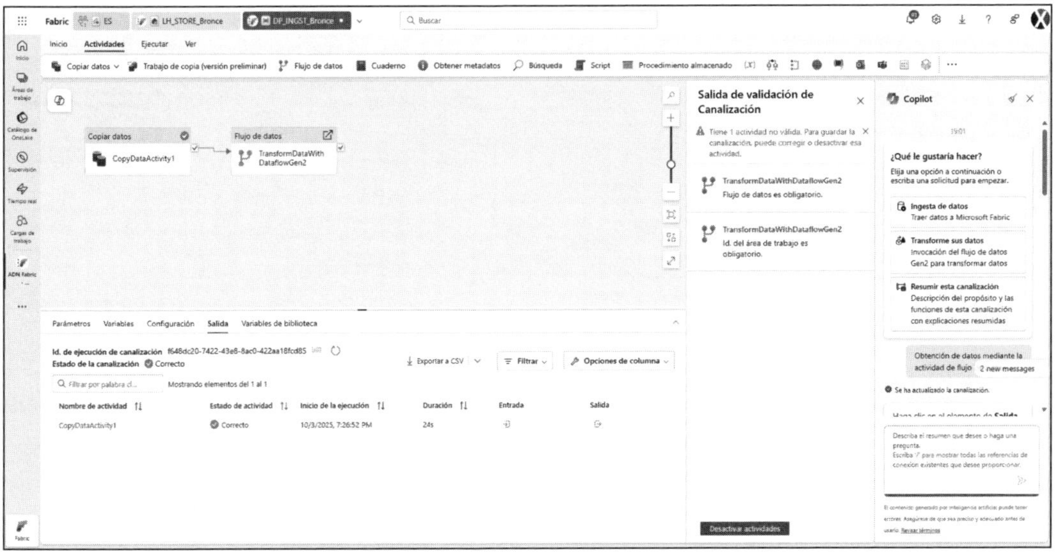

Figura 17.11. Panel Salida de validación de Canalización.

Resumir esta canalización

Esta opción es muy útil en los casos en que necesitamos comprender la lógica de una canalización, ya sea porque la ha desarrollado otro miembro del equipo o para documentarla. En la figura 17.12 se muestra una canalización que contiene varias actividades de diferentes tipos, algunas de ellas anidadas. Si le pedimos a Copilot que la resuma, nos devuelve en el chat un informe, en lenguaje natural, explicando el objetivo de la canalización, las actividades que incluye y el flujo o relación entre las actividades. En la figura 17.13 se muestra el resumen generado para la canalización de la figura 17.12.

Como puedes observar, este informe describe muy bien lo que ocurre en la canalización y nos ayuda a documentarla.

Solucionar errores de canalizaciones

Copilot también nos puede ayudar a explicar y resolver errores en una canalización.

Si la ejecución de una canalización devuelve un error, podemos pedirle a Copilot que nos explique por qué falló y qué podemos hacer para corregirlo.

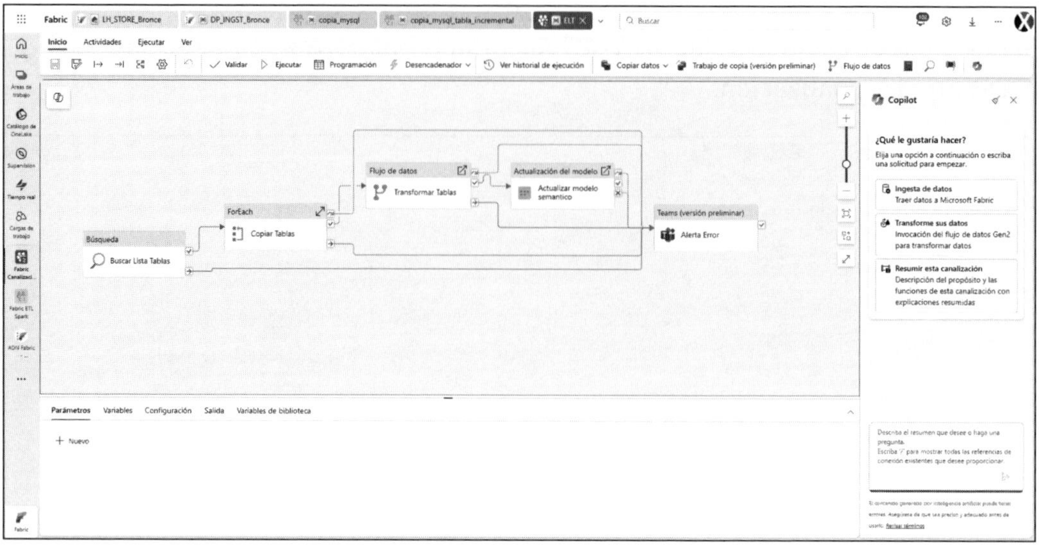

Figura 17.12. Ejemplo de canalización.

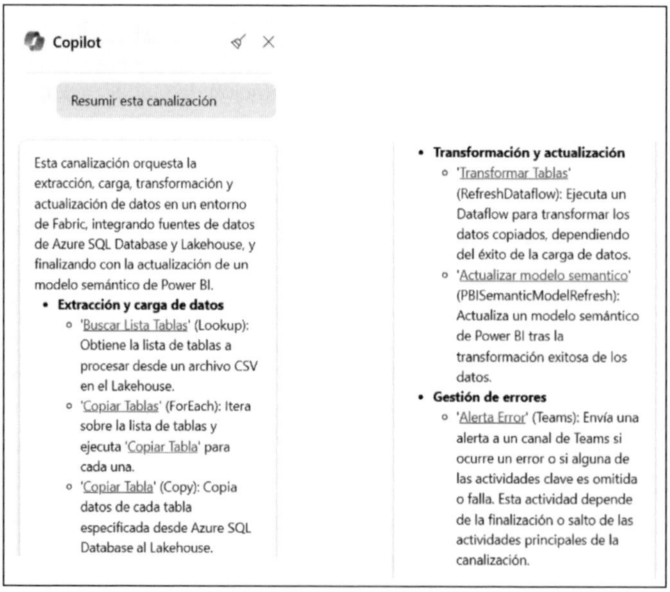

Figura 17.13. Ejemplo de resumen de canalización.

La figura 17.14 muestra una canalización que ha fallado en varios pasos. Al lado de cada paso con error se muestra el botón **Copilot** y, si lo presionamos, se muestra el error y una posible solución en el panel del chat.

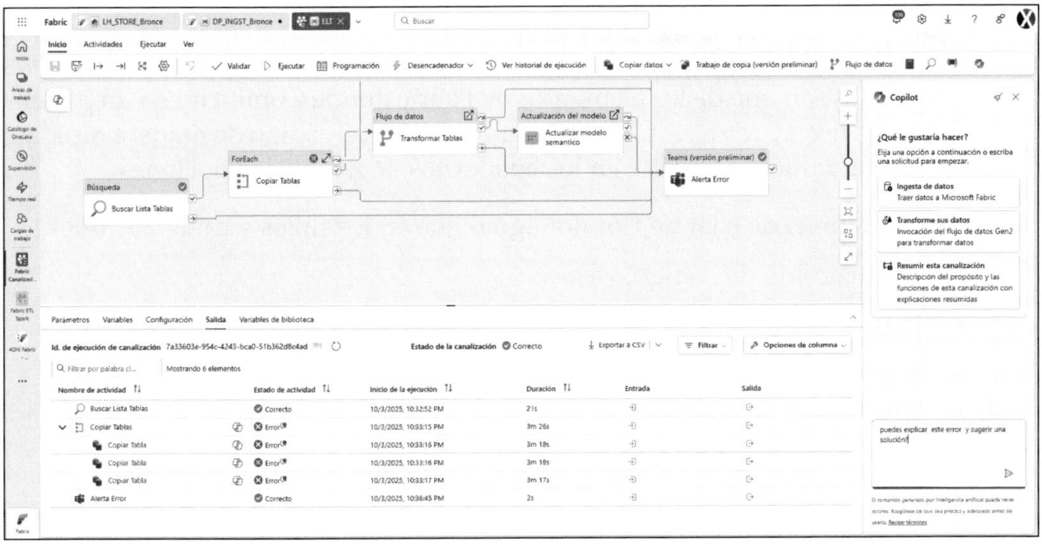

Figura 17.14. Ejemplo de errores en la ejecución de una canalización.

También podemos pedirle ayuda sobre el error en el cuadro del panel chat.

La respuesta de Copilot la podemos ver en la figura 17.15. En este caso indica la causa del error, pero no ofrece pasos concretos para solucionarlo.

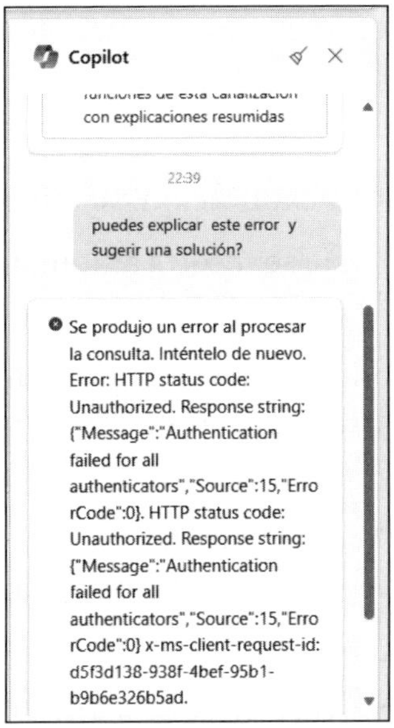

Figura 17.15. Detalles del error explicado por Copilot.

Copilot en el cuaderno

Los cuadernos son uno de los elementos de Fabric donde Copilot juega un papel clave, ya que nos ayuda a escribir, depurar y optimizar código de manera rápida y sencilla. Para utilizar Copilot en los cuadernos, tenemos dos opciones:

- Desde el panel de chat de Copilot, igual que en los flujos y canalizaciones.
- Desde una celda de código, ya sea:
    - Presionando el botón de Copilot, que se encuentra en la esquina superior derecha de la celda, junto al resto de botones.
    - Utilizando la combinación de teclas **Alt-I**, como se sugiere en la propia celda (figura 17.16).

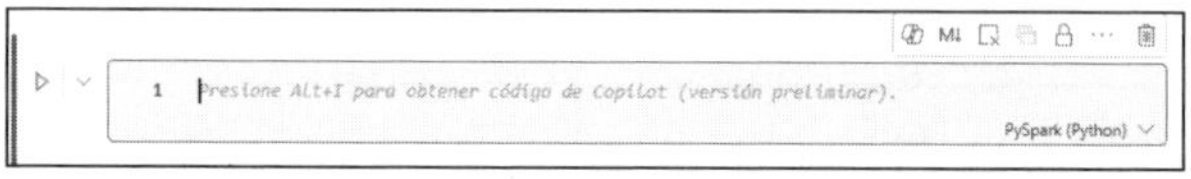

Figura 17.16. Celda de código en un cuaderno con Copilot activo.

La diferencia entre ambos métodos es sencilla: cuando usamos el panel de chat, todo lo que genera Copilot, ya sean explicaciones o código se genera directamente en el panel. Si el resultado incluye código, debemos copiarlo y pegarlo en una celda para poder ejecutarlo. No existe un botón para copiar todo el código y moverlo a una celda.

En cambio, cuando usamos Copilot desde una celda, el resultado es más dinámico:

- Si el resultado es un texto o explicación, se muestra en el panel de chat.
- Si el resultado es código, este se inserta automáticamente en la propia celda, donde podemos revisarlo y ejecutarlo.

Por eso, este segundo método resulta más cómodo y eficiente, especialmente cuando trabajamos con transformaciones o cargas de datos.

Copilot desde el panel de chat

Para abrir el panel de chat, seguimos los mismos pasos de antes, hacemos clic en el botón Copilot de la cinta de opciones del menú Inicio.

Si al abrir Copilot el cuaderno no está conectado a ningún elemento de almacenamiento, la única opción disponible es ver una introducción a Copilot.

Cuando ya se ha adjuntado un almacenamiento, por ejemplo, un Lakehouse, disponemos de las siguientes opciones de ayuda:

- Cargar datos desde mi instancia Lakehouse en DataFrame.
- Generar ideas a partir de los datos.
- Sugerir visualizaciones de datos.

Cargar datos desde mi instancia Lakehouse en DataFrame

Cuando solicitamos esta ayuda, en el cuadro del chat se muestra el siguiente texto: `Cargar [YOUR_DATA_NAME] en DataFrame`, donde debemos sustituir `YOUR_DATA_NAME` por el nombre de la tabla que queremos cargar.

Una vez que hemos escrito el nombre de la tabla y hacemos clic en el botón **Ejecutar**, el resultado se muestra directamente en el panel.

En este ejemplo, Copilot ha generado código, pero, como se muestra en la figura 17.17, no se visualiza del todo, el panel es estrecho y habría que ampliarlo para poder revisarlo.

Figura 17.17. Ejemplo de código generado en el panel de chat.

Además, el código no se copia en una celda y no existe un botón para hacerlo, sino que tenemos que seleccionarlo manualmente, copiarlo y luego pegarlo en la celda para validarlo y ejecutarlo.

Generar ideas a partir de los datos

Con esta opción, Copilot analiza los datos y proporciona un análisis descriptivo de los mismos.

Al presionar el botón de la ayuda en el cuadro del panel se muestra el texto: `Analizar [YOUR_DATA_NAME] y proporcionar información sobre los datos`

Debemos sustituir, igual que en el ejemplo anterior, `YOUR_DATA_NAME` por el nombre de la tabla que quieres analizar.

Para realizar el análisis utiliza los metadatos de la tabla y pregunta por la cantidad de filas, las columnas relevantes y realiza análisis de los valores de esas columnas como valores nulos, máximo, mínimo, promedio y otra información que considere relevante. La figura 17.19 muestra el análisis de las tablas órdenes y productos.

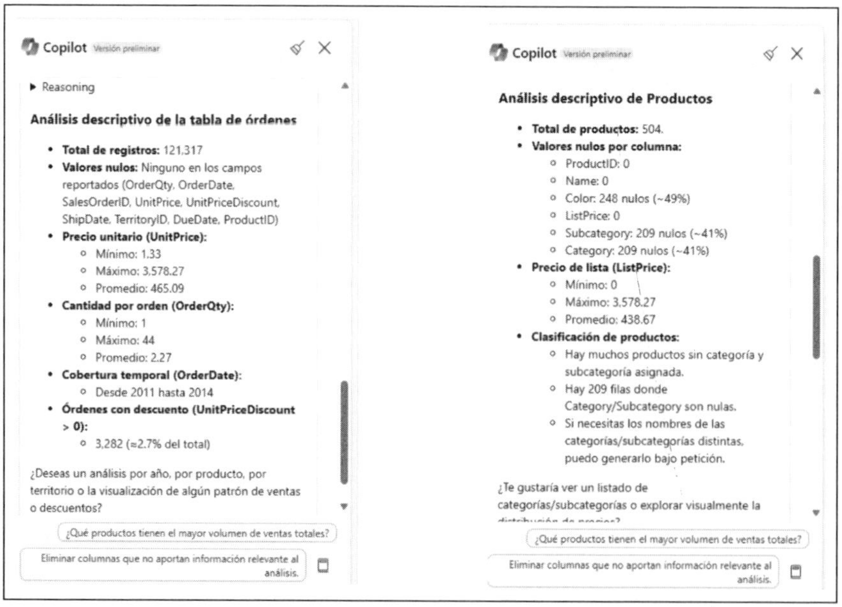

Figura 17.18. Ejemplo de generar ideas sobre los datos en el panel de chat.

Además, Copilot sugiere algunas preguntas que pueden ser interesantes sobre los datos y que puedes ejecutar inmediatamente. Algunos ejemplos de preguntas son:

- ¿Qué productos tienen el mayor volumen de ventas totales?
- ¿Qué productos generan los mayores ingresos totales?
- ¿Qué categorías de productos generan los mayores ingresos totales?

Sugerir visualizaciones de datos

La última opción de ayuda es Sugerir visualizaciones de datos. Al igual que en Generar ideas a partir de los datos, podemos hacerle preguntas sobre los datos y Copilot devolverá el resultado como una imagen o como código.

Al seleccionar esta opción, se muestra en el cuadro del panel la instrucción: `Analizar [YOUR_DATA_NAME] y sugerir formas de visualizar los datos`, donde, igual que en los casos anteriores, debemos sustituir `[YOUR_DATA_NAME]` por el nombre de la tabla que queremos analizar.

Como resultado, Copilot devuelve una lista de posibles gráficas que puede generar, junto con la opción de crear el código correspondiente en PySpark o Spark DataFrames (ver figura 17.19).

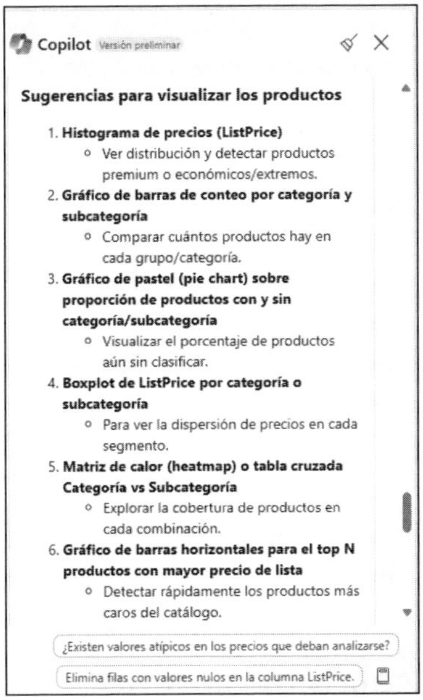

Figura 17.19. Ejemplo de sugerir visualizaciones de datos en el panel de chat.

Si copiamos cualquiera de las sugerencias y la pegamos en el cuadro del chat, Copilot genera automáticamente el código PySpark, que podemos ejecutar en una celda del cuaderno.

Además de usar las ayudas, podemos escribir nuestras solicitudes en lenguaje natural directamente en el cuadro del chat. Por ejemplo, le pedimos que creara un gráfico de barras con la cantidad de productos por categoría, y como resultado generó el código mostrado en la figura 17.20.

Figura 17.20. Ejemplo de código generado por Copilot para visualizar datos en el panel de chat.

El gráfico resultante, después de ejecutar el código, mostraba columnas en lugar de barras, así que le pedimos que intercambiara los ejes y que cambiara el color de las barras a verde. Copilot volvió a generar el código y esta vez obtuvimos el resultado deseado.

La clave está en aprender a formular solicitudes claras y precisas, de modo que Copilot pueda ofrecer resultados más cercanos a lo que buscamos.

Copilot desde una celda de código

Cuando usamos Copilot desde una celda de código, el cuadro de interacción aparece directamente dentro de la celda. Desde allí podemos escribir, en lenguaje natural, la misma solicitud que haríamos en el panel de chat o utilizar los comandos disponibles.

Comandos

En la figura 17.21 se muestra una celda de código con Copilot habilitado. En el cuadro de Copilot se muestra una sugerencia para que genere código o ejecute comandos utilizando la "/".

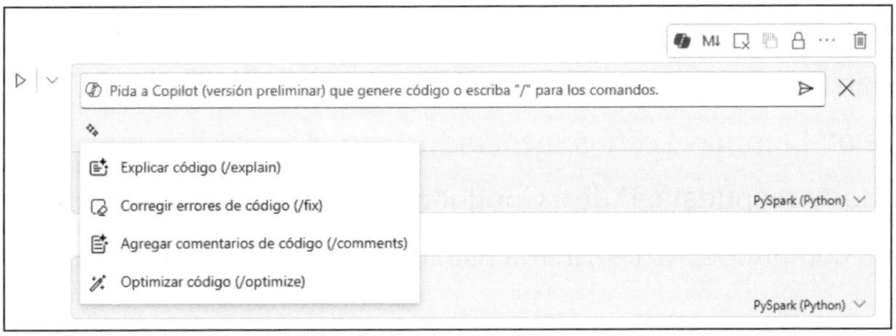

Figura 17.21. Lista de comandos en celda de código con el cuadro de Copilot activo.

Si escribes la barra en el cuadro de Copilot o seleccionas el botón debajo del cuadro, puedes ver la lista de comandos y su uso como se muestra en la figura. La lista de comandos disponibles es:

- `/explain` para explicar el código.
- `/fix` para corregir errores.
- `/comments` para añadir comentarios.
- `/optimize` para proponer mejoras o simplificar el código.

Estos comandos son especialmente útiles cuando la celda ya contiene código, porque permiten documentarlo, optimizarlo y corregir posibles errores de forma rápida y guiada por Copilot.

Generar código

Podemos pedirle a Copilot que genere código para cargar datos en un DataFrame. En la figura 17.22 se muestra un ejemplo con la solicitud y el código que Copilot generó en respuesta.

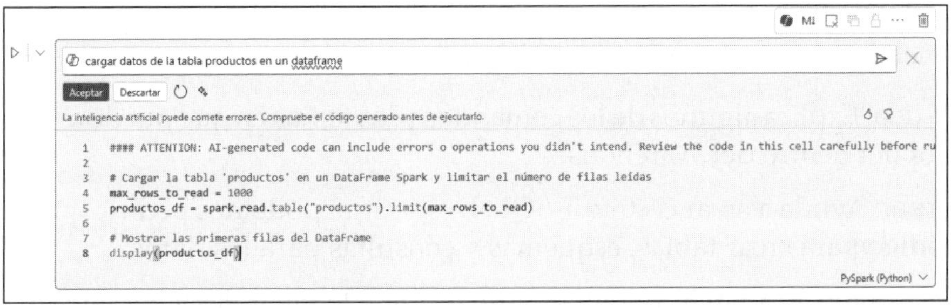

Figura 17.22. Celda de código con solicitud de ayuda y código generado.

Encima del código, aparece un pequeño menú con varias opciones muy útiles:

- Aceptar: Conserva el código generado dentro de la celda.
- Cancelar: Elimina el código generado.
- Regenerar respuesta: Pide a Copilot que cree una nueva versión del código.
- Ver los comandos: Muestra una lista de los comandos disponibles.

También podemos pedirle que genere código para transformar los datos, por ejemplo, crear o seleccionar columnas, filtrar registros, entre otros.

NOTA:

Es importante que revises el código antes de ejecutarlo. Aunque Copilot es una gran ayuda, el código que genera mediante inteligencia artificial puede contener errores o suposiciones incorrectas.

Copilot en el Warehouse

Desde un Warehouse también es posible utilizar Copilot.

Es importante conocer que Copilot no utiliza los datos de las tablas del Warehouse para generar consultas, sino que utiliza el esquema y los metadatos que contiene.

Copilot desde el panel de chat

Podemos abrir el panel de chat utilizando el botón Copilot del menú Inicio.

Una vez seleccionado el botón Empiece ya, podemos comenzar a interactuar con el chat de Copilot utilizando el lenguaje natural o los comandos disponibles. Copilot devolverá la respuesta en código T-SQL o lenguaje natural.

El panel tiene tres categorías de peticiones:

- Ayuda: Explica algunos de los comandos y los temas en que puede ayudarnos Copilot dentro del Warehouse.
- Crear: Ayuda a crear código T-SQL. Desde aquí podemos pedirle que genere código para crear tablas, esquemas y consultas para los datos.
- Preguntar: Proporciona temas y preguntas de ejemplo acerca de nuestros datos.

NOTA:

En el momento de escribir este capítulo la ayuda de cada categoría solo estaba disponible en inglés.

Comandos

Desde el cuadro del chat podemos utilizar comandos, igual que en los cuadernos, aunque no son los mismos. Algunos de esos comandos son:

- `/brainstorm`: Generar sugerencias que le ayudarán a identificar tendencias y oportunidades en los datos.
- `/generate-sql [instructions]`: Generar consultas T-SQL.
- `/explain`: Explicación de consultas.
- `/fix [what to fix]`: Corregir errores.
- `/question [question]`: Realizar preguntas.
- `/help`: Solicitar ayuda para utilizar Copilot.

Para ver la lista de los comandos disponibles podemos utilizar la opción Ayuda, del panel de Copilot, o escribir en el cuadro del panel el comando **/commands**.

Si en el editor de T-SQL se muestra una consulta o está abierta la vista previa de una tabla y ejecutamos cualquiera de estos comandos, el resultado se ajusta al contexto.

Aunque el resultado se muestra en el panel de chat tenemos dos botones encima de la consulta generada para copiar el código o insertarlo en el editor, a diferencia de lo que ocurre en los cuadernos donde debemos copiar el código manualmente.

Crear

Si seleccionamos la opción Crear del panel en el editor del panel se muestra la sugerencia Add table to the database to hold data y una serie de opciones de tipos de tablas como Clima, Fecha, etc.

Podemos escoger alguna de las sugeridas o solicitarle un nuevo tipo.

En el ejemplo de la figura 17.23 la tabla que solicitamos fue tasa de cambio. Copilot generó automáticamente el código T-SQL necesario para crear la tabla y sus columnas. Podemos copiar la consulta o insertarla directamente en el editor. Recuerda que es importante validar el código porque puede contener errores.

Figura 17.23. Opción **Crear** del panel de chat de Copilot.

También le pedimos que generara un esquema para la base de datos y el resultado fue correcto.

NOTA:

Copilot no puede realizar cambios en consultas T-SQL existentes. Mientras la consulta permanece en el cuadro del panel de chat podemos hacerle sugerencias para mejorar la consulta y nos devuelve la consulta mejorada en el mismo panel. Una vez que la consulta esté en el editor, Copilot no podrá modificarla ni deshacer algunos de los pasos aplicados.

Copilot desde el editor de consultas

Desde el editor de T-SQL podemos escribir código con la ayuda de Copilot y podemos utilizar algunos de los comandos que vimos anteriormente.

En el Warehouse, a diferencia de los cuadernos, no podemos escribir los comandos directamente en el código. En el momento de escribir el libro, en el editor de T-SQL solo tenemos dos comandos disponibles y para utilizarlos debemos presionar los botones que se encuentran en el menú, encima del código.

Ayuda a la hora de escribir las consultas

Si creamos una nueva consulta T-SQL, con Copilot activado, el editor muestra una sugerencia sobre el uso de Copilot a la hora de escribir consultas. Puedes ver la sugerencia en la figura 17.24.

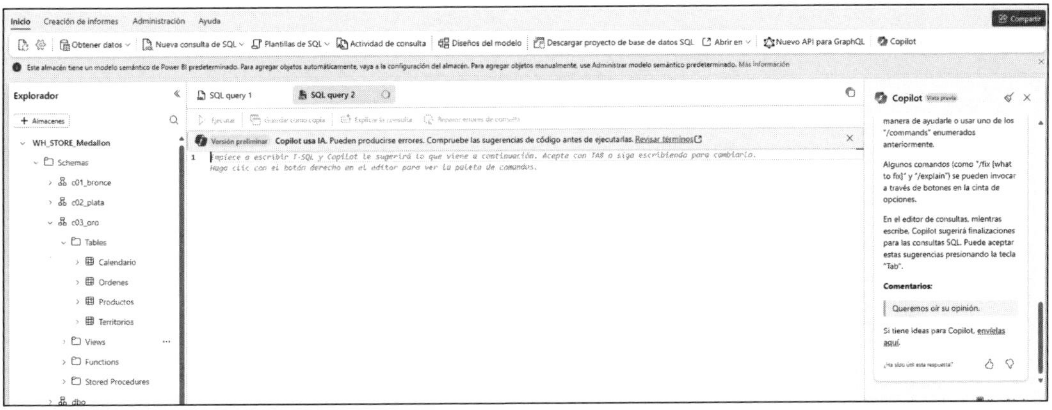

Figura 17.24. Sugerencia de código en el editor de T-SQL.

En la medida que escribimos la consulta Copilot nos sugiere cómo completarla, como se observa en la figura 17.25. Si lo que nos sugiere nos parece bien, con la tecla **Tab** podemos incorporarla al código.

Figura 17.25. Sugerencia de autocompletado de código en el editor de T-SQL.

Añadir comentarios y describir las consultas T-SQL

En la figura 17.26 vemos el *script* T-SQL de una consulta que se generó con la opción Nueva consulta visual. Puedes ver que el código no contiene comentarios que expliquen qué hace la consulta ni los pasos aplicados.

Figura 17.26. Ejemplo de consulta T-SQL.

Podemos añadir comentarios manualmente a la consulta, pero Copilot nos puede ser de gran ayuda en esa tarea.

En la cinta de opciones del editor de consultas está el botón Explicar consulta que se corresponde con el comando `/explain`. Este botón permanece activo todo el tiempo y podemos utilizarlo para los comentarios. La figura 17.27 muestra la misma consulta, pero con los comentarios añadidos por Copilot.

Corregir errores en la consulta

Cuando escribimos una consulta T-SQL, podemos cometer errores y Copilot nos puede ayudar a corregirlos.

En la figura 17.28 se muestra una consulta que se ha ejecutado y ha devuelto un mensaje de error. Si estás familiarizado con T-SQL, te darás cuenta del error porque estará marcada en color rojo la parte de la consulta que genera lugar al error y en el panel de mensajes los detalles del error.

En la cinta de opciones del editor de consultas se muestra la opción Reparar errores de consulta, que por defecto está deshabilitada y se corresponde con el comando `/fix`.

Esta opción se habilita en cuanto se ejecuta una consulta y nos devuelve un error, como en el caso de la figura 17.27.

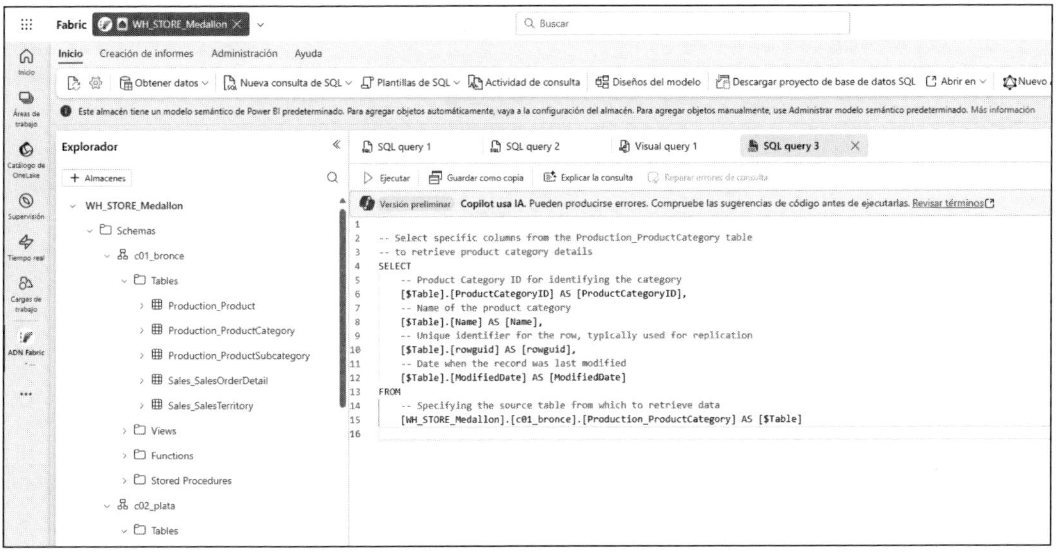

Figura 17.27. Ejemplo de **Explicar consulta** en el editor de T-SQL.

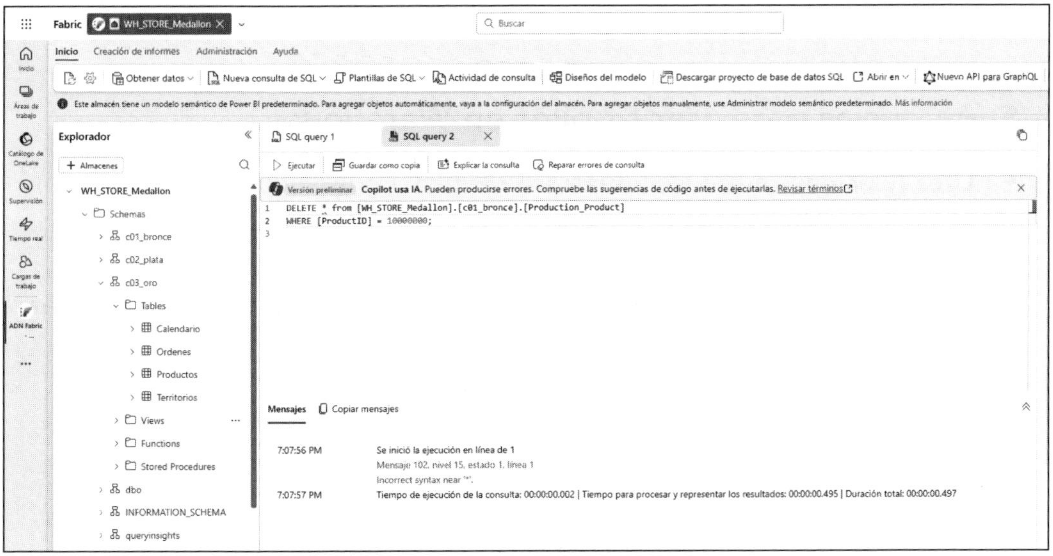

Figura 17.28. Ejemplo de consulta ejecutada con error en el editor de T-SQL.

Si elegimos esta opción, Copilot revisa la consulta y, si encuentra un error de sintaxis o lógico, lo corrige y añade una o varias líneas de comentarios con el error y la solución, como se muestra en la figura 17.29.

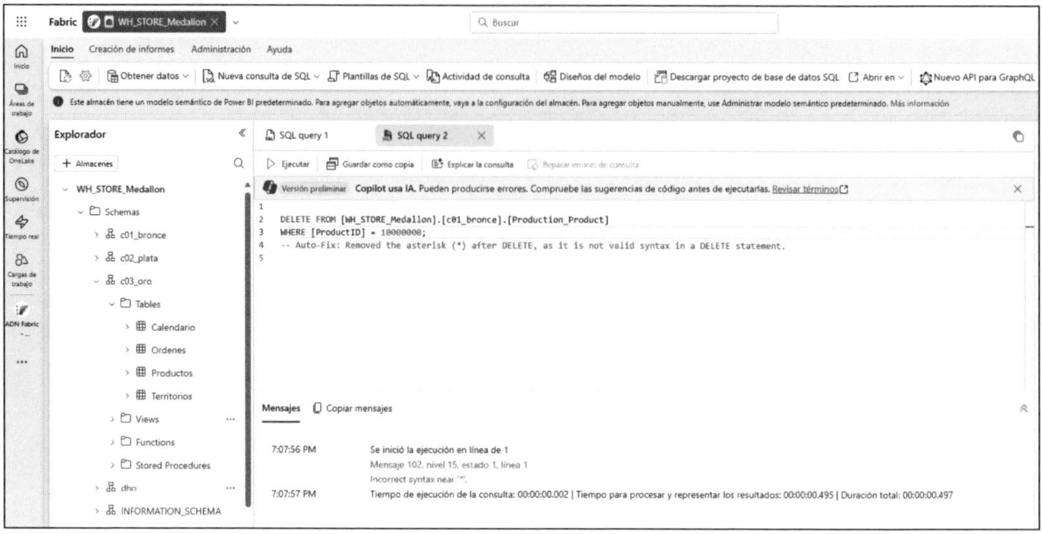

Figura 17.29. Ejemplo de reparar errores de consulta en el editor de T-SQL.

La opción vuelve a deshabilitarse y solo estará disponible cuando se detecte un nuevo error.

Sugerencias para usar Copilot en Warehouse

- **Crea relaciones entre las tablas:** Esto ayuda a que Copilot entienda mejor cómo se conectan tus datos y pueda generar instrucciones JOIN más precisas.
- **Usa nombres claros y descriptivos:** Cuanto más representativos sean los nombres de las tablas, columnas o esquemas, más fácil será para Copilot interpretar su propósito.
- **Incluye los nombres de esquemas, claves primarias y externas:** Si los identificas correctamente, Copilot podrá generar consultas más completas y exactas, reduciendo la necesidad de correcciones manuales.

En resumen, cuanto más contexto y claridad le des a Copilot, mejores serán sus resultados.

18 Proyectos

En este capítulo aprenderás:

- Cómo combinar los distintos elementos de Fabric en arquitecturas completas.
- Poner en práctica lo aprendido a través de proyectos guiados.
- Inspirarte para diseñar tus propias arquitecturas de datos.

Llegamos al último capítulo del libro, donde pondremos en práctica lo aprendido. A lo largo de los capítulos anteriores, hemos explorado los distintos elementos de Fabric y ahora es momento de ver cómo se combinan dentro de diferentes arquitecturas.

El capítulo reúne una colección de proyectos que muestran diferentes formas de organizar y conectar los elementos de Fabric. Cada proyecto incluye un diagrama de arquitectura que ayuda a visualizar el flujo de datos y la relación entre los componentes.

Algunos proyectos están pensados como ejercicios prácticos, por lo que se proporciona acceso a los datos y se detallan los pasos que debes seguir para reproducirlos por tu cuenta. Otros proyectos tienen un carácter más informativo u orientativo y te servirán como inspiración para tus propios escenarios.

Te recomendamos crear un área de trabajo independiente para cada proyecto.

Proyecto 1: Análisis básico

Objetivos

El propósito de este primer proyecto es que los usuarios con experiencia en Power BI vean cómo trasladar su flujo de trabajo tradicional a Fabric.

Partimos de una carpeta SharePoint con archivos CSV, todos con la misma estructura. Cada archivo contiene una tabla plana con registros de ventas de productos, algo muy común cuando trabajamos con Power BI. Debemos convertir la tabla plana en un modelo tabular con un esquema en estrella.

Arquitectura

La figura 18.1 muestra la arquitectura general del proyecto.

Los archivos CSV almacenados en SharePoint se procesan con un flujo de datos Gen2, que los transforma y carga en un Lakehouse dentro del área de trabajo de Fabric.

A partir de este Lakehouse se crea un punto de conexión SQL, que sirve de base para el modelo semántico.

El modelo se configura con el modo de almacenamiento Importar, y los informes de Power BI se conectan mediante Live Connection.

Finalmente, una canalización orquesta la ejecución del flujo de datos y la actualización del modelo.

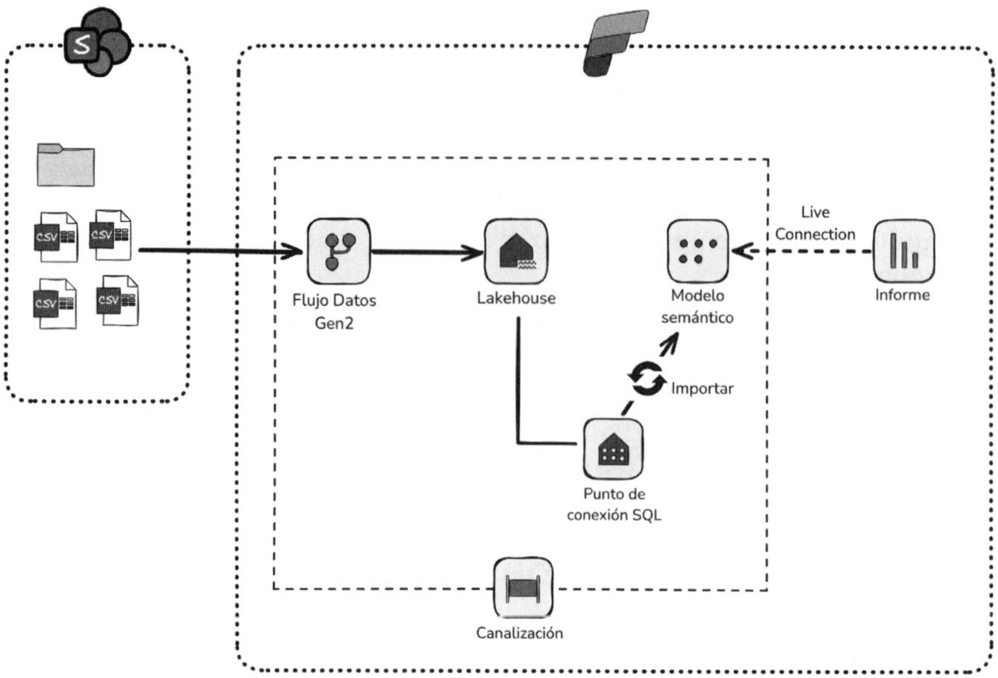

Figura 18.1. Arquitectura del proyecto Análisis Básico.

Flujo de trabajo

1. Crear el área de trabajo y el Lakehouse:
   - Referencias: Capítulos 3 y 5.
   - Crear un área de trabajo.
   - Crear un Lakehouse sin esquemas. Este Lakehouse actuará como repositorio central para los datos transformados.
2. Ingesta y transformación de los archivos CSV con un flujo de datos Gen2:
   - Referencia: Capítulo 10.
   - Crear un flujo de datos Gen2.
   - Conectar el flujo de datos a la carpeta de SharePoint donde se encuentran los archivos CSV. Los detalles de conexión a SharePoint están en el archivo `cap18/proyecto01/sharepoint.txt` del repositorio GitHub.
   - Combinar todos los archivos en una sola consulta.
   - Extraer de la consulta anterior nuevas consultas para obtener las tablas de dimensiones y de hechos.

- Realizar las transformaciones necesarias en cada consulta para garantizar que en las tablas de dimensiones haya una columna clave sin duplicados, que esta columna esté presente en la tabla de hechos, que todas las columnas tengan un tipo de dato asignado, etc.
- Crear otra consulta para la dimensión calendario.
- Asignar como destino a cada consulta de dimensión y de hechos una tabla nueva en el Lakehouse. Al configurar el destino, asegúrate que las tablas se sobrescriban.
- Ejecutar el flujo y comprobar que se crean las tablas en el Lakehouse.

3. Crear el modelo semántico de Power BI:
    - Referencia: Capítulo 16.
    - Crear un nuevo modelo semántico desde Power BI Desktop usando el punto de conexión de SQL del Lakehouse.
    - Abrir el catálogo de OneLake, seleccionar el Lakehouse y utilizar la opción apropiada del botón de conexión.
    - Seleccionar las tablas, elegir cargar y configurar el modo de almacenamiento **Importar**.
    - Definir las relaciones entre las tablas y crear algunas medidas.
    - Publicar el modelo en el área de trabajo.
4. Orquestar el proceso con una canalización de datos:
    - Referencia: Capítulo 11.
    - Crear una canalización con estas actividades:
        - Flujo de datos.
        - Actualización del modelo semántico.
    - Conectar ambas actividades para que se ejecuten de manera secuencial.
    - Ejecutar la canalización para comprobar que todo funciona bien.
    - Programar su ejecución periódica para mantener los datos actualizados.
5. Construir el informe (opcional):
    - Crear un informe conectado en modo Live Connection al modelo semántico.
    - Diseñar algunas visualizaciones básicas: ventas por tienda, producto y cliente.

Proyecto 2: Arquitectura Medallion

Objetivos

El objetivo de este proyecto es que el lector comprenda cómo aplicar los principios de una arquitectura moderna de datos dentro del entorno de Fabric. Se construirá una arquitectura Medallion para organizar el flujo de datos desde diferentes orígenes hasta un modelo semántico optimizado para Power BI.

La arquitectura Medallion es una forma de organizar los datos en capas, almacenando versiones sucesivas a medida que se procesan. Este enfoque mejora el rendimiento, permite mantener la trazabilidad de los datos y facilita su reutilización en distintas fases del proyecto. En la práctica, los entornos reales suelen incorporar más capas con nombres específicos según su propósito, por lo que el término "arquitectura multicapa" resulta a menudo más adecuado.

Se utilizarán los datos de un ejemplo muy popular de Microsoft, AdventureWorks, que están almacenados en una base de datos Azure SQL y los integraremos con datos de tasas de cambio de monedas que obtendremos a partir de una API REST, datos de presupuestos que están almacenados en archivos CSV en SharePoint y datos con tickets de soporte que están almacenados en formato CSV en Azure Data Lake Storage Gen2 (ADLSG2).

Arquitectura

La figura 18.2 muestra la arquitectura del proyecto. La arquitectura sigue el patrón clásico Medallion, organizado en tres capas con un Lakehouse por capa.

Capa Bronce (LH_01_Bronce)

En esta primera capa se recogen los datos de las distintas fuentes en su estado original, mediante reflejos, accesos directos, trabajos de copia y flujos de datos Gen2. De forma general, los datos se almacenarán en tablas del Lakehouse LH_01_Bronce, excepto los datos de la base de datos Azure SQL que se almacenarán en el reflejo.

Capa Plata (LH_02_Plata)

En esta segunda capa se limpian, transforman y estandarizan los datos, eliminando duplicidades y unificando estructuras.

Utilizaremos los flujos de datos Gen2 para realizar las transformaciones necesarias y almacenar los resultados en tablas en el Lakehouse LH_02_Plata.

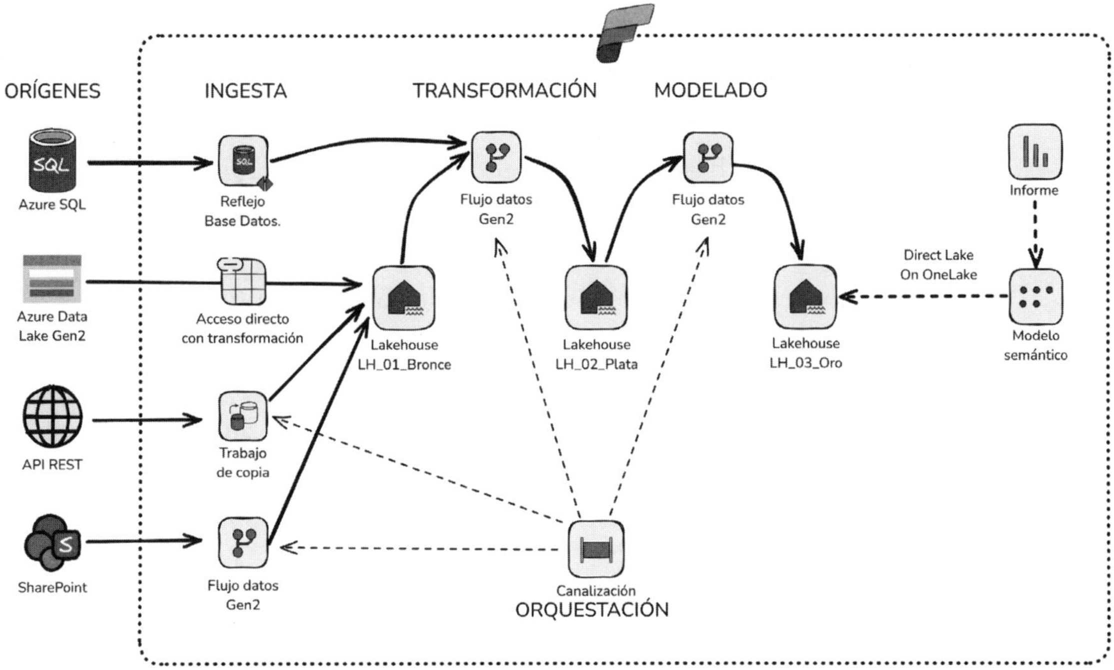

Figura 18.2. Arquitectura del proyecto Arquitectura Medallion.

Capa Oro (LH_03_Oro)

Esta última capa almacenará los datos listos para el análisis, agregados y combinados según las necesidades del negocio.

También utilizaremos los flujos de datos Gen2 para modelar los datos del Lakehouse LH_02_Plata y almacenarlos en el Lakehouse LH_03_Oro, que será el origen del modelo semántico.

Modelo semántico

El modelo semántico de Power BI se configura con el modo de almacenamiento Direct Lake on OneLake, y los informes de Power BI se conectarán al modelo mediante Live Connection.

Orquestación

Finalmente, igual que en el proyecto 1, una canalización orquestará la ejecución de todos los procesos.

Flujo de trabajo

1. Ingesta de datos en la capa **Bronce**:
   - Referencias: Capítulos 5, 7, 9 y 10.
   - Crear un reflejo de base de datos Azure SQL (referencia: capítulo 7):
     - Los detalles de conexión a Azure SQL están en el archivo `cap18/proyecto02/azure_sql.txt` del repositorio GitHub.
     - Seleccionar todas las tablas de la base de datos AdventureWorks.
   - Crear un Lakehouse con el nombre **LH_01_Bronce**, sin esquemas (referencia: capítulo 5).
   - Crear un acceso directo de tabla en el Lakehouse **LH_01_Bronce** a Azure Data Lake Storage Gen2 (referencia: capítulo 5):
     - Utilizar la configuración de conexión del archivo `cap18/proyecto02/adls.txt` del repositorio GitHub.
     - Seleccionar la carpeta `tickets`, que contiene archivos CSV.
     - Configurar la transformación de acceso directo para crear una tabla Delta. Los archivos CSV tienen encabezado y el separador es el punto y coma.
   - Crear un trabajo de copia para leer datos de una API REST y guardarlos en una tabla del Lakehouse **LH_01_Bronce** (referencia: capítulo 11):
     - Seleccionar la conexión a un origen REST.
     - Los detalles de conexión a la API REST están en el archivo `cap18/proyecto02/api_rest.txt` del repositorio GitHub.
     - En destino seleccionar una tabla en el Lakehouse **LH_01_Bronce**:
       - Método de actualización: **Anexar**.
       - Entrar a la asignación de columnas e importar el esquema para incluir en la tabla todas las columnas. Hay una columna por cada moneda.
   - Crear un flujo de datos Gen2 para leer datos de archivos CSV en una carpeta de SharePoint y guardarlos una tabla del Lakehouse **LH_01_Bronce** (referencia: capítulo 10):
     - Los detalles de conexión a SharePoint están en el archivo `cap18/proyecto02/sharepoint.txt` del repositorio GitHub.
     - Combinar todos los archivos en una sola consulta.

- Configurar como destino de la consulta una tabla en el Lakehouse LH_01_Bronce.

2. Transformación en la capa Plata:
   - Referencias: Capítulos 5 y 10.
   - Crear un Lakehouse con el nombre LH_02_Plata, sin esquemas (referencia: capítulo 5).
   - Crear un flujo de datos Gen2 que combine y limpie los datos de la capa Bronce (referencia: capítulo 10).
     - Orígenes de datos:
       - Reflejo con las tablas de AdventureWorks.
       - Lakehouse LH_01_Bronce.
   - Aplicar transformaciones:
     - Elegir columnas.
     - Normalizar los nombres de las columnas.
     - Cambiar tipos de datos.
     - Quitar duplicados.
     - Combinar los productos con las subcategoría y categoría.
     - Combinar clientes con personas y territorios.
     - Combinar los encabezados de las órdenes con los detalles.
     - Tasas de cambio que vienen de la API REST:
       - Quitar duplicados por la columna timestamp.
       - Anular dinamización de columnas para obtener una tabla similar a CurrencyRate de Adventure Works.
       - Anexar las dos tablas.
       - Utilizar la tabla resultante para actualizar los precios en la tabla de órdenes.
     - Configurar como destino para cada consulta final una tabla en el Lakehouse LH_02_Plata.
3. Modelado en la capa Oro:
   - Referencias: Capítulos 5 y 10.
   - Crear un Lakehouse con el nombre LH_03_Oro sin esquemas (referencia: capítulo 5).

- Crear otro flujo de datos Gen2 para generar las tablas de hechos y dimensiones del modelo tabular (referencia: capítulo 10):
    - Orígenes de datos: Tablas en el Lakehouse LH_02_Plata.
    - Crear la dimensión calendario.
    - Crear claves subrogadas.
    - Configurar como destino para cada consulta final una tabla en el Lakehouse LH_03_Oro.

4. Crear el modelo semántico de Power BI:
    - Referencia: Capítulo 16.
    - Crear un nuevo modelo semántico desde el Lakehouse LH_03_Oro.
    - El modo de conexión de este modelo es Direct Lake on OneLake.
    - Seleccionar las tablas.
    - Definir las relaciones entre las tablas.
    - Crear algunas medidas.
5. Orquestación del proceso:
    - Referencia: Capítulo 11.
    - Crear una canalización con estas actividades:
        - Una actividad para cada trabajo de copia.
        - Flujos de datos que ingesta desde SharePoint.
        - Flujo de datos de transformaciones (capa Plata).
        - Flujo de datos de modelado (capa Oro).
    - Conectar las actividades para que se ejecuten de forma secuencial.
    - Ejecutar la canalización para validar todo el flujo.
    - Programar su ejecución periódica para mantener los datos actualizados.
6. Construir el informe (opcional):
    - Crear un informe conectado en modo Live Connection al modelo semántico.
    - Diseñar algunas visualizaciones básicas: ventas por tienda, producto y cliente.

Proyecto 3: Ingesta con trabajos de copia y cuaderno

Objetivos

El objetivo de este proyecto es mostrar una alternativa a la ingesta de datos del proyecto anterior, donde los datos se almacenarán en archivos, en un formato similar al del origen.

Se repiten los orígenes Azure SQL, Azure Data Lake Storage Gen2 y la API REST, y esta vez no se utilizará SharePoint.

Arquitectura

La figura 18.3 muestra la arquitectura del proyecto.

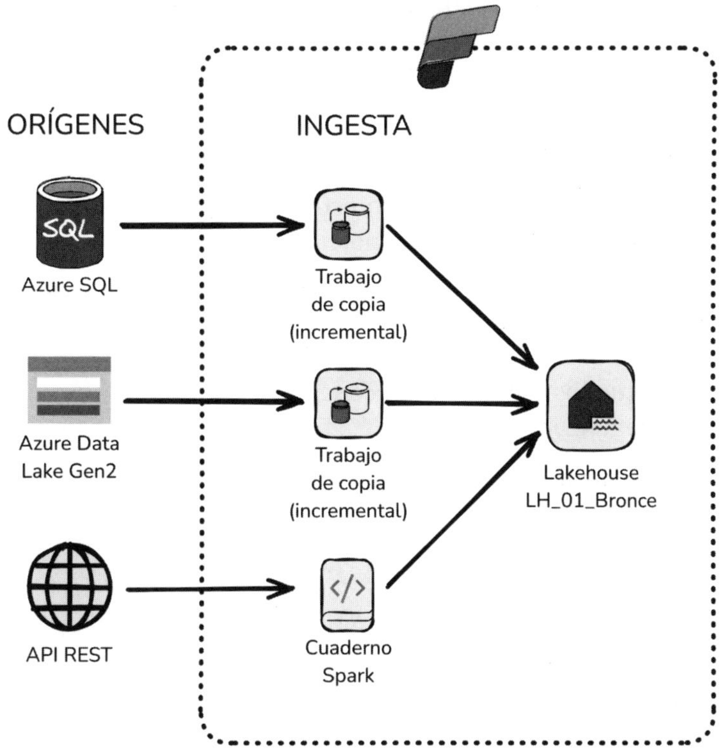

Figura 18.3. Arquitectura del proyecto Ingesta con trabajos de copia y cuaderno.

En este proyecto nos enfocaremos en la capa Bronce de la arquitectura Medallion. Utilizaremos dos trabajos de copia y un cuaderno Spark para la ingesta de los datos hacia el Lakehouse LH_01_Bronce.

Los datos se copiarán en archivos con estos formatos:

- Las tablas de Azure SQL se almacenarán en archivos Parquet.
- Los archivos CSV de ADLSG2 se tratarán como binarios, por lo que se almacenarán en el mismo formato CSV.
- Los datos de la API REST se almacenarán en archivos JSON.

En los dos primeros casos la copia será incremental.

Flujo de trabajo

1. Crear el Lakehouse LH_01_Bronce sin esquemas.
2. Ingesta desde Azure SQL Database hacia archivos Parquet.
    - Referencia: Capítulo 11.
    - Crear un trabajo de copia:
        - Conectar a la base de datos de Azure:
            - Los detalles de conexión están en el archivo `cap18/proyecto03/azure_sql.txt` del repositorio GitHub.
        - Seleccionar las tablas: SalesOrderHeader y SalesOrderDetails.
        - Asignar como destino el Lakehouse LH_01_Bronce.
        - Elegir que los datos se almacenen en archivos en formato Parquet en la carpeta `AzureSQL_AW`.
        - Seleccionar la copia incremental y escoger la columna ModifiedDate en ambas tablas.
    - Ejecutar el trabajo de copia para validar el proceso.
    - Comprobar que se crearon los archivos Parquet en la carpeta del Lakehouse.
    - Volver a ejecutar el trabajo de copia y comprobar que se han creado nuevos archivos Parquet, pero que están vacíos.
3. Ingesta desde Azure Data Lake Gen2 hacia archivos CSV:
    - Referencia: Capítulo 11.

- Crear un trabajo de copia:
    - Conectar al contenedor de ADLSG2 donde se encuentran los archivos:
        - Los detalles de conexión están en el archivo `cap18/proyecto03/adls.txt` del repositorio GitHub.
    - Seleccionar la carpeta `tickets` dentro del repositorio `fabric`.
    - Marcar la opción Agnóstico de esquema (copia binaria) para copiar los archivos exactamente como están en el origen.
    - Asignar como destino el Lakehouse `LH_01_Bronce`.
    - Escribir la ruta de la carpeta destino: `ADLSG2/tickets`.
    - Seleccionar la copia incremental. Como es una copia binaria se utilizará la fecha de modificación de los archivos para identificar los que hay que copiar.
- Ejecutar el trabajo de copia para validar el proceso.
- Comprobar que se crearon los archivos Parquet en la carpeta del Lakehouse.
- Volver a ejecutar el trabajo de copia y comprobar que no se ha copiado ningún archivo.

4. Ingesta desde una API REST hacia archivos JSON:
    - Referencia: Capítulo 12.
    - Crear un cuaderno y mantener PySpark como lenguaje:
        - Conectar el cuaderno con el Lakehouse LH_01_Bronce.
        - Tomar como base el ejemplo de la figura 12.16 y adaptarlo a la API que estamos utilizando en este capítulo.
        - Los detalles de conexión a la API REST están en el archivo `cap18/proyecto03/api_rest.txt` del repositorio GitHub.
        - Tener en cuenta que la autenticación es diferente y que se necesita añadir un encabezado.
    - Ejecutar el cuaderno.
    - Comprobar que se ha creado el archivo JSON en el Lakehouse.
    - Volver a ejecutar el cuaderno para comprobar que se crea otro archivo JSON.

Proyecto 4: Ingesta con canalización

Objetivos

El objetivo de este proyecto es comprender cómo las canalizaciones permiten automatizar la ingesta de datos a través de configuración, parámetros y variables. Utilizaremos actividades claves de canalización: Búsqueda (Lookup), Establecer variable, ForEach y Copiar datos.

Arquitectura

La figura 18.4 muestra la arquitectura del proyecto.

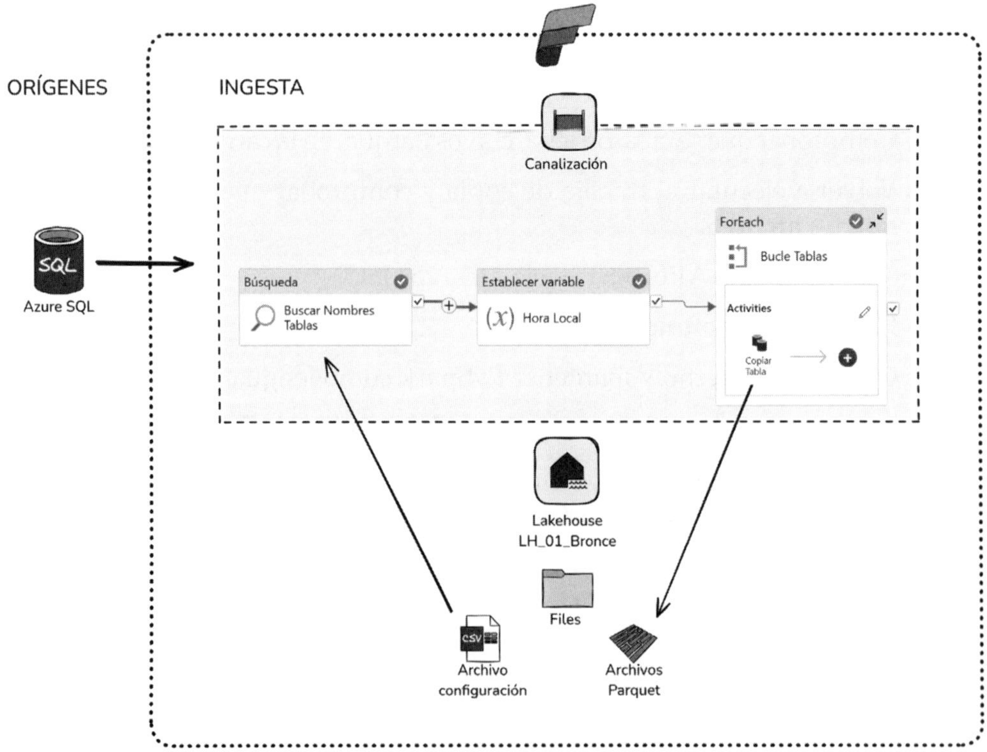

Figura 18.4. Arquitectura del proyecto Ingesta con canalización.

Otra vez nos enfocaremos en la capa **Bronce** de la arquitectura Medallion. Se creará una canalización para hacer una copia completa de varias tablas de Azure SQL hacia archivos Parquet en un Lakehouse. La copia estará controlada por un archivo CSV con los nombres de las tablas a copiar. Las carpetas de destino donde se guardarán los archivos Parquet tendrán una ruta que permitirá historificar los datos:

```
<nombre_tabla>/fecha_ingesta=2025-10-20_11-03-15/<nombre_tabla>.parquet
```

Flujo de trabajo

1. Crear el Lakehouse LH_01_Bronce sin esquemas.
2. Preparar el archivo de configuración:
    - Crear un archivo CSV con dos columnas: esquema y tabla, y entrar algunos nombres de tablas de AdventureWorks.
    - Utilizar como base el archivo `cap18/proyecto04/config_tablas.csv` del repositorio GitHub.
    - Crear la subcarpeta `Files/config` en el Lakehouse y subir el archivo.
3. Crear una canalización:
    - Referencia: Capítulo 11.
    - Crear el parámetro `CARPETA_DESTINO` de tipo *string* y con el valor predeterminado `AzureSQL_AW_PL`.
    - Crear la variable `HoraLocal` de tipo *string* y sin valor predeterminado.
    - Añadir una actividad Buscar (Lookup) y configurarla para que se conecte al Lakehouse y lea los datos del archivo de configuración:
        - Nombre: Buscar Nombres Tablas.
        - Indicar que el formato de archivo es DelimitedText y configurar que el separador es el punto y coma.
        - Desmarcar la opción Solo primera fila, para que lea todo el contenido del archivo.
    - Añadir una actividad Establecer variable para asignarle la fecha y hora de ejecución a la variable `HoraLocal`:
        - Nombre: Hora Local.
        - En la pestaña Configuración seleccionar la variable `HoraLocal` y asignarle esta expresión (contenido dinámico):

          ```
          @convertTimeZone(utcNow(),'UTC','Romance Standard Time')
          ```

          La zona horaria corresponde a España.

- Añadir una actividad ForEach para recorrer la lista devuelta por la actividad Buscar:
  - Nombre: Bucle Tablas.
  - En la pestaña Configuración, en Elementos, hacer clic en contenido dinámico para entrar al editor de expresiones y, en la pestaña Resultados de la actividad, hacer clic en Buscar Nombres Tablas value array para generar esta expresión:

    ```
    @activity('Buscar Nombres Tablas').output.value
    ```

- Añadir una actividad Copiar datos dentro de la actividad ForEach:
  - Nombre: Copia Tabla.
  - Pestaña Origen:
    - Conectarse a Azure SQL siguiendo las instrucciones en el archivo `cap18/proyecto04/azure_sql.txt` del repositorio GitHub.
    - En la opción Utilizar consulta, seleccionar Tabla, marcar la opción Indicar manualmente y escribir las siguientes expresiones (contenido dinámico) en las cajitas de esquema y de tabla:

      ```
      @item().esquema
      @item().tabla
      ```

- Pestaña Destino:
  - Conectarse al Lakehouse.
  - En la opción Carpeta raíz, seleccionar Archivos.
  - En la opción Ruta de acceso del archivo, en el nombre de la carpeta utilizar esta expresión:

    ```
    @concat( pipeline().parameters.CARPETA_DESTINO,'/', item().
    esquema,'_',item().tabla,'/fecha_ingesta=',
    formatDateTime(variables('HoraLocal'),'yyyy-MM-dd_HH-mm-ss'))
    ```

  - Dejar en blanco el nombre de archivo.
  - En la opción Formato de archivo, escoger Parquet.

4. Guardar y ejecutar la canalización.
5. Comprobar que han creado las subcarpetas y los archivos Parquet en el Lakehouse.

Proyecto 5: Transformación y modelado con cuadernos Spark

Objetivos

El objetivo de este proyecto es mostrar una alternativa de arquitectura Medallion utilizando cuadernos Spark para hacer las transformaciones y el modelado.

De hecho, la arquitectura Medallion está muy ligada a Spark y, aunque aquí la estamos presentando como una alternativa, en realidad es la primera opción en que se debe pensar.

Arquitectura

La figura 18.5 muestra la arquitectura del proyecto.

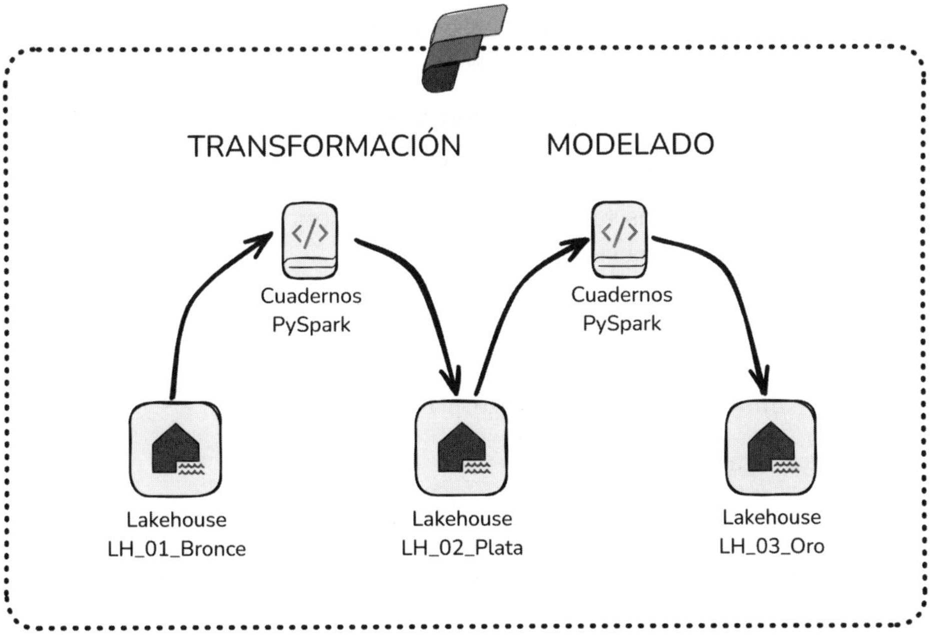

Figura 18.5. Arquitectura del proyecto Transformación y modelado con cuadernos Spark.

Se asume que ya se ha hecho la ingesta de los datos hacia el Lakehouse LH_01_Bronce.

En las capas Plata y Oro se harán las mismas transformaciones que en el proyecto 2, pero utilizando PySpark.

Flujo de trabajo

1. Transformación de datos en la capa Plata:
    - Referencias: Capítulos 5 y 12.
    - Origen de datos: Lakehouse LH_01_Bronce en el área de trabajo del proyecto 2.
    - Crear un Lakehouse con el nombre LH_02_Plata, con esquemas (referencia: capítulo 5):
        - Crear los esquemas bronce y plata.
        - En el esquema bronce, crear accesos directos a las tablas del Lakehouse LH_01_Bronce del área de trabajo del proyecto 2.
    - Crear un cuaderno PySpark (referencia: capítulo 12):
        - Conectarlo al Lakehouse LH_02_Plata.
        - Transformar las tablas del esquema bronce y guardar el resultado como tablas en el esquema plata.
        - Para hacer referencia a una tabla, utilizar el esquema como prefijo:
            - Para leer:

              ```
              df = spark.table('bronce.products')
              ```

            - Para escribir:

              ```
              df.write.format('delta').saveAsTable('plata.products')
              ```

        - Hacer las siguientes transformaciones (igual al proyecto 2):
            - Elegir columnas.
            - Normalizar los nombres de las columnas.
            - Cambiar tipos de datos.

- Quitar duplicados.
- Combinar los productos con la subcategoría y categoría.
- Combinar clientes con personas y territorios.
- Combinar los encabezados de las órdenes con los detalles.
- Tasas de cambio que vienen de la API REST:
  - Quitar duplicados por la columna timestamp.
  - Trasponer columnas en filas (*unpivot*), para obtener una tabla similar a CurrencyRate de Adventure Works.
  - Anexar las dos tablas.
  - Utilizar la tabla resultante para actualizar los precios en la tabla de órdenes.
- Usar como base los ejemplos del capítulo 12, y ayudarse de la documentación de Spark, Data Wrangler o Copilot.

2. Modelado en la capa Oro:
   - Referencias: Capítulos 5 y 10.
   - Origen de datos: Lakehouse LH_02_Plata.
   - Crear un Lakehouse con el nombre LH_03_Oro, con esquemas (referencia: capítulo 5):
     - Crear el esquema oro.
     - Crear un acceso directo al esquema plata del Lakehouse LH_02_Plata.
   - Crear un nuevo cuaderno PySpark (referencia: capítulo 12).
   - Conectarlo al Lakehouse LH_02_Plata.
   - Transformar las tablas del esquema plata y guardar el resultado como tablas en el esquema oro del Lakehouse LH_03_Oro.
   - Hacer las siguientes transformaciones (igual al proyecto 2):
     - Crear la dimensión calendario.
     - Crear claves subrogadas.
     - Ayudarse de la documentación de Spark o de Copilot.

Proyecto 6: Arquitectura Medallion con Warehouse en la capa Oro

Objetivos

El objetivo de este proyecto es mostrar que en una arquitectura Medallion también se puede utilizar el Warehouse como elemento de almacenamiento, sobre todo en la última capa (Oro).

Este escenario es apropiado si los desarrolladores encargados de modelar los datos tienen experiencia con la familia de productos de SQL Server y dominan T-SQL.

Arquitectura

La figura 18.6 muestra la arquitectura del proyecto.

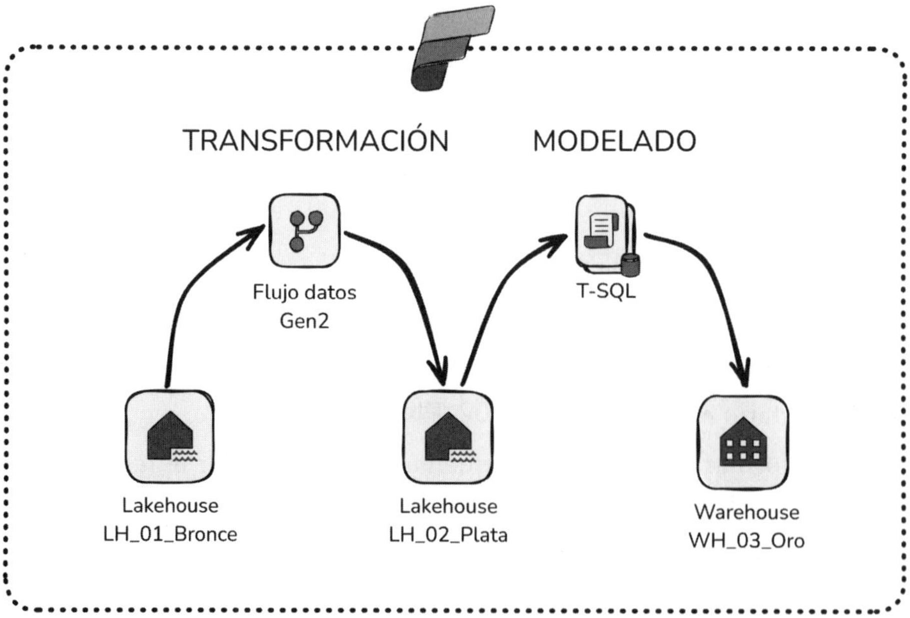

Figura 18.6. Arquitectura del proyecto Arquitectura Medallion con Warehouse en la capa Oro.

Se asume que ya se ha hecho la ingesta de los datos hacia el Lakehouse LH_01_Bronce.

Para la transformación se utilizan los flujos de datos Gen2, pero se pueden utilizar otras alternativas que ya hemos visto. En esta capa Plata se harán menos transformaciones que en el proyecto 2 y el grueso del modelado se hará con T-SQL en la capa Oro.

El modelado se hace con T-SQL, para lo que se crean procedimientos almacenados en el Warehouse encargados de construir las tablas de hechos y de dimensiones.

Flujo de trabajo

1. Transformación en la capa Plata:
    - Referencias: Capítulos 5 y 10.
    - Crear un Lakehouse con el nombre LH_02_Plata sin esquemas (referencia: capítulo 5).
    - Crear un flujo de datos Gen2 para limpiar los datos de la capa Bronce (referencia: capítulo 10):
        - Orígenes de datos en el área de trabajo del proyecto 2:
            - Reflejo con las tablas de AdventureWorks.
            - Lakehouse LH_01_Bronce.
        - Aplicar transformaciones:
            - Elegir columnas.
            - Normalizar los nombres de las columnas.
            - Cambiar tipos de datos.
            - Quitar duplicados.
        - Configurar como destino para cada consulta final una tabla en el Lakehouse LH_02_Plata.
2. Modelado de datos con T-SQL:
    - Referencia: Capítulo 6.
    - Origen de datos: Punto de conexión SQL del Lakehouse LH_02_Plata.

- Crear un Warehouse con el nombre WH_03_Oro.
- Crear dos esquemas: hechos y dimensiones.
- Crear la estructura de las tablas para los hechos y las dimensiones utilizando la instrucción `CREATE TABLE <esquema>.<tabla>`:
    - Debemos tener en cuenta que en estos momentos el Warehouse no admite columnas IDENTITY, por lo que si se quiere crear claves subrogadas hay que usar otras técnicas.
- Crear un procedimiento almacenado para llenar la tabla Calendario.
- Crear procedimientos almacenados para insertar datos en las otras tablas desde las tablas en el Lakehouse LH_02_Plata:
    - Para hacer referencia a las tablas en LH_02_Plata usar el nombre con tres partes, por ejemplo: LH_02_Plata.dbo.Product.
- Este es un ejemplo de la consulta para la dimensión Producto:

```
INSERT INTO dimensiones.Producto (ProductID, Producto, Subcategoria,
Categoria)
SELECT
    p.ProductID,
    p.Name AS Producto,
    ps.Name AS Subcategoria,
    pc.Name AS Categoria
FROM LH_02_Plata.dbo.Product p
JOIN LH_02_Plata.dbo.ProductSubcategory ps ON p.ProductSubcategoryID
= ps.ProductSubcategoryID
JOIN LH_02_Plata.dbo.ProductCategory pc ON ps.ProductCategoryID =
pc.ProductCategoryID
```

- Para ejecutar estos procedimientos almacenados, se puede utilizar una canalización (referencia: capítulo 11).

Proyecto 7: Almacén de datos

Objetivos

El objetivo de este proyecto es mostrar una manera de implementar en Fabric un almacén de datos donde el único elemento de almacenamiento es el Warehouse.

Arquitectura

La figura 18.7 muestra la arquitectura del proyecto.

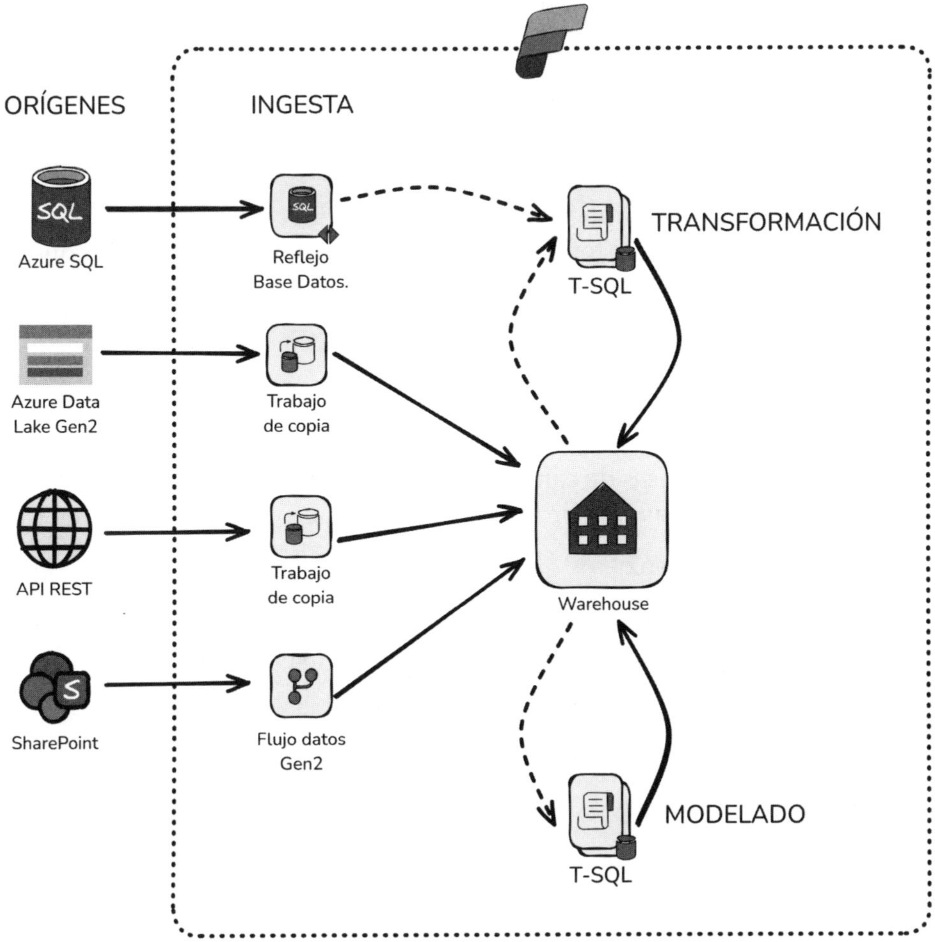

Figura 18.7. Arquitectura del proyecto Almacén de datos.

La ingesta de datos se hace con otros elementos de Fabric, como en los proyectos anteriores, pero con la diferencia de que los datos se copian hacia un Warehouse en lugar de a un Lakehouse.

La transformación y el modelado se hacen con T-SQL, con procedimientos almacenados.

Se utilizan esquemas para separar cada capa.

Flujo de trabajo

1. Crear un Warehouse con el nombre WH:
    - Crear los esquemas: c1_bronce, c2_plata, c3_oro.
2. Ingesta de datos:
    - Referencias: Capítulos 7, 10 y 11.
    - Reflejo de base de datos Azure SQL:
        - Mantener una réplica de las tablas de AdventureWorks. Los datos permanecen en el reflejo y se acceden mediante el punto de conexión de SQL.
    - Trabajos de copia:
        - Copiar los datos de los tickets de soporte desde Azure Data Lake hacia una tabla en el esquema bronce del Warehouse.
        - Obtener las tasas de cambio desde una API REST y guardarlas en una tabla en el esquema bronce del Warehouse.
    - Flujo de datos Gen2:
        - Copiar los datos de los presupuestos desde una carpeta SharePoint hacia una tabla en el esquema bronce del Warehouse.
3. Transformación de datos con T-SQL:
    - Referencia: Capítulo 6.
    - Orígenes de datos:
        - Tablas en el esquema bronce.
        - Tablas en el reflejo.

- Se aplicarán estas transformaciones con T-SQL:
    - Elegir columnas.
    - Normalizar los nombres de las columnas.
    - Cambiar tipos de datos.
    - Quitar duplicados.
- Crear en el esquema plata la estructura de las tablas que resultarán de estas transformaciones, utilizando la instrucción:

```
CREATE TABLE plata.<nombre_tabla>
```

- Crear procedimientos almacenados para insertar datos en estas tablas desde las tablas del esquema plata y las tablas del reflejo:
    - Para hacer referencia a una tabla del reflejo, utilizar un nombre con tres partes: <nombre_reflejo>.dbo.<nombre_tabla>.
- Para ejecutar estos procedimientos almacenados, se puede utilizar una canalización (referencia: capítulo 11).

4. Modelado de datos con T-SQL:
    - Referencia: Capítulo 6.
    - Origen de datos: Tablas del esquema plata.
    - Los pasos que siguen son los mismos que los del proyecto 7.
    - Crear la estructura de las tablas para los hechos y las dimensiones utilizando la instrucción CREATE TABLE oro.<tabla>.
    - Crear un procedimiento almacenado para llenar la tabla Calendario.
    - Crear procedimientos almacenados para insertar datos en las otras tablas desde las tablas en el esquema plata.
    - Para ejecutar estos procedimientos almacenados, se puede utilizar una canalización (referencia: capítulo 11).

Proyecto 8: ETL low cost

Objetivos

El objetivo de este proyecto es describir lo que denominamos "ETL low cost con Fabric", una estrategia que consiste en utilizar la capacidad Fabric únicamente para la ingesta, la transformación y el modelado de los datos siguiendo una arquitectura Medallion.

Este enfoque resulta especialmente interesante en proyectos pequeños o medianos, cuando ya se dispone de licencias Pro o PPU y el volumen de datos es moderado, pero se requiere realizar transformaciones algo más complejas o aprovechar elementos de Fabric que no están disponibles en Power BI.

Arquitectura

La figura 18.8 muestra la arquitectura del proyecto.

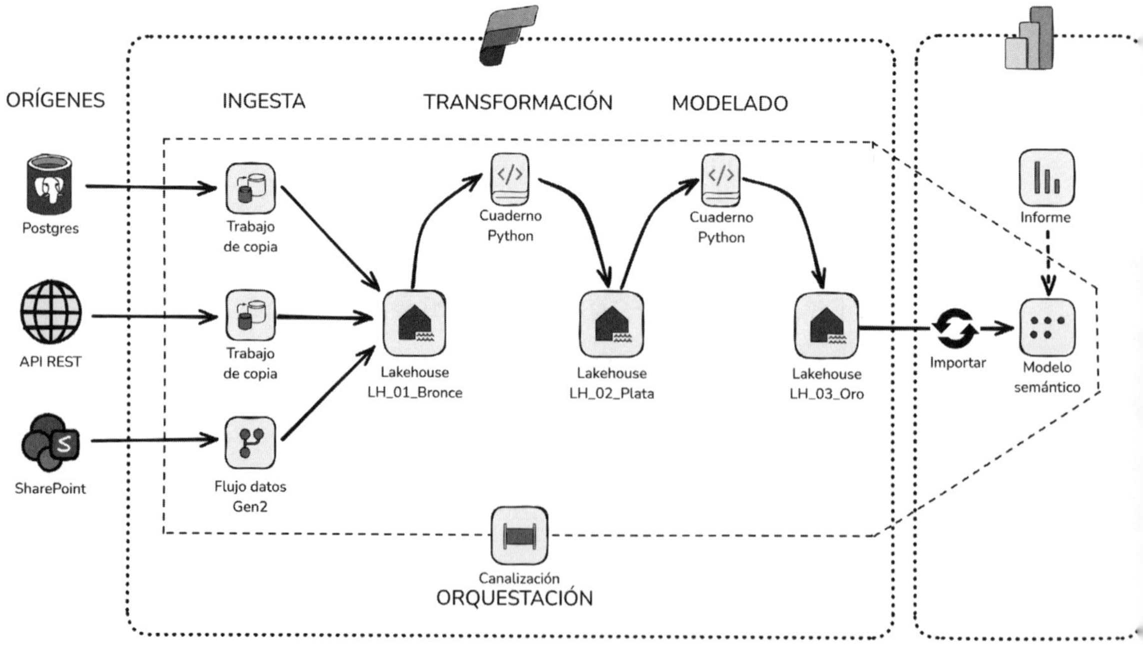

Figura 18.8. Arquitectura del proyecto ETL low cost.

Se trabaja con dos áreas de trabajo:

- Una con licencia Fabric, donde se ejecuta el proceso ETL bajo la arquitectura Medallion.
- Otra con licencia Pro o PPU, destinada a almacenar el modelo semántico y los informes.

El modelo semántico se configura en modo Importar, y la orquestación se encarga de ejecutar toda la ETL y actualizar el modelo automáticamente.

Opcionalmente, al finalizar la actualización, se puede poner en pausa la capacidad Fabric para reducir costes.

En la figura, la ingesta de datos se realiza mediante trabajos de copia y flujos de datos Gen2, aunque podrían utilizarse otros elementos de Fabric.

Para la transformación y el modelado se proponen cuadernos Python puro.

La orquestación del proceso completo, incluida la actualización del modelo, se implementa con una canalización.

Pausar y reanudar la capacidad

Dado que la capacidad Fabric solo se utilizará para la ETL, puede resultar rentable pausarla cuando no esté en uso. No obstante, conviene tener en cuenta varios aspectos. Por ahora, Fabric no ofrece un mecanismo automático para pausar o reanudar la capacidad, por lo que esta tarea debe realizarse mediante la API REST de Fabric o Azure. Existen diversas soluciones de código abierto que pueden servir de referencia, y una opción práctica es implementarlo con Power Automate.

Si se va a pausar la capacidad, no se debe utilizar la opción de reserva al contratar Fabric, ya que esta implica un pago fijo mensual, aunque la capacidad permanezca detenida.

También hay que considerar el posible impacto del *bursting* y el *smoothing* (ver capítulo 15). Si la capacidad ha excedido su nivel de rendimiento y aún se está compensando ese consumo cuando se pausa, se facturará un coste adicional.

Por ello, conviene hacer pruebas de consumo antes de decidir si resulta más económico pausar la capacidad o mantenerla activa con una reserva.

Transformación y modelado con Python puro

En este escenario, con un volumen medio o bajo de datos, proponemos utilizar Python puro para la transformación y el modelado por dos motivos principales:

- Bajo consumo de capacidad, ya que se ejecuta en un solo nodo con dos núcleos.
- Amplia disponibilidad de bibliotecas en el entorno predefinido, como pandas, polars, duckdb y deltalake.

En el capítulo 12 se incluyen varios ejemplos de transformaciones con pandas, polars y duckdb.

La biblioteca deltalake, en particular, permite leer y escribir tablas Delta directamente desde Python.

Por ejemplo, el siguiente código lee una tabla T1 del esquema bronce de un Lakehouse y la escribe en el esquema plata:

```
from deltalake import DeltaTable, write_deltalake
ruta_lakehouse = 'abfss://<id_ws>@onelake.dfs.fabric.microsoft.com/<id_
lakehouse> '
ruta_t1_bronce = f'{ruta_lakehouse}/Tables/bronce/T1'
ruta_t1_plata = f'{ruta_lakehouse}/Tables/plata/T1'
storage_options = {"bearer_token": notebookutils.credentials.
getToken('storage'), "use_fabric_endpoint": "true"}
dt1 = DeltaTable(ruta_t1_bronce, storage_options=storage_options)
t1 = dt1.to_pyarrow_dataset().to_table().to_pandas()
display(t1)
write_deltalake(ruta_t1_plata, t1, mode='overwrite')
```

Este código es más complejo que su equivalente en PySpark porque hay que utilizar la ruta absoluta del Lakehouse y hay que adquirir el *token* de autenticación.

Además, al escribir en la tabla Delta no se aplican las optimizaciones propias de Fabric, como V-Order. Sin embargo, esto no representa un inconveniente importante cuando el volumen de datos es reducido y el modelo semántico utiliza el modo Importar.

Con duckdb también es posible leer tablas Delta utilizando rutas relativas, aunque por el momento no es posible escribir en este formato:

```
import duckdb

t = duckdb.sql("select * from delta_scan('/lakehouse/default/Tables/plata/
T1')").df()

display(t)
```

En resumen, Python puro es una alternativa económica y eficiente para proyectos pequeños o medianos, especialmente cuando se busca reducir el consumo de capacidad sin renunciar a la flexibilidad de un entorno de programación completo.

Proyecto 9: Inteligencia en tiempo real

Objetivos

El objetivo de este proyecto es proponer un reto donde se combinen los elementos de inteligencia en tiempo real explicados en los capítulos 8 y 13.

En este proyecto presentamos el diagrama de la arquitectura y exponemos los requerimientos necesarios para su desarrollo, que queda en manos del lector.

Requerimientos

La figura 18.9 muestra la arquitectura del proyecto.

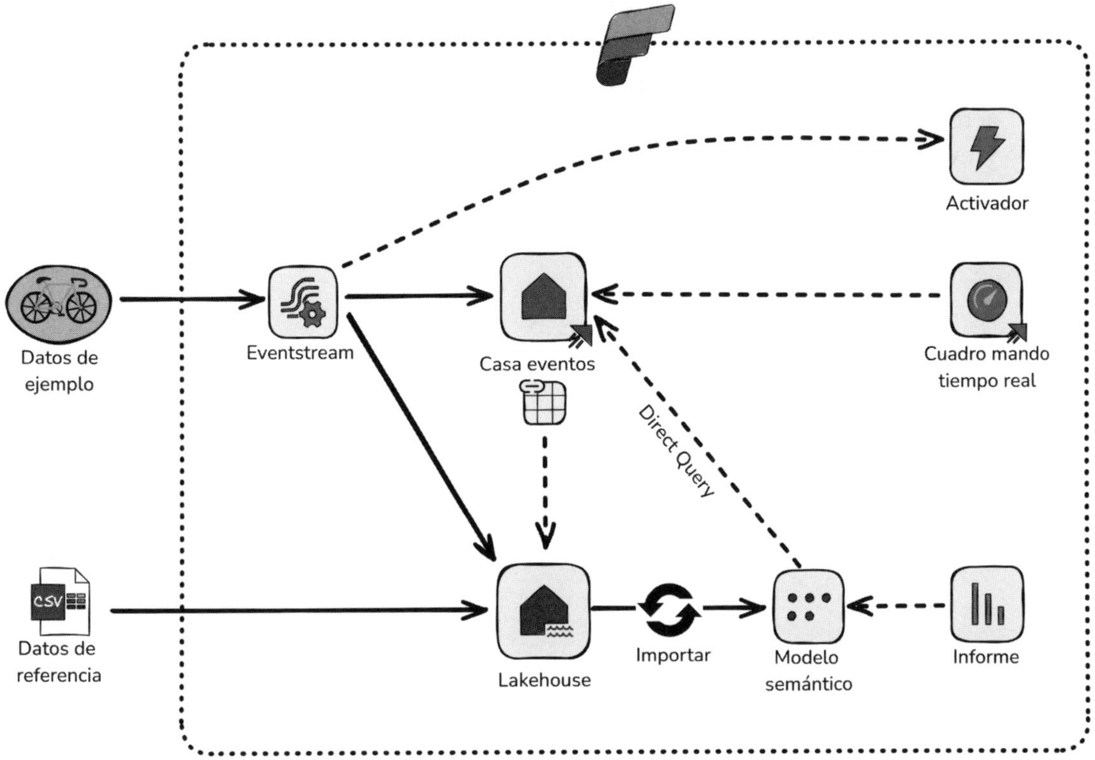

Figura 18.9. Arquitectura del proyecto Inteligencia en tiempo real.

Orígenes de datos

- Flujo de datos en tiempo casi real, sobre la ocupación de puntos de alquiler de bicicletas en Londres. Este es uno de los conjuntos de datos de ejemplo de Fabric.
- Datos de referencias con los municipios y los barrios de Londres, que están en el archivo `cap18/proyecto09/londres_municipios.csv` del repositorio GitHub. Se cargan manualmente hacia una tabla en un Lakehouse.

Resultados esperados

- Enviar alertas si la tasa de ocupación de algún punto baja mucho durante los últimos 10 minutos.
- Un cuadro de mando operativo con la tasa ocupación de los puntos de alquiler que se actualice cada 5 minutos.
- Un cuadro de mando analítico con la tasa de ocupación de cada punto, actualizada cada 30 minutos, que se compara con la tasa promedio, mínima y máxima del día, el mes y del año.

Índice alfabético

A

acceso directo, 70, 78, 92-94, 96, 122, 134-135, 341, 386, 397
Activador, 192, 262-264, 275, 285-288, 290
actualización incremental, 159, 174-177
ADLSG2, 384, 390-391
agregar un paso, 357
analiza el texto, 310-311
API, 29, 69, 78, 100, 103, 114, 146, 150, 169, 222-223, 254, 315, 335-336, 384, 386-387, 389-391, 397, 402, 405
  API REST, 69, 78, 100, 103, 114, 222-223, 254, 315, 335-336, 384, 386-387, 389-391, 397, 402, 405
aplicar, 41, 45, 48, 62, 72, 91, 95, 99, 180, 212, 234-235, 265, 283, 292, 304-306, 311, 313, 325, 340, 342, 347, 384, 387, 399
  aplicar la función, 311, 313
archivo, 26, 66, 73-76, 90-91, 96, 103, 110, 129, 161, 166-167, 176-177, 184, 187-188, 190-191, 216-217, 222-223, 232-234, 241, 251-253, 256, 266, 277, 355, 381-382, 386, 390-391, 393-394, 408
  crear un, 190, 277, 393
  CSV, 75, 110, 176, 216-217, 232, 355, 393
  JSON, 223, 234, 391
  leer un, 232-234
  Parquet, 74-76, 184, 190, 233, 241, 253, 277
área de trabajo, 36, 38, 42-43, 46, 51-58, 60-62, 69, 71-72, 78-79, 82-85, 88-89, 96-97, 100, 104, 107-108, 110, 118, 120, 123, 127, 131, 140, 146, 194, 202, 204, 207-209, 211, 221, 242-244, 254, 260, 265, 280-281, 286-287, 298, 300, 303-304, 307, 316, 327-330, 334, 339, 342-343, 353, 355, 361-362, 381-383, 396, 399
arquitectura, 21, 26-27, 77, 86, 102-104, 106-108, 115, 124, 137, 163-164, 177, 239, 264, 271, 275, 381-382, 384-385, 389-390, 392, 395, 398, 401, 404-405, 407
  del proyecto, 382, 384-385, 389, 392, 395, 398, 401, 404, 407
  Medallion, 26, 86, 102-104, 106, 115, 124, 137, 177, 271, 384-385, 390, 392, 395, 398, 404
asignar como destino, 383, 390-391
AutoML, 292, 303, 307-308
Azure, 19, 24, 31-34, 39-40, 45, 66, 68-69, 71-72, 82, 84-85, 91-95, 100, 108, 110, 117-118, 120, 127, 134, 139, 141, 144, 146, 148-150, 156, 166, 170-171, 173-174, 179, 191, 194, 223-225, 266, 269, 274, 278, 281, 286-287, 292-293, 309, 315-316, 335, 353-354, 384, 386, 389-390, 392, 394, 402, 405
  Azure Data Lake, 66, 68, 71, 93-94, 171, 173, 266, 389-390, 402
  Azure Databricks, 72, 120
  Azure SQL, 33, 72, 117, 139, 141, 146, 148, 166, 170, 224, 384, 386, 389-390, 394, 402
  Azure Synapse, 19, 108, 117, 174

B

base de datos, 26, 72-73, 75, 100, 103, 117-118, 120, 126-135, 137-142, 144-152, 156, 165, 170, 176, 183-184, 194, 224-226, 231, 253, 263, 271, 275-276, 280-282, 333-334, 384, 386, 390, 402
  reflejo, 73, 117, 386, 402

biblioteca, 217-219, 222-223, 225-226, 230, 240, 243, 248, 254, 260, 293-299, 303, 306-307, 309-310, 406
bronce, 27, 58, 61, 177, 384, 386-387, 390, 392, 396, 399, 402, 406
capa, 177, 384, 386, 390, 392, 399
bursting, 320, 322-323, 328, 405

C

cambiar tipo de, 357
capa, 30, 34, 53, 69, 76, 103-104, 177, 335, 355, 384-388, 390, 392, 396-399, 402, 405
bronce, 177, 384, 386, 390, 392, 399
oro, 385, 387-388, 397-399
plata, 384, 387-388, 396, 399
capacidad, 21, 33-34, 38, 40-42, 45, 53-54, 56, 87, 128, 140, 150, 165, 177, 203-204, 209, 279, 282, 284-285, 293, 320-327, 329, 331, 334-335, 337, 339, 341-342, 353-355, 404-406
premium por, 33-34
casa de eventos, 126-127, 263-265, 275-276
casa de eventos como destino, 275-276
centro en tiempo real, 290-291
columna fecha, 174-175
comando mágico, 213, 215, 242-243, 349-350
conectar origen, 267, 287
conexión, 22, 70, 83, 86-87, 89, 91-94, 96-101, 106-109, 111, 117-118, 120, 122-124, 134, 140-142, 145-146, 150, 155-156, 166, 184, 211, 215, 217, 222-225, 257-259, 266-267, 269, 271, 275-276, 281-282, 287, 316, 334-335, 338-340, 342, 361, 381-383, 386, 388, 390-391, 399, 402
punto de, 86-87, 96-101, 106-109, 111, 117, 120, 122, 134, 142, 145-146, 150, 156, 211, 266, 269, 275, 334-335, 339-340, 342, 381, 383, 399, 402
configurar como destino, 387-388, 399
conjunto de datos, 47, 269, 272, 297, 308
construir el informe, 383, 388
consulta, 97-99, 101, 108-113, 130-132, 134-137, 142, 146, 149, 151-152, 155, 159-160, 163-176, 213, 216, 230-231, 235, 259, 274, 280-281, 283-284, 316-317, 333, 337-338, 341, 355-360, 373-378, 382-383, 386-388, 394, 399-400
DAX, 333, 337-338, 341
ejemplo de, 99, 376-377
KQL, 130, 134-137, 280-281, 284
SQL, 231, 235, 259, 274, 317
T-SQL, 113, 374, 376
consumo, 45, 128, 279, 282, 284, 321-323, 327-329, 355, 405-406
copia, 72, 81, 103, 109-111, 113, 120, 158, 160, 170-173, 176-178, 180-185, 188, 193-198, 269, 277, 282, 361, 367, 384, 386, 388-392, 394, 402, 405
completa, 72, 120, 176, 196, 392
incremental, 198, 390-391
rápida, 158, 160, 170-173, 177
seleccionar la, 390-391
trabajo de, 178, 185, 194-198, 361, 386, 388, 390-391
copilot, 21, 261, 309, 315, 352-378, 397
Cosmos DB, 33
creación de una base de, 140, 150
crear, 28-29, 31, 35, 37, 40-42, 45, 53-54, 56, 58, 60-61, 68, 70, 75, 86-88, 90-94, 96, 98-101, 103-104, 107-111, 113-114, 117-118, 120, 123, 128, 130, 134-138, 140-141, 146, 148, 150-151, 154, 156, 158, 160-161, 167, 179-180, 182, 186, 190, 194, 200, 204, 206-207, 209, 211-212, 218, 222-223, 225-226, 230-231, 242, 245, 248, 253-255, 257-258, 262-263, 265, 271-272, 275, 277, 280-281, 283-284, 286-290, 292, 298, 302-307, 309, 311, 313-314, 334, 338-339, 342, 369, 372-374, 381-383, 386-388, 390-391, 393, 396-397, 399-400, 402-403
un acceso, 134-135, 386, 397
un archivo, 190, 277, 393
un conjunto, 311, 313-314
un cuaderno, 209, 303, 305, 307, 391, 396
un elemento, 60, 140, 150, 160, 222, 306
un flujo, 56, 160, 382, 386-387, 399
un informe, 383, 388
un modelo, 28, 275, 307, 334, 342
un procedimiento, 400, 403
un trabajo, 194, 386, 390-391
CSV, 72, 74-75, 90-91, 94-95, 110, 123, 167, 171, 176, 184, 216-217, 231-233, 235, 355, 381-382, 384, 386, 390, 393, 408
cuaderno, 132, 155, 208-217, 219-222, 225, 228, 232, 238, 241-244, 246, 253, 259-260, 286, 289, 294, 297-298, 300, 303, 305-307, 309, 315, 326, 343, 349, 355, 366, 369, 389-391, 396-397
ejecutar un, 215, 238, 242-244
Python, 343
Spark, 286, 289, 294, 305, 307, 326, 355, 390

D

Data Factory, 43, 179
Data Mesh, 28, 41
Data Warehouse, 25-27, 43, 87, 107-108, 115
Databricks, 33, 72, 120, 122, 202
DataFrame, 224-231, 233, 235, 237-241, 248, 294-295, 310, 314, 343, 367, 371
DAX, 31, 316-317, 322, 333, 337-338, 341-342, 346-350
Delta, 66, 69, 75-78, 86-87, 91-92, 94-96, 100-101, 103, 107, 112, 117-118, 120, 123, 132-133, 139, 145, 155-156, 202, 240-241, 253, 261, 276-277, 332-333, 335-340, 342, 386, 396, 406

tabla, 76-78, 91, 94-96, 101, 112, 133, 156, 240, 253, 276-277, 406
Direct Lake, 332-333, 335-336, 338-340, 342, 385, 388
DirectQuery, 137, 332-334, 338, 340-342
dominio, 28-29, 37, 39, 41-42, 53-54, 329

E

ejecutar, 40, 91, 95, 97-98, 101-102, 131-132, 142, 146, 160, 162, 177, 180-182, 189, 191-192, 200-201, 203, 209, 211, 214-216, 222, 225, 229-231, 235, 238, 241-245, 247-248, 253-254, 256, 259, 261, 286, 300, 304, 309-310, 347, 354, 361, 363, 367-370, 383, 388, 390-391, 394, 400, 403, 405
  el trabajo, 390-391
  un cuaderno, 215, 238, 242-244
  varios cuadernos, 242, 244-245
ejemplo, 20-22, 27, 29-31, 33-34, 39, 41-42, 47, 57-58, 60, 62, 74-75, 90, 98-99, 102-103, 107-109, 112-113, 117, 120, 127-130, 132, 135-136, 141, 144-146, 149, 151, 154-155, 166-167, 169, 175-176, 181-185, 187-194, 196-197, 202, 207-208, 210, 214-215, 218-219, 222-225, 229-231, 234-235, 237-238, 240-248, 252, 254-260, 265-266, 269, 271-275, 277-278, 282, 284-287, 289, 293-298, 300, 306, 308, 310-314, 316-318, 321-322, 325-326, 328, 336-338, 340-341, 343-345, 347, 349, 355, 357-359, 361, 364-365, 367-373, 376-378, 384, 391, 400, 406, 408
  de consulta, 99, 376-377
  de uso del comando, 243, 245-246
  del uso de la, 219, 311-314
elemento, 20-21, 35, 42, 46-47, 50, 58-62, 79-80, 85, 87-89, 96-97, 107-108, 117-118, 120, 122-123, 127-128, 131, 140, 146-147, 150, 153, 159-160, 170, 179, 185, 192, 194, 207, 209, 222, 251, 253-254, 257, 260, 265, 275, 280-281, 285-286, 289, 298, 300-301, 303-304, 306-307, 315-316, 321, 325, 327, 329, 334, 340, 342, 355, 366, 398, 401
  nuevo, 35, 58, 60, 280, 300, 306
ETL, 19, 26, 34, 62, 72, 177, 334-335, 404-405
Eventstream, 129, 262-271, 274-279, 285-287, 290
experimento, 298, 300-304, 306-307, 309
explorador, 80-82, 84-85, 88-91, 97-99, 109, 134, 140-141, 209, 216-218, 256, 317
  de archivos, 80-82

F

FabricDataFrame, 343-345, 347-349
filtrar, 61-64, 79, 91, 98, 153-154, 174-175, 226-227, 280, 283, 324-325, 344, 347, 372
  por flujo, 62-63
  por palabra, 62-63
firma de acceso compartido, 91
flujo de datos, 158-163, 170-171, 173, 176-177, 183, 197, 265, 270, 272, 322, 355-356, 361-362, 381-384, 386-388, 399, 402, 408
  de trabajo, 293-294, 381-382, 386, 390, 393, 396, 399, 402
funciones de datos de usuario, 201, 219, 253

G

generar código, 352, 371
gobernanza, 25, 27-29, 31, 33, 41, 45, 79-80, 120, 349
gráfico, 146, 248-251, 283, 289, 295, 327-328, 345-346, 369-370

H

historial, 112, 162-163, 172, 192, 197, 209, 289, 354
histórico, 124, 169
hub y spoke, 27

I

IA generativa, 144, 293, 316, 353
Iceberg, 66, 77-78, 94
IDENTITY, 107, 142-143, 400
importar, 58, 151, 161, 225, 327, 332-337, 381, 383, 386, 405-406
informe, 46, 80, 98, 264, 285-286, 322, 327, 363, 383, 388
ingesta, 21, 60, 70, 72, 103, 115-116, 124, 132, 141, 159, 177, 194, 217, 220-222, 225, 352-353, 360-362, 382, 386, 388-392, 396, 399, 402, 404-405
inquilino, 38-40, 42, 69, 81, 94, 140, 150, 327, 354
interfaz, 21-22, 30, 42, 48-50, 61, 67, 99, 101-102, 107, 113, 119, 127-128, 130, 133-134, 140-142, 145, 151, 155, 160-162, 179, 201, 209, 215, 220, 251, 264, 266, 269, 281, 303-304, 307, 324, 339-342

J

JSON, 76-77, 90-91, 94, 103, 128, 149, 151-152, 156, 222-223, 234-235, 245, 259, 390-391

K

KQL, 72, 126-137, 159, 165, 263-264, 271, 275-276, 280-281, 283-284, 286, 290, 316-317, 334

L

lago de datos, 68-69, 71, 73, 75, 77, 79, 81, 83
Lakehouse, 25-26, 58, 61, 72, 86-104, 106-111, 115, 120, 134-135, 146, 159, 164-167, 170-171, 173-174, 176, 183-184, 190-191, 194, 200, 215-219, 222-225, 228, 231-232, 235, 239, 251-253, 257-259, 275-276, 292-296, 305-306, 308, 316, 331, 334, 339-340, 342, 355, 361, 367, 381-388, 390-394, 396-397, 399-400, 402, 406, 408
predeterminado, 215-217, 219
leer un archivo, 232-234
leer una carpeta, 233, 235
licencia, 24, 33-37, 40, 42, 49, 53-55, 309, 323, 335, 353, 405
lienzo, 50, 88-89, 97, 99, 108, 120, 122, 141, 161, 179-180, 185, 188-189, 209, 265-266, 268-269, 281-284, 286, 361-362
limitaciones, 69, 108, 112, 115, 117, 139, 171, 177, 338, 341, 353

M

máximo, 139-140, 175-176, 236, 245, 261, 277, 323, 331, 368
Medallion, 26, 86, 102-104, 106, 115, 124, 137, 177, 239, 271, 384-385, 390, 392, 395, 398, 404-405
medida DAX, 347
memoria, 33, 40, 164, 207-208, 226, 228, 230, 333, 337, 341-342
método, 100, 109, 117, 122, 168-170, 196, 216, 225, 240, 244-245, 294-295, 338, 342, 366, 386
de actualización, 170, 386
métrica, 155, 297-298, 301
Microsoft Entra, 39, 140-141
Microsoft Fabric, 19-408
MLflow, 32, 292-293, 297-299, 303, 306
modelado, 98, 387-388, 395, 397, 399, 402-405
modelo semántico, 19, 21, 26, 28-29, 146, 183, 275, 294, 316, 322, 324, 327, 333-337, 339-345, 347-349, 381, 383-385, 388, 405-406
modo, 117, 137, 167, 187, 189, 196, 225, 240-242, 269, 283-284, 309-310, 327, 332-338, 370, 381, 383, 385, 388, 405-406
motor, 26, 30, 75, 96, 98, 101, 107, 128, 137, 146, 160, 164, 170, 172-173, 201-202, 208, 226, 333
movimiento de datos, 192-193
muestra, 25, 33, 35, 45, 50-51, 54, 56, 58, 61-63, 67, 69, 74, 76, 79, 82, 95, 97, 99-100, 113-114, 119-120, 122, 127, 129, 133, 136, 140-142, 145-147, 149, 154-155, 160, 162, 167, 172, 174, 179, 183-185, 187-189, 191-192, 194, 197, 204, 207, 209-210, 212-217, 219-222, 224, 229, 232, 235-236, 240, 246, 248, 251, 253-254, 257-260, 263, 266-269, 271-272, 274, 276, 278, 287-290, 294-295, 297, 303, 311, 314, 322-323, 326-329, 331, 334, 341, 344-345, 349, 360-361, 363-364, 366-374, 376-377, 381, 384, 389, 392, 395, 398, 401, 404, 407

N

navegación, 48-55, 57, 59, 61, 63, 79, 88, 97, 290, 324
navegador, 51
nivel, 29, 33-34, 46-47, 64, 171, 188-189, 202, 279, 321-322, 326, 353-354, 405
nodo, 201, 203-204, 207-208, 230, 244, 406
nombre, 26, 30, 33, 39, 51, 53-54, 59-60, 74, 77, 79, 83, 85, 87-93, 95-96, 101, 103, 108, 110-112, 114, 118, 120, 122, 128, 130-131, 134, 139, 143-144, 149-150, 152-153, 167, 176-177, 179-180, 187-190, 194, 202, 204, 207, 209, 216, 218, 221, 223-225, 228, 235, 244, 251, 253, 258, 260, 265, 267, 271-273, 281, 298, 300-301, 306, 309-310, 322, 326-327, 336-337, 339, 342-343, 349, 355, 358, 361-362, 367-369, 386-387, 393-394, 396-397, 399-400, 402-403
notebook, 209, 218, 244-247
NotebookUtils, 218-220, 223, 225, 238, 242-247, 260, 406
nube, 26, 32, 45, 68, 184, 354
nueva consulta, 98, 109, 111, 131, 358, 374
nueva tabla, 94, 113, 166-167
nuevo acceso directo, 94
nuevo elemento, 35, 58, 60, 280, 300, 306

O

obtener datos, 43, 286-287, 355
OneLake, 21, 66-73, 75, 77-83, 85, 87, 107, 110, 117, 122-123, 126, 132-134, 139, 145, 148-149, 155-156, 183-184, 191, 194, 222, 226, 279, 281, 287, 293, 332-343, 383, 385, 388, 406
origen de datos, 184, 265-267, 269, 281-282, 286-287, 307, 332, 396-397, 399, 403

P

pandas, 208, 226-231, 248, 294-295, 297, 309, 343, 406
panel en tiempo real, 262-263, 280-281, 283-284, 290

panel, 48-51, 53, 79, 88, 97, 128, 132-133, 146-147, 180, 187-188, 215, 256, 262-264, 268-269, 277, 280-284, 286, 289-290, 300, 303, 324, 355-356, 360-370, 372-374, 376
en tiempo real, 262-263, 280-281, 283-284, 290
parámetro, 176-177, 187, 189, 216, 222, 240, 244, 246, 283-284, 311, 314, 343-344, 393
Parquet, 66, 73-78, 90-91, 94, 103, 110, 112, 123, 133, 171, 184, 190, 202, 224-225, 228, 231, 233-234, 240-241, 252-253, 276-277, 390-394
personalizada, 278-279
pipeline, 187-189, 394
plantilla, 161, 185, 303, 305, 307
plata, 27, 78, 177, 384, 387-388, 396-397, 399, 403, 406
plataforma, 19-21, 28-30, 33, 45, 67, 139, 298, 321, 324
plegado, 159, 164-165, 171, 174-176
portal, 40-41, 45, 48, 50-51, 69, 81, 140, 150, 299, 309, 323, 353
Power BI, 19-21, 24, 26, 28, 30-36, 39-40, 42-43, 45-50, 75, 98, 100, 137, 146, 159, 165, 253-254, 264, 280, 283, 285-286, 293-294, 322, 326, 329, 331, 333-334, 336, 339-340, 342, 381, 383-385, 388, 404
Power Query, 19, 31, 99, 161-162, 164, 177, 229
premium por capacidad, 33-34
puerta de enlace, 184
punto de conexión, 86-87, 96-101, 106-109, 111, 117, 120, 122, 134, 142, 145-146, 150, 156, 211, 266, 269, 275, 334-335, 339-340, 342, 381, 383, 399, 402
PySpark, 200-202, 208, 211-214, 216-219, 222, 224, 226-229, 231-232, 235-240, 248, 251-252, 260, 297, 309-310, 315, 343, 369, 391, 396-397, 406
python, 21, 31-32, 103, 115, 155, 193-194, 200-203, 205, 207-209, 211, 213, 215, 217-219, 221-223, 225-227, 229-231, 233, 235, 237, 239-241, 243-245, 247-249, 251, 253-255, 257, 259-261, 286, 293, 309, 342-343, 405-406
puro, 201, 208-209, 211, 213, 218-219, 221-222, 231, 240, 244, 248, 253, 260-261, 309, 405-406

Q

quitar duplicados, 387, 397, 399, 403

R

rango, 204
reciente, 28-29, 76, 172, 338
recurso, 22, 42, 45
referencia, 25, 30-31, 34, 39, 77, 91, 111, 136, 144, 152, 165, 171, 187, 235, 242, 251-252, 338, 382-383, 386-388, 390-391, 393, 396-397, 399-400, 402-403, 405
reflejo, 72-73, 116-124, 145, 384, 386-387, 399, 402-403
abierto, 73, 122-124
de base de datos, 73, 117, 386, 402
de metadatos, 73, 120-122
región, 34-35, 39, 69, 140, 150, 327, 347, 349, 354
registro, 76, 78, 91, 181, 286, 297, 314
rendimiento, 38, 68, 72, 74, 76-77, 100, 127, 133, 135, 138, 146-147, 159-160, 163-164, 170, 172, 177, 194, 201-202, 230, 240, 276, 278-279, 282, 298, 324, 333, 341-342, 384, 405
replicación, 119-120, 124, 126, 132-133, 139, 145, 155
restaurar, 114, 147-148
resto, 26, 103, 118, 139, 209, 259, 269, 286, 316, 322, 344, 366
resultado, 77, 95, 98, 101, 132, 137, 152-153, 212-213, 219, 244, 249-251, 256, 259, 261, 283, 294-296, 298, 300, 310-311, 313-314, 343-344, 347-348, 357-359, 366-367, 369-370, 373, 396-397
resumen, 25, 87, 146, 156, 197, 306, 311, 327, 329, 363-364, 378, 406
resumir, 132, 352, 360, 363
retención, 54, 72, 112-113, 147, 278
RLS, 47, 341
rol, 24, 30-31, 38, 45-46
ruta, 70, 77, 133-134, 189-190, 216-217, 225, 233, 253, 391, 393-394, 406

S

secuencia, 35, 56, 134, 140, 166, 267, 273, 276
seleccionar, 58, 64, 79, 92, 95, 99, 118-121, 131, 134, 146-147, 150, 152, 155, 160, 207, 210-211, 214, 221, 227, 233, 237, 251, 258, 280, 284, 304, 307, 316, 342, 355, 363, 369, 372, 383, 386, 388, 390-391, 393-394
el lenguaje, 210, 251
la carpeta, 386, 391
la copia, 390-391
las tablas, 118-120, 383, 388, 390
Semantic Link, 293, 332, 342-346, 349
semántico, 19, 21, 26, 28-29, 146, 183, 275, 294, 316, 322, 324, 327, 332-337, 339-345, 347-349, 381, 383-385, 388, 405-406
servicio, 29, 31, 33-35, 37, 39, 49, 69, 120, 274, 278, 281, 315
sesión, 19, 81-83, 162, 203-204, 208, 213-214, 218-219, 222, 229, 248, 251
SharePoint, 163, 166, 173, 355, 381-382, 384, 386, 388-389, 402
Spark, 21, 31-32, 97, 101, 103, 115, 134, 155, 191, 193-194, 200-205, 207-209, 211, 213, 215-219, 221-235, 237, 239-245, 247-249, 251-253, 255, 257, 259, 261, 286, 289, 292-298, 305-307, 309-310, 320, 323-324, 326-327, 342, 355, 369, 390, 395-397

SQL, 26, 30-31, 33, 72-73, 86-87, 89-90, 96-101, 103, 106-109, 111-113, 115, 117-118, 120, 122-124, 134, 138-142, 144-153, 155-156, 159, 166, 170, 174, 176, 194, 201-202, 211, 213, 215-216, 224-225, 227, 231-232, 235-239, 253, 259, 271, 274, 316-317, 333-335, 338-342, 352, 372-378, 381, 383-384, 386, 389-390, 392, 394, 398-399, 402-403, 406
SQL Database, 72, 117, 138-142, 145-148, 155-156, 166, 224, 390
SQL Server, 73, 96-97, 100-101, 109, 112, 115, 141, 170, 224-225, 398
subcarpeta, 61, 76, 88-94, 96, 103, 218, 393
superior, 30, 35, 52, 54, 56, 58-61, 79-80, 88, 120, 124, 128, 131-132, 140, 170, 179-180, 185, 191, 209, 212, 214, 265, 271, 284, 290, 309, 353, 355, 366

T

T-SQL, 96-100, 103, 106-109, 112-113, 115, 138-139, 142, 144, 151-153, 211, 213, 215, 338-341, 352, 372-378, 398-399, 402-403
tabla, 26, 47, 70, 72, 74-78, 88, 90-92, 94-96, 98, 100-102, 109-113, 119, 122-123, 128-136, 142-145, 149, 151, 156, 159, 166-169, 184, 190, 196, 213, 216, 224-226, 229, 231, 235, 237-241, 253, 257, 259, 265, 269, 271, 275-277, 283, 293-297, 305-306, 308-309, 327, 336, 338, 341, 344-345, 349, 361, 367-369, 373, 381, 383, 386-388, 393-394, 396-397, 399-400, 402-403, 406, 408
Delta, 76-78, 91, 94-96, 101, 112, 133, 156, 240, 253, 276-277, 406
tamaño del cubo, 174-176
tasa de cambio, 34, 373
tiempo real, 19-21, 72, 115, 117, 120, 127, 134, 137, 139, 156, 222, 262-267, 269-271, 273, 275, 277, 279-281, 283-287, 289-291, 407
trabajo, 32-33, 35-36, 38, 42-43, 45-46, 48, 51-58, 60-64, 69, 71-72, 78-80, 82-85, 88-89, 96-97, 100, 104, 107-108, 110, 118, 120, 123, 127, 131, 140, 146-147, 160, 164, 178, 185, 191, 194-198, 202-204, 207-209, 211, 221-222, 242-244, 248, 252-254, 260-261, 265, 280-281, 286-287, 293-294, 298, 300, 303-304, 307, 309, 316, 321-322, 324, 327-330, 334-335, 338-339, 342-343, 353, 355, 361-362, 381-383, 386, 388, 390-391, 393, 396, 399, 402, 405
de copia, 178, 185, 194-198, 361, 386, 388, 390-391
de Spark, 286
transformación, 21, 72, 92, 94-96, 99, 107, 136, 159, 165, 177, 180, 183, 229, 237, 253, 264, 271-275, 352-353, 357-360, 362, 382, 386-387, 395-396, 399, 402, 404-405
transformar, 19, 26, 31, 68, 87, 136, 180, 200, 226, 229, 231, 261-262, 342, 372, 396-397

U

UDF, 200, 219, 253-256, 258-260
URL, 22, 49, 82-83, 85, 91, 110, 120, 123, 132, 155, 223, 281, 315

V

validación, 77, 180, 253, 362-363
variable, 188, 225, 229, 242, 392-393
versión, 19, 26, 31, 64, 76-77, 112-114, 139-140, 150, 159-160, 162, 172-173, 194, 202, 207, 211, 220-221, 274, 297, 304-306, 336, 338, 353, 372
VertiPaq, 75, 333, 335, 337-338
vista, 48, 51-53, 60, 78-79, 88-89, 91, 94, 101-102, 111, 137, 152, 163, 220-221, 269, 276-279, 288, 300-302, 304, 325, 338-339, 341-342, 373
VS Code, 220-221

W

Warehouse, 25-27, 43, 87, 96, 98-99, 103, 106-115, 117, 140, 142, 146, 159, 164-165, 170, 173-174, 176, 211, 253, 334, 339-340, 342, 352, 372, 374, 378, 398-402

Z

zona, 45, 60, 113, 123-124, 188, 211, 327, 393